Raiva

Bob Woodward

Raiva

tradução
Bernardo Ajzenberg
José Geraldo Couto
Pedro Maia
Rosiane Correia de Freitas

todavia

Para Alice Mayhew, que editou todos os meus dezenove livros anteriores ao longo de 44 anos e me deu uma vida inteira de sabedoria e amor; e para Carolyn Reidy, nossa venerada e firme capitã na Simon & Schuster. Sinto falta de ambas.

E para a nova geração:
Diana Woodward
Tali Woodward
meu genro Gabe Roth
meus netos Zadie e Theo

Nota do autor 9

Prólogo 13
Capítulos 1-46 21
Epílogo 357

Nota aos leitores 363
Agradecimentos 365
Notas 369
Índice remissivo 391
Créditos das imagens 413

Nota do autor

Evelyn M. Duffy me ajudou, até hoje, em seis livros sobre quatro presidentes escritos ao longo de treze anos. Mulher notável por sua perspicácia e integridade, ela acredita que todos devem assumir suas responsabilidades, inclusive e especialmente eu. Ela é um gênio organizacional que obteve vários phDs em presidência, governo, jornalismo e vida moderna. Evelyn insistiu para que todos que aparecem neste livro recebessem o tratamento mais justo possível, inclusive o presidente Trump. E ficou de olho e trabalhou sem trégua para que isso fosse cumprido. Alegre e autêntica, ela tem a energia de meia dúzia de pessoas. Como chefe nominal, percebo que seu nível de engajamento não é algo que possa ser exigido ou adquirido. É apenas algo que ela pode oferecer. E oferece. Para Evelyn, é um estilo de vida. Mais uma vez, ela foi uma colaboradora plena e com o espírito — e o nível de esforço — de uma coautora.

Steve Reilly veio trabalhar comigo e com Evelyn há pouco menos de um ano. Trata-se de um dos trabalhadores mais dedicados que já conheci. "Você se importa se eu vier trabalhar no domingo?" era um pedido comum. "Tudo bem", eu dizia, sem hesitação. Ele dá nova vida e significado à imagem arquetípica do repórter investigativo obstinado e implacável que passa a noite toda na redação. É uma pessoa gentil e agradável, mas por dentro é duro como aço. Insiste na verificação de tudo; nenhum fato ou nuance fica sem conferência. Steve passou cinco anos na equipe de investigação da *USA Today* e foi finalista do Prêmio Pulitzer de Reportagem Investigativa de 2017. Ele tem integridade, bondade e criatividade inatas. É um verdadeiro escavador e pesquisador da verdade, e lhe agradeço por suas contribuições imensuráveis para este livro. Steve tem um grande futuro no jornalismo, profissão que sei que ele adora.

Eu provoco raiva. Eu realmente provoco raiva. Sempre fiz isso. Não sei se é uma vantagem ou desvantagem, mas, seja o que for, é o que faço.

Candidato presidencial Donald J. Trump em entrevista a Bob Woodward e Robert Costa em 31 de março de 2016, no Old Post Office Pavilion, Trump International Hotel, Washington, D.C.

Isso foi quando você nos disse: "Eu provoco raiva. Eu realmente provoco raiva. Sempre fiz isso. Não sei se é uma vantagem ou desvantagem, mas, seja o que for, é o que faço". Isso é verdade?

Sim, disse Trump. Às vezes. Eu faço mais coisas do que outras pessoas conseguem fazer. E isso, às vezes, pode deixar meus oponentes infelizes. Eles me veem de maneira diferente do que viam outros presidentes. Muitos dos outros presidentes que você cobriu não faziam muita coisa, Bob.

Presidente Donald J. Trump em entrevista a Bob Woodward para este livro, em 22 de junho de 2020.

Prólogo

Na tarde de terça-feira, 28 de janeiro de 2020, durante o altamente secreto Informe Diário ao Presidente (PDB, na sigla em inglês),* a discussão no Salão Oval girou em torno de um misterioso surto de vírus na China, semelhante à pneumonia. As autoridades de saúde pública e o próprio presidente Trump estavam dizendo ao público que o vírus era de baixo risco para os Estados Unidos.

"Essa será a maior ameaça à segurança nacional que o senhor vai enfrentar na sua presidência", disse o assessor de segurança nacional Robert O'Brien a Trump, manifestando uma visão contrária e chocante de forma tão deliberada e forte quanto possível.

De súbito, Trump levantou a cabeça. Ele fez várias perguntas a Beth Sanner, responsável pelo PDB. Ela disse que a China se mostrava preocupada e a comunidade de inteligência estava monitorando, mas parecia que não seria nada tão sério quanto o surto mortal de Síndrome Respiratória Aguda Grave (Sars, na sigla em inglês) de 2003.

"Essa será a coisa mais dura que o senhor vai enfrentar", insistiu O'Brien de seu assento na Resolute Desk,** bem ciente de que Trump estava apenas na metade de seu julgamento de impeachment no Senado, que havia começado doze dias antes e consumia sua atenção. O'Brien acreditava que o assessor de segurança nacional precisava tentar ver além do presente e tinha o dever de alertar sobre um desastre iminente. E aquele problema era urgente, não uma questão geopolítica que poderia acontecer três anos depois. Aquele vírus poderia se espalhar com muita rapidez pelos Estados Unidos.

---

* O PDB, President's Daily Brief, é um documento secreto fornecido todos os dias ao presidente e a poucos componentes do alto escalão do governo com informações e análises sobre os setores de inteligência e outros pontos sensíveis da vida nacional. [N. T.]

** A Resolute Desk é uma grande escrivaninha tradicionalmente usada pelo presidente dos Estados Unidos no Salão Oval, presente da rainha Vitória em 1880, feita com a madeira da fragata britânica *Resolute*. [N. T.]

O'Brien, de 53 anos, advogado, autor de um livro crítico a respeito de Obama e ex-negociador internacional da libertação de reféns americanos, era o quarto assessor de segurança nacional de Trump. Ele ocupava esse importante cargo havia apenas quatro meses e não se considerava o tipo de pessoa que bate com o punho na mesa, mas tinha a convicção absoluta de que o surto era uma ameaça real.

"Concordo com essa conclusão", disse Matt Pottinger, vice-assessor de segurança nacional, de um sofá mais afastado no Salão Oval. Trump sabia que Pottinger, de 46 anos, que fazia parte da equipe do Conselho de Segurança Nacional (NSC, na sigla em inglês) havia três anos, desde o início da presidência de Trump, era excepcional e quase perfeitamente qualificado para fazer essa avaliação.

Sua advertência era confiável e tinha grande peso. Pottinger morara na China durante sete anos e fora correspondente do *Wall Street Journal* durante o surto de Sars. Estudioso da China, falava mandarim com fluência.

Afável, irreverente e viciado em trabalho, Pottinger também era ex-oficial de inteligência da Marinha, trabalho que culminou na coautoria de um importante relatório sobre as inadequações das agências de inteligência americanas.

Pottinger sabia em primeira mão que os chineses eram mestres em ocultar e encobrir problemas. Ele escrevera mais de trinta matérias sobre a Sars nas quais contava que os chineses haviam intencionalmente ocultado informações durante meses sobre a seriedade do surto e minimizado sua disseminação, uma inépcia que permitiu que a Sars avançasse para o resto do mundo. O *Wall Street Journal* havia inscrito suas reportagens no Prêmio Pulitzer.

"O que você sabe?", perguntou Trump a Pottinger.

Pottinger disse que nos últimos quatro dias telefonara a médicos na China e em Hong Kong com os quais mantinha contato e que entendiam de ciência. Também havia lido a mídia social chinesa.

"Será tão ruim quanto em 2003?", perguntara a um de seus contatos na China.

"Não pense na Sars de 2003", respondeu o especialista. "Pense na pandemia de gripe de 1918."

Pottinger disse que ficou pasmo. Estima-se que a pandemia da chamada gripe espanhola de 1918 tenha matado por volta de 50 milhões de pessoas em todo o mundo, com cerca de 675 mil mortes nos Estados Unidos.

"Por que você acha que será pior do que em 2003?", perguntou o presidente.

Os contatos de Pottinger lhe contaram que três fatores estavam acelerando tremendamente a transmissão da nova doença. Ao contrário do que diziam os relatórios oficiais do governo chinês, as pessoas estavam pegando a doença com facilidade de outras pessoas, não apenas de animais; isso se chama propagação de humano para humano. Ele acabara de saber naquela manhã que a doença estava sendo espalhada até por aqueles que não apresentavam nenhum sintoma; isso se chama propagação assintomática. Sua melhor e mais confiável fonte dissera que 50% dos infectados não apresentavam sintomas. Isso significava uma emergência de saúde rara, um vírus fora de controle com uma grande quantidade de propagação não detectável de imediato. E ele já havia se espalhado para longe de Wuhan, na China, onde o surto aparentemente tinha começado. Para Pottinger, eram sinais de alarme máximo.

O mais preocupante, disse Pottinger, é que os chineses haviam posto em quarentena Wuhan, uma cidade de 11 milhões de habitantes, maior do que qualquer cidade americana. As pessoas não podiam viajar dentro da China, como por exemplo de Wuhan a Beijing. Mas não suspenderam as viagens da China para o resto do mundo, inclusive para os Estados Unidos. Isso significava que um vírus altamente infeccioso e devastador já estava provavelmente entrando em silêncio nos Estados Unidos.

"O que fazemos a esse respeito?", perguntou o presidente.

Corte as viagens da China para os Estados Unidos, disse Pottinger. Ele estava confiante de que as informações de suas fontes eram sólidas, com base em dados concretos, não em especulação. Ele fizera uma pesquisa aprofundada sobre o novo vírus. O primeiro caso fora da China havia sido relatado em 13 de janeiro, na Tailândia. Claramente, o vírus estava se espalhando de ser humano para ser humano.

Altos funcionários dos Centros para Controle e Prevenção de Doenças (CDC, na sigla em inglês), a principal agência de saúde pública do país, também relataram a Pottinger, com crescente alarme, que vinham tentando havia semanas enviar investigadores de doenças do Serviço de Inteligência Epidêmica (EIS, na sigla em inglês) americano à China para ver o que estava acontecendo. Os chineses fizeram uma barreira, recusando-se a cooperar e a compartilhar amostras do vírus, conforme exigido por um acordo internacional.

O diretor do CDC chinês falava como um refém num telefonema, e o ministro da Saúde chinês também recusou a ajuda americana.

Pottinger já tinha visto esse filme antes. Ele acelerou o ritmo de suas ligações no fim de semana de 24 a 26 de janeiro. "Saí daquele fim de semana com os cabelos em pé", disse Pottinger numa conversa privada.

Vários membros da elite chinesa bem conectados com o Partido Comunista e o governo sinalizaram que achavam que a China tinha um objetivo sinistro: "A China não será a única a sofrer com isso". Se fosse o único país a ter infecções em massa, na escala da pandemia de 1918, a China ficaria em enorme desvantagem econômica. Era uma suspeita, mas alimentada por gente que conhecia muito bem o regime. Uma possibilidade assustadora. Pottinger, um falcão em relação à China, não estava pronto para fazer um julgamento sobre as intenções dos chineses para um lado ou para outro. Com muita probabilidade, o surto era acidental. Mas ele tinha certeza de que os Estados Unidos enfrentariam um ataque de saúde sem paralelo. E a falta de transparência da China só pioraria as coisas. Com a Sars, os chineses haviam ocultado de forma indigna o surto de uma nova e perigosa doença infecciosa durante três meses.

Três dias depois, em 31 de janeiro, o presidente impôs restrições aos viajantes da China, medida que foi contestada por vários membros de seu gabinete. Mas sua atenção pública estava focada em quase tudo, exceto no vírus: o Super Bowl que se aproximava, o fiasco tecnológico da primária democrata em Iowa, seu discurso sobre o Estado da União e, o mais importante, o julgamento de impeachment no Senado. Quando a doença respiratória altamente infecciosa causada pelo novo coronavírus, conhecida como Covid-19, surgiu em locais onde Trump teve a oportunidade de alcançar um grande número de americanos, ele continuou a tranquilizar o público dizendo que havia poucos riscos.

"Quão preocupado você está" com o coronavírus?, perguntou Sean Hanity, da Fox, a Trump em 2 de fevereiro, perto do final de uma entrevista antes do Super Bowl, em grande parte focada na injustiça do impeachment e em seus rivais democratas em 2020.[1]

"Praticamente fechamos tudo vindo da China", disse Trump. A entrevista, uma espécie de tradição presidencial antes do jogo, atraiu a maior audiência de todos os tempos para o controverso e popular entrevistador. "Estamos oferecendo uma ajuda tremenda. Temos o melhor do mundo para isso. [...] Mas não podemos deixar entrar milhares de pessoas que podem ter este problema, o coronavírus."

Naquela manhã, até o assessor de segurança nacional O'Brien, que emitira uma advertência ameaçadora poucos dias antes, disse no programa *Face the Nation* da CBS: "Neste momento, não há razão para os americanos entrarem em pânico. Pensamos que se trata de uma coisa de baixo risco nos Estados Unidos".[2]

Dois dias depois, em 4 de fevereiro, quase 40 milhões de americanos ligaram a televisão para assistir ao discurso anual do presidente sobre o Estado da União, uma atualização constitucional obrigatória feita ao Congresso sobre as questões mais urgentes que o país enfrenta. O discurso é o momento de maior visibilidade para que um presidente trate de assuntos de grande importância. Na metade do longo discurso, Trump mencionou o coronavírus num curto parágrafo. "Proteger a saúde dos americanos também significa combater doenças infecciosas. Estamos nos coordenando com o governo chinês e trabalhando juntos no surto de coronavírus na China", disse Trump. "Meu governo tomará todas as medidas necessárias para proteger nossos cidadãos contra essa ameaça."[3]

No entanto, isso não incluía compartilhar com o público nenhuma parte da advertência que recebera.

Mais tarde, quando perguntei ao presidente sobre o aviso de O'Brien, ele disse que não se lembrava. "Sabe, tenho certeza de que ele disse isso", disse Trump. "Cara legal."[4]

E numa entrevista que fiz em 19 de março, seis semanas antes de eu saber das advertências de O'Brien e Pottinger, o presidente disse que suas declarações nas primeiras semanas do vírus foram deliberadamente planejadas de forma a não chamar a atenção para o assunto.

"Eu sempre quis minimizar isso", disse-me Trump. "Ainda gosto de minimizar, porque não quero criar pânico."[5]

Trump me ligou em casa por volta das nove da noite de sexta-feira, 7 de fevereiro de 2020. Como havia sido absolvido no julgamento de impeachment do Senado dois dias antes, eu esperava que ele estivesse de bom humor.

"Agora temos um pequeno revés interessante com o vírus acontecendo na China",[6] disse ele. Trump havia falado com o presidente Xi Jinping na noite anterior.

"Revés?" Fiquei surpreso que o vírus estivesse na cabeça dele, em vez de sua absolvição. Havia somente doze casos confirmados nos Estados Unidos. A primeira morte por coronavírus relatada no país só ocorreria três semanas depois. As notícias eram todas sobre o impeachment.

Os chineses estavam muito focados no vírus, disse Trump.

"Acho que isso vai embora em dois meses, com o calor", disse ele. "Sabe, quando o tempo fica mais quente, ele tende a matar o vírus. Sabe, é o que se espera."

E acrescentou: "Tivemos uma ótima conversa por um longo tempo. Mas temos um bom relacionamento. Acho que gostamos muito um do outro".

Lembrei ao presidente que em entrevistas anteriores para este livro ele me dissera que havia confrontado duramente o presidente Xi sobre o plano Made in China 2025 de ultrapassar os Estados Unidos e se tornar o maior produtor mundial de manufatura de alta tecnologia em dez setores, de carros sem motorista à biomedicina. "Isso é um insulto muito grande para mim", dissera Trump a Xi. O presidente também dissera com grande orgulho que estava "ferrando com a China no comércio" e fizera com que a taxa de crescimento econômico anual da China fosse negativa.[7]

"Ah, sim, tivemos algumas discussões", reconheceu Trump.

Então, o que o presidente Xi disse ontem?

"Ah, falamos principalmente sobre o vírus", disse Trump.

Por quê?, eu me perguntei. "Principalmente?"

"E acho que ele vai dar um jeito", disse Trump, "mas, sabe, é uma situação muito complicada."

O que a tornou "complicada"?

"Passa pelo ar", disse Trump. "Isso é sempre mais difícil do que o toque. Você não precisa tocar nas coisas. Certo? Mas o ar, você simplesmente respira o ar e é assim que ele passa. Então, é muito complicado. É muito delicado. Também é mais mortal do que uma gripe intensa."

"Mortal" era uma palavra muito forte. Era óbvio que estava acontecendo alguma coisa na qual eu não estava focado. Durante o mês seguinte, eu faria viagens para a Flórida e para a Costa Oeste, alheio à pandemia crescente. Àquela altura, eu também não sabia que O'Brien havia dito ao presidente que o vírus "será a maior ameaça à segurança nacional que o senhor vai enfrentar na sua presidência". Não tinha ouvido ninguém pedindo nenhuma mudança no comportamento dos americanos além de não viajar para a China. Os americanos continuaram a levar sua vida cotidiana, incluindo os mais de 60 milhões que viajaram de avião internamente naquele mês.

Em nosso telefonema, Trump deu detalhes surpreendentes sobre o vírus.

Ele continuou: "Muito incrível. Isso é mais mortal" do que a gripe, talvez cinco vezes mais.

"É uma coisa mortal", repetiu Trump. Ele elogiou o presidente Xi. "Acho que ele vai fazer um bom trabalho. Ele construiu vários hospitais em tempo recorde. Eles sabem o que estão fazendo. São muito organizados. E veremos. Estamos trabalhando com eles. Estamos mandando coisas para eles, em termos de equipamentos e muitas outras coisas. E o relacionamento é muito bom. Muito melhor do que antes. Foi prejudicado por causa do acordo [do comércio]."

Meu primeiro livro sobre a presidência dele, *Medo: Trump na Casa Branca*, foi publicado dezessete meses antes desse telefonema de 7 de fevereiro. *Medo* descrevia Trump como "um líder emocionalmente esgotado, volátil e imprevisível" que criou uma crise governamental e "um colapso nervoso do Poder Executivo do país mais poderoso do mundo".

Quando discuti o livro na televisão, pediram-me para fazer um resumo final da liderança de Trump. "Vamos pedir a Deus que não tenhamos uma crise", eu disse.[8]

Trump se recusou a ser entrevistado para *Medo*, mas disse várias vezes a seus assessores que gostaria de ter cooperado. Portanto, para este livro, ele concordou em ser entrevistado. Em 7 de fevereiro, estávamos na sexta do que seriam dezessete entrevistas.

Perguntei: "Qual é o plano para os próximos oito a dez meses?".

"Simplesmente fazer bem", respondeu Trump. "Simplesmente fazer bem. Dirigir bem o país."

"Ajude-me a definir 'bem'", pedi.

"Veja", disse Trump, "quando você está dirigindo um país, o caminho é cheio de surpresas. *Há dinamite atrás de cada porta.*"

Anos antes, eu ouvira certa vez uma expressão semelhante usada pelas forças militares para descrever os perigos e as emoções angustiantes das buscas de casa em casa numa zona de combate violento.

Fiquei surpreso com a expressão "dinamite atrás de cada porta" de Trump. Em vez de ser o costumeiro otimista, animado ou irritado, o presidente parecia agourento, até mesmo inseguro, com um toque de fatalismo inesperado.

"Você quer dizer uma coisa boa, mas então algo acontece", Trump continuou. "A Boeing acontece, por exemplo. A Boeing era a maior empresa do mundo e, de repente, deu um grande passo em falso. E isso prejudica o país." A Boeing ainda está sofrendo com os problemas de seu avião 737-MAX, que encalhou em 2019 depois de acidentes fatais consecutivos num período de cinco meses na Indonésia e na Etiópia, os quais mataram todas as 346 pessoas a bordo.

"A General Motors entra em greve", disse Trump, dando outro exemplo. Quase 50 mil trabalhadores da indústria automobilística fizeram uma greve de quarenta dias no segundo semestre de 2019. "Eles não deveriam ter feito isso. Deveriam ter sido capazes de resolver isso. Mas não conseguiram. Eles entram em greve. Centenas de milhares de pessoas não estão trabalhando. Todas essas coisas acontecem. E você tem que resolver."

"Há dinamite atrás de cada porta" parecia a declaração mais autoconsciente sobre o perigo, as pressões e as responsabilidades da presidência que eu já ouvira Trump fazer em público ou privado.

No entanto, a manchete inesperada do telefonema também foi seu conhecimento detalhado do vírus e sua intensidade mortal já no início de fevereiro, mais de um mês antes que a pandemia começasse a engolfar a ele, sua presidência e os Estados Unidos. E em grande desacordo com seu tom público.

Os detalhes de sua conversa com Xi eram preocupantes. Só mais tarde eu soube que muito mais havia sido escondido: que os principais assessores de segurança nacional da Casa Branca tinham alertado Trump sobre um desastre iminente nos Estados Unidos e acreditavam que a China e Xi não eram confiáveis; que seus principais assessores de saúde haviam tentado desesperadamente levar uma equipe médica à China para investigar; que o próprio Trump se oferecera para ajudar Xi e fora pessoalmente rejeitado.

Xi estava escondendo muita coisa. Trump também.

Quem foi o responsável pelo fracasso em alertar o público americano da iminente pandemia? Onde estava a falha? Quais decisões de liderança Trump tomou ou deixou de tomar nas primeiras semanas cruciais? Eu levaria meses para obter respostas a essas perguntas.

Depois de escrever *Medo*, pensei que era provável que a crise potencial com a qual eu me preocupava pudesse surgir das relações exteriores, onde Trump tinha menos experiência e assumia os maiores riscos. Então, quando comecei minha nova reportagem para este livro no ano passado, bem antes da chegada do vírus, decidi olhar de novo e com mais profundidade para a equipe de segurança nacional que ele recrutou e montou nos primeiros meses depois de sua eleição em 2016.

Agora vejo que a maneira como Trump lidou com o vírus — decerto o maior teste para ele e sua presidência, pelo menos até agora — reflete os instintos, os hábitos e o estilo adquiridos nos primeiros anos como presidente e ao longo de sua vida.

Uma das grandes questões de qualquer presidência é: Como ela acaba? Mas o mesmo se pode dizer da pergunta: Como ela começou? Então, vamos lá.

Raiva

I

Pouco antes do feriado de Ação de Graças de 2016, o general reformado do Corpo de Fuzileiros Navais James Mattis viu o número de um telefone desconhecido de Indiana aparecer na tela de seu celular. Como não conhecia ninguém de lá, ignorou a chamada.

Ele estava fazendo um trabalho voluntário no Tri-Cities Food Bank de Richland, Washington, a cidade de sua infância junto ao rio Columbia, onde sua mãe e seu irmão ainda moravam.

Quando recebeu uma segunda ligação de Indiana, ele atendeu.

"Aqui é Mike Pence."

Mattis não conhecia nenhum Mike Pence, mas logo se deu conta de que estava falando com o vice-presidente eleito.

O presidente eleito gostaria de conversar com você sobre o cargo de secretário da Defesa, disse Pence.

Fico feliz em dar conselhos a ele, disse Mattis, mas não sou elegível. Para preservar o estrito controle civil, a lei proíbe que qualquer um que tenha sido oficial militar nos últimos sete anos seja secretário da Defesa. A única exceção foi o general George Marshall, da Segunda Guerra Mundial, que recebeu uma dispensa em 1950 e se tornou um herói nacional.

Tendo em vista as furiosas divisões partidárias em Washington, Mattis acreditava que os democratas no Congresso jamais apoiariam tal dispensa.

Mas Mattis queria falar com Trump e concordou em ir ao Leste. Ele queria persuadir Trump a rever suas posições sobre a Otan e a tortura. Trump chamara a aliança militar de "obsoleta" e prometera trazer de volta as "técnicas aprimoradas de interrogatório" de supostos terroristas que o presidente Barack Obama havia banido. Mattis achava que Trump estava errado em ambos os casos.

Uma coisa estava clara na cabeça de Mattis: não queria o cargo. Ele tinha um amor ilimitado pelo Corpo de Fuzileiros Navais, mas não por Washington, D.C. Havia sido chefe do Comando Central americano, conhecido como CentCom, de 2010 a 2013, quando supervisionara as guerras no

Iraque e no Afeganistão. Fora demitido por Obama devido à sua agressividade em relação ao Irã quando Obama estava negociando um acordo nuclear com aquele país.

Pouco depois de chegar ao clube de golfe de Trump em Bedminster, Nova Jersey, no sábado, 19 de novembro, Mattis foi escoltado para uma reunião informal em torno de uma mesa com Trump, Pence, o estrategista-chefe Steve Bannon, Ivanka Trump e o genro de Trump, Jared Kushner.

Mattis tinha a aparência estoica do fuzileiro naval e uma postura rígida que chamava a atenção, mas o sorriso luminoso, aberto e convidativo suavizava sua presença.

Logo no início, Trump questionou o valor da Otan, que foi formada por dez países europeus, os Estados Unidos e o Canadá, no final da Segunda Guerra Mundial, como uma salvaguarda contra a agressão soviética. Em 2016, havia 28 países-membros.

Os outros países da Otan, esses aliados europeus, estão levando nosso dinheiro, disse Trump. Os Estados Unidos não precisam da Otan. Nós pagamos e eles ficam protegidos. Eles tiram o máximo de nós e não estão dando o suficiente em troca.

Não, insistiu Mattis, se não tivéssemos a Otan, teríamos que inventá-la e construí-la porque precisamos muito dela. Sabe como você constrói seus edifícios grandes e altos? Você construiria a Otan.

Hã?, disse Trump.

Os países da Otan, que prometem que um ataque contra um deles é um ataque contra todos, entraram em guerra depois que sua cidade natal, Nova York, foi atacada, lembrou-lhe Mattis. Tropas da Otan foram enviadas ao Afeganistão depois dos ataques terroristas de Onze de Setembro nos Estados Unidos. Vários daqueles países perderam mais rapazes per capita no Afeganistão do que nós. Eles sangraram.

Sim, eles têm de fazer mais, disse Mattis. Você está absolutamente certo ao dizer que eles precisam gastar mais de seus PIBs em Defesa. Você está absolutamente certo em pressioná-los. Vou até lhe dizer como eu levaria a mensagem para eles. Precisamos deixá-los saber que não vamos continuar dizendo aos pais americanos que eles têm de se preocupar mais em proteger as crianças europeias do que os europeus.

Mas, continuou Mattis, a Otan segurou as pontas contra a agressão soviética durante a Guerra Fria até que a podridão interna da União Soviética desabou sobre si mesma. A Otan evitou uma guerra real no continente europeu. Precisamos da Otan.

Para a surpresa de Mattis, Trump não discutiu. Ele parecia estar ouvindo.

Em seguida, o presidente eleito manifestou sua aprovação da tortura como a maneira mais rápida de obter informações de terroristas capturados.

Mattis não quis perder tempo explicando as origens de sua filosofia pessoal. Elas se baseavam nas crenças de John Lejeune, o lendário general da Primeira Guerra Mundial frequentemente descrito como o maior fuzileiro naval de todos os tempos. Lejeune acreditava que o Corpo de Fuzileiros não só precisava criar lutadores eficientes, mas devolver cidadãos melhores à sociedade. A prática da tortura causava danos espirituais e produzia pessoas horríveis, acreditava Mattis. Ela minava a autoridade moral do país.

Em vez disso, ele apenas disse a Trump: "Precisamos reconhecer que a tortura nos causa danos. Com uma xícara de café e um cigarro, pode-se arrancar o mesmo deles".

Trump estava ouvindo com atenção, e Mattis mais uma vez ficou um tanto surpreso.

Em seguida, veio a comunidade de inteligência, outro tema das críticas de Trump durante a campanha.

"Temos os melhores espiões do mundo", disse Mattis. "Sou provavelmente o primeiro general da história que, em três anos no CentCom, nunca foi surpreendido numa questão estratégica ou operacional. Nem uma vez."

Ivanka Trump, filha do presidente eleito, perguntou quanto tempo levaria para revisar e refazer a estratégia para derrotar o violento grupo terrorista do Estado Islâmico que surgira dos remanescentes da Al-Qaeda no Iraque e se espalhara para a Síria enquanto tentava criar um califado no mundo árabe.

Trump havia prometido, na campanha, "acabar na porrada"[1] com o Estado Islâmico. Mattis, surpreso com o fato de a pergunta vir de Ivanka, disse que levaria meses para revisar a estratégia, que precisava mudar radicalmente de uma lenta guerra de desgaste para uma de "aniquilação". O tempo era uma questão-chave. Os Estados Unidos estavam perdendo as guerras lentas.

Mattis percebeu que Trump estava orgulhoso de Ivanka ter falado.

"Seu nome é Cachorro Louco?", perguntou Trump. "Seu apelido?"

"Não, senhor."

"Qual é?"

"Caos."

"Não gosto desse nome", disse Trump.

"Bem, esse é meu apelido."

"Pensei que era Cachorro Louco."

Não, isso veio de outra pessoa. Mattis culpou a mídia.

"Você se importa se eu mudar seu nome para Cachorro Louco?"

"Acho que você pode fazer o que quiser."

"Cachorro Louco Mattis", disse Trump. "Fica muito bom." Você pode assumir o cargo?

Mattis acreditava que servir ao governo, de qualquer forma, era tanto uma honra quanto uma obrigação. Ele não queria o cargo, mas quando o comandante em chefe pedia, você aceitava sem hesitação — nada de Hamlet torcendo as mãos e debatendo consigo mesmo: "Ser ou não ser".

Ele disse que podia. Mas Trump ainda não queria anunciá-lo publicamente. Obter uma dispensa deve ser fácil, disse ele.

Depois da entrevista de quarenta minutos, Trump disse que eles apareceriam para a imprensa. Mattis queria dizer alguma coisa?

Não, obrigado.

Steve Bannon havia providenciado para que a foto de Trump e Mattis se parecesse com o número 10 da Downing Street — o primeiro-ministro britânico diante de uma grande porta. A mídia estaria do outro lado da rua e Trump seria o líder.

"Tudo o que posso dizer é que ele é o bambambã!", disse Trump à imprensa.[2] Mattis ficou calmamente em silêncio.

Trump tuitou mais tarde: "O general James 'Cachorro Louco' Mattis, que está sendo considerado para secretário da Defesa, foi muito impressionante ontem".

Mattis tinha uma filosofia operacional geral que articulou muitas vezes ao longo dos anos: "Você nem sempre controla suas circunstâncias, mas pode controlar sua reação".

Ele ligou para sua mãe, Lucille, de 94 anos. Ela trabalhara na inteligência do Exército na Segunda Guerra Mundial. Mattis sabia que ela odiava Trump.

"Como você pode trabalhar para aquele homem?", perguntou ela.

"Mãe, da última vez que verifiquei, trabalho para a Constituição. Vou voltar e ler de novo."

"Tudo bem", disse ela. "Tudo bem."

2

Logo depois da eleição, Rex Tillerson, CEO da ExxonMobil de longa data, recebeu mensagens telefônicas de Steve Bannon e Jared Kushner. Tillerson, que dirigia a maior empresa de petróleo e gás de capital aberto do mundo havia quase onze anos, era a personificação do Big Oil. Texano com voz suave e riso fácil, era um cavaleiro muito disciplinado e criador de *cutting horses** em sua fazenda de 33 hectares perto de Dallas. Ele ignorou as ligações.

Então o vice-presidente eleito Pence telefonou. Tillerson decidiu atender.

"Disseram ao presidente eleito que você conhece muitos líderes mundiais", disse Pence, "e que sabe muito sobre a situação atual em todo o mundo. Você estaria disposto a vir aqui e dar um informe a ele?"

"Ficarei feliz em fazer isso", disse Tillerson. Ele costumava informar com frequência os presidentes, mas não estava interessado em fazer uma caminhada de alta visibilidade pelo saguão da Trump Tower. "Não vou passar por aquelas portas da frente e pelos elevadores dourados e fazer a caminhada da imprensa."

Pence prometeu que o fariam entrar com discrição.

Tillerson, de 64 anos, chegou à Trump Tower em 6 de dezembro e subiu pelo elevador particular. Ele chamava a atenção com seus cabelos grisalhos penteados para trás e um forte sotaque texano de fala arrastada. Bannon e Reince Priebus, o chefe de gabinete da Casa Branca, o cumprimentaram e o acompanharam até uma sala de conferências lateral.

"Você não é um 'Trump Nunca', não é?", perguntou Priebus.

Tillerson não tinha certeza do que aquilo significava, mas captou a ideia e disse que não.

"Você já disse algo negativo sobre o presidente eleito?", perguntou Bannon.

"Não que eu me lembre, Steve."

---

* *Cutting horse*: cavalo treinado para uma competição realizada numa arena que consiste em, junto com o cavaleiro, separar uma vaca de um rebanho e evitar que ela volte a ele por determinado tempo. [N. T.]

"Notamos que você não contribuiu com nada."

"Não faço contribuições políticas", respondeu Tillerson, tentando contornar a questão. "Descobri que isso não é particularmente saudável no trabalho que executo." Ele era republicano desde sempre. Sua esposa, Renda, pagara 2500 dólares para ir a um almoço com Trump.

Os registros mostram que Tillerson contribuiu com mais de 100 mil dólares no ciclo eleitoral de 2016, inclusive com 2700 dólares para Jeb Bush, o concorrente de Trump. Desde 2000, ele havia contribuído com mais de 400 mil dólares em eleições.[1]

"Você votou na eleição?"

"Sim."

"Em quem você votou?"

"Votei no presidente eleito Trump."

O.k., o.k., vamos entrar e vê-lo.

Tillerson achou a avaliação política desajeitada e um pouco esquisita.

Trump estava sentado à sua mesa e se levantou para cumprimentar o visitante. Ele era uma presença tão dominante na televisão que vê-lo pessoalmente foi um pouco chocante.

O material da campanha — bichos de pelúcia e chapéus — enchia o escritório. Disneylândia, pensou Tillerson.

Todos se sentaram. Jared Kushner se juntou a eles.

"Então, me conte o que está acontecendo pelo mundo", disse Trump.

"Você recebeu uma herança realmente difícil nas relações exteriores", disse Tillerson. Como CEO da Exxon, ele viajava pelo mundo e se encontrava com chefes de Estado. "Tenho ouvido esses líderes mundiais nos últimos oito anos", durante a presidência de Obama. "Os desafios agora são mais sérios do que qualquer presidente enfrentou desde que me conheço por gente."

Tillerson disse que seu relacionamento mais próximo era com o presidente russo Vladímir Pútin, a quem visitava periodicamente. Petróleo e gás respondiam por mais de 60% das exportações russas, e a Rússia era a maior área de exploração de petróleo da Exxon no mundo, com propriedades de mais de 24 milhões de hectares. A Exxon tinha uma participação de 30% num acordo russo de partilha de produção que produzia petróleo e gás em campos no Extremo Oriente russo.[2] A Exxon também tinha 7,5% da propriedade de um oleoduto que transportava petróleo do Cazaquistão para um porto russo no mar Negro.

Deixe-me contar uma história, disse Tillerson, sobre uma reunião com Pútin dois anos antes da eleição presidencial americana.

"Estávamos almoçando em Sotchi e eu sempre tentava fazer perguntas a Pútin e deixá-lo falar", disse Tillerson. Não era difícil fazer o presidente russo falar abertamente, dado o interesse dele pelos mercados de energia e novas tecnologias.

"Bem", disse Pútin, "desisti do seu presidente Obama. Ele não faz nada do que diz que vai fazer. Não posso lidar com alguém que não cumpre suas promessas. Vou esperar pelo seu próximo presidente." Tillerson disse que Pútin olhou diretamente para ele e acrescentou: "Eu sei quando isso vai acontecer".

Vendo Trump visivelmente animado com a menção a Pútin, Tillerson descreveu uma conversa anterior, quando Pútin disse que discordara da decisão de Obama em 2011 de intervir na guerra civil da Líbia, que resultou na morte horrível do líder líbio Muammar al-Gaddafi, bem como na revolta generalizada e na guerra civil que ela desencadeou.

Pútin disse que advertira Obama. "Eu disse a Obama: entendo que você não goste de Gaddafi, mas o que vem depois dele? Ele não sabia o que responder. Então eu disse a ele: bem, enquanto não puder responder, você não deveria entrar lá", contou Tillerson.

"A questão foi apresentada ao Conselho de Segurança das Nações Unidas", continuou Tillerson. "Pútin poderia ter bloqueado. E ele me disse: 'Liguei para Obama. Disse-lhe: vou me abster por você'. Assim, acho que Pútin estava tentando me dizer: estou tentando trabalhar com esse cara.

"Então, avancemos rapidamente para a Síria", continuou Tillerson. "E para quando Obama traçou a linha vermelha no uso de armas químicas. Pútin e Obama conversaram de novo. E Pútin disse: 'O.k., entendo se você acha que tem de reagir a isso. Mas não vou permitir que cometa na Síria o mesmo erro que cometeu na Líbia porque tenho interesse na Síria. Então, vamos nos entender'. Foi isso que Pútin me contou que disse a Obama. Então, em algum lugar no meio disso, Pútin chegou à conclusão de que esse cara nunca vai consertar nada. Tudo o que ele faz é piorar as coisas.

"Agora, a Líbia virou uma bagunça", disse Tillerson a Trump. "A pergunta que você sempre tem de se fazer é: você sabe o que virá a seguir? E, é claro, sabemos que a revolução líbia ajudou o Estado Islâmico. Todos os bandidos que formaram o EI, Muammar al-Gaddafi tinha trancado na sua prisão."

Tillerson acrescentou: "Pútin acha que tratamos a Rússia como uma república de bananas". No ano anterior, ele contou que navegara pelo mar

Negro no iate de Pútin. "E ele me disse: 'Vocês precisam lembrar que somos uma potência nuclear. Tão poderosa quanto vocês. Vocês, americanos, pensam que venceram a Guerra Fria. Vocês não ganharam a Guerra Fria. Nunca lutamos nessa guerra. Poderíamos, mas não lutamos'. E isso me provocou arrepios na espinha."

Há uma oportunidade significativa nisso, disse Tillerson. "Quando Pútin disse que a dissolução da União Soviética foi a maior tragédia do século XX, não foi porque amava o comunismo, e sim porque a estatura da Rússia foi destruída.

"Qualquer pessoa que tente pensar na Rússia em termos da era soviética não sabe nada sobre a Rússia. Os setenta anos de governo soviético foram um obstáculo na história da Rússia e não tiveram efeitos duradouros.

"Se você quiser entender a Rússia, eles não mudaram muito culturalmente em mil anos. São as pessoas mais fatalistas da face da Terra, e é por isso que estão dispostos a viver sob péssimos líderes. Se você lhes perguntar sobre isso, eles dirão que não gostam, mas dirão '*Das Russia*' — 'Essa é a Rússia'. Eles darão de ombros. Eu conversava com meus funcionários russos sobre isso. Apenas uma vez os russos se revoltaram e fizeram uma revolução. E a coisa não saiu tão bem. Então, eles olham para trás e dizem: Não faça isso de novo."

Em resumo, Tillerson disse: "Você pode lidar com Pútin. Obama nunca foi capaz. Existe simplesmente uma antipatia fundamental de um pelo outro. Pútin é um terrível racista, como todos sabemos. Todos os russos são, em geral. E Obama tinha um desprezo terrível por Pútin".

Pútin tem um objetivo para a Rússia, disse Tillerson. "Eles querem o reconhecimento do seu papel na ordem global. E Pútin quer respeito como líder de um grande país, respeito que nunca estivemos dispostos a dar a ele.

"Agora eles veem seu papel na ordem mundial global como equivalente ao nosso. Isso é o que eles procuram."

Trump parecia extasiado com todas essas informações em primeira mão sobre Pútin.

Tillerson se voltou para a Ásia. "A China é um desafio diferente. Por um lado, a ascensão da China, sua economia, a retirada de 500 milhões de pessoas da pobreza para o status de classe média, todos os benefícios econômicos para o resto do mundo — tudo isso são coisas boas.

"Mas a China foi longe demais no mar da China Meridional com a construção de ilhas." Durante anos, os chineses construíram bases militares nas ilhas. Eles expandiram imensamente suas pegadas ao despejar areia e lama dragadas do oceano no alto das formações rochosas e de recifes; desse modo, construíram ilhas artificiais para estabelecer mais bases com uma alarmante variedade de instalações militares na valiosa passagem de comércio internacional, e essas ilhas ameaçavam o domínio da Marinha americana no Pacífico. Outros países da região, sobretudo o Japão, reivindicam parte do mar.

"Isso vai ser um problema", disse Tillerson. E também Hong Kong e Taiwan, disse ele. "Você vai ter que lidar com um conflito com a China por causa delas.

"A Rússia é um desafio imediato para você. A China é um desafio de longo prazo."

Tillerson continuou sua volta ao mundo. Falou muito sobre o Oriente Médio, onde também conhecia os líderes. Contou a Trump que, havia cerca de quinze anos, conversara com o xeque Mohammed bin Zayed, o poderoso príncipe herdeiro dos Emirados. "Ele era um cara muito jovem. Estávamos conversando na sua casa e ele disse: não precisamos de armas nucleares, contanto que tenhamos amigos que as tenham." O guarda-chuva nuclear americano de proteção era crucial.

Os Estados Unidos ainda têm um papel dominante no mundo, disse Tillerson a Trump. "Todos os ases ainda estão nas cartas da mesa." Em sua opinião, os quatro ases eram força militar, força econômica, democracia e liberdade, mas Trump não perguntou o que eram.

"Seu trabalho é pegar cada um deles com as políticas e táticas corretas", disse ele, acrescentando com segurança: "Esses ases pertencem aos Estados Unidos da América".

Ivanka Trump entrou na sala e Trump a apresentou. Ela se sentou e Trump ficou de pé teatralmente atrás de sua mesa.

"Gostei muito de tudo que você disse", declarou Trump a Tillerson. "Você é claramente um cara que conhece o mundo. Você tem essas relações. Tenho certeza de que tem acompanhado a imprensa. Tenho conversado com muitas pessoas sobre trabalhar no meu gabinete. Tenho muitas pessoas que querem alguns desses cargos proeminentes."

Opa, pensou Tillerson, aí vem coisa, talvez secretário de Energia, um cargo que seria muito fácil de recusar.

"Você é o cara perfeito para ser meu secretário de Estado", disse o presidente eleito.

Tillerson levou um susto.

"Você está surpreso?", disse Bannon.

"Sim, estou surpreso", disse Tillerson, embora tivesse — talvez até de modo intencional — provocado o interesse de Trump, sobretudo no caminho para chegar a Pútin. Tillerson então respirou fundo. "Eu tenho um emprego", disse ele a Trump.

"Mas você vai se aposentar em breve", disse Trump. Pelo visto, ele fora informado de que Tillerson estava a três meses de completar 65 anos, idade de aposentadoria compulsória da Exxon. Seu sucessor já havia sido escolhido e a transição estava em andamento. "É só três meses antes", acrescentou Trump.

"Isso será muito difícil de fazer", disse Tillerson. "Vai ser muito difícil para você. Eu não seria uma pessoa fácil de ser confirmada, sabe? Presidente e CEO da ExxonMobil. Não somos exatamente a empresa mais amada do mundo", acrescentou na defensiva, "imerecidamente."

"Eu preciso mesmo de você", disse Trump. "Você é o cara."

Agora Tillerson, como tantos antes dele, estava experimentando o chamado quase irresistível para servir ao presidente.

"Eu tenho que pensar sobre isso. Precisaria falar com meu conselho, é óbvio. Olhe, não é uma questão simples para mim. Pessoal e financeiramente, e minhas obrigações para com a corporação ExxonMobil" — quarenta anos. "Não sei se é exequível." Ele valia centenas de milhões de dólares e estava ansioso para se aposentar e se retirar para a fazenda de cavalos que ele e a esposa dirigiam.

"Quando você acha que poderia me dar uma resposta?", perguntou Trump.

Estávamos na terça-feira, 6 de dezembro. "Comprometo-me a lhe dar uma resposta até sexta-feira."

"Posso segurar até lá."

Tillerson ligou do carro para sua esposa, Renda, e disse: "Você não vai acreditar no que acabou de acontecer".

"Ele pediu para você ser secretário de Estado", disse Renda.

"Ora, como você sabe?"

"Eu lhe disse que Deus ainda não terminou os planos destinados a você."

No carro, Tillerson fez um balanço e resolveu se lançar a uma pequena introspecção. Ele não conseguira esconder um desejo de Renda? Aquele era o cargo ocupado por Jefferson, Madison, Monroe, Marshall. Quarto na fila para a presidência. Será que ele escondera sua ambição até de si mesmo? O que ele realmente queria? A quais interesses deveria servir? Poderia encontrar a versão adequada de todas as suas obrigações? Para com Renda, a Exxon, o país e agora, entre todas as coisas, Donald Trump?

Em casa, Renda tinha algumas respostas. Ao se aproximar da aposentadoria, você ficou irritado, disse ela. Renda acreditava que, no subconsciente, ele estava preocupado com aquela terrível pergunta: O que vou fazer?

"Veja", disse-lhe ela, "você treinou para isso nos últimos vinte anos. Você deveria ajudar esse homem. Ele precisa da sua ajuda. Você tem que ajudá-lo."

Tillerson achava que tinha todos os motivos do mundo para não aceitar o emprego. Se Renda não tivesse dito tudo aquilo, acreditava que teria se convencido do contrário.

Ele não tinha servido no Exército e sempre se sentiu desconfortável com isso. Era aquela a hora de servir ao seu país? No momento, ele estava em vantagem. Trump aguardava sua resposta. Então Tillerson ligou para Reince Priebus.

"Tenho três perguntas para o presidente eleito", disse ele.

"O.k., manda bala. Quais são?"

"Reince, eu não vou fazê-las a você. Preciso perguntar ao presidente cara a cara. Preciso ver suas respostas."

Priebus providenciou para que ele se encontrasse com Trump na residência dele em Nova York, no sábado.

Nesse meio-tempo, Tillerson conversou com amigos republicanos de longa data que haviam sido secretários de Estado — Condoleezza Rice (quatro anos de George W. Bush), James A. Baker III (três anos de George H. W. Bush) e George Shultz (seis anos de Ronald Reagan). Ele os lembrou de que vinha do Big Oil e não queria causar problemas para si mesmo ou para o presidente recém-eleito. Eles eram especialistas em serviço público. O conselho foi unânime: você deve aceitar. Quando o presidente pede, se a coisa está no reino do possível e se é legal, você responde com um sim.

Tillerson visitou Trump em sua residência particular.

"Quero liberdade para escolher minha gente", disse ao presidente eleito. "Vou entender se houver alguém que seja altamente questionável para você", disse Tillerson. No fim das contas, nomear alguém era decisão e responsabilidade do presidente. "Mas espero ter a liberdade de montar a equipe que acho que vou precisar para ajudá-lo."

"Feito", disse Trump.

"A segunda questão é que quero sua garantia de que, quando entrarmos nisso, você nunca retirará minha indicação. Porque minha confirmação será muito difícil." Ele estava ciente de que os presidentes muitas vezes desistiam quando a controvérsia chegava. O executivo da Big Oil inevitavelmente atrairia fogo. "E não quero que você gaste seu capital político comigo. Vou fazer isso sozinho, ou não vou fazer. E se eles votarem contra mim, não é o fim da minha vida. Vou para casa e recomeço de onde parei. Você tem de me garantir que não vai desistir e se render."

"Tudo bem", disse Trump. "Eles vão confirmar você. Não vai ser nada demais. Nem se preocupe com isso."

Em terceiro lugar, disse Tillerson: "Quero que você me prometa que nunca teremos uma discussão pública, porque isso não serve a ninguém".

No mundo imobiliário de Nova York, Trump ganhou em muitas décadas a reputação de depreciar ex-parceiros de negócios e ex-parceiras românticas na imprensa sensacionalista depois que as relações azedavam.

"Se você estiver insatisfeito comigo, me telefone e pode me arrebentar", disse Tillerson. "É tudo a portas fechadas. Porque quando eu saio por aquela porta, sirvo a você e ao povo americano. Não vou menosprezar ninguém. Simplesmente não está na minha natureza."

"Não se preocupe", disse Trump, "nós vamos nos dar esplendidamente bem."

3

No dia 1º de dezembro, em Cincinnati, em seu primeiro comício na turnê de "agradecimento", Trump anunciou: "Vamos nomear Cachorro Louco Mattis para nosso secretário da Defesa".[1] O apelido Cachorro Louco iria pegar.

Para seu segundo comício de "agradecimento", em Fayetteville, Carolina do Norte, na semana seguinte, o presidente eleito pediu a Mattis que lhe fizesse companhia, pois o apresentara formalmente como seu indicado para secretário da Defesa em 6 de dezembro. O evento se realizaria perto de Fort Bragg, a sede do Comando de Operações Especiais do Exército e da famosa 82ª Divisão Aerotransportada. O mau tempo os impediu de ir de avião, então Mattis acompanhou Trump na longa viagem de carro sob chuva pelas florestas da Carolina do Norte.

A certa altura, Trump confidenciou que havia escolhido Rex Tillerson para ser seu secretário de Estado.

Tillerson será ótimo, perfeito, disse Trump, entusiasmado com o CEO da Exxon. Esse homem tem presença. Ele dirigiu uma das maiores e mais bem-sucedidas organizações do mundo. Não faz parte do establishment de Washington, não está contaminado pelo pântano. Era um negociador que agenciou contratos de petróleo em todo o mundo, inclusive de bilhões com a Rússia. Durante anos, negociou com Pútin, que lhe concedeu a Ordem da Amizade russa. Trump falou como se tivesse contratado o Michael Jordan da diplomacia. Ele adorava a ideia de que a escolha de Tillerson desafiaria toda a sabedoria convencional.

Mattis nunca tinha ouvido Trump falar de alguém com tanta admiração e respeito.

Meu Deus, pensou Mattis, isso vai ser ótimo.

Desde sua ida para a reserva dos fuzileiros navais, três anos antes, Mattis passara muito tempo como pesquisador na Hoover Institution, um centro conservador de estudos de políticas públicas da Universidade Stanford.

A Hoover começara como uma biblioteca criada pelo presidente Herbert Hoover e era um poleiro confortável para Mattis, que tinha 7 mil livros em sua biblioteca pessoal e era frequentemente chamado de o "Monge Guerreiro".

Na Hoover, fizera amizade com George Shultz, secretário do Tesouro de Nixon e secretário de Estado de Reagan. Mattis foi surpreendido por uma advertência nas memórias de Shultz sobre a necessidade de ter uma espinha rígida. Quando você discordava do presidente ao qual servia, tinha de preservar sua independência e manter sua posição.

"Para fazer bem o trabalho, você não pode querê-lo demais", disse Shultz a Mattis ao deixar a Hoover.

Depois de passar o Natal com sua mãe em Richland, Washington, Mattis foi para Washington, D.C. Ele soube que Tillerson também estava na cidade e ligou para ele em seu hotel, em 28 de dezembro.

"Aqui é Jim Mattis", disse ele. Eles não se conheciam, mas "talvez venhamos a trabalhar juntos".

"Deixe-me convidá-lo para jantar", disse Tillerson. "Estou morando no Jefferson Hotel. Por que você não vem aqui hoje à noite?"

Mattis, habitualmente pontual, foi o primeiro a chegar ao restaurante do hotel, o Plume, que tem uma estrela no Michelin. Foi conduzido a uma mesa especial reservada pelos funcionários, num nicho discreto dos fundos para lhes dar privacidade.

Quando chegou e foi conduzido à mesa, Tillerson notou que Mattis estava de camisa branca e gravata, mas sem paletó. Quando Mattis se levantou, Tillerson deu uma olhada nas calças jeans e nos tênis dele. "Você e eu vamos nos dar bem", disse o texano.

Tillerson acreditava que era preciso conhecer a história de vida de um indivíduo, seus primeiros anos, para realmente entender quem ele era. Ele compartilhou a sua. Criado numa família de classe média baixa do Texas, foi ajudante de garçom e zelador e colhia algodão nos fins de semana. Seu pai entregava leite num caminhão. Fundamentais para sua vida, segundo ele, foram os escoteiros. Ele alcançara a categoria máxima de Eagle Scout e, em tempos recentes, fora presidente dos escoteiros nacionais.

"Você tem família que está vindo para Washington com você?", perguntou Tillerson.

"Nunca me casei", respondeu Mattis. "Eu era casado com o corpo de fuzileiros navais." Ele fez um resumo de sua carreira de quarenta anos, do início às quatro estrelas.

De certa forma, Tillerson também havia se casado com uma instituição. "Na Exxon, eu sempre ficava muito satisfeito em receber um contra-cheque a cada duas semanas", disse Tillerson. "Eles me mudaram muito de lugar. No momento em que começava a descobrir o que estava fazendo, eles me mandavam para algo de que eu não sabia nada. E eu tinha que começar tudo de novo."

Eles passaram a falar de suas experiências internacionais. Mattis servira na Guerra do Golfo, no Afeganistão e no Iraque antes de ascender ao comando do CentCom. Tillerson disse que conhecia o mundo, tendo morado no Iêmen, onde dirigiu as operações da Exxon. "É quase como se eu tivesse feito uma turnê de escuta de quarenta anos."

A respeito da Rússia, Tillerson contou a Mattis sobre seu relacionamento de longa data com Pútin, fornecendo uma versão mais curta daquela que dera a Trump. Mas a conclusão final era a mesma: o novo presidente teria uma chance com Pútin e talvez pudesse até desenvolver um relacionamento construtivo.

Mattis não concordou com Tillerson. Para ele, a Rússia, especialmente quando se alinhava com a China, continuava a ser uma ameaça e não era confiável.

Mattis e Tillerson estavam numa trajetória que nenhum dos dois poderia ter imaginado seis semanas antes. Eles reconheceram com cautela que Trump podia ser um chefe difícil. O novo presidente era um estudante dos contra--ataques épicos de Roy Cohn, um dono de um cassino falido, um mulherengo e uma estrela do reality show *O Aprendiz*, que visivelmente se comprazia em distribuir a marca registrada "Você está despedido!" aos concorrentes.

Mattis propôs uma ideia nascida da experiência.

Nas últimas quatro décadas, disse ele, houve alguns anos em que as relações entre o secretário de Estado e o secretário da Defesa foram tão ruins que eles não se falavam ou nem mesmo cruzavam o rio Potomac e apertavam as mãos.

"Jim", disse Tillerson, "como pode ser assim? Eu entendo que possam não gostar um do outro", mas um colapso da relação de trabalho parecia impossível e contraproducente.

Mattis explicou que quase sempre havia tensão entre Estado e Defesa.

Por exemplo: o secretário de Estado George Shultz reclamava em privado que o secretário da Defesa Caspar Weinberger era cauteloso e relutava em usar os militares, a não ser para deter a União Soviética e evitar a Terceira

Guerra Mundial. Mesmo como líder do Departamento de Defesa, ele queria que a diplomacia resolvesse todos os outros problemas do mundo.

Shultz, ao contrário, acreditava que o poder e a diplomacia precisavam trabalhar em conjunto. Ele caracterizava sua diferença com Weinberger como "uma batalha sem tréguas".[2]

Mattis disse que a única exceção que testemunhou no combate entre Defesa e Estado ocorrera quando ele era coronel e assistente militar dos secretários da Defesa William Perry e William Cohen durante os últimos anos de Bill Clinton, de 1996 a 1998. Na época, Madeleine Albright era secretária de Estado e Sandy Berger, assessor de segurança nacional. O trio Albright, Cohen e Berger se encontrava para almoços e reuniões periódicos. "Todas as semanas eles acertavam as coisas", disse Mattis.

Como o presidente Clinton estava focado em questões internas e, mais tarde, foi consumido pela investigação de Whitewater e seu eventual impeachment por mentir sobre um caso com a estagiária da Casa Branca Monica Lewinsky, a política externa e de defesa recebia pouca atenção presidencial. Se os três — Cohen, Albright e Berger — apresentassem uma frente unida com uma linha de ação recomendada, Clinton aprovava.

"As questões eram provavelmente apropriadas para ser resolvidas dessa forma", disse Mattis a Tillerson. O processo atendia aos interesses tanto de Clinton quanto da equipe de política externa, acreditava Mattis.

Um exemplo vívido ocorreu no meio do impeachment de Clinton, em dezembro de 1998. O ditador iraquiano Saddam Hussein se recusou repetidamente a admitir inspetores de armamento em instalações suspeitas de fabricar armas de destruição em massa, conforme exigido por uma resolução das Nações Unidas. Cohen e os outros disseram a Clinton que ele precisava bombardear o Iraque para estabelecer sua credibilidade e provar que os Estados Unidos estavam falando sério. O secretário da Defesa propôs uma operação chamada Raposa do Deserto, que consistia em 650 bombardeiros ou missões de mísseis contra cem alvos. Não se tratava de uma alfinetada, como o bombardeio de onze minutos de Reagan na Líbia por trinta bombardeiros da Força Aérea e da Marinha.

Os aliados de Clinton na Casa Branca temiam que uma ação militar desse tipo pudesse ser vista como uma tática de "abanar o cachorro" para evitar o impeachment.

Cohen, apoiado por Albright e Berger, argumentou o contrário. "Deixar de agir agora minará nossa credibilidade", disse o secretário Cohen a

Clinton numa reunião do NSC. "Nossa palavra está em jogo. Se não o fizermos, seremos testados no futuro. Se você não agir agora, o próximo argumento será que está paralisado" pelo processo de impeachment.

Clinton cedeu. "Não consigo pensar em mais nada", disse ele. "Não tenho escolha."

A Raposa do Deserto durou três dias. A operação matou ou feriu 1400 militares iraquianos, de acordo com estimativas americanas. As ambições de Saddam foram domadas por vários anos.

Devemos trabalhar juntos de forma semelhante, disse Mattis. "Acho que nossa política externa foi militarizada nos últimos vinte anos." Muitas guerras, demasiadas ações militares. "Já vi garotos demais morrerem."

Mattis tinha uma proposta surpreendente para Tillerson. "Quero você na liderança da política externa. Vou lhe dizer o que podemos fazer e o que eu não posso fazer. Vou lhe contar os riscos. Mas, quando terminarmos, não quero que a Casa Branca organize isso entre nós dois. Você e eu vamos organizar tudo. E, então, vamos nos encontrar toda semana. Vamos conversar quantas vezes for necessário. Quando entrarmos na Casa Branca, estaremos unidos pelo quadril." Mattis segurou dois dedos juntos para ilustrar a unidade. "É assim que vai ser."

Tillerson adorou o plano. "Eu prometo", disse ele. "Não sei nem como começar a formular soluções para alguns dos nossos desafios de política externa se não tiver o apoio dos militares nas minhas costas." Ele arqueou as costas e pôs a mão na coluna para se apoiar. "Do contrário, os caras" — os diplomatas no exterior — "com quem estou falando não vão prestar atenção em mim."

"Você estará no assento do motorista da política externa", disse Mattis. "O ônibus seria dirigido por diplomatas do Departamento de Estado." Mattis aumentaria o poder dos diplomatas pressionando o lado militar, sendo duro. "Qualquer país que lidar conosco vai ouvir seus diplomatas, porque eles não vão querer lidar comigo" — Mattis e os poderosos militares americanos.

Tillerson viu que eles haviam fechado rapidamente um acordo de trabalho. Estado e Defesa nunca entrariam numa reunião do NSC sem ter elaborado uma posição comum. Se existisse uma questão em aberto, eles encontrariam uma posição comum.

Na qualidade de general, a função de Mattis era cumprir as ordens dos civis — presidente, secretário da Defesa e do NSC. Mas agora ele tinha de mudar. Não estava mais lá apenas para levar a cabo a política — "nada de joviais 'sim, sim, senhor'". Tillerson e ele estavam lá para construir políticas.

Mattis ficou surpreso com a simpatia que sentiu por Tillerson. Sabia que poderia trabalhar com ele. Às vezes, você se senta com alguém e sabe que pode confiar nessa pessoa.

Mattis continuou: "Meu trabalho é tentar manter a paz, ou o que passa por paz neste mundo conturbado". Mattis costumava dizer: "Mantenha a paz por mais um ano, mais um mês, mais um dia, mais uma hora enquanto vocês [diplomatas] fazem sua mágica". Os Estados Unidos ainda são uma inspiração, acrescentou ele, mas "a intimidação é necessária. É para isso que eu existo. Porém, em geral, deve ser o último recurso".

Ambos saíram do Plume confiantes de que fariam as coisas funcionarem entre o Estado e a Defesa.

Mattis passou as primeiras três semanas em Washington se preparando para suas audiências de confirmação, um período normalmente focado em reuniões com senadores que votariam em sua nomeação. Os senadores republicanos o acharam atraente, um profissional perfeito. Mas ele logo encontrou um muro de silêncio dos democratas no Congresso. Nem mesmo os telefonemas corteses de rotina. Então, chegou o endosso dos ex-secretários da Defesa republicanos Donald Rumsfeld e Robert Gates e do ex-secretário da Defesa democrata Leon Panetta. Começou a se espalhar a notícia de que Mattis era o candidato "bom" de Trump.

De repente, o líder democrata no Senado, Chuck Schumer, abriu a porta. Mattis experimentou uma onda inesperada de atenção. Os democratas não conseguiam vê-lo o suficiente. Ele até se encontrou com o socialista democrático Bernie Sanders e com Mazie Hirono, do Havaí, elevando para cerca de cinquenta o número de senadores de ambos os partidos com quem se encontrou. Parecia que estava em boas condições para ser confirmado.

Durante o processo de confirmação, a CIA e a Agência de Inteligência da Defesa deram-lhe instruções detalhadas, mas o protocolo impedia qualquer contato de verdade com líderes militares mais graduados do Pentágono. Ele não podia presumir que seria confirmado. Porém Mattis continuou perguntando pela estratégia. Qual era o plano? Qual era a teoria atual de defesa dos Estados Unidos? Trump fez muitas promessas durante a campanha. Como elas se encaixariam na estratégia geral?

Mas Mattis não estava obtendo resposta alguma. Se havia aprendido algo em seus quarenta anos na ativa, é que era essencial pensar sobre essas questões, sopesá-las, debatê-las, testá-las frente à história. Era angustiante ser excluído de questões tão críticas.

Mattis recebeu sua dispensa e o Senado o confirmou, por 98 a 1.

Mais tarde, Tillerson foi confirmado pelo Senado por 56 a 43, tendo obtido quatro votos do Caucus Democrata. Trump deu a ele seu número de telefone celular pessoal e disse que poderia ligar para ele 24 horas por dia, sete dias por semana, e ele atenderia. Trump também concordou em dar a Tillerson uma hora às terças e quintas, quando os dois se encontrariam sozinhos. Além disso, às sextas-feiras, Trump almoçaria com Tillerson e Mattis quando todos estivessem na cidade.

4

Poucos dias depois da eleição, o senador Dan Coats, um republicano de Indiana, também recebeu um telefonema de Pence, um de seus amigos mais próximos e confidente.

Cristão devoto, calmo e polido, Coats, de 73 anos, foi senador durante dezesseis anos.

"Você quer um emprego?", perguntou Pence, um cristão renascido, a Coats.

"Não, não", disse Coats, "não quero um emprego!"

Pence sabia que Coats estava num caminho diferente. Quando fora governador de Indiana, ele convidara Coats e sua esposa Marsha para jantar com ele e sua esposa Karen na Aynes House, o refúgio do governador numa área de colinas arborizadas a cerca de 45 minutos de Indianápolis, no condado de Brown.

A religião era uma força central na vida do casal Coats. Dan e Marsha tinham se conhecido no Wheaton College, uma instituição evangélica de artes liberais em Illinois, cinquenta anos antes. O lema do Wheaton College é "Por Cristo e Seu Reino". O evangelista Billy Graham era uma influência dominante e duradoura na escola.

Numa longa sessão de orações, os quatro concordaram que precisavam tomar algumas decisões sobre o futuro. Pence deveria concorrer à presidência ou a um segundo mandato de governador? Coats deveria buscar outro mandato no Senado?

"Conversamos sobre o futuro e para onde Deus podia levar cada um de nós", explicou Coats mais tarde. "Oramos para que Deus fosse claro e acho que levantei a questão de que deveríamos orar por clareza não daquilo que queríamos, mas do que Deus desejaria."

Coats não acreditava que nenhum deles tivesse uma linha especial de comunicação com Deus. "Está simplesmente embutido na nossa fé que, em última análise, somos seus filhos e Ele tem um plano para nós. E não sabemos qual é, e nossa função é ser obediente para pedir clareza e, depois, cumpri-la."

Pence relembrou a história de Davi no Antigo Testamento, que estava escondido do rei Saul numa caverna quando Deus enviou uma aranha para tecer uma teia na entrada da caverna. Ao ver a teia, Saul não entrou na caverna. A aranha havia escondido a presença de Davi e salvou a vida dele. A história mostrava que até mesmo uma aranha pode ser um instrumento de grande salvação nas mãos de Deus.

Marsha Coats, cujos avós eram ministros, jamais ouvira um sermão tão sério e profundo. A história levantava questões óbvias. Uma aranha, normalmente motivo de medo, poderia trazer a salvação?

No final do jantar, surgiram duas decisões. Coats não concorreria ao Senado depois do término de seu mandato, e Pence não concorreria à presidência.

A escolha inesperada de Pence para companheiro de chapa de Trump pegou a todos de surpresa.

Em seu telefonema pós-eleição, Pence propôs que Coats fosse falar com Trump, mesmo que não quisesse um emprego. Ele poderia descrever como o Senado funciona.

Coats tinha tempo de vida suficiente para saber que se tratava de uma tática de recrutamento disfarçada de pedido de orientação. Mesmo assim mordeu a isca. No final de novembro, viajou para ver o presidente eleito na Trump Tower, em Nova York. Coats estava inquieto. Quando o teipe do programa de TV *Access Hollywood*, que revelava os comentários obscenos de Trump sobre as mulheres, veio à tona durante a campanha, Coats criticou o indicado de seu partido no Twitter: "Os comentários vulgares de Donald Trump são totalmente inapropriados e nojentos".[1]

"Então você quer um emprego", disse Trump, agindo como se não soubesse ou não se importasse com os comentários anteriores de Coats.

"Não, não, eu não quero um emprego."

"Que tal ser embaixador?"

"Eu fui embaixador", disse Coats. Ele havia sido embaixador de George W. Bush na Alemanha por quatro anos.

"Que tal Rússia ou China?", perguntou Trump, sugerindo que seria uma promoção.

Coats explicou que fora banido da Rússia vários anos antes por causa de suas críticas violentas à invasão russa da Crimeia.

"Isso é ótimo", disse Trump, acrescentando: "Vamos mandar você para a Rússia e isso vai realmente espicaçá-los!". Trump estava na verdade se deleitando com seu papel de futuro presidente.

Só então Trump foi informado de que Harold Hamm, um bilionário petroleiro de Oklahoma e grande contribuinte para sua campanha, havia chegado.

"Traga-o", disse Trump. Parecia que quanto mais gente ao redor, melhor. "Esse cara enfia um canudo no chão e sai a porra do petróleo", disse Trump. "Onde quer que perfure, ele encontra petróleo."

A discussão rapidamente mudou de Coats para Hamm. Quase como uma reflexão tardia, Trump disse que ligaria para Coats a respeito de um trabalho.

Coats saiu da Trump Tower e não ouviu nada por algum tempo. Mas, um mês depois do encontro deles, Pence ligou de novo. "O presidente gostaria que você fosse o diretor da inteligência nacional."

Coats fez uma pausa. O cargo, muitas vezes referido por sua abreviatura DNI ou tsar da inteligência, foi criado na esteira das enormes falhas de informação e coordenação antes dos ataques terroristas de Onze de Setembro. Tratava-se de um dos cargos mais importantes que o presidente poderia oferecer — a posição mais alta no mundo da inteligência, que supervisiona dezessete agências de inteligência, entre elas a CIA e a Agência de Segurança Nacional (NSA, na sigla em inglês), que interceptavam comunicações em todo o mundo. Sendo membro do Comitê de Inteligência do Senado, Coats sabia que o cargo de DNI garantiria virtualmente sua admissão ao círculo interno de segurança nacional do presidente e ao próprio centro do sistema nervoso central do establishment da espionagem americana e seus segredos.

Contudo, Coats relutava. Marsha o instou a aceitar o cargo. "Uma posição incrível, poderosa e meio assustadora", disse ela.

Ela entendia o desconforto do marido em relação a Trump. Ele havia dividido o Partido Republicano. Membros republicanos de sua própria família lhe disseram antes da eleição que não podiam votar em Trump, mesmo quando ele ainda era o provável candidato. Marsha era a única mulher do comitê republicano de Indiana, indicada por Pence três anos antes.

Ela perguntou então aos familiares em quem iriam votar.

Provavelmente não vamos votar, responderam.

Isso não está certo, disse ela. Eles eram republicanos. "Como americanos, vocês precisam votar. E isso é parte do que significa viver numa democracia."

Um parente franco disse a respeito de Trump: "Ele não é cristão. Ele não é uma pessoa legal. Ele não é um homem moral".

Àquela altura, Marsha havia resolvido sua própria posição a respeito de Trump. Em particular, ela sabia que ele era "um mulherengo e galinha, sem dúvida". Mas Trump era pró-vida e havia prometido financiar as Forças Armadas para torná-las mais fortes.

A família não arredou pé. Como membro do comitê, ela precisava entregar Indiana aos republicanos. E depois que Trump venceu as primárias no estado, Marsha Coats se pronunciou com uma declaração inflexível de seu endosso numa carta pública aos companheiros republicanos de Indiana.

"Temo que, se não nos unirmos para apoiar Donald Trump, abriremos de novo a porta para pelo menos mais quatro anos de implementação de uma agenda de esquerda em Washington", escreveu ela.[2] "Os conservadores correm o risco de perder não somente a Casa Branca e o controle das agências executivas, mas também a Suprema Corte.

"Como mulher conservadora, pró-vida, evangélica e republicana, entendo o conflito que muitos em nosso partido sentem a respeito de apoiar Donald Trump. Ele não foi minha primeira nem minha segunda escolha. Ele não é um homem humilde.

"Eu realmente acredito que o cargo mudará Donald Trump. Acredito que vai torná-lo mais humilde. E acho que até Donald será impelido a recorrer a Deus em busca de orientação."

Dan Coats até entregou uma cópia da carta aberta de sua esposa a Trump quando o candidato republicano esteve em Indiana. Mais tarde, Trump encontrou Marsha Coats e prometeu: "Não vou decepcioná-la". Ele passou o braço em volta dela e disse aos outros presentes de forma amigável e calorosa: "Ela me repreendeu".

"Trump é tão controverso", ela disse mais tarde a um auxiliar. "Ele é o tipo de pessoa que inspiraria gente maluca."

Dan Coats aceitou o cargo de DNI. Ele concluiu que Pence estava tentando semear o gabinete de Trump com aliados, pessoas que compartilhassem de seus valores religiosos, e concordou em ser indicado. Como era ex-senador, foi facilmente confirmado numa votação de 85 a 12.

A vida real se estabeleceu de imediato. O pessoal de segurança invadiu sua casa de três andares na Virgínia do Norte e montou no porão um Centro de Informações Sigilosas Compartimentadas (SCIF, na sigla em inglês), para tratar das informações mais importantes e altamente classificadas. Instalaram também câmeras e um sofisticado sistema de segurança, e o pessoal de inteligência e segurança começou a operar o SCIF do porão 24 horas por dia. Do lado de fora, equipes de segurança em turnos de doze horas ficavam sentadas num carro na frente da casa. Não havia mais privacidade. Com todas aquelas pessoas e aparelhos, Coats e a esposa até se preocupavam com a possibilidade de estarem sendo espionados.

Logo depois de começar o trabalho e participar de sua terceira reunião de inteligência com o presidente, onde se apresentava o PDB, Coats pediu um tempo a sós com Trump.

"Sr. presidente", disse Coats, "haverá momentos em que entrarei aqui para informá-lo sobre inteligência, e você não ficará feliz com o que tenho a dizer." Esse era seu trabalho e ele queria que o presidente soubesse que não se tratava de nada pessoal. Coats sentiu que a declaração meio que o libertou.

Em seus primeiros três meses como DNI, Coats sentiu-se totalmente esmagado. A cultura da inteligência era radicalmente diferente de seu mundo. Sua formação em artes liberais e direito tinha sido perfeita para o Senado. Mas a comunidade de inteligência era dominada por cientistas, engenheiros e matemáticos, todos manejando a extraordinária tecnologia da moderna coleta de informações. Todos falavam em siglas, códigos e níveis cada vez maiores de classificação secreta e compartimentos especiais para programas sensíveis. As informações chegavam do espaço sideral ao fundo do mar, bem como de todos os lugares intermediários.

Somando-se à desorientação, Coats nunca sabia qual Trump encontraria ao entrar no Salão Oval três vezes por semana para o PDB, que estava projetado para fornecer — e exibir — as informações internas mais úteis e de alta sensibilidade sobre questões de segurança nacional. Em alguns dias, Trump estava legal, até mesmo de bom humor. Em outros, atacava de forma abusiva. "Eu não confio na inteligência", dizia ele, deixando claro que via o pessoal da inteligência como inimigo.

Para ajudar a reduzir o estresse, Marsha preparava jantares agradáveis com vinho, um prazer especial, pois desde o Wheaton College haviam feito a promessa de não beber.

"Foi um dia bom ou ruim?", perguntava ela cautelosamente, mas com intensa curiosidade.

"Foi uma reunião boa hoje", dizia ele às vezes. O presidente ouviu, fez boas perguntas. Trump era inteligente e podia ser encantador e até charmoso.

Mas havia dias ruins. "O presidente realmente não queria ouvir as informações, ou, se as ouvia, discordava delas, dizendo 'eu não acredito nisso'."

Coats tinha horas de leitura para terminar à noite e as viagens eram sem escalas. Por exemplo, passava 23 ou 24 horas num avião para ir e voltar de uma conferência em Singapura.

A diferença entre a relação de seu velho amigo Pence com as agências de inteligência e a de Trump era gritante. Pence visitou todas as agências de inteligência americanas, onde passou duas ou três horas, querendo aprender, reforçando o moral. Trump recusou os convites de Coats para visitar a NSA ou qualquer outro lugar. Decidido a convencer o presidente do valor das agências de inteligência, Coats resolveu levar os diretores de inteligência ao Salão Oval. Ele perguntou a cada um: quais são suas joias da coroa da coleta de informações? Ele estava procurando as coisas incríveis que davam aos Estados Unidos um grau de segurança inimaginável para alguém de fora.

Trump reagiu melhor quando Coats levou um capitão de submarino da Marinha ao Salão Oval. O bonito e carismático oficial parecia um astro do cinema. Ele descreveu programas altamente secretos capazes de rastrear os submarinos da Rússia e da China. Em outro programa, os submarinos dos Estados Unidos podiam pegar mísseis do fundo do oceano lançados por adversários.

Uau!, exclamou Trump. Aquele cara é realmente incrível.

Mas os dias ruins eram mais frequentes. Coats começou a pensar que Trump era imune aos fatos. Ele tinha seus próprios fatos: quase todo mundo era um idiota e quase todos os países estavam roubando dos Estados Unidos. O fluxo constante de broncas era debilitante. A tensão nunca diminuía, e Coats não estava disposto a entortar os fatos para se adequar aos preconceitos ou desejos do presidente. Ele estava chocado. "Trump estava numa página diferente de quase tudo em que eu acreditava."

O hábito de Trump de tuitar a qualquer hora do dia e da noite, inclusive sobre questões importantes de política externa, era pessoalmente perturbador para Coats. Ele se pegava acordando no meio da noite pensando: oh, meu Deus, o que ele tuitou? Por fim, decidiu que veria os tuítes apenas pela manhã, concluindo que não podia se permitir o hábito de pensar que tinha de acordar às duas ou três da manhã apenas para ver se havia algum tuíte. Também ficou claro para Coats que os tuítes significavam que Trump não estava dormindo. Quais eram as horas de sono do presidente? Coats ouviu que o presidente estava começando seu dia de trabalho cada vez mais tarde, agora às onze e meia da manhã. Talvez isso fosse uma pista.

Marsha estava espantada com os relatos do marido sobre a arrogância do presidente. "Quem poderia ocupar o cargo de presidente e não perceber o quão inadequados eles são? Qualquer um sentiria que precisava da ajuda divina para realizar esse trabalho e fazê-lo bem."

Marsha, que era formada em psicologia e já tivera uma clínica de aconselhamento familiar, temia que o marido estivesse se exaurindo. Ele estava perdendo peso. Suas camisas pendiam frouxamente do corpo.

"Dan", disse ela uma noite, "você será um fracasso neste trabalho se não começar a comer, dormir e acreditar em si mesmo.

"Você está desrespeitando a Deus. Foi Ele quem o pôs nisso." Se você não está fazendo o trabalho, disse ela, não está decepcionando apenas o país ou Trump. Ser DNI fazia parte do plano de Deus para Dan. Ele estava decepcionando Deus.

Marsha estava cansada das queixas dele. "Você não estaria nessa posição se o Senhor não acreditasse que você é o homem certo para a tarefa."

5

Bradley Byers, 38 anos, um ex-piloto de caça F-18 da Marinha que havia participado de missões de combate no Afeganistão e no Iraque, entrou para o gabinete de Mattis como contato civil com a Casa Branca. Ele fazia parte da chamada "Equipe Beachhead" de três dezenas de nomeados de Trump no Pentágono que não precisavam ser confirmados pelo Senado. Eles deveriam trabalhar no conjunto de escritórios de Mattis no Pentágono e dar à Casa Branca influência nas operações de Mattis.

Na primeira semana do governo, estava programado que Trump iria ao Pentágono em 27 de janeiro para o juramento cerimonial de Mattis. O presidente também se encontrava numa corrida mortal para assinar o maior número possível de ordens executivas a fim de demonstrar que estava mudando o governo e derrubando o legado de Obama. Ele planejava assinar algumas dessas ordens no Pentágono.

"Brad, quais são as ordens executivas que o presidente pretende assinar?", perguntou Mattis pela manhã.

Byers não sabia, mas prometeu descobrir. Telefonou e enviou um e-mail para o gabinete do secretário da equipe da Casa Branca e assuntos de gabinete. As ordens do dia ainda estavam sendo editadas. Não houvera reuniões do NSC ou do gabinete. Por fim, as ordens executivas foram enviadas por e-mail.

Trump estava chegando. As ordens foram impressas e dispostas em pastas de couro.

Byers por fim olhou para a segunda ordem, intitulada "Protegendo a Nação da Entrada de Terroristas Estrangeiros nos Estados Unidos". Era uma proibição de viagens que impedia pessoas de sete países de maioria muçulmana de entrar nos Estados Unidos.

Seis meses antes, como um simples civil, Mattis havia criticado publicamente a proposta de proibição do candidato Trump aos imigrantes muçulmanos. No Oriente Médio, dissera Mattis, "eles acham que enlouquecemos. Esse tipo de coisa está nos causando grandes danos agora e está enviando ondas de choque".[1]

Mattis prestou juramento cerimonial no Salão dos Heróis do Pentágono, que homenageava mais de 3 mil militares que receberam a Medalha de Honra do Congresso, o maior prêmio de combate. Ele agradeceu a Trump e Pence e lhes deu as boas-vindas "ao quartel-general de suas forças militares, suas sempre leais forças militares, onde a incrível determinação dos Estados Unidos da América em se defender está em plena exibição".[2]

Trump, professando "total confiança" em Mattis, chamou-o de "um homem de ação total. Ele gosta de ação".

Quando a cerimônia terminou, Trump assinou a ordem de proibição de viagens e a entregou a Mattis. O general ficou pasmo.

Assim que a notícia apareceu, alguns veteranos da Sociedade da Medalha de Honra do Congresso imediatamente expressaram sua fúria pelo fato de o salão ter sido usado como palco para a controversa proibição de viagens. A mensagem franca deles para Mattis era: não foi por isso que lutamos.

Mattis achava que se tratava de um erro grave de processo. Não havia processo. Quem estava decidindo essas coisas?

A proibição de viagens, que começou como uma promessa de campanha que Trump fez em dezembro de 2015, quando pediu "uma paralisação total e completa da entrada de muçulmanos nos Estados Unidos até que nossos representantes do país possam descobrir que diabos está acontecendo", tornou-se um símbolo das atitudes e políticas anti-imigração de Trump.[3]

Em 19 de março de 2017, o *Washington Post* publicou um artigo dizendo que muita gente no Pentágono chamava privadamente Byers de "o comissário", o funcionário comunista da época soviética que devia monitorar a lealdade dos comandantes.[4]

Mattis leu o artigo e pediu a Byers que ficasse por perto depois das reuniões matinais.

"Suponho que você tenha lido o artigo", disse Mattis. "Se você vai circular em torno dessa gente, é melhor se acostumar. Eles vão descobrir o que há de ruim a seu respeito ou vão inventar." Ele contou algumas histórias engraçadas sobre ocasiões em que achou que a imprensa se enganou sobre ele quando era general.

Quando Byers saiu do escritório, um grande grupo estava do lado de fora para outra reunião.

"Ei, jovem", Mattis disse em voz alta, para que todos ouvissem, "mantenha seu senso de humor. E quando tudo o mais falhar, fodam-se!"

"Assim a Casa Branca pensa que você é o cara deles", Mattis disse mais tarde a Byers, "e eu tenho você." Mattis deixou claro que não queria nenhuma competição em público entre ele e o presidente Trump sobre nenhum assunto. Dessa forma, Mattis poderia ter influência. Qualquer conflito público podia ser fatal.

No início de abril, Trump ordenou uma reação modesta de 59 mísseis Tomahawk contra a base aérea de Shayrat da Síria como punição pelo uso de armas químicas por Bashar al-Assad.[5]

Na manhã seguinte, Trump telefonou para Mattis no Pentágono, uma ligação que deveria ser supostamente de parabéns. Mattis pôs Trump no viva-voz e alguns membros da equipe sênior se reuniram em torno de sua mesa para ouvir.

Trump havia visto fotos dos danos. "Não acredito que você não destruiu a pista!", gritou o presidente. Ele estava furioso e parecia fora de si.

"Sr. presidente", finalmente respondeu Mattis, "eles reconstruiriam a pista em 24 horas e isso teria pouco efeito sobre a capacidade deles de mobilizar armas. Destruímos a capacidade de mobilizar armas" por meses. Essa era a missão que o presidente aprovara e fora bem-sucedida.

Em abril, Byers levou a Mattis uma carta do secretário de Comércio, Wilbur Ross, a respeito de uma investigação sobre as tarifas de aço e alumínio que o presidente, um forte crente em tarifas, havia ordenado. O presidente acreditava que a produção nacional de aço estava em risco por causa do aço importado do estrangeiro mais barato.

"Brad", disse Mattis depois de ler a carta, "eu tenho a Coreia do Norte, tenho a Síria, tenho o Corno da África em chamas. Não dou a mínima para o aço." Mas ele se preocupava com a aliança com a Coreia do Sul — um grande exportador de aço. Qualquer tarifa poderia prejudicar gravemente o relacionamento crítico. "Trate disso", disse Mattis.

Mattis enviou um memorando à Casa Branca relatando que o "uso de aço pelas forças militares dos Estados Unidos representa menos de 0,5% do total da demanda de aço dos Estados Unidos" e os militares seriam capazes de "adquirir o aço necessário para corresponder às necessidades da defesa nacional".[6]

Byers mantinha Mattis informado semanalmente, quando não todo dia, sobre as discussões tarifárias da Casa Branca. Lidar com isso significou que Byers ocupou literalmente o lugar de Mattis nas reuniões de gabinete.

Às dez da manhã de 26 de junho, Byers sentou-se no lugar de Mattis na Sala Roosevelt para a reunião de gabinete sobre tarifas do aço. Ele fez anotações. O debate girou em torno da melhor forma de impor tarifas. Byers achou que a falta de contexto ou definição do problema deixava as conversações sem objetivo.

"O presidente está esperando para entrar", disse o chefe de gabinete Reince Priebus. "Vou avisá-lo de que não estamos prontos para ele." Ele saiu para o Salão Oval e voltou em cerca de dois minutos. "Contra meu conselho", disse Priebus visivelmente nervoso, "o presidente quer ouvir este debate."

Em seguida, Trump entrou e todos se levantaram.

"Vamos impor uma tarifa sobre todo o aço e alumínio, tudo que vier", disse o presidente, "e ver o que acontece."

Essa abordagem deixou enlouquecido Gary Cohn, o principal assessor econômico da Casa Branca. Ele havia argumentado veementemente que a economia americana era importante demais para fazer experimentos ao acaso.

O presidente acrescentou que não deveriam se preocupar com o Nafta, o Acordo de Livre Comércio da América do Norte, que ele estava tentando renegociar. Em seguida, mudou para os déficits comerciais, em especial com a Coreia do Sul.

"Somos uma economia movida pelo consumidor", disse Cohn, lembrando ao presidente as consequências da imposição de tarifas. "E os preços vão subir. E isso terá um impacto significativo no nosso produto interno bruto" — o crescimento econômico geral.

"Precisamos de um crescimento de 3% do produto interno bruto", concordou Mick Mulvaney, diretor do Gabinete de Administração e Orçamento, "ou estaremos fora do mercado."

"O mundo está se aproveitando de nós", disse Trump, afastando as preocupações deles, "e é hora de mudar. Eu adoraria deixar a Coreia do Sul." Estavam se aproveitando dos Estados Unidos. O país estava pagando para manter 30 mil soldados na Coreia do Sul para proteger os sul-coreanos. "Somos o cofrinho que todos querem roubar."

Trump estava jovial e lançou várias bombas F. "Não se preocupem com tudo."

Cohn apresentou mais um argumento contra as tarifas do aço. "Não somos uma nação produtora de aço. Somos uma nação produtora de bens. Se aumentarmos o preço do aço, nossos produtos ficarão muito caros e não poderemos competir."

A guerra interna da Casa Branca a favor e contra as tarifas continuou.

Byers estava no Salão Oval, sentado ao lado da Resolute Desk, em 21 de julho, quando Trump assinou uma ordem executiva para avaliar como fortalecer a base industrial da manufatura e da defesa.

"Você foi um lutador de luta livre?", perguntou Trump a Byers.

"Sim, senhor, fui", respondeu Byers. Ele havia sido capitão da equipe de luta livre da Carolina do Norte por dois anos e se classificara três vezes para os campeonatos da Associação Atlética Universitária Nacional (NCAA, na sigla em inglês). "Por que o senhor perguntou?"

"Essas orelhas", disse o presidente. "Você tem orelhas de quem luta." Era uma orelha de couve-flor clássica, com acúmulo de tecido fibroso devido a impactos repetidos. "Você era bom?"

"Sim, senhor. Posso me garantir."

"Aposto que você foi bom", disse Trump. "Sabe o quê? Eu teria sido um grande lutador. Nunca lutei na minha vida, mas teria sido um grande lutador. Sabe por quê?"

"Não, senhor. Por quê?"

"Porque sou durão", disse Trump. "E você tem que ser durão para ser um lutador."

Trump já tinha sido apresentador de vários eventos de luta livre e até participara da *Batalha dos Bilionários*, em 2007. Havia sido eleito para o World Wrestling Entertainment Hall of Fame em 2013.

Trump assinou a ordem executiva e todos posaram para uma foto. No grupo estava Peter Navarro, o assessor de comércio da Casa Branca.

"Peter", disse Trump, "preciso que você assuma o comando das negociações sobre o aço." Trump disse que o representante comercial dos Estados Unidos, Robert Lighthizer, e o secretário de Comércio, Wilbur Ross, eram negociadores fracos e que Navarro precisava ser firme e linha-dura.

Trump acrescentou: "Sem mencionar que meus malditos generais são um bando de maricas. Eles se preocupam mais com suas alianças do que com acordos comerciais".

Navarro pareceu lisonjeado pela observação de Trump e disse que ficaria feliz em assumir as negociações.

Assim que voltou ao Pentágono, Byers pediu a Mattis uma reunião privada. Eles se encontraram sozinhos no dia seguinte.

"O que se passa na sua cabeça?", perguntou Mattis.

Houve uma conversa no Salão Oval envolvendo o presidente sobre a qual lhe devo falar e é muito desconfortável, disse Byers.

"Brad, não se preocupe", disse Mattis. "Apenas me diga o que aconteceu."

Byers explicou que o presidente mencionara que os generais não eram duros o suficiente com as tarifas de aço e alumínio e estavam mais preocupados com alianças.

"Conte-me exatamente o que ele disse."

O presidente disse, repetiu Byers, que "meus malditos generais são um bando de maricas. Eles se preocupam mais com suas alianças do que com acordos comerciais".

Byers pôde ver que a mente do secretário disparava para avaliar a situação. Que o presidente falasse daquela maneira na frente de um subordinado como Byers e de outras pessoas era uma violação grosseira de um princípio básico da liderança: elogiar em público, criticar em particular.

"Brad", disse Mattis, "agradeço muito por você ter me contado isso. Você se importaria de pôr isso num e-mail para mim?"

Byers obedeceu à ordem de Mattis e escreveu um e-mail para documentar o que havia ocorrido.

6

Em 26 de janeiro de 2017, sexto dia da presidência de Trump, Matt Pottinger —
na época chefe da política para a Ásia da equipe do NSC e ainda não vice-
-assessor de segurança nacional — foi convocado para uma reunião com o
novo presidente.

Trump disse que Barack Obama lhe falara que a Coreia do Norte seria
seu maior, mais perigoso e mais demorado problema. Kim Jong-un, o er-
rático líder de 32 anos, tinha armas nucleares e talvez estivesse em vias de
construir um míssil balístico intercontinental (ICBM, na sigla em inglês)
que poderia atingir os Estados Unidos.

O que devo fazer?, Trump perguntou a Pottinger.

Pottinger achava que a política de "paciência estratégica" do governo
Obama em relação à Coreia do Norte havia sido um desastre. A seu ver, a
estratégia, em termos gerais, tinha sido esperar que o regime se desinte-
grasse por conta própria e se arrastasse até a mesa de negociações.

Em um mês, Pottinger tinha opções para Trump — literalmente nove,
mas que podiam ser entendidas como três grandes opções com diferentes
nuances. As variações iam de aceitar a Coreia do Norte como uma potência nuclear até a mudança do regime por meio de uma ação secreta da CIA
ou de um ataque militar.

Em 17 de março, dois meses depois de sua posse, Trump se decidiu por
uma política de pressão máxima — aumento da pressão econômica, retórica,
militar, diplomática e, se necessário, ação secreta. A campanha foi projetada
para mostrar a Kim que ele estava em perigo e pagaria um preço maior com
armas nucleares do que sem elas. O objetivo geral era a desnuclearização.

A pressão econômica foi montada para sufocar a capacidade da Coreia
do Norte de ganhar dinheiro em suas embaixadas e missões em 48 países.
Sanções econômicas proibiram 100% das exportações de carvão da Coreia
do Norte. Nações que permitiam que os norte-coreanos trabalhassem dentro delas concordaram em expulsá-los. Restaurantes norte-coreanos e outros negócios no exterior ligados ao regime foram fechados. As operações

norte-coreanas de frutos do mar no exterior, administradas pelos militares de Kim para ganhar dinheiro, foram visadas. As importações de petróleo foram cortadas.

Uma das primeiras nomeações de Trump, apenas duas semanas depois de ser eleito presidente, foi a do deputado Mike Pompeo, que cumprira três mandatos na Câmara, para diretor da CIA. Republicano evangélico do Tea Party, Pompeo, de 52 anos, formou-se em West Point em 1986, obtendo o primeiro lugar numa turma de 973 alunos. Ele também se formou em direito em Harvard.

Por volta do início de março, Pompeo se encontrou na CIA com Andy Kim, um lendário agente que havia acabado de se aposentar, depois de ter dirigido por 29 anos algumas das operações de inteligência mais bem-sucedidas contra a Coreia do Norte.

Nascido na Coreia do Sul, Andy Kim viera para os Estados Unidos ainda adolescente com seus pais imigrantes. Fluente em coreano e educado num dos colégios de elite da Coreia do Sul, Kim era um perfeito e sofisticado agente secreto. Era ideal para a função. Conhecia o idioma e a cultura e estava bem conectado com a classe dominante sul-coreana. Sabia como ler nas entrelinhas de todas as sentenças assustadoras da Coreia do Norte e era capaz de descobrir o que deveria ser verdade ou não.

Diretor de operações da CIA durante décadas, Andy Kim recrutara e cultivara relações com espiões e avaliava pessoalmente cada um deles e a qualidade de suas informações. Ele havia atuado disfarçado em embaixadas americanas em Tóquio, Beijing, Varsóvia, Hong Kong, de volta à China, em seguida Seul e, finalmente, Bangcoc, na Tailândia.

Pompeo disse que a Coreia do Norte estava no topo da agenda do presidente Trump. Ele queria eliminar a ameaça que ela poderia representar ao território dos Estados Unidos e despojá-la de suas armas nucleares.

O que você faria?, perguntou Pompeo. Como faria para cumprir essa meta ambiciosa?

Graças ao período em que esteve no Comitê de Inteligência da Câmara, Pompeo sabia que a CIA coletava informações principalmente de fontes humanas, analisava-as para relatar o que elas poderiam significar para a segurança nacional dos Estados Unidos e também realizava ações secretas para mudar acontecimentos no exterior a fim de promover a política americana. Idealmente, uma ação secreta era realizada sem que o papel dos Estados Unidos fosse descoberto ou conhecido.

Você tem gente talentosa na CIA, disse Kim a Pompeo. Mas esses talentos estão espalhados pela agência nos diferentes departamentos de coleta, análise e ações encobertas. Se você realmente deseja mudar, precisa pôr essas pessoas sob o mesmo comando a fim de criar sinergia. Isso seria um desafio.

Kim disse que a cultura na agência casava as pessoas com seus departamentos. Os departamentos protegiam seu território e não compartilhavam as melhores informações, mesmo quando deveriam. Fazia tempo que um comando único era necessário. A CIA havia feito isso com sucesso em relação a outras áreas geográficas, mas não à Coreia do Norte. Era preciso alguém novo com novas ideias, disse ele.

Tal como Pottinger com Trump, Andy Kim disse a Pompeo que a política de paciência estratégica de Obama não funcionara. Na prática, significara não se envolver com a Coreia do Norte, pondo em desvantagem a CIA e o governo americano. Não se envolver significava não entender. Kim Jong-un era novo, tendo chegado ao poder apenas seis anos antes. "Ainda estamos tentando descobrir quem é Kim Jong-un e o que o motiva", explicou ele. Há uma oportunidade de tentar algo diferente.

Você voltaria e criaria um centro de missão para a Coreia do Norte com controle sobre toda coleta, análise e ações secretas?, perguntou finalmente Pompeo.

Kim disse que precisaria de novos recursos. Ações secretas, sobretudo se fossem planejadas e empreendidas, exigiriam muito dinheiro novo. Mas era tarde demais — o orçamento estava definido para o ano.

Pompeo disse que poderia conseguir o dinheiro de que ele precisava.

Kim disse que um centro daquele tipo totalmente habilitado envolveria centenas de pessoas — algumas que já estavam lá e outras que seriam novas.

Pompeo prometeu: "Apoiarei você".

Depois de uma hora, Kim aceitou o cargo. Ele voltaria. Como diretor de operações, seu trabalho era avaliar as pessoas. Pompeo era determinado, focado na missão e pragmático. Pompeo podia ser o cara que teria influência e energia para seguir em frente, concluiu Kim.

Por outro lado, Kim havia visto o suficiente do governo e da CIA para saber que pessoas com as ideias corretas e a energia certa muitas vezes eram sugadas pelas tradições burocráticas e nunca conseguiam se libertar e realizar alguma coisa. Pessoas boas queriam ser o sujeito bom no sistema e na equipe, não gostavam de criar problemas, queriam ser promovidas a cargos maiores e melhores.

A história recente das ações secretas da CIA também era sombria. Antes da invasão militar do Iraque de 2003, a CIA havia efetivamente lavado as mãos em relação a qualquer possível operação para derrubar o líder iraquiano Saddam Hussein, dizendo que era difícil demais.

No reexame feito pela CIA de seu papel depois do fracasso espetacular da Guerra do Iraque, o Grupo de Operações do Iraque foi chamado de "A Casa dos Brinquedos Quebrados", e a liderança da CIA concluiu que não dar a um presidente opções de ação secreta era uma abdicação de responsabilidade.[1] Visto em retrospecto, derrubar Saddam por meio de uma ação secreta, embora difícil e arriscado ao extremo, teria sido muito menos custoso em termos de vidas e dinheiro.

Mattis planejou operações militares contra a Coreia do Norte e Tillerson fez os esforços diplomáticos. Kim, por sua vez, planejou uma ação secreta para derrubar o líder norte-coreano caso o presidente Trump assinasse uma ordem formal, chamada de veredicto, autorizando uma operação.

7

O subprocurador-geral Rod Rosenstein foi convocado à Casa Branca na segunda-feira, 8 de maio, quatro meses depois de Trump assumir a presidência.

Rosenstein, de 52 anos, parecia ser um dos homens discretamente poderosos de Washington, parte da burocracia invisível, com frequência considerado apenas uma peça anônima na engrenagem do governo. Antes, havia sido um procurador federal relativamente obscuro em Baltimore. Mas, naquele momento, Rosenstein estava no meio de tudo.

Ele havia sido o número dois do Departamento de Justiça por apenas doze dias. Como seu chefe, o procurador-geral Jeff Sessions, se declarara impedido em março de participar da investigação da interferência russa na eleição presidencial de 2016, Rosenstein estava agora encarregado dessa investigação.

A Rússia era o assunto do momento, pois as agências de inteligência americanas haviam concluído que Vladímir Pútin dirigira pessoalmente a interferência organizada nas eleições dos Estados Unidos. A interferência estrangeira na política presidencial era espionagem do mais alto nível. A mídia estava histérica. A Rússia pôs Trump na Casa Branca? Era um Watergate?

Sessions e o assessor jurídico da Casa Branca, Don McGahn, costumavam almoçar juntos semanalmente. Naquela semana, Rosenstein fora convidado a participar do encontro.

McGahn e Sessions eram, pelos títulos oficiais, os pesos-pesados legais do novo governo. Mas agora, como subprocurador, Rosenstein era o encarregado da investigação mais proeminente nos Estados Unidos. Pela tradição do Departamento de Justiça, o subprocurador-geral era também responsável pela supervisão diária do FBI. Ele chegou cedo à Casa Branca.

Rosenstein tinha uma terceira vantagem. Como Sessions havia se retirado do inquérito russo dois meses antes, o presidente Trump repetidamente se enfurecera com seu procurador-geral por não protegê-lo. Trump estava "furibundo, louco de raiva", observou o *Washington Post* em 5 de março.[1]

O desgaste da relação entre Trump e Sessions deu a Rosenstein uma chance de desenvolver uma ligação com o presidente. Formado em direito por Harvard, Rosenstein fora promotor federal de carreira por quase trinta anos, sempre como um rigoroso defensor da lei e da ordem. Considerava-se um "republicano pré-Fox News" porque não gostava do hiperconservadorismo e do que considerava uma cobertura automática pró-Trump.

Quando se mudou para o escritório de subprocurador, Rosenstein notou uma TV nova de tela plana. "Meu Deus", disse para si mesmo, "não assisto televisão." Ele a desligou. Pegou também a pequena TV da antessala, destinada a seus assistentes e à secretária, e a enfiou num armário.

Ciente da obsessão de Trump por assistir televisão, ele pensou que gostaria de aconselhar o presidente: "Desligue a TV e governe o país".

Poucos dias antes, o diretor do FBI James Comey havia informado Rosenstein, no centro de comando do Departamento, sobre a investigação altamente secreta da Rússia, cujo codinome era Crossfire Hurricane. O FBI tinha quatro processos abertos sobre assessores de campanha de Trump. A investigação já levava dez meses e estava andando muito devagar, disse Comey.

"Há mais um detalhe", disse Comey, "se o procurador-geral Sessions fez ou não fez declarações falsas." Sessions se encontrara com o embaixador russo, apesar de ter dito em sua audiência de confirmação que não tivera contato com os russos.

De imediato, Rosenstein se pôs na defensiva e disse que não tinha certeza de que o padrão legal se aplicava àquilo. A conversa de Sessions com o embaixador fora incidental e breve, não de substância, e ele plausivelmente alegara que não se lembrava do contato.

David Laufman, um funcionário sênior da Divisão de Segurança Nacional, que também estava na reunião, ficou espantado ao ver Rosenstein defender Sessions de modo tão aberto. Laufman percebeu que outras pessoas na sala também demonstraram surpresa.

Talvez o mais importante é que Rosenstein concluíra no final do informe de Comey que a investigação sobre a Rússia até então não parecia ser sobre Trump, mas sobre seus assessores. Comey dissera que o presidente não estava tecnicamente sob investigação.

Na opinião de Rosenstein, a Crossfire Hurricane estava, na verdade, focada no que a Rússia havia feito para se intrometer na eleição — suas ações, operações e propósito. O segundo foco da investigação recaía sobre as pessoas do círculo de Trump que pareciam ter mentido a respeito de seus contatos com as autoridades russas. A quantidade de mentiras era extensa. Comey — e agora Rosenstein — estava profundamente desconfiado. Por que tantas mentiras? Alguma coisa ou muitas coisas estavam sendo ocultadas. Rosenstein achou tudo isso sinistro.

No almoço na Casa Branca daquele 8 de maio, McGahn disse a Rosenstein que Trump estava planejando demitir Comey.

Rosenstein não ficou surpreso. No último dia de novembro de 2016, Sessions, então ainda senador do Alabama e escolhido por Trump para procurador-geral, convidara Rosenstein a visitá-lo em seu escritório. Sessions queria recrutar Rosenstein. Ele disse que o governo precisaria de "um novo começo" no FBI.

Agora, seis meses depois, Rosenstein, que na Escola de Direito de Harvard havia sido membro da conservadora Sociedade Federalista, sentia-se confortável com a aparente decisão de Trump. Na visão de Rosenstein, o presidente tinha o poder de demitir quem quisesse. O artigo II da Constituição dizia com clareza: "O Poder Executivo será investido em um presidente dos Estados Unidos da América". Não no gabinete, tampouco na equipe da Casa Branca, no NSC ou no Departamento de Justiça.

Sessions chegou à Casa Branca e o almoço com McGahn começou. Rosenstein logo percebeu que Comey era o principal e único prato. Sessions alegou, com raiva, que o diretor do FBI vazara informações depreciativas para a mídia sobre ele.

Rosenstein sabia que isso era plausível, pois ouvira Comey dizer que Sessions talvez houvesse feito uma declaração falsa.

Reince Priebus, chefe de gabinete da Casa Branca, entrou correndo na sala, parecendo muito nervoso. Ele queria saber como eles poderiam acelerar a remoção de Comey. "Precisamos fazer isso", disse Priebus. Obviamente, Trump estava em pé de guerra. Comey precisava ser afastado de imediato.

Nada foi resolvido no almoço. Mas a pressão estava ligada.

Às cinco da tarde do mesmo dia, Rosenstein foi novamente chamado à Casa Branca, dessa vez para uma reunião com Trump e Sessions. Ele pôde ver em primeira mão como Trump estava obcecado por Comey.

Trump contou que Comey lhe dissera três vezes, em particular, que ele não estava pessoalmente sob investigação no caso da Rússia. Por que Comey não dizia isso em público?, perguntou Trump. O que estava acontecendo? Como aquilo podia estar acontecendo?

Rosenstein achou que o presidente tinha razão. Se ele não estava sob investigação — e Rosenstein sabia por Comey que, até aquele momento, ele não estava —, então talvez, tendo em vista a posição excepcional do presidente como chefe do Executivo, uma declaração devesse ser feita.

Mas o FBI não gostava de dizer em público quando alguém não estava sob investigação, por razões técnicas, tradicionais e, francamente, para livrar o próprio rabo. Em parte, era porque alguém poderia ser investigado mais tarde. Então, como corrigir o registro?

Aquilo era mais do que uma bizarra dança burocrática. Dava ao FBI e aos promotores uma grande vantagem ao entrevistar testemunhas. Essas testemunhas e seus advogados sabiam que a mesa poderia virar rapidamente se alguém não colaborasse.

Na reunião de 8 de maio, Trump foi quem falou mais e não tirou seu foco de Comey. Rosenstein não viu nenhuma linha coerente de pensamento, nenhuma apresentação lógica ou organizada das questões, alternativas ou possíveis consequências. Nenhum momento de conclusão, eis como a decisão será tomada, e muito menos: aqui está a decisão.

Rosenstein era novo nas reuniões da Casa Branca e na convivência privada com Trump, então ficou quieto. Ele ficou espantado como o monólogo divagante do presidente continuava em todos os sentidos, menos em linha reta. Mas achou importante que Trump não dissera que queria se livrar da investigação no caso da Rússia — ele queria se livrar de Comey.

Comey deveria ter a chance de renunciar por vontade própria?, perguntou um assessor jurídico adjunto da Casa Branca.

McGahn concordou que deveria.

Rosenstein achou que isso era razoável, mas ficou calado.

Trump disse que estava trabalhando havia dias numa carta de demissão para enviar a Comey e que a ditou pessoalmente a seu assessor Stephen Miller. "Você viu minha carta?", perguntou o presidente a Rosenstein.

Não.

"Madeleine", Trump chamou sua assistente especial, Madeleine Westerhout, que estava sentada do lado de fora do Salão Oval. "Traga a carta."

Rosenstein começou a ler:

"Caro diretor Comey, embora eu aprecie muito sua informação, em três ocasiões distintas, de que não estou sob investigação sobre as alegações fabricadas e politicamente motivadas de uma relação Trump-Rússia com respeito à eleição presidencial de 2016, por favor, fique informado que eu, junto com membros de ambos os partidos políticos e, o mais importante, o público americano, perdemos a fé em você como diretor do FBI, e por meio desta você está demitido."[2]

Trump continuou a falar sem parar — num tom alto, enfático e raivoso. Rosenstein se esforçou para ler a carta e também prestar atenção. Ele olhava para baixo para ler e depois para cima para prestar atenção no presidente, cuja insistência só aumentava. Para cima, para baixo, para cima, para baixo.

A carta tinha quatro páginas de reclamações em fluxo constante: a recusa de Comey, apenas cinco dias antes, em testemunho público no Congresso, de dizer que o presidente não era alvo da investigação no caso da Rússia, como lidou com a investigação dos e-mails de Hillary Clinton e sua suposta falha em responsabilizar os vazadores.

"Não acredito que seja uma boa ideia enviar esta carta", disse Rosenstein. Ele não achava que a carta mostrasse uma intenção criminosa de Trump de desviar a investigação da Rússia demitindo o diretor do FBI, mas a remoção de Comey sem dúvida geraria suspeitas. Ele também pensava que a natureza dispersa do rascunho da carta de Trump mostrava uma mente perturbada.

"Bem", perguntou Trump, "o que você acha?"

Demitir Comey seria totalmente justificado, disse Rosenstein, pelo simples motivo de como lidara com a investigação dos e-mails de Clinton. Em julho de 2016, Comey usurpara o papel do Departamento de Justiça e declarara encerrada a investigação,[3] depois condenara Clinton em público e de modo duro por lidar com "informações extremamente sigilosas e classificadas" de maneira "muito descuidada". Não cabia ao FBI emitir julgamentos.

Isso por si só minou a confiança no FBI, disse Rosenstein, e ela poderia ser restaurada com a demissão de Comey.

Trump gostou. Você escreve isso num memorando a Jeff, que o enviará para mim com uma recomendação, disse ele. "E então eu despedirei Comey." Ali estava um caminho. Trump foi subitamente organizado, linear e decisivo. "Ponha a coisa da Rússia", acrescentou, evidenciando que Comey havia dito por três vezes que o presidente não estava sob investigação. Trump disse que queria o memorando na manhã seguinte.

Rosenstein estava de volta ao Departamento da Justiça por volta das seis da tarde.

"O presidente vai demitir Comey", disse ele à equipe. E pediu que montassem uma crítica ao diretor do FBI.

Ele precisava escrever um memorando. "Sou advogado", disse Rosenstein. "Consigo escrever." Seria uma longa noite. Alguém pediu pizza.

63

O encerramento público da investigação dos e-mails por Comey não tinha precedentes, escreveu Rosenstein. "Não entendo sua recusa em aceitar o julgamento quase universal de que ele estava errado."[4] Rosenstein citou a condenação pública de Comey por procuradores-gerais e seus subprocuradores que haviam trabalhado em governos republicanos e democratas.

"O diretor expôs sua versão dos fatos para a mídia como se fosse um argumento final, mas sem julgamento. É um exemplo clássico do que os promotores federais e agentes são ensinados a não fazer."

Rosenstein escreveu até as três da manhã. Voltou ao escritório às sete e meia do dia seguinte, 9 de maio, e revisou o memorando com Scott Schools, subprocurador-geral associado e assessor de ética. "Quero que você passe a peneira nisso", disse Rosenstein. Precisava estar cem por cento correto. Schools sugeriu apenas poucas alterações e encontrou um erro gramatical.

"Não tenho certeza de que a Casa Branca vai gostar disso", disse Rosenstein. O memorando era muito simpático a Hillary Clinton, retratando-a como uma vítima abusada por Comey. Rosenstein acreditava que teria escrito o mesmo memorando se Clinton fosse presidente.

"Onde está o memorando?", perguntou McGahn ao telefonar para Rosenstein às dez da manhã. O presidente estava pronto — e impaciente — para agir.

Ainda estou trabalhando nele. Ao meio-dia, McGahn ligou de novo.

"Eu enviei para Sessions", disse Rosenstein. Ele supôs que Trump sabia como despedir alguém.

À uma da tarde, Sessions fez seu chefe de gabinete Jody Hunt enviar o memorando de Rosenstein, intitulado "Restaurando a confiança pública no FBI", para a Casa Branca, com uma carta de endosso de Sessions.

Comey estava em Los Angeles falando num evento do Diversity Agent Recruitment,[5] programa do FBI cujo objetivo é eliminar qualquer tipo de discriminação na seleção de seus futuros agentes.

"COMEY DEMITIDO", ele leu na tela da TV pendurada na parede dos fundos. De início, pensou que era uma piada bem planejada, mas depois percebeu que não era.

Ele ligou para seu vice, Andrew McCabe — agora diretor interino. Devo ter realmente estragado alguma coisa, disse Comey.

McCabe, um veterano com 21 anos de FBI, ficou chocado. Ele reverenciava Comey, embora achasse que o diretor se excedera seriamente na investigação sobre os e-mails de Clinton.

Pouco depois, McCabe recebeu a notícia de que o presidente queria vê-lo às seis e meia da tarde.

Sentado à Resolute Desk no Salão Oval, Trump disse que tinha grandes esperanças em McCabe como diretor interino. Quanto a um diretor permanente, disse Trump, vamos conseguir alguém ótimo — pode até ser você.

"Diretor do FBI James Comey demitido por Trump", dizia uma manchete no site do *New York Times* naquela noite.[6] "Na demissão de James Comey por Trump, ecos de Watergate", dizia outra.[7] A notícia explodiu nas manchetes dos jornais da manhã seguinte.

Muitos juristas observaram que, embora o presidente tenha o poder de demitir qualquer funcionário, ele não pode fazê-lo com propósitos corruptos ou ilegais. Para alguns, a demissão de Comey pareceu chegar perto desse limite.

A Casa Branca divulgou um comunicado no qual dizia que a demissão de Comey havia sido ideia de Rosenstein.[8]

Rosenstein não conseguia acreditar que a demissão de Comey estava sendo toda atribuída a ele. Por volta das oito da noite, falou com McGahn. "Don, isso não é verdade. É um absurdo. Posso ter de testemunhar. Posso ter de me demitir." Ele lembrou a McGahn que o presidente George W. Bush demitira oito procuradores federais em dezembro de 2006, supostamente pelo desempenho deles, mas, como se viu, por razões políticas. Trump tinha "autoridade para fazer isso", disse Rosenstein, "mas você precisa dizer a verdade sobre o raciocínio".

McGahn disse que concordava.

Rosenstein deixou claro que não queria participar da divulgação de uma "história falsa".

Trump ligou para Rosenstein. O presidente estava assistindo à Fox News e a cobertura tinha sido ótima. Rosenstein devia dar uma entrevista coletiva.

Não, disse Rosenstein, ele não achava que fosse uma boa ideia. Se perguntado, teria de dizer a verdade: que a demissão de Comey não fora ideia dele.

Na manhã seguinte, quarta-feira, 10 de maio, no FBI, McCabe convocou uma série de reuniões destinadas a proteger a investigação da Rússia e se certificar de que ela tinha bases sólidas.[9] Havia indivíduos identificados pelo FBI sobre os quais eles deveriam considerar abrir novos processos?

No meio dessa revisão, o presidente telefonou para McCabe, que relatou a conversa em seu livro *The Threat*, de 2019:

Aqui é Don Trump, disse ele.

Olá, sr. presidente, como vai?

Rapaz, é incrível, disse Trump, como as pessoas estão realmente felizes por Comey ter sido demitido. Recebi centenas de mensagens do pessoal do FBI dizendo que estão encantados. Você viu isso? Você está vendo isso também?

McCabe acreditava que Comey era uma figura amada e reverenciada no FBI, e as pessoas estavam contrariadas, não encantadas. Ele escreveu que muita gente no FBI estava chorando e comparava a demissão a "uma morte na família. A morte de um patriarca, um protetor". Mas McCabe não queria dizer nada disso ao presidente e contradizê-lo.

Num ataque de prosa emocional, McCabe escreveu: "Nós nos sentimos como se tivéssemos sido jogados no monte de lixo. Estávamos trabalhando sob a mesma sombra úmida e cinzenta de incerteza e ansiedade desoladora que vinha recobrindo boa parte de Washington durante os poucos meses em que Donald Trump estava no cargo".

Ainda ao telefone, Trump falou sobre como estava chateado por Comey ter voltado de Los Angeles em seu avião do governo. Como isso aconteceu?

Os advogados do FBI aprovaram, disse McCabe, e o avião tinha de voltar com a equipe de proteção de Comey de qualquer maneira. Então McCabe dera sinal verde.

Trump perdeu o controle. Isso não está certo! Eu não aprovo isso! Isso é errado! O presidente se repetiu pelo menos cinco vezes, talvez sete.

Lamento que o senhor discorde, disse McCabe, mas foi minha decisão.

Quero que você olhe para isso!, ordenou o presidente. Comey terá permissão para entrar no prédio da sede do FBI para pegar suas coisas pessoais?

A equipe de Comey embalaria seus pertences pessoais e os levaria para a casa dele, disse McCabe.

Eu não o quero no prédio!, ordenou Trump. Estou banindo Comey do prédio. Eu não o quero nos prédios do FBI.

McCabe deixou o esporro de Trump rolar.

Como está sua esposa?, perguntou Trump. A médica pediatra Jill McCabe concorrera sem sucesso ao Senado estadual da Virgínia em 2015 pelo Partido Democrata. O governador democrata Terry McAuliffe, um amigo próximo e arrecadador de fundos para Bill e Hillary Clinton, havia direcionado

467,5 mil dólares de seu comitê de ação política para a campanha dela.[10] O Partido Democrata da Virgínia, efetivamente controlado por McAuliffe, dera a ela 207 788 dólares. Isso era muito dinheiro para uma campanha ao Senado estadual. Trump já havia tuitado sobre isso e insinuado alguma conspiração.

Jill estava bem, disse McCabe.

Como ela lidou com a perda da eleição?, perguntou o presidente. É duro perder?

É duro perder qualquer coisa, respondeu McCabe. Ela voltara a se dedicar a cuidar de crianças na sala de emergência.

Aquilo deve ter sido realmente duro, disse Trump no que pareceu ser uma zombaria. Ser um perdedor. Mudando teatralmente, o presidente disse: você fará um bom trabalho. Disse que tinha muita fé em McCabe.

Na ocasião, McCabe escreveu um memorando de três quartos de página em que relatava a conversa com o presidente. Ele sabia que Comey havia escrito muitos memorandos para registrar suas reuniões e conversas telefônicas com Trump. Os memorandos mostravam claramente que Comey estava convencido de que o presidente era desonesto, corrupto e que estava possivelmente tentando obstruir a justiça.

Nem Comey nem McCabe contaram a Rosenstein sobre os memorandos e suas profundas suspeitas a respeito de Trump.

8

Em 11 de maio, dois dias após a demissão de Comey, Rosenstein se surpreendeu ao ler uma matéria no site do *New York Times* intitulada "Em um jantar privado, Trump exigiu lealdade. Comey relutou".[1]

A matéria contava que Trump tivera um jantar privado com Comey em 27 de janeiro, sete dias depois de assumir a presidência, e que pedira uma promessa pessoal de lealdade. A matéria atribuía essa informação a duas pessoas que ouviram o relato de Comey sobre o jantar.

A Casa Branca negou a história, mas reconheceu que houvera esse jantar privado.

Rosenstein viu mais do que um toque de verdade na história. Trump era conhecido por exigir lealdade daqueles que faziam parte de seu círculo. Tratava-se claramente de uma história de dentro e trazia detalhes. Trump, de acordo com o relato, acabou pedindo uma "lealdade honesta". Comey respondeu: "Você terá isso".

Rosenstein percebeu que Comey estava reagindo ao divulgar sua versão. E começou a fazer perguntas, tentando descobrir o que poderia ter acontecido no jantar.

McCabe sabia da conversa e vira um memorando detalhado de três páginas e meia, que Comey preparara e lhe mostrara, no qual relatava o jantar de uma hora e vinte minutos. Definindo o cenário, Comey escreveu que ele e Trump haviam ocupado uma pequena mesa oval no centro da Sala Verde da Casa Branca.

A conversa foi "caótica", escreveu Comey, "de certa forma um quebra-cabeça de conversa, com peças pegas, depois descartadas e depois trazidas de volta".[2]

De acordo com Comey, ele dissera a Trump que sabia que poderia ser demitido por ele a qualquer momento, mas queria ficar. "Expliquei que ele podia contar comigo para lhe falar sempre a verdade. Eu disse que não faço coisas furtivas. Eu não vazo. Não faço movimentos sorrateiros."

Mas McCabe não contou sobre a existência do memorando para Rosenstein.

Que diabos está acontecendo?, Rosenstein se perguntou, sentindo-se sozinho e escanteado. "Eu estava numa ilha", disse ele mais tarde.

Depois do informe habitual de inteligência no dia seguinte, sexta-feira, 12 de maio — o primeiro de McCabe como diretor interino —, ele perguntou a Rosenstein se poderiam conversar após a reunião. Quando ficaram sozinhos, McCabe disse que o Comitê de Inteligência do Senado estava tentando entrevistar pessoas para sua investigação sobre a Rússia, as quais o FBI queria entrevistar primeiro. Ele gostaria que Rosenstein protegesse o processo do FBI.

Rosenstein concordou prontamente. Quanto mais o Departamento de Justiça e o FBI tivessem vantagem na investigação, mais eles podiam controlá-la. Os comitês de inteligência do Congresso podiam ser complicados e vazar informações.

Rosenstein confidenciou a McCabe que estava chocado com o fato de a Casa Branca estar tentando fazer parecer que a demissão de Comey fora ideia dele, montando uma trama com ele no centro. Ele tinha apenas escrito o memorando por ordem de Trump. Numa entrevista dada no dia anterior a Lester Holt, âncora da televisão NBC,[3] Trump dissera que ia demitir Comey independentemente do que Sessions e Rosenstein recomendassem, mas Rosenstein ainda se sentia vulnerável e girando ao vento, sozinho.

McCabe achou que Rosenstein parecia estar com os olhos meio perdidos. Você tem dormido à noite?, perguntou McCabe a seu supervisor nominal.

Estou trabalhando de dezesseis a dezoito horas por dia e não durmo o suficiente, disse Rosenstein, e os caminhões de notícias estavam acampados diante de sua casa. Era uma prova pessoal, angustiante e desagradável do frenesi da mídia e da política. Não havia ninguém no departamento em quem ele pudesse confiar, exceto sua própria equipe, um pequeno círculo de advogados de carreira.

Então Rosenstein soltou a manchete: estou pensando em nomear um promotor especial para supervisionar a investigação da Rússia.

Isso ajudaria na credibilidade da investigação, disse McCabe, concordando totalmente.

Para Rosenstein, a questão de um promotor especial vinha se insinuando havia dias. Ele via prós e contras. Ao longo de décadas, investigações independentes haviam funcionado com grande liberdade: a do Watergate de

Nixon na década de 1970, a do Irã-Contras de Reagan na década de 1980 e a de Whitewater e Monica Lewinsky de Clinton na década de 1990. Eles não se reportavam ao Departamento de Justiça e não eram monitorados. Não era o caso agora, Rosenstein sabia disso. A lei e as regras haviam mudado significativamente. De acordo com os regulamentos atuais, um promotor especial era apenas mais um funcionário do Departamento de Justiça com a mesma autoridade dos 93 procuradores federais que estavam sujeitos e prestavam contas ao procurador-geral. Como Sessions se julgara impedido, um promotor especial ficaria sob a supervisão de Rosenstein.[4]

O promotor especial teria uma aura de independência. Mas, paradoxalmente, a nomeação de alguém assim poderia dar a Rosenstein mais controle. O promotor especial se reportaria a ele, que monitoraria o cargo de perto.

Quando jovem advogado, Rosenstein trabalhara para Ken Starr, o advogado independente do caso Whitewater nos anos 1990. Ele ficara chocado com a forma como Starr pedira e obtivera autoridade para expandir seu mandato para além de sua autoridade original a fim de investigar os negócios imobiliários dos Clinton na Whitewater Development Corporation. Starr passou a comandar uma rede de arrasto. A Whitewater se tornou uma investigação total e ilimitada sobre os Clinton, que levou à descoberta do caso do presidente com a estagiária da Casa Branca Monica Lewinsky e ao subsequente processo de impeachment de Clinton.

Em 16 de maio, McCabe ligou para Rosenstein. "Acho que você deveria saber que Comey escreveu memorandos sobre suas discussões com o presidente Trump", disse McCabe. "Eles estão trancados a sete chaves."

Não totalmente. Cerca de duas horas depois, o *New York Times* publicou uma história de grande sucesso sobre o conteúdo de um memorando de Comey.[5] Numa reunião no Salão Oval realizada em 14 de fevereiro, Trump comentara sobre a investigação a respeito de Michael Flynn, ex-assessor de segurança nacional: "Espero que você consiga ver o caminho livre para deixar isso passar, para deixar Flynn sair disso. Ele é um bom sujeito. Espero que você possa esquecer isso".

Bastante repulsivo da parte de Trump, pensou Rosenstein. Ex-promotores como Comey escreviam memorandos sobre pessoas que eles suspeitavam de possíveis crimes.

Para Rosenstein, estava muito claro que a liderança do FBI achava que um grupo de simpatizantes russos havia tomado o governo dos Estados Unidos.

Rosenstein deveria ter sido informado sobre os memorandos. Estava claro que o FBI não confiava no Departamento de Justiça ou nele. Ele achava que a agência estava operando como J. Edgar Hoover — um poder em si mesma.

"Não entendo por que o *New York Times* tem esses memorandos", disse ele a McCabe, "e eu não os tenho, e meus promotores não os têm."

Indignado, Rosenstein enviou um de seus assistentes ao FBI para obter cópias dos memorandos de Comey. Ele se sentia manipulado. Aquilo era claramente má-fé. Ele havia sido vítima de armação.

Logo ele soube que McCabe e sua equipe andavam discutindo se o presidente estava sob investigação. Mas McCabe também não incluiu Rosenstein nessas discussões. Obviamente, ele deveria ter sido incluído.

A gota d'água foi quando Rosenstein soube que McCabe — por conta própria — fizera do próprio presidente Trump objeto de investigação. Um objeto é alguém cuja conduta está dentro do escopo da investigação de um júri de instrução, mas que não é alvo da investigação criminal nem simplesmente uma testemunha.

Rosenstein ficou chocado e perguntou a seus auxiliares se McCabe tinha esse poder.

A resposta foi afirmativa. Como o FBI tinha um poder extraordinário!

Rosenstein sentia-se preso entre Trump e o FBI. Suspeitava de ambos. Havia uma maneira de abrir caminho entre os dois: garantir uma investigação à moda antiga, agressiva e apartidária baseada apenas em provas confiáveis; no entanto, como garantir que a investigação não fosse uma expedição de pesca ampla e fora de controle como a que Ken Starr havia comandado sobre Clinton?

Ele não gostava da atmosfera partidária de Washington. A rede Fox News, e em especial o apresentador Sean Hannity, tinha uma influência do tipo Svengali sobre Trump, que Rosenstein chamava em privado de "maligna". Muitos malucos de direita tinham influência. Ele também não encontrava conforto ou credibilidade entre os repórteres da grande mídia, que acreditava serem prisioneiros de suas fontes partidárias.

Rosenstein queria encontrar um meio-termo. Para fins práticos, nomear um promotor especial equivaleria a uma estratégia de cavalgar ambos os cavalos: uma investigação intensa e sem intervenção, mas que fosse escrupulosamente justa. E nomear um promotor especial de acordo com as novas regras daria a Rosenstein o controle firme dessa investigação.

Rosenstein conhecera Robert Mueller — então procurador federal interino por Massachusetts — em 1989, quando era um estudante de direito de Harvard de 24 anos e fazia estágio no escritório de Mueller.

A carreira de Mueller era exemplar, especialmente seus doze anos na direção do FBI. Rosenstein achava a retidão de Mueller impressionante.

Depois de muito debate e turbulência interna e pessoal, Rosenstein decidiu arriscar e nomear um promotor especial para a investigação sobre a interferência da Rússia.

Mueller era literalmente a única pessoa para a tarefa. A investigação sobre a Rússia era carregada de inteligência. Mueller conhecia o mundo da inteligência da CIA e da NSA como ninguém. Sendo um ex-fuzileiro naval, tornaria a investigação melhor e mais rápida, e não pior e mais lenta.

Rosenstein falou com Mueller sobre a tarefa e disse que ele teria de desistir do exercício da advocacia como sócio no escritório WilmerHale em Washington. Teria de trabalhar em tempo integral na questão. Ken Starr não largara seu cargo na Kirkland & Ellis, uma firma de advocacia privada, enquanto atuava como advogado independente.

Você estaria disponível se eu quisesse um promotor especial?

Não, disse Mueller.

Se eu decidir que precisamos de você, você faria isso?, perguntou Rosenstein, de forma mais direta.

Não, disse Mueller novamente.

Mas, na segunda-feira seguinte, Mueller avisou por meio de um dos adjuntos de Rosenstein que havia mudado de ideia e estaria disposto a assumir a tarefa.

Rosenstein monitoraria todo o trabalho de Mueller, marcando algumas reuniões pessoais com o promotor especial. Ele providenciaria para que seus principais adjuntos do Departamento de Justiça tivessem reuniões quinzenais com Mueller ou seus principais auxiliares.

"Informe-me se você encontrar alguma coisa que mostre coordenação ou conspiração com a Rússia", instruiu Rosenstein. Essa era a missão principal.

Em 17 de maio de 2017, num decreto de uma página, Rosenstein nomeou Mueller promotor especial para investigar "a interferência russa nas eleições presidenciais de 2016" e "processar crimes federais decorrentes da investigação".[6]

Na avaliação pessoal de sua decisão, ela serviria a três propósitos: restaurar a confiança do público na investigação, tirar McCabe da investigação e depositá-la nas mãos de alguém de confiança.

Depois de nomear Mueller, Rosenstein falou com McGahn na Casa Branca. O presidente devia ser encorajado, disse ele. Mueller vai agilizar isso. Rosenstein queria descobrir se os assessores de Trump haviam se organizado com a Rússia, e não pegar Trump. Uma investigação de um promotor especial seria melhor para todos.

Quando foi informado, Trump disse: "É o fim da minha presidência. Estou fodido!".[7]

Coerente com as garantias de Rosenstein, a declaração oficial da Casa Branca de Trump, divulgada às sete e meia daquela noite, dizia: "Como já afirmei várias vezes, uma investigação completa confirmará o que já sabemos: não houve conluio entre minha campanha e qualquer entidade estrangeira. Espero que esse assunto seja concluído rapidamente. Enquanto isso, nunca vou parar de lutar pelo povo e pelas questões que mais importam para o futuro de nosso país".[8]

O tom conciliador era o oposto do humor de Trump.

Na manhã de quinta-feira, pouco depois das dez horas, Trump tuitou com raiva, se perguntando por que não houvera um promotor especial para "todos os atos ilegais" de Hillary Clinton e do governo Obama.[9] A investigação da Rússia é, disse ele, "a maior caça às bruxas de um político na história americana".

Sob alguns aspectos, 18 de maio foi o pior dia até então no Salão Oval.[10] A raiva de Trump, maior do que qualquer outra vista anteriormente por seu círculo íntimo, estava incontrolável. Ele oscilou — explodiu — entre o Salão Oval e sua sala de jantar privada. "Mal conseguimos sobreviver", disse Rob Porter, então secretário da equipe da Casa Branca.

Trump é um homem grande, de 1,90 metro de altura e cerca de 110 quilos, quase do tamanho de um defensor de futebol americano. Em movimento e furioso, ele é assustador. Por que Mueller? "Eu não o contratei para o FBI." Trump entrevistara Mueller para talvez outro mandato de diretor do FBI e o rejeitara. "Claro que ele tem um interesse pessoal. Todo mundo está tentando me pegar." A conversa sobre impeachment estava na TV.

Que poder tem um promotor especial?, perguntou Trump. Praticamente ilimitado, explicou Porter, que era advogado.

"Eles vão passar anos vasculhando minha vida e minhas finanças", disse Trump. "Eles querem me pegar. É tudo culpa de Jeff Sessions. Rod Rosenstein não sabe que diabos está fazendo. Ele é um democrata. Ele é de Maryland." Rosenstein era republicano desde sempre.

"Rosenstein foi uma das pessoas que disse para eu demitir Comey e me escreveu essa carta. Como ele poderia supervisionar essa investigação?"

Trump permanecia a maior parte do tempo em pé, continuando a andar entre o Salão Oval e a sala de jantar. "Eu tenho que lutar", disse ele em tom frenético. "Sou o presidente. Posso despedir quem eu quiser. Eles não podem me investigar por demitir Comey. E Comey merecia ser despedido! Todo mundo o odiava. Ele era horrível."

No domingo seguinte, Rosenstein chamou Mueller e McCabe. "Não quero Andy participando da investigação", disse Rosenstein.

McCabe protestou enfaticamente: "Não tenho conflito".

Rosenstein disse que, em nome das aparências, McCabe não deveria se envolver.

Depois que McCabe saiu da sala, Rosenstein elaborou uma cadeia de comando para a investigação sobre a Rússia com Mueller, que garantiria que McCabe não obteria informações dela.

Mais tarde, durante uma audiência do Comitê Judiciário da Câmara, em 28 de junho de 2018, Ron DeSantis, representante republicano da Flórida que depois se tornaria governador do estado, comentou com Rosenstein: "Eles falam sobre a investigação de Mueller — trata-se de fato da investigação de Rosenstein. Você nomeou Mueller. Você está supervisionando Mueller".[11]

9

Na órbita de Trump, seu genro Jared Kushner, de 36 anos, ocupava um papel central. Ele estava oficialmente listado no rol da Casa Branca como assessor sênior, mas agia como um chefe de gabinete de fato — ele duraria mais do que três chefes de verdade — e se envolvia profundamente nos assuntos presidenciais. Kushner se formou em Harvard em 2003 e fez mestrado e doutorado na Universidade de Nova York. Inteligente, organizado, autoconfiante e presunçoso, Kushner muitas vezes era utilizado por Trump como agente para projetos especiais que se afastavam das vias oficiais.

Em 2017, nos primeiros meses de seu governo, Trump pediu a Kushner que assumisse algumas das partes mais importantes e sensíveis da carteira de política externa, entre elas atuar como seu contato com a Arábia Saudita e com o México e a China em questões comerciais. Ele também atribuiu a Kushner a tarefa de resolver o eterno conflito entre israelenses e palestinos. Isso imediatamente marginalizou o secretário de Estado Rex Tillerson e interferiu nos planos dele e de Mattis para orientar — ou controlar — Trump na política externa.

Se Kushner não conseguir encontrar um plano de paz para o Oriente Médio, "ninguém consegue", disse Trump.[1]

Kushner não conseguiu. Ele apresentou quatro ou cinco versões de seus planos a Tillerson, que a cada vez manifestou um ceticismo maior.

Numa das versões, Kushner propôs que Israel tomasse o vale do Jordão, um trecho de terra de 105 quilômetros ao longo da fronteira entre o Jordão a leste e Israel — inclusive grande parte da Cisjordânia — a oeste.

"Isso nunca vai funcionar", disse Tillerson.

Então o plano arrefeceu, mas voltou mais tarde.

Tillerson achava que Kushner confiava demais no desenvolvimento econômico e ignorava todas as questões difíceis entre Israel e a Palestina.

"Se você tornar os benefícios econômicos grandes o suficiente", argumentava Kushner, "as pessoas concordarão." Dinheiro era a chave, basta injetar dinheiro. Trump também falava assim.

Tillerson disse a Kushner que ele não entendia a história. "Essas pessoas não vão se importar com seu dinheiro", disse ele. "Ou vão pegar seu dinheiro e, daqui a cinco anos, você estará de volta onde está hoje. Você não vai comprar a paz."

Kushner contesta fortemente isso e acredita que criou um plano original e equilibrado para a paz entre Israel e os palestinos. Ele concluiu que Tillerson não estava à altura do trabalho de secretário de Estado e se ressentia da relação de vinte anos que ele tinha com o primeiro-ministro israelense Netanyahu.

De sua parte, Tillerson achava que as negociações de Kushner com Netanyahu eram "nauseantes de assistir. Eram de revirar o estômago".

Na segunda-feira, 22 de maio de 2017, Trump estava em Jerusalém, numa reunião com Netanyahu no King David Hotel. Era a segunda parada, depois da Arábia Saudita, da primeira viagem internacional de Trump como presidente. Jared Kushner correu para buscar Tillerson.

"Você tem que entrar lá", disse um assessor. "Estão mostrando um vídeo ao presidente. É horrível. O presidente está explodindo. Você tem que entrar lá e acalmar o presidente."

Àquela altura, já havia desconfiança suficiente entre Tillerson e a Casa Branca, e Tillerson não sabia se Kushner estava encenando ou mesmo armando para ele. Mas foi à reunião entre Trump e Netanyahu.

"Veja isso", disse Trump. "É inacreditável! Você tem que ver isso."

Eles passaram o vídeo novamente para Tillerson. Tratava-se de uma montagem de comentários de Mahmoud Abbas, presidente da Autoridade Palestina, que deveria ser parceiro de Israel no acordo de paz que Kushner estava tentando fechar. Parecia que Abbas estava ordenando o assassinato de crianças. Tillerson acreditou que era falso ou manipulado, tirando palavras e frases fora do contexto e juntando-as.

"E esse é o cara que você quer ajudar?", perguntou Netanyahu.

Tillerson estudou o vídeo, uma montagem grosseira de pequenos trechos sem contexto.

Depois que Netanyahu saiu, Tillerson disse a Trump: "Sr. presidente, percebe que tudo aquilo foi fabricado?".

"Não", disse Trump, "não é fabricado. Eles gravaram o cara dizendo isso."

Trump sempre apoiara Israel, mas recentemente começara a manifestar dúvidas a respeito de Netanyahu e a se perguntar em voz alta se o primeiro-ministro israelense não poderia ser o verdadeiro problema. Trump já havia dito a Netanyahu numa visita a Washington que acreditava ser ele o obstáculo para a paz, não Abbas.

Na opinião de Tillerson, Netanyahu fabricara a fita para contrabalançar quaisquer sentimentos pró-palestinos que surgissem.

Na manhã seguinte, Trump se encontrou em particular com Abbas e seu povo em Belém e desatou numa diatribe. "Assassino!", disse Trump a Abbas. "Mentiroso!" Achei que você fosse um tipo de avô em quem eu poderia confiar. "Agora, percebo que você não passa de um assassino. Você me enganou!"

Kushner contesta tudo isso e lembra que a reação do presidente à fita foi muito mais calma.

Por fim, Trump disse a Abbas: "Agora nós vamos sair, porque a imprensa está toda lá fora. Eu vou dizer algumas coisas boas sobre você e você vai dizer algumas coisas boas sobre mim. Mas agora você sabe como me sinto".

Abbas foi o primeiro a falar com a imprensa e desempenhou seu papel.

"Excelência, sr. presidente e querido amigo, Donald Trump", disse Abbas, "é um prazer tê-lo aqui na Palestina e recebê-lo como um grande convidado do nosso povo aqui em Belém, o local de nascimento de Jesus.[2]

"Gostaria de reiterar a vossa excelência, sr. presidente, nosso compromisso de cooperar convosco a fim de fazer a paz e forjar um acordo de paz histórico com os israelenses."

Quando chegou sua vez, Trump disse: "Quero oferecer minha profunda gratidão aos palestinos e ao presidente Abbas por me receberem hoje".

Em setembro de 2018, Trump ordenou o fechamento do escritório da Organização para a Libertação da Palestina em Washington, D.C., e cancelou quase toda a ajuda americana para a Cisjordânia e Gaza, bem como 360 milhões de dólares em ajuda anual anteriormente concedida à agência da ONU para refugiados palestinos.

10

Dan Coats prometeu à esposa Marsha que recuperaria o controle sobre sua vida. "Eu vou entrar em forma", disse ele.

Na sede do DNI na Virgínia, ele convocou sua equipe sênior cerca de três meses depois de assumir o cargo.

"Não vou conseguir durar muito aqui, a menos que possamos fazer três coisas", disse Coats. "Primeiro, preciso ter uma boa noite de sono." Os tuítes de Trump continuavam a mantê-lo acordado à noite. O trabalho nunca o abandonava. "Segundo, não posso simplesmente engolir um McDonald's às três da tarde porque estou programado para fazer coisas. Preciso de um tempo para fazer uma refeição decente. Terceiro, preciso fazer exercícios." Ele sabia que isso aliviava o estresse. "Vocês precisam incluir isso no meu horário — 45 minutos, pelo menos, três vezes por semana. Preciso de um treinador, alguém que realmente me empurre.

"Por fim, é um trabalho impossível. Uma única pessoa não pode fazer tudo isso." Ele certamente não conseguia. Iria contratar um vice-diretor para lidar com todas as questões internas, técnicas e administrativas. Ele escolheu Sue Gordon, que tinha 37 anos de experiência no mundo da inteligência, tendo sido analista da CIA, especialista em cibernética e vice-diretora da Agência Nacional de Inteligência Geoespacial.

"Sue, eu não consigo cuidar de tudo. Dou-lhe as rédeas. Você comanda a parte interna. Eu serei o sr. Exterior" — o que significava que ele lidaria com a Casa Branca, o NSC, a secretaria de Estado e da Defesa. Ele seria o homem no Capitólio, informando e fazendo sondagens na Câmara e no Senado. E sua prioridade principal seria aprofundar as relações com os serviços de inteligência estrangeiros: britânicos, israelenses, sauditas, alemães. Os serviços estrangeiros eram grandes coletores de informações em suas áreas do mundo, tinham algumas fontes humanas fantásticas e capacidade de pôr os eventos num contexto histórico.

"Você é a sra. Interior", disse ele a Sue Gordon.

Mattis não conhecia Coats, mas o procurou na Wikipédia para obter algumas informações básicas e perguntou a algumas pessoas sobre ele. Os dois almoçaram juntos. Mattis ficou imediatamente impressionado com a postura polida de Coats, suave por fora, mas com uma espinha de aço por dentro — o que Mattis chamou de "vertebrado". Mattis e Coats logo começaram a ficar nas reuniões do NSC depois que Trump saía.

"Que diabos está acontecendo?", perguntou Coats numa conversa particular com Mattis depois de uma reunião. Em apenas um exemplo, Trump queria retirar as tropas americanas do Afeganistão e da Coreia do Sul. Havia pressa. Imediatamente. "Tire-os de lá!", havia comandado Trump.

"Isso é loucura", disse Mattis para Coats. "Isso é perigoso."

Coats ficava incomodado com a ausência de um plano ou de uma consideração da dimensão humana — o impacto sobre os soldados, os aliados, o mundo —, ou uma noção do peso do cargo.

"O presidente não tem bússola moral", respondeu Mattis. A franqueza deveria ter chocado Coats, mas ele chegara às suas próprias conclusões sobre o homem mais poderoso do mundo.

"É verdade", Coats concordou. "Para ele, mentira não é mentira. É simplesmente o que ele pensa. Ele não sabe a diferença entre a verdade e a mentira."

Com frequência, sentados em lados opostos à mesa da Sala da Situação, viam-se olhando um para o outro com preocupação. Tinham de lidar não só com os adversários dos Estados Unidos, mas também com a incapacidade do governo de trabalhar em conjunto e definir sua estratégia.

Mattis concluiu que Coats não vacilaria. Sempre que o presidente contestava as descobertas da inteligência, Coats se apegava firmemente aos fatos. Mattis sabia que Coats estava carregando um fardo, mas tinha certeza de que ele aguentaria o esforço. Águas paradas são profundas. Dan Coats era calmo e não defensivo, mas não se intimidava com a complexidade. Mattis com frequência pensava que Coats era um modelo do que era necessário no serviço público — embora talvez fosse decente demais.

Enquanto a relação de Coats com Mattis se estreitava, sua amizade com Pence ficava mais distante. "Depois que assumiu a vice-presidência", disse Coats, "ele construiu aquele tipo de casulo em torno de si que basicamente dizia: esse é o papel do vice-presidente." Aos olhos de Coats, seu velho amigo se tornara passivo, servil e obediente.

Marsha Coats era mais caridosa. "Mike Pence", disse ela a algumas pessoas, "sem dúvida, ele acredita que Deus o pôs onde está e que seu trabalho é ser um bom vice. Leal e solidário, embora ele não concorde com muita coisa."

A respeito de Pence, ela declarou: "Uma vez, jantamos com ele. Não queríamos colocá-lo na berlinda. Algo ultrajante acontecera. Estávamos na Casa Branca, num jantar. E ele veio se despedir. E eu só olhei para ele, tipo, como você está engolindo isso?". Marsha Coats acrescentou: "Eu só olhei para ele assim, isso é horrível. Quer dizer, nós fizemos contato visual. Acho que ele entendeu.

"E ele apenas sussurrou no meu ouvido: '*Aguente firme*'."

No mesmo jantar, Dan Coats disse que foi exatamente o que Pence disse a ele: "*Aguente firme*".

II

No final de 2017, um dia depois do trabalho no Pentágono, o secretário da Defesa Mattis entrou silenciosamente, sem ser notado, no interior cavernoso da Catedral Nacional em Washington.

Mattis instruiu seus agentes de segurança a deixá-lo entrar sozinho para que pudesse orar e refletir. Ele estava cada vez mais alarmado com a possibilidade de uma guerra que poderia matar milhões.

Durante o primeiro ano da presidência de Trump, Mattis viveu em alerta permanente. O presidente norte-coreano Kim Jong-un tinha agora, pela primeira vez, armas nucleares e ICBMs que poderiam transportar uma ogiva nuclear até os Estados Unidos.

Kim vinha disparando mísseis num ritmo alarmante. Mattis os monitorara em tempo real cerca de meia dúzia de vezes por meio de uma Conferência de Evento Nacional Top Secret, uma reunião de emergência das equipes militar e de segurança nacional por meio de comunicações de voz seguras. A conferência punha os líderes seniores em comunicação direta, de modo que eles estavam prontos para reagir imediatamente.

O presidente Trump havia delegado autoridade a Mattis para usar um míssil interceptor convencional que derrubaria qualquer míssil norte-coreano que se dirigisse aos Estados Unidos.

"Se soubéssemos que estava se aproximando de Seattle, já estaríamos lançando interceptores", Mattis disse a algumas pessoas em particular.

Se os norte-coreanos percebessem que os Estados Unidos haviam derrubado seu míssil, ou mesmo tentado derrubar, provavelmente se prepararíam para disparar mais mísseis. "A possibilidade que teríamos de atirar para evitar um segundo lançamento era real", de acordo com Mattis.

Isso exigiria a aprovação do presidente Trump, e os Estados Unidos e a Coreia do Norte poderiam em breve entrar no pesadelo da guerra nuclear.

A Coreia do Norte tinha várias dezenas de armas nucleares em lançadores-eretores móveis (MELs, na sigla em inglês) para que pudessem ser deslocadas e escondidas. Mattis estava surpreso com o fato de o país comunista

81

ter feito um trabalho notável de construção, dispersão e ocultação de suas armas nucleares e mísseis.

O distanciamento do presidente Trump agravava o problema para Mattis. "Nunca me importei muito com o que Trump falava", disse Mattis em particular, porque suas ordens eram bastante aleatórias, impulsivas e impensadas. "Eu dirigia o Departamento de Defesa. Eu o mantinha informado nas minhas reuniões privadas. Não faria isso em público, porque ele teria então que desempenhar um papel. Mas, em geral, eu não recebia nenhuma orientação dele, além de um tuíte ocasional."

Apenas o presidente poderia autorizar o uso de armas nucleares, mas Mattis acreditava que a decisão seria baseada em sua recomendação.

"O que você faz se tiver que fazer isso?", Mattis perguntou a si mesmo. "Você vai incinerar alguns milhões de pessoas.

"No que me diz respeito, ninguém tem o direito de matar 1 milhão de pessoas, mas é isso que tenho de encarar."

A política de pressão máxima de Trump sobre a Coreia do Norte incluía não apenas sanções econômicas draconianas, mas também um ataque retórico pessoal sem precedentes a Kim, ameaçando-o com "fogo e fúria" e obliteração nuclear em dezenas de tuítes e comentários públicos. O terceiro elemento era a pressão militar.

Quanto a isso, Mattis estava num dilema. Ele tinha ampla abertura para pressionar Kim militarmente, embora compreendesse que a pressão percebida por uma pessoa poderia ser a provocação de outra.

Estudante da história de longa data, Mattis conhecia de memória um dos códigos de guerra do presidente Abraham Lincoln da metade da Guerra de Secessão, em 1863: "Homens que pegam em armas uns contra os outros em guerra pública não deixam de ser seres morais responsáveis uns pelos outros e perante Deus".

A guerra não podia ser divorciada da responsabilidade moral. Mattis disse diversas vezes que viu muitos rapazes morrerem em seus quarenta anos de Marinha.

Mattis sabia que o presidente Lincoln também dissera: "Muitas vezes fui levado a ficar de joelhos pela convicção esmagadora de que não tinha outro lugar para ir".

A majestosa catedral de pedra cinza, com sua torre de noventa metros, é o lar espiritual da nação e retarda o tempo para quem entra nela. Parecia o lugar certo para Mattis. Ele sentiu um silêncio solene e caminhou dezenas de metros até a pequena capela do Memorial da Guerra, oculta na parte de trás da catedral.

Algumas fileiras de cadeiras se encontravam diante de um altar modesto e uma escultura enorme da cabeça de Jesus Cristo crucificado, coroada por um halo de latão feito para sugerir balas de canhão. Para Mattis, parecia uma bomba explodindo.

Dentro da capela do Memorial de Guerra havia uma divisória de madeira esculpida, doada pelo 28º Regimento de Fuzileiros Navais no vigésimo aniversário de Iwo Jima, a batalha mais sangrenta e cruel da Segunda Guerra Mundial, onde os fuzileiros tiveram 26 mil baixas, inclusive 6800 mortos.

Mattis estava sentado em silêncio no nicho iluminado por velas do Memorial de Guerra. Ele já estivera em lutas o suficiente para saber o que aconteceria na península coreana. Caos, sangue, morte, incerteza, o desejo de sobreviver. No entanto, a pergunta que ele precisava fazer a si mesmo era: como cumprir o papel que lhe fora designado, sabendo que suas decisões poderiam ter consequências épicas? Se o país estivesse em perigo, ele teria que deter uma escalada de Kim. As armas nucleares existiam para dissuadir, não para ser usadas. Ele sabia que usá-las seria uma loucura, mas tinha de pensar no impensável para defender os Estados Unidos.

Esses pensamentos terríveis estavam no íntimo de sua mente havia meses, e agora era hora de trazê-los à tona.

Ele não achava que o presidente Trump lançaria um ataque preventivo contra a Coreia do Norte, embora houvesse planos para isso na gaveta. O Comando Estratégico em Omaha revisara e estudara cuidadosamente o Oplan 5027 para a mudança de regime na Coreia do Norte — a reação americana a um ataque que poderia incluir o uso de oitenta armas nucleares. Um plano para um ataque à liderança, o Oplan 5015, também fora atualizado.

Mattis ficou na capela por dez minutos, recarregando o máximo possível as energias.

Ele voltou à Catedral Nacional várias vezes naquele ano, perto do fechamento, quando poucas pessoas estavam lá. Ninguém parecia reconhecê-lo. Às vezes, nessas outras visitas, ele atravessava a nave através dos altos portões de ferro até a capela do Espírito Santo, um pequeno nicho com painéis de madeira que mostravam representações do Espírito Santo como uma pomba.

Uma pequena placa dizia: Silêncio, por favor.

Mattis considerava suas reflexões e orações profundamente pessoais. A cada visita, passava tempo suficiente para se sentir um pouco mais forte. Nunca houve um momento de conforto total.

"Aquilo pesava muito em mim todos os dias. Eu tinha de considerar todos os dias que aquilo poderia acontecer. Não era uma preocupação teórica."

Se houvesse um confronto militar repentino que exigisse uma decisão, ele não queria, como costumava dizer, ser Hamlet debatendo consigo mesmo, torcendo as mãos, indeciso e melancólico. Ele não queria descobrir um buraco no estômago dizendo: "Oh, meu Deus, não estou pronto!". Ele precisava encontrar paz antes que chegasse o momento.

"Eu estava totalmente focado em como evitar aquilo ou detê-lo o mais rápido possível. Reconhecer que a pior situação possível pode ditar o uso de armas nucleares, com tudo o que isso significa em termos não somente daquela guerra, mas da maneira como ela mudaria o mundo. Que agora as armas nucleares poderiam ser usadas de novo." Ele não conseguia se livrar das implicações morais ou estratégicas. "E chega um ponto em que você tem de resolver isso na sua própria mente com sua própria consciência."

Durante meses, Mattis testemunhara um turbilhão enlouquecedor de incertezas, provocações, pressões e a busca de uma solução diplomática para a Coreia do Norte, ao mesmo tempo que executava a política de máxima pressão militar.

Depois de meses de apreensão, em 3 de julho de 2017, a Coreia do Norte havia lançado seu primeiro ICBM capaz de chegar aos Estados Unidos.[1] Numa trajetória para maximizar a distância, o Hwasong-14 poderia ter viajado entre 6 mil e 8 mil quilômetros até o Alasca, o Havaí e talvez até mesmo à Costa Oeste. Ali havia uma crise de verdade. O presidente Trump tinha prometido publicamente que a Coreia do Norte não alcançaria essa capacidade.

Com a aprovação de Mattis, o general Vincent Brooks, comandante das forças combinadas americanas e sul-coreanas, ordenou que um míssil tático do Exército americano fosse disparado como demonstração e advertência. O míssil foi lançado da praia ao longo de um caminho paralelo à fronteira Norte-Sul e viajou 299 quilômetros no mar do Leste. Era a distância exata entre o ponto de lançamento do míssil americano e o local de teste do míssil norte-coreano, bem como de uma tenda de onde Kim Jong-un observava o lançamento, conforme mostravam fotos de satélite.

O significado devia ser claro: Kim Jong-un precisava se preocupar com sua segurança pessoal. Mas não se coletou nenhuma informação que indicasse que os norte-coreanos perceberam que o míssil americano poderia facilmente ter sido apontado para o local de teste ou para Kim. A cobertura da imprensa ocidental sobre as demonstrações norte-coreana e americana foi esparsa.

O general Brooks disse numa provocativa declaração pública: "A autocontenção, que é uma escolha, é tudo o que separa o armistício da guerra".[2] Os militares sul-coreanos dispararam seu próprio míssil de exercício no mar do Leste e disseram: "Podemos tomar decisões resolutas a qualquer hora".

Três semanas depois, em 28 de julho, a Coreia do Norte disparou um ICBM mais poderoso. Ele poderia ter viajado quase 10 mil quilômetros e atingido boa parte do território continental dos Estados Unidos. O general Brooks mandou disparar mais mísseis de demonstração. Caso alguém não tivesse captado a mensagem, ele disse num comunicado que o teste de mísseis táticos da aliança "fornece capacidade de precisão de ataque profundo, permitindo que a aliança República da Coreia-Estados Unidos atinja uma gama completa de alvos críticos sob todas as condições climáticas".[3]

Mais uma vez, não houve nenhuma evidência pública ou da inteligência de que a Coreia do Norte entendera o recado. Isso demonstrava as limitações de tentar enviar mensagens com testes de mísseis.

Às 5h57 de terça-feira, 29 de agosto, informações confidenciais mostraram que a Coreia do Norte estava prestes a lançar outro míssil. Mattis se conectou à Conferência de Evento Nacional Top Secret.

Ele poderia se conectar, da SCIF instalada em sua residência, a Potomac Hill, um complexo do governo próximo ao Departamento de Estado. O Pentágono também possibilitou a Mattis se conectar de qualquer lugar do mundo. Quando ele estava fora de Washington, nos Estados Unidos ou no exterior, uma equipe de comunicação ficava num hotel adjacente ou na sala da embaixada, onde montava uma SCIF segura numa estrutura semelhante a uma tenda. Mattis se lembrava com nitidez de um assistente sacudindo-o desesperadamente de um sono inquieto para participar de uma conferência. Onde quer que estivesse, ele se acostumara a dormir com suas roupas de ginástica para que pudesse chegar à Conferência de Evento Nacional o mais rápido possível.

Mesmo quando era conduzido de carro por uma rua, um segundo veículo sempre acompanhava seu automóvel. Era a equipe de comunicação, não a de segurança.

Seu equipamento de comunicação incluía um mapa geoespacial com um pequeno ícone que rastrearia a trajetória de voo prevista do míssil.

De sua localização, Mattis poderia emitir uma ordem para atirar se o míssil parecesse ameaçar a Coreia do Sul, o Japão ou os Estados Unidos.

Havia uma luz no banheiro de seus aposentos em Washington que piscaria se ele estivesse no chuveiro quando soasse o alerta da Conferência de Evento Nacional.

Uma campainha também tocava no banheiro, no quarto e na cozinha anunciando que a conferência estava de pé porque um míssil da Coreia do Norte havia sido lançado ou estava pronto na plataforma de lançamento.

Era uma provação ininterrupta, pessoal e infernal. Não havia feriado ou fim de semana de folga, nenhum tempo morto.

Na manhã daquela terça-feira, bases militares americanas e navios com mísseis interceptores se conectaram à Conferência de Evento Nacional. O Alasca estava acordado e pronto para atirar, a base da Força Aérea de Vandenberg, na Califórnia, estava acordada, os SBX (abreviatura de flutuadores de radar móveis autopropulsionados de banda X baseados no mar, que faziam parte do sistema de defesa americano contra mísseis balísticos) da Sétima Frota da Marinha estavam conectados.

Mattis observou em silêncio enquanto as informações chegavam rapidamente. A incerteza e o pavor aumentaram. Era o ataque?

O NorthCom, comando regional do Departamento de Defesa que cobre a América do Norte, avaliou logo que o míssil era de médio alcance, e não uma ameaça aos Estados Unidos. Mas Mattis viu o ícone do míssil norte-coreano subir e passar por cima das Home Islands, um termo da época da Segunda Guerra Mundial para o arquipélago japonês, e cair no mar. Se a Coreia do Norte incorresse em mau funcionamento ou erro de cálculo, o míssil poderia ter caído sobre o território japonês, desencadeando uma grande crise internacional. Voar diretamente sobre o Japão era uma escalada clara e mudava o caráter da ameaça.

O secretário de Estado Tillerson estava ligado à Conferência de Evento Nacional e declarou: "A Coreia do Norte está fora de controle".

A Coreia do Sul queria reagir com pelo menos um exercício de treinamento de bombardeio visível dentro de suas fronteiras. No dia seguinte, os sul-coreanos fizeram um treinamento unilateral de bombardeio F-15, soltando munições num campo de bombardeio situado a cerca de vinte quilômetros da fronteira com a Coreia do Norte.

Mattis percebeu que a pressão militar máxima não estava sendo sentida ou vista pela Coreia do Norte. Ele começou a procurar opções de resposta mais agressivas e se perguntou se deveria realizar algum bombardeio de verdade em um porto da Coreia do Norte para enviar a mensagem.

Um dos livros preferidos de Mattis era *Canhões de agosto*, da historiadora Barbara Tuchman, sobre as causas da Primeira Guerra Mundial. Todas as nações da Europa haviam feito planos elaborados para a guerra, mas nenhuma a buscara ativamente. Em 1914, o assassinato do arquiduque Francisco Ferdinando em Sarajevo, na Bósnia, pôs em marcha a cadeia de eventos que desencadeou a guerra. No final de 1918, mais de 16 milhões de soldados e civis estavam mortos.

Que cadeia de eventos com o Norte pode desencadear uma guerra?, ponderou Mattis.

A coleta de informações que levou aos alertas foi nada menos do que espetacular, numa categoria especial chamada de "coleta requintada". Muitas vezes, Mattis ficava sabendo segundos depois do lançamento. Os computadores determinavam com rapidez onde o míssil cairia. Mas demoravam para responder a algumas das perguntas principais. O míssil tinha ogiva? Era um teste? Um ataque?

As Conferências de Evento Nacional se tornaram mais tranquilas e organizadas. O treinamento estava valendo a pena — nenhuma falha de radar militar americano, nenhuma falha de outro equipamento. "Pronto para atirar", ouviu Mattis todas as vezes. Era clique, clique, clique, clique, clique, clique. Então, todos ficariam parados e esperariam. É assim que pode ser a véspera do Armagedom?

Se houvesse um aviso de que um míssil estava prestes a ser disparado, Mattis costumava se conectar à Conferência de Evento Nacional mais cedo. Mesmo que a trajetória indicasse que não estava vindo em direção aos Estados Unidos ou era de curto alcance, ele permanecia na rede para ouvir de qualquer maneira. Tornou-se seu próprio exercício, o que ele chamava de "planejamento antecipatório", para seu papel de sentinela, talvez como tomador de decisões para derrubar o míssil. O que ele diria ou pediria... se...?

"Não pense que você pode lidar com isso quando chegar a hora", disse a si mesmo. "Resolva isso agora. Pior cenário. E agora é hora de ir à igreja. Agora, volte, tire a poeira dos planos de guerra e estude-os. Estamos esquecendo alguma coisa? Há algo mais que possamos fazer?"

Em 4 de setembro, a Coreia do Norte realizou seu sexto teste nuclear. Estimou-se que tinha dezessete vezes a potência da bomba de Hiroshima, e muitos cientistas concluíram que era uma bomba de hidrogênio.

Cinco dias depois, em 9 de setembro, Joseph Dunford, chefe do estado-maior conjunto, convocou os principais líderes militares para o Tanque, a sala de conferências deles no Pentágono. Dunford disse ao general Brooks que estavam procurando opções militares para aumentar a pressão e temiam que os Estados Unidos estivessem entrando diretamente numa guerra com a Coreia do Norte.

Em 22 de setembro, Trump tuitou: "Kim Jong-un da Coreia do Norte, que é obviamente um louco que não se importa em passar fome ou matar seu povo, será testado como nunca antes!".[4]

No dia seguinte, o ministro das Relações Exteriores da Coreia do Norte, Ri Yong-ho, chamou Trump de "sr. presidente do mal" num discurso na Assembleia Geral das Nações Unidas, e disse que um ataque ao continente norte-americano era inevitável.[5] Trump respondeu ainda no mesmo dia com outro tuíte: "Acabei de ouvir o ministro das Relações Exteriores da Coreia do Norte falar na ONU. Se ele ecoa pensamentos do Homenzinho do Foguete, eles não vão ficar vivos por muito mais tempo!".[6]

O exagero retórico parecia irracional para Mattis. Ele acreditava que a ridicularização e a provocação eram improdutivas, infantis e perigosas.

"Superei o gosto pela humilhação pública na segunda série", disse Mattis certa vez ao presidente.

Trump não respondeu, mas continuou a tuitar.

Em questão após questão, política após política, Mattis acreditava que havia maneiras de um presidente ser duro e manter a paz. "Mas não com o ocupante atual. Porque ele não entende. Ele não tem estrutura mental ou modo para essas coisas. Ele não leu, você sabe", disse ele a um auxiliar.

Ler, ouvir, debater e ter um processo para ponderar alternativas e determinar políticas eram atitudes essenciais, acreditava Mattis. "Muitas vezes eu tentava impor a razão ao impulso. E você vê que não fui capaz disso, pois os tuítes continuavam saindo."

Em 25 de setembro, o comando americano realizou um ataque aéreo simulado, enviando bombardeiros B-1 e cerca de vinte outros aviões, inclusive aeronaves com capacidades cibernéticas, para cruzar a linha-limite setentrional que separava as Coreias do Sul e do Norte no mar. Os aviões não chegaram a entrar no espaço aéreo territorial da Coreia do Norte ou voar sobre a própria Coreia do Norte, mas foi uma ação extremamente provocadora. O Conselho de Segurança Nacional da Coreia do Sul se reuniu com o presidente Moon Jae-in e avisou que os Estados Unidos talvez tivessem ido longe demais com a Coreia do Norte.

Os detalhes dessas ações provocadoras não foram explicados publicamente, e o povo americano não teve ideia de que o período de julho a setembro de 2017 foi tão perigoso.

Um dia, em seu escritório no Pentágono, Mattis se dirigiu a seus funcionários seniores sentados em volta da mesa. "Pode parecer rotina aqui, senhores. E se vocês não estão preocupados com a guerra, bem, a guerra está muito preocupada com vocês. E se vocês não estão atentos a isso, ninguém está."

Mattis acreditava que houvera conquistas significativas no Pentágono sob Trump: grandes aumentos nos orçamentos militares, prontidão, treinamento, disciplina e novas armas.

Mas ele tinha uma discussão central e contínua com Trump a respeito de aliados. Mattis considerava que os europeus na Otan, o Oriente Médio, a Coreia do Sul e o Japão eram essenciais. As relações precisam ser nutridas e protegidas.

"Todas as vitórias", disse ele, "estavam ficando submersas por essa forma de tomada de decisão volúvel e caprichosa pelo Twitter."

Mattis se perguntava o que fazia Trump pensar que alguém poderia sobreviver sozinho no mundo. Que leitura da história, que pensamento intelectual poderia dar a alguém confiança nisso? Um país sempre precisava de aliados, ele tinha certeza disso. Uma pessoa sempre precisava de aliados. E essa era a tragédia da liderança de Trump e a questão principal. "Era inexplicável pensar o contrário. Era indefensável. Era chauvinismo arrogante e agressivo. Era uma forma equivocada de nacionalismo. Não era patriotismo."

O impacto de Trump sobre o país seria duradouro. "Essa degradação do experimento americano é real. É tangível. A verdade não governa mais as declarações da Casa Branca. Ninguém acredita — até mesmo as pessoas que acreditam nele, de alguma forma acreditam nele sem acreditar no que ele diz."

Quando saiu de sua última visita à catedral, Mattis havia limpado o terreno. "Estou pronto para trabalhar. Não vou pensar mais na tragédia humana." Se ele estivesse vivo depois de tal guerra, resolveria isso na aposentadoria em sua casa de infância em Richland, Washington, às margens do rio Columbia.

O presidente Trump disse muitas vezes em público que evitou a guerra com a Coreia do Norte ao se reunir com Kim. Ele me disse que Kim previa essa guerra com os Estados Unidos.

"Ele estava totalmente preparado", Trump me disse em 13 de dezembro de 2019.[7]

"Ele lhe disse isso?", perguntei.

"Ah, sim, ele disse", confirmou Trump.

"Ele disse?"

"Ele estava totalmente preparado para isso", respondeu Trump. "E ele esperava ir à guerra. Mas nós nos encontramos."

Em nossa entrevista de 30 de dezembro de 2019, Trump novamente reivindicou o mérito. "Se eu não fosse presidente, teríamos — talvez já tivesse acabado, talvez não —, estaríamos numa grande guerra", disse ele.[8]

Contudo, em fevereiro de 2020, o pensamento aparentemente ainda o fazia parar para pensar. "Teria sido uma guerra ruim também", disse-me ele. "Teria sido uma guerra dura."[9]

Dan Coats, que supervisionava as dezessete agências de inteligência americanas, disse: "Todos nós sabíamos que estávamos a caminho do conflito".

Kim disse a mesma coisa a Pompeo, diretor da CIA, no primeiro encontro deles — que estava pronto para ir à guerra. "Estávamos muito perto disso", disse Kim a Pompeo.

"Nunca soubemos se era para valer", disse Pompeo mais tarde a um auxiliar, "ou se era um blefe." Fosse qual fosse o caso, os Estados Unidos tinham de estar preparados.

12

O general Vincent Brooks, comandante das forças combinadas americanas e sul-coreanas, se encontrou com Rex Tillerson na Coreia do Sul em 7 de novembro. O secretário de Estado havia chegado antes da primeira visita de Trump ao país.

Brooks sabia que Tillerson tinha credibilidade zero com a Coreia do Norte. Um mês antes, Trump havia minado seu secretário de Estado com um tuíte no qual dizia que Tillerson estava "perdendo seu tempo tentando negociar com o Homenzinho do Foguete. Economize sua energia, Rex".[1] As informações obtidas do Norte eram claras: se essa pessoa não está falando pelo presidente, não precisamos perder nosso tempo com ele.

Mattis e Tillerson não haviam conseguido convencer Trump de que a Coreia do Sul estava dando uma contribuição significativa para sua própria defesa. O presidente não arredou pé. Brooks tentaria ilustrar o que dizia levando Trump a Camp Humphreys, a imensa base que os sul-coreanos construíram para as forças conjuntas dos Estados Unidos e da Coreia do Sul.

Depois que Trump pousou, por volta de meio-dia e meia, e almoçou com soldados na base aérea de Osan, Brooks se juntou a ele no helicóptero *Marine One* e decolaram para Camp Humphreys. Enquanto voavam, Brooks pegou um mapa da base e mostrou a Trump como ela havia triplicado de tamanho em relação à antiga base e poderia abrigar 46 mil militares e civis. Ele havia sobreposto o mapa básico sobre um mapa de Washington para dar a Trump uma noção de escala. A base se estendia de Key Bridge ao Nationals Park, cerca de seis quilômetros de comprimento.

A Coreia do Sul gastara em torno de 10 bilhões de dólares de seu próprio dinheiro na base, disse Brooks.

"Hum", disse Trump, "isso é muito dinheiro."

Brooks disse que os sul-coreanos cobriram 92% do custo.

"Por que eles não pagaram tudo?"

Brooks explicou que a lei americana exige que os Estados Unidos controlem e paguem por todos os equipamentos de comunicação confidenciais e pelas SCIFs. O trabalho teve de ser feito por empreiteiros habilitados pelos Estados Unidos e por meio de um processo de aquisição controlado pelos Estados Unidos. Sem essas restrições legais, a Coreia do Sul provavelmente teria pagado 100%.

Brooks acompanhou o presidente num passeio aéreo pela base gigantesca, apontando para o mapa de Washington como referência enquanto o *Marine One* ia de pontos correspondentes ao cemitério de Arlington a Key Bridge, girava em direção à Casa Branca, até o Capitólio e o Nationals Park e voltava ao Jefferson Memorial antes de pousar.

Trump e Brooks passaram do helicóptero para a Besta, a limusine presidencial.

Trump notou alguns helicópteros de combate Apache AH-64. "São nossos?"

"Sim, sr. presidente. Isso é uma unidade de cerca de dezoito." A Coreia do Sul acabara de adquirir duas unidades e os Estados Unidos acrescentaram uma segunda própria. Um ano antes, havia apenas uma unidade de helicópteros Apache na Coreia do Sul e agora eram quatro.

"Eles são bons?"

"Não há matador melhor", disse Brooks.

Trump indicou sua aprovação.

Depois de se encontrar com o presidente Moon e algumas tropas americanas e sul-coreanas, Brooks guiou Trump até o quartel-general do Oitavo Exército, de onde retirou alguns gráficos ilustrados com bolas de chiclete para mostrar a composição da força.

Cada bola representava 10 mil soldados, disse ele. Nas condições atuais, os Estados Unidos tinham três chicletes e a Coreia do Sul, 62. Em tempo de combate, depois de duzentos dias para se mobilizar totalmente, os Estados Unidos teriam uma força de 720 mil, de acordo com os planos de guerra, e os sul-coreanos seriam 3,37 milhões.

Brooks esperava que a grande diferença nos chicletes mostrasse que a Coreia do Sul estava carregando mais do que sua parte na carga.

Hum, disse Trump.

Brooks disse que a Coreia do Sul gastara 460 bilhões de dólares em sua própria defesa nos últimos quinze anos e em breve gastaria 13,5 bilhões de dólares a mais em armas adicionais, como sistemas aéreos não tripulados e aviões de combate das indústrias de defesa americanas.

"Vamos descobrir o quão séria é a Coreia do Norte", disse Trump a Brooks. "Estamos jogando cerca de cinco jogos diferentes ao mesmo tempo. Se não podemos fazer um acordo, temos que estar prontos."

Eles foram de avião para Seul com Tillerson, o chefe de gabinete da Casa Branca, John Kelly, e o assessor de segurança nacional, o general H. R. McMaster, passando por um grande parque com três prédios altos de vidro.

"O que é isso?", perguntou Trump.

"A Samsung", disse Brooks. A gigante da fabricação de eletrônicos e telefones celulares era responsável por cerca de 15% da economia sul-coreana. O parque era tão grande que era conhecido como a Cidade da Samsung em Seul.

"É disso que estou falando", disse Trump. "Este é um país rico. Olhe para esses arranha-céus. Veja a infraestrutura da rodovia." Um trem passou lá embaixo. "Veja aquele trem! Veja tudo isso. Estamos pagando por tudo isso. Eles deveriam pagar por tudo."

É nossa presença que levou a essa riqueza, disse Brooks, tentando argumentar. Os sul-coreanos carregam nosso DNA na forma como operam como uma democracia capitalista e em sua doutrina militar, seus costumes e protocolos. Essa economia, e a própria Coreia do Sul, é um exemplo do que pode acontecer com determinado relacionamento e aliança ao longo do tempo. A conexão era mais profunda do que qualquer transação militar, diplomática ou econômica.

Durante o voo, Trump perguntou a Brooks se deveria ir a Panmunjom. Referia-se à área de segurança conjunta (JSA, na sigla em inglês) na antiga aldeia de Panmunjom, na zona desmilitarizada que marca a fronteira entre a Coreia do Sul e a Coreia do Norte.

Sim, disse Brooks, fazendo uma ligação em cima da hora. O senhor deveria ir.

Antes da viagem de Trump, Mattis advertira Brooks para não fazer nada que pudesse pôr em perigo o presidente. "Não o leve à JSA", ordenara Mattis. Brooks esperava que Mattis entendesse que ele estava agindo de acordo com a tradição do comandante em campo, ignorando as ordens. Trump deveria ver em que os sul-coreanos precisavam da ajuda dos americanos para se defender, e Brooks achava que poderia garantir a segurança do presidente mantendo o plano o mais secreto possível.

Por que eu deveria ir?, perguntou o presidente.

O senhor pareceria fraco se não o fizesse, respondeu Brooks. A viagem reforçará seu discurso no dia seguinte perante a Assembleia Nacional da Coreia do Sul.

A Casa Branca enviou um recado a Brooks naquela noite dizendo que o presidente queria ir à DMZ no início da manhã seguinte, antes de seu discurso. Brooks enviou um ALERTA — cabeçalho que Mattis pedira que seus comandantes usassem numa questão operacional imediata — para o secretário da Defesa: "ALERTA: a equipe POTUS nos notificou hoje que POTUS decidiu visitar a DMZ."

Na manhã seguinte, Trump embarcou no *Marine One*. O nevoeiro estava pesado, mas os pilotos acharam que a rota era navegável. A parte mais arriscada era a área de pouso em Panmunjom, que envolve uma curva acentuada de noventa graus na DMZ. Errar significaria que o presidente poderia estar na Coreia do Norte.

Com cerca de vinte minutos de voo, os pilotos estavam voando devagar a cerca de novecentos metros a 1200 metros de altitude. Lá fora a névoa era densa. O presidente já havia tomado duas Diet Cokes.

"Eles sabem que estou vindo, não sabem?", perguntou Trump.

Sr. presidente, não temos informações que indiquem que os norte-coreanos saibam que o senhor está vindo, disse Brooks.

"Eu levantei esta manhã", disse Trump, "e falei com a Melania, dei um beijo de despedida nela e disse: 'Pode ser que eu não a veja de novo'. Não que eu esteja preocupado comigo mesmo", acrescentou Trump. "Se algo acontecesse ao presidente dos Estados Unidos, seria a pior coisa que poderia acontecer conosco como país."

De repente, o *Marine One* fez uma inclinação acentuada para a esquerda e entrou em compasso de espera, parado no lugar. Depois de alguns minutos, o assessor militar fez com a mão o gesto abrupto de cortar a garganta.

"Estamos voltando", disse John Kelly. "Não podemos entrar. A névoa está espessa demais."

"Isso é terrível", disse Trump. "Eu tenho que entrar. Mas sei que não posso. Sei que vocês têm de tomar uma decisão. Você tem que tomar uma decisão de segurança. Entendi. Isso é horrível. Isso vai ser terrível." Trump temia que a cobertura da imprensa fosse sobre sua volta e o fato de ele não ter conseguido chegar à DMZ. "Isso vai nos fazer parecer fracos."

O *Marine One* pousou com segurança e Trump entrou na Besta. Eles esperaram um pouco para ver se haveria uma abertura no tempo para que pudessem tentar de novo. Outras pessoas viram Trump através das janelas da Besta. Havia uma óbvia diatribe acontecendo dentro do veículo.

Brooks teve uma chance de falar brevemente com McMaster enquanto eles esperavam. Como oficiais superiores do Exército, eles se conheciam havia muito tempo.

Como você está?, perguntou Brooks.

"Preciso comprar um colete à prova de balas novo", brincou McMaster.

O que você quer dizer?

"Este aqui tem tantos buracos por causa das minhas atividades do dia a dia que vou ter que comprar um novo colete à prova de balas."

O tempo não melhorou e a viagem foi cancelada.

Mais tarde, Trump fez um discurso estimulante de 35 minutos na Assembleia Nacional da Coreia do Sul. Matt Pottinger, que na época atuava como diretor sênior para Assuntos Asiáticos do NSC, ficou exultante. Ele acreditava que nunca houvera um discurso como aquele, embora também lembrasse um discurso que Reagan fizera certa vez na Coreia. Era a manhã de Trump na Coreia do Sul. Ele chamou o despertar econômico, cultural e político do país de "o milagre coreano" — uma economia quarenta vezes maior do que a da Coreia do Norte.[2]

Trump não resistiu: "Uma vez que minha eleição foi exatamente há um ano, eu celebro com vocês. Os Estados Unidos também estão passando por uma espécie de milagre. Nosso mercado de ações está na maior alta de todos os tempos". Ele citou o baixo desemprego e um novo "brilhante juiz da Suprema Corte", referindo-se a Neil Gorsuch, que Trump indicara em 31 de janeiro.

Ele acenou o grande porrete para a Coreia do Norte. "Atualmente estacionados nas proximidades desta península estão os três maiores porta-aviões do mundo, carregados ao máximo."

E acrescentou: "Temos submarinos nucleares devidamente posicionados".

O golfista obsessivo disse: "O U.S. Open feminino se realizou este ano no Trump National Golf em Bedminster, Nova Jersey, e aconteceu de ser vencido por uma grande jogadora coreana".

Menos de quarenta quilômetros ao norte, disse ele, é onde "o Estado-prisão da Coreia do Norte infelizmente começa". Trabalho forçado, fome, desnutrição, gulags, tortura, estupro, assassinato, o culto da liderança repressiva pessoal de Kim: "O horror da vida na Coreia do Norte".

"Os Estados Unidos não buscam conflito ou confronto, mas nunca fugiremos deles. Não permitiremos que cidades americanas sejam ameaçadas de destruição."

Dirigindo-se a Kim, ele disse: "O peso desta crise está na sua consciência. [...] As armas que você está adquirindo não o deixam mais seguro. Elas estão colocando seu regime em grave perigo. Cada passo que você dá nesse caminho escuro aumenta o perigo que você tem pela frente".

13

Nesse meio-tempo, um dos primeiros atos de Andy Kim tinha sido recorrer a um velho contato extraoficial no serviço de inteligência norte-coreano que ele cultivara vinte anos antes. A Casa Branca autorizou um encontro, e ele combinou de se avistar com seu contato num terceiro país. Suas instruções consistiam em descobrir o que a Coreia do Norte queria.

A Coreia do Norte prosseguia com seus testes nucleares e de mísseis, e fazia provocativas declarações públicas de ataque aos Estados Unidos. Mas Andy intuía que aquilo se destinava ao consumo doméstico no país. O contato não pôde dar a Andy Kim nenhuma informação oficial sobre os verdadeiros objetivos, pois na Coreia do Norte só uma pessoa, o líder, tem controle de fato sobre o que quer que seja.

Andy Kim não tinha a menor ideia do que poderia resultar do encontro, até onde ele poderia levar, nem em que direção. Sua única avaliação era de que a Coreia do Norte também queria conversar. Como e onde, não estava claro.

Algumas pistas começaram a aparecer logo depois da visita de Trump à Coreia do Sul. As primeiras foram as declarações de Kim Jong-un em seguida a um teste de ICBMs, um marco imenso para a Coreia do Norte. Em vez de soar belicoso, porém, Kim Jong-un fez em janeiro de 2018 um pronunciamento anunciando na prática que estava farto dos preparativos e incrementos militares. Ele agora tinha uma "espada poderosa" — o pujante ICBM capaz de transportar uma arma nuclear — para proteger seu país.[1] Sua intenção era mudar o foco para a melhora da economia norte-coreana.

Havia também sinais de um degelo na relação geralmente tensa entre as Coreias do Norte e do Sul. O presidente sul-coreano recentemente eleito, Moon Jae-in, de tendência esquerdista, indicara que desejava relações mais próximas com sua vizinha do Norte, insinuando até mesmo uma possível reunificação com a outra Coreia. Com as Olimpíadas de Inverno marcadas para começar no início de fevereiro em Pyeongchang, na Coreia do Sul, uma questão em aberto era a Coreia do Norte. Ela participaria? Causaria problemas?

Em janeiro, Moon convidou a Coreia do Norte para conversações sobre as Olimpíadas, a primeira vez em dois anos que os dois países dialogavam oficialmente, e a Coreia do Norte anunciou que enviaria uma delegação de atletas para participar dos jogos. Uma linha direta militar, desativada havia dois anos, também foi reconectada.

Pressentindo uma oportunidade, Trump enviou o vice-presidente Pence a um giro por países da Ásia, com o real intuito de um encontro secreto com os norte-coreanos. Pence, porém, denunciou as intenções nucleares da Coreia do Norte durante sua viagem e o encontro foi cancelado duas horas antes do horário marcado.

Menos de uma semana depois do fim das Olimpíadas, entretanto, o presidente Moon, que estava ansioso para diminuir as tensões e envolver diretamente os Estados Unidos nas conversações, enviou em 5 de março seu assessor nacional de segurança Chung Eui-yong para um encontro com o líder norte-coreano. Três dias depois, Chung visitou a Casa Branca para relatar a membros-chave do gabinete de Trump o que Kim Jong-un havia prometido.

Chung também tinha uma reunião marcada para o dia seguinte com Trump. Mas Trump ficou sabendo que os sul-coreanos estavam na Casa Branca, reunidos com McMaster e outros membros do gabinete. Por que não vou me encontrar com eles agora mesmo?, disse Trump, adiantando--se e convidando Chung ao Salão Oval.

Chung explicou que Kim fizera quatro promessas explícitas. Estava comprometido com a desnuclearização; a Coreia do Norte se absteria de todo e qualquer novo teste nuclear ou de mísseis; exercícios militares conjuntos de rotina entre a Coreia do Sul e os Estados Unidos poderiam prosseguir. E, por fim, Kim estava ansioso para se encontrar com Trump.

McMaster lembrou ao presidente que Kim havia determinado a execução de seu próprio tio, e que Trump deveria encarar suas promessas com cautela.

"Estou com vontade de me encontrar com Kim", disse Trump, desdenhando a advertência de McMaster. "Por que você" — e apontou para Chung — "não anuncia isso?"

Era algo sem precedentes que um anúncio presidencial tão importante fosse feito por um representante estrangeiro na Casa Branca. Trump queria que Chung fosse diante das câmeras do lado de fora da Ala Oeste e anunciasse as quatro ideias. Mandou McMaster trabalhar com Chung no texto do pronunciamento.

McMaster e Pottinger sentaram-se com Chung para garantir que os comentários e a intenção de Trump não fossem deturpados. A negociação durou quase uma hora.

Em pé do lado de fora da Ala Oeste, junto com outros dois representantes sul-coreanos e nenhum americano, Chung fez o anúncio depois que já havia escurecido. Encarou os Porretes, assim chamados por causa do arsenal de microfones das equipes de telejornalismo. Ele resumiu as quatro ideias e a concordância de Trump quanto a um encontro.

"Assim como o presidente Trump", disse Chung na linguagem cuidadosamente aparada que haviam combinado, "estamos otimistas quanto à continuação de um processo diplomático que teste a *possibilidade* de uma resolução pacífica."[2]

O anúncio era notícia quente. Nenhum presidente norte-americano em exercício jamais se encontrara com um líder norte-coreano.

Trump adorou a cobertura jornalística do encontro anunciado — "audacioso", "uma aposta empolgante", "dramático", um reflexo do "estilo improvisador" de Trump, deixando "perplexos os funcionários da Casa Branca" com "mais um dia de turbilhão" que "derrubava" planos anteriores, de modo "atordoante".

Mas muita gente do establishment da política externa criticou Trump por concordar com um encontro sem garantir previamente alguns compromissos do líder norte-coreano. Os ataques foram intensos. Segundo esse ponto de vista, Trump dera ao governo norte-coreano a posição e a legitimidade que ele vinha buscando havia muito tempo.

Evan S. Medeiros, um especialista em Ásia e assessor do ex-presidente Obama, disse na ocasião: "Não ganhamos nada com isso. E Kim jamais abrirá mão das suas armas nucleares. Kim manipulou Moon e agora está manipulando Trump".[3] A gritaria continuou. Dezenas de artigos e colunas de opinião na grande mídia exploraram o lado negativo de tal encontro, muitas vezes com rispidez.

Quase dois anos mais tarde — depois de o presidente ter se encontrado três vezes com Kim Jong-un —, perguntei a Trump se ele não dera poder demais a Kim ao concordar em se reunir com ele.[4]

"Sabe o que eu fiz?", disse Trump. "Uma coisa. Eu me encontrei com ele. Grande merda. Isso me tomou dois dias. Eu me encontrei com ele. Não abri mão de nada. Não desisti das sanções. Não dei coisa alguma a ele. O.k.? Não lhe dei coisa nenhuma."

Mencionei o que o presidente George W. Bush me dissera uma vez sobre o pai de Kim, Kim Jong-il. "Eu abomino Kim Jong-il", dissera Bush, porque fazia seu povo passar fome e mantinha dezenas de milhares de prisioneiros em campos deploráveis de trabalhos forçados.[5]

"E quer saber de uma coisa? Essa atitude não lhe valeu nada", disse Trump. "De lá para cá, eles construíram uma enorme força nuclear durante os dois últimos governos." Sendo assim, disse Trump, ele concordou com o encontro. "E daí, porra? É só um encontro. Concordei em me encontrar. E daí? Você quer reclamar que, em vez de ficar em casa lendo seu livro, eu fui me encontrar com ele?"

Antes do súbito anúncio de Trump de que pretendia se encontrar com Kim, Tillerson vinha operando o canal tradicional do Departamento de Estado com a Coreia do Norte, por intermédio da Suécia. Andy Kim julgava que Tillerson não estava utilizando cabalmente os talentos do Departamento de Estado. Estava tentando trabalhar apenas com algumas poucas pessoas de sua própria equipe. Muitos diplomatas veteranos achavam que sua condução no departamento era desprovida de tato e alguns tinham se demitido.

Tillerson com frequência parecia estar em desacordo com a posição da Casa Branca. Havia dado por duas vezes declarações públicas em apoio às conversações, mas foi contrariado pela Casa Branca. Trump desejava que qualquer conversa acontecesse entre ele e Kim.

O episódio mais recente ocorrera em dezembro de 2017, quando Tillerson declarou: "Temos dito, da parte diplomática, que estamos dispostos a conversar em qualquer momento que a Coreia do Norte queira e estamos dispostos a realizar o primeiro encontro sem precondições".[6] Um porta-voz da Casa Branca puxou o freio, dizendo: "O governo está unido e insiste que qualquer negociação com a Coreia do Norte deve aguardar até que o regime melhore fundamentalmente sua conduta. Como disse o próprio secretário de Estado, isso deve incluir, sem se limitar a isso, o fim de novos testes nucleares".[7]

Tillerson, cujo relacionamento com Trump parecia estar tremendamente desgastado, começou a ouvir rumores de que algo mais estava acontecendo sem que ele soubesse. Ele interpelou Pompeo, o diretor da CIA.

Sabe, disse Pompeo, temos um canal. Nós o mantemos aberto o tempo todo, mas não estamos fazendo coisa alguma.

Tillerson podia dizer que Pompeo não estava sendo honesto com ele. Ele estava sendo excluído. Isso o frustrava. Mas ele também julgava que a abordagem estava equivocada. A CIA parecia ser justamente o caminho errado se eles queriam construir algum alicerce para ir em frente com a Coreia do Norte. Não apenas por ser clandestino, mas por excluir a China.

Tillerson via a China, um parceiro comercial crucialmente importante da Coreia do Norte, como central para uma política em relação aos norte-coreanos. Ele dissera ao presidente Xi Jinping num encontro anterior: Preciso saber que você está atrás de Kim, com sua mão em torno do pescoço dele. E que, cada vez que ele se comportar mal, você dará um leve apertão, só para ele saber que você está lá.

Xi se limitou a sorrir.

Tillerson estava na Etiópia, não na Casa Branca, em 8 de março, quando Trump fez os sul-coreanos anunciarem que ele se reuniria com o líder da Coreia do Norte. Na verdade, um dia antes do anúncio-surpresa, Tillerson revelara publicamente o quanto estava por fora das coisas ao dizer: "Estamos muito longe de negociações".[8]

O diretor da CIA, Pompeo, também perdera o anúncio. Estava em seu avião voltando para comparecer à reunião marcada para o dia seguinte quando Trump deu seu cavalo de pau. Pompeo conferenciou com sua adjunta, Gina Haspel, e com Andy Kim.

Haspel narrou o que havia acontecido.

Qual foi a intenção do presidente?, perguntou Pompeo. Pôr os sul-coreanos lá fora para fazer o anúncio? Aquilo teria sido concebido para distanciar Trump da reunião de cúpula? Improvável, já que Trump estaria frente a frente com o líder norte-coreano. Ou teria sido apenas mais uma das decisões impulsivas, repentinas, de Trump?

Nenhum dos três tinha uma resposta.

Andy Kim disse que os sul-coreanos haviam sugerido a ele que o Norte se apegava a uma declaração que Trump fizera durante a campanha de 2016: "Se ele viesse aqui, eu o receberia", disse o candidato Trump sobre Kim Jong-un, "mas não lhe ofereceria um banquete oficial, assim como fazemos com a China e com todas essas outras pessoas que nos espoliam".[9] Trump continuara a vociferar contra banquetes oficiais em geral, acrescentando que, em vez disso, "devíamos estar comendo um hambúrguer numa mesa de reunião".

A Coreia do Norte tinha aprendido suas próprias lições no trato com os Estados Unidos, disse Andy Kim. Seus congêneres norte-coreanos tinham a seguinte explicação: em dezembro de 2000, o presidente Clinton pretendera ir à Coreia do Norte, mas o republicano George W. Bush vencera a eleição, derrotando o vice de Clinton, Al Gore. Como presidente eleito, Bush não queria que Clinton fizesse a viagem. Clinton, agora carta fora do baralho, sentiu que devia atender ao pedido e a cancelou.

Então, qual era a lição? O Norte sabia que negociações levavam muito tempo. Os Estados Unidos tinham eleições a cada quatro anos, e os planos podiam facilmente descarrilar e tudo ir por água abaixo. O melhor curso a seguir era começar a lidar cedo com um novo governo, de modo que houvesse tempo. Sendo assim, essa era uma das razões pelas quais o Norte queria negociar logo com Trump, disse Andy Kim.

Alguns dias depois, Tillerson estava no Quênia, em meio a sua viagem para visitar cinco nações africanas, quando recebeu uma chamada de John Kelly, chefe de gabinete, por volta das duas da madrugada, hora local.

"Ei, você precisa voltar agora mesmo", disse Kelly.

"O que está acontecendo?", perguntou Tillerson.

"O presidente vai te demitir", disse Kelly. "Eu disse a ele que não pode fazer isso enquanto você estiver fora do país."

"Bem, John, o.k.", disse Tillerson. "O que está acontecendo?"

"Eu não sei. Não sei o que aconteceu." Kelly disse que estava em sua sala e um de seus auxiliares disse que H. R. McMaster e Nikki Haley, a embaixadora na ONU, estavam no Salão Oval reunidos com o presidente. "Disparei pelo corredor apenas a tempo de vê-los saindo. Entrei. Tudo o que sei é que o presidente estava vociferando em fúria contra você. Ele disse: 'Está na hora de Tillerson sair. Jamais gostei dele'."

"Havia uma questão específica?", perguntou Tillerson.

"Não sei", disse Kelly. "Não sei o que falaram para ele, mas o deixaram muito inflamado."

"Vou ter que ver qual é a maneira mais rápida de voltar, mas obviamente precisarei cancelar várias reuniões com chefes de Estado e isso vai suscitar uma porção de perguntas, de modo que temos de pensar como vocês querem que eu as responda", disse Tillerson. "Porque as pessoas vão ficar pensando: será que aconteceu alguma coisa de ruim em Washington?"

Kelly ligou de novo para Tillerson cerca de uma hora mais tarde. O presidente concordara em não fazer coisa alguma até que Tillerson voltasse. "Mas ainda acho que você deve tentar voltar o quanto antes", disse Kelly.

Tillerson abreviou em um dia sua viagem sem cancelar nenhuma de suas visitas a chefes de Estado e aterrissou na base Andrews da Força Aérea às quatro da manhã de 13 de março. Telefonou para Kelly. O secretário de Estado havia ficado acordado por quase 72 horas seguidas.

"Acabo de pousar", disse Tillerson. "Vou correr para casa. Vou tomar um banho e dormir por umas duas horas. Estarei no gabinete entre nove e dez da manhã."

Pouco antes das nove, Tillerson estava se vestindo quando recebeu uma ligação de sua própria chefe de gabinete.

"Você já viu?", perguntou ela.

"Não." Tillerson não tinha conta no Twitter, de modo que toda vez que o presidente tuitava alguma coisa, alguém tinha de informá-lo a respeito.

A auxiliar leu para Tillerson o tuíte do presidente, postado às 8h44, demitindo o chefe da diplomacia da nação.

"Mike Pompeo, diretor da CIA, será nosso novo secretário de Estado", escreveu Trump no tuíte. "Ele fará um trabalho fantástico! Obrigado a Rex Tillerson por seus serviços! Gina Haspel será a nova diretora da CIA e a primeira mulher escolhida para o cargo. Congratulações a todos!"[10]

Tillerson nunca foi informado sobre o motivo da demissão. O presidente não lhe forneceu uma razão. Havia vazado anteriormente que Tillerson chamara Trump de "imbecil do cacete" numa reunião no Tanque em 20 de julho de 2017.[11] Talvez nada pudesse espicaçar mais do que isso as inseguranças de Trump.

Depois que a notícia veio a público, Tillerson recebeu um telefonema de Mattis.

"Sr. secretário, não sei o que dizer", disse Mattis.

"Jim, você não precisa dizer nada", disse Tillerson. "Mas eu quero dizer uma coisa: obrigado. Eu não poderia ter contado com um parceiro melhor."

Eles haviam freado ou reduzido a velocidade de algumas das intenções de Trump no Afeganistão e na Coreia do Sul, mas o objetivo ambicioso dos dois de conduzir a política externa havia em grande parte fracassado.

Falando a repórteres no Jardim Sul da Casa Branca naquela manhã, Trump agradeceu a Tillerson por seus serviços e disse que ele era "um homem bom". Mas não foi nada efusivo em seu louvor.

"Rex e eu vínhamos conversando sobre isso havia muito tempo", disse Trump. "Nos dávamos bastante bem, de fato, mas discordávamos quanto a algumas coisas."[12]

Por volta do meio-dia, Tillerson recebeu um telefonema do presidente, que estava viajando para a Califórnia para angariar fundos e inspecionar protótipos do muro para a fronteira.

"Ei, Rex, como vão as coisas?", disse Trump.

"Estou bem, sr. presidente."

"Bem, espero que tenha visto todas as coisas boas que eu disse a seu respeito", disse Trump. "Sabe, vai ser muito bom para você. Eu sei que você nunca quis fazer esse trabalho. Agora vai poder voltar para sua fazenda, que é para onde queria mesmo ir."

Trump convidou Tillerson a visitá-lo no Salão Oval quando ele voltasse da Califórnia. "Vamos tirar uma bela foto de nós dois dando um aperto de mãos."

"O.k.", disse Tillerson, e desligou o telefone. Às duas da tarde, fez um discurso de despedida de cinco minutos no Departamento de Estado, no qual não mencionou o nome de Trump.

"Esta pode ser uma cidade muito mesquinha", disse ele. "Mas você não precisa optar por fazer parte disso. Cada um de nós escolhe a pessoa que deseja ser, o modo como quer ser tratado e o modo de tratar os outros."[13]

A traição feriu Tillerson profundamente. Em sua visão, o presidente quebrara duas das três promessas que ele lhe pedira antes de aceitar o cargo: Trump concordara em deixar Tillerson escolher sua própria equipe de primeiro escalão, mas Trump ou a Casa Branca tinham interferido continuamente ou vetado as escolhas de Tillerson. E o presidente prometera que eles nunca teriam uma rixa em público, e depois o demitira de modo sumário, sem discussão e via Twitter. A única promessa que Trump cumpriu foi a de não retirar a nomeação de Tillerson para o cargo.

"Tillerson afastado enquanto Trump abafa discordâncias no ministério", dizia a manchete na primeira página do *New York Times* do dia seguinte.[14]

Trump questionou Mattis quando se encontraram para um almoço não muito depois da demissão de Tillerson.

"Vocês não são amigos?", perguntou Trump.

"Não, não éramos só amigos", disse Mattis. "Somos grandes amigos. Mas vou trabalhar com quem quer que você escolha, pois você é o presidente. Você é que foi eleito, não eu."

Como primeiro passo, Trump queria que Pompeo fosse à Coreia do Norte para se encontrar com Kim Jong-un em seu nome.

Andy Kim descreveu para Pompeo como seria um encontro com os norte-coreanos. Eles vão começar com a conversa partidária de que os Estados Unidos criaram a hostilidade e são os responsáveis exclusivos pelas más relações. Então vão repetir isso uma e outra vez. Você vai ficar enjoado de ouvir sempre a mesma coisa. Não conteste nem tente argumentar com eles. Foram instruídos a fazer essa declaração. Você tem que deixá-los concluir. Então você vai ficar lá um tempão. Eles vêm praticando isso há muito tempo. Relaxe. Mas você nunca vai achar agradável.

No fim de semana de Páscoa de 2018, Pompeo voou para a Coreia do Norte. Ele ainda era diretor da CIA, não tinha sido confirmado como secretário de Estado. Andy Kim e uma equipe pequena o acompanharam até Pyongyang. Depois que chegaram, eles foram escoltados até uma sala numa casa para hóspedes do governo. Kim Yong-chol, o vice-presidente do Comitê Central, ex-general e ex-chefe do serviço de inteligência norte-coreano, recebeu Pompeo. Kim Yong-chol era tido em geral como o número dois, mas, com um número um tão preponderante, era difícil dizer com certeza.

O senhor percorreu um longo caminho até aqui, mas estamos tendo essas hostilidades há setenta anos, disse Kim Yong-chol. No entanto, Kim Jong-un fez quatro promessas. Ele está disposto a se encontrar com o presidente Trump. Ele tem a intenção de desnuclearizar. O líder aceitará exercícios militares conjuntos Estados Unidos-Coreia do Sul. E ele se absterá de fazer testes.

A Coreia do Sul, nossa aliada, nos disse que era isso mesmo que King Jong-un havia dito, admitiu Pompeo. Confiamos nos nossos aliados, mas precisamos nos certificar. Sem verificação, teremos um problema. Nossa missão é ouvir isso de Kim Jong-un diretamente.

Por que não descansa, disse Kim Yong-chol, e eu lhe informarei quando e se Kim Jong-un se encontrará com o senhor.

A indefinição era enlouquecedora, mas Andy Kim sabia que era inevitável. Kim Yong-chol saiu e voltou rapidamente.

Penso que o presidente está pronto para se reunir com os senhores, portanto vamos, disse ele. Só duas pessoas poderiam participar — nada de assessores. Foram Pompeo e Andy Kim. Depois de rodar por quinze minutos, chegaram a uma construção com aparência de prédio comercial comum e entraram com o carro. Viram imediatamente que era uma fortaleza escondida dentro do que parecia ser um prédio comercial. Havia um grande muro com uma enorme quantidade de guardas e fortificações.

Numa sala de reuniões, Kim se sentou de um lado da mesa e Pompeo tomou assento do outro lado. Kim envergava o traje preto que é sua marca registrada e parecia um pouco nervoso no início. Não se servia de nenhuma anotação ou roteiro de temas. Foi então que Kim disse a Pompeo: "Estivemos muito perto" da guerra.

Os sul-coreanos nos disseram que o senhor tem intenção de se desnuclearizar, disse Pompeo. É verdade?

Eu sou pai, disse o líder. Não quero que meus filhos carreguem armas nucleares nas costas pelo resto da vida. Então, sim, é verdade.

Pompeo e o líder logo concordaram que não queriam que as tensões aumentassem. Não era bom para ninguém. Então vamos às soluções.

O senhor disse aos sul-coreanos que está disposto a se encontrar com o presidente Trump, disse Pompeo, e viu que o presidente diz abertamente aceitar a ideia. Então podemos conversar sobre como armar uma reunião de trabalho que produza a agenda correta para o encontro de cúpula?

Kim pareceu concordar.

Andy Kim julgou que Kim havia relaxado rapidamente e que dava a impressão de estar bem à vontade.

O restante da discussão se concentrou nas quatro promessas.

Trump e o líder norte-coreano trocaram cartas breves coincidindo com a viagem de Pompeo.

"Caro presidente Kim", escreveu Trump em três parágrafos. "Obrigado por oferecer um convite para que nos encontremos. Terei prazer em me reunir com o senhor.

"Quero manifestar meu agradecimento também por receber o diretor Pompeo em Pyongyang. Ele conta com minha total confiança.

"Anseio por trabalhar com o senhor em prol de um aperfeiçoamento maior em nossas relações e para construirmos mutuamente um futuro melhor e mais seguro."[15]

A carta de Kim foi mais entusiástica:[16]

"Cara excelência", começou Kim. Trump depois me contou com orgulho que Kim se dirigira a ele como "excelência".[17]

"Estou preparado para cooperar com o senhor com sinceridade e dedicação", disse o líder norte-coreano, "para realizarmos um feito grandioso que ninguém no passado foi capaz de alcançar e que não é esperado pelo mundo inteiro."

Pompeo viajou à Coreia do Norte uma segunda vez em 8 e 9 de maio, apenas algumas semanas depois que o Senado o confirmou como secretário de Estado por 57 votos a 42.

Uma questão crucial era quem tinha de fato influência sobre Kim Jong-un. No jantar, sua irmã Kim Yo-jong foi reverente, chamando-o de "grande líder" e "líder supremo", nunca "meu irmão". Isso podia refletir a disciplina dela, ponderou Andy Kim. Ela era claramente devotada a ele e uma operadora dos bastidores, cuidando do protocolo, da coordenação dos eventos. Com frequência era a mensageira-chave. Durante o jantar, ela não saiu da linha para demonstrar familiaridade com o irmão.

O contraste com Ri Sol-ju, esposa de Kim Jong-un, era espantoso. Ri tinha trinta e poucos anos e longos cabelos escuros. Era a mãe dos filhos de Kim, e quando adolescente, segundo consta, havia feito parte de uma equipe de animadoras de torcida da Coreia do Norte. A certa altura, o grande líder acendeu um cigarro.

Não é bom para a sua saúde, disse Andy Kim, de modo prosaico. Esperava que o comentário fosse tomado meramente como um aparte amistoso.

Kim Yong-chol e a irmã congelaram, quase paralisados, esperando pela reação de Kim. Ninguém falava com o líder daquela maneira.

Sim, tem razão, disse sua esposa, Ri. Já falei a meu marido sobre os perigos de fumar.

No jantar, era servido um prato atrás do outro. Os norte-coreanos queriam que o secretário de Estado Pompeo passasse a noite ali. Chegamos na aurora e temos que partir no crepúsculo, disse Pompeo.

O jantar se arrastava. Por fim, Pompeo disse: Não estamos chegando a lugar nenhum. Precisamos que vocês nos forneçam uma lista de locais de produção e teste de armas nucleares. Como não estava fazendo muito progresso, anunciou que ia embora.

Os norte-coreanos retiveram seu avião por várias horas, mas finalmente o deixaram partir.

Depois da partida de Pompeo, três norte-americanos que eram mantidos prisioneiros na Coreia do Norte — Tony Kim, Kim Hak-song e Kim Dong--chul — foram libertados e voltaram em segurança para os Estados Unidos.

No início da manhã de 10 de maio, Trump recebeu os detentos libertados quando chegaram à base conjunta Andrews, em Maryland. "Queremos agradecer a Kim Jong-un, que foi de fato excelente com essas três pessoas incríveis", disse Trump. "Estamos começando a caminhar sobre novas bases."[18]

14

Depois que Robert Mueller, ex-diretor do FBI, foi nomeado procurador especial para investigar os elos Rússia-Trump na campanha de 2016, Trump deu início a uma rajada de ataques. Mas o senador Lindsey Graham, republicano da Carolina do Sul e amigo mais próximo de Trump no Senado, adotou uma abordagem diferente.

"Respeito a decisão", disse Graham na Fox News. "É uma boa escolha em termos de deferência entre membros de ambos os partidos. É um tarimbado ex-diretor do FBI."[1]

Os dois amigos continuaram a divergir em público e em privado.

Em abril de 2018, Graham defendeu um projeto de lei para proteger Mueller e sua atuação.[2] Defendido também por um grupo bipartidário de moderados — Thom Tillis, um republicano da Carolina do Norte, e os democratas Cory Booker, de Nova Jersey, e Chris Coons, de Delaware —, o projeto foi aprovado pela Comissão de Justiça do Senado por catorze a sete. Mas o líder da maioria no Senado, Mitch McConnell, disse que ele era desnecessário, e Graham percebeu que ele não o levaria ao plenário.

A oposição de Trump ao inquérito foi além dos rompantes no Twitter. Em 17 de junho de 2017, o presidente telefonou duas vezes para a casa de Don McGahn, assessor jurídico da Casa Branca, e ordenou que ele fizesse Mueller ser afastado pelo subprocurador-geral Rod Rosenstein.[3] "Ligue para Rod, diga a Rod que Mueller tem conflitos de interesse e não pode ser o procurador especial", disse Trump no segundo telefonema. "Ligue-me de volta depois de fazer isso." McGahn não levou a cabo as ordens do presidente.

Graham não engoliu os ataques de Trump contra Mueller e a investigação da Rússia. Ao longo dos anos, Graham observara Mueller como diretor do FBI e concluíra que ele era independente e imparcial.

Se Trump havia conchavado ou combinado com o governo russo em 2016, seria um desastre para Trump e para o Partido Republicano.

"Escute", Graham disse a Trump, "se você de fato fez isso, mesmo que tenha sido antes de ser presidente, você não pode ocupar o cargo."

"Não fiz isso", Trump disse a Graham. "Fiz um monte de coisas ruins, mas essa eu não fiz."

"Acredito em você nos dois casos", disse Graham. A negativa, a seu ver, soava sincera.

Em conversas privadas com o presidente, Graham repetidas vezes instou Trump a deixar a investigação de Mueller seguir seu curso. Se Trump estava sendo honesto com o país e não tinha feito nada de errado, argumentava Graham, devia deixar a investigação avançar.

Só há um homem no país com a faculdade de inocentá-lo de ter trabalhado com os russos, Graham disse a Trump no início de 2019. "Eu não posso inocentá-lo de ter trabalhado com os russos. Você não pode inocentar a si próprio de ter trabalhado com os russos. Se você não trabalhou com os russos, das duas uma. Ou ele vai inventar alguma merda para provar que você fez o que não fez", o que era o temor de Trump, "ou vai dizer a verdade."

Graham continuava vendo Mueller como um sujeito íntegro.

"Se você estiver sendo honesto comigo e eu estiver certo quanto a Mueller, pode ficar tranquilo", ele disse ao presidente. "Agora, se eu estiver errado quanto a Mueller, então serei o primeiro a dizer. Se você não estiver sendo honesto comigo, também serei o primeiro a dizer."

"Não dei telefonemas", Trump disse a Graham. O presidente insistia: "Não trabalhei com russos!".

"Sr. presidente, só uma coisa pode me pôr contra você, e essa coisa é se você de fato trabalhou com os russos."

"Não trabalhei", disse Trump.

"Acredito em você", respondeu Graham. "Pois você não consegue se entender com seu próprio governo. Por que iria se entender com o governo russo?"

Trump riu. "Sim, é verdade", disse.

Mas não havia nada de engraçado na investigação de Mueller. Na mídia, assim como entre os democratas e muitos críticos de Trump, o inquérito de Mueller era aguardado de modo geral como o Watergate de Trump.

"É possível ver a olho nu indícios quanto ao conluio, indícios muito contundentes", disse o presidente da Comissão de Inteligência da Câmara, Adam Schiff, numa entrevista à CNN em fevereiro de 2019.[4]

Em Washington havia a expectativa de que o relatório de Mueller seria a gota d'água que faltava e potencialmente poderia levar ao impeachment de Trump.

A equipe de Mueller supostamente não vazava informações, o que aumentava mais ainda a expectativa de que a coisa fosse grande.

O *Washington Post* e o *New York Times* prosseguiam com a investigação jornalística, publicando dezenas de matérias de primeira página sobre muitas das mesmas questões que Mueller estava investigando.

15

Pompeo voltou de Pyongyang em abril com uma carta de Kim expressando franca disposição para um encontro e a entregou a Trump. O presidente respondeu sem perda de tempo.

"Concordo com tudo o que o senhor diz", escreveu Trump numa carta a Kim datada de 3 de abril, "e tenho pouquíssima dúvida de que nosso encontro será de suma importância para os nossos países e para o resto do mundo."

Planos para o encontro estavam em andamento. Era um extraordinário ponto de inflexão nas relações entre o líder e o presidente, que apenas meses antes haviam trocado insultos notavelmente pessoais.

O namoro diplomático entre Trump e Kim em 2018 e 2019 está registrado em 27 cartas obtidas por mim, e 25 delas são expostas aqui pela primeira vez. Floreadas e grandiloquentes, elas desvelam como os dois formaram um vínculo pessoal e sentimental.

Trump disse pessoalmente que são "cartas de amor". Elas são mais do que isso — revelam uma decisão da parte de ambos de se tornar amigos. Se eram sinceras ou não, provavelmente só a história dirá.

A linguagem não é a do script diplomático habitual. Parecem declarações de lealdade pessoal que poderiam ter sido enunciadas pelos cavaleiros da Távola Redonda, ou talvez por pretendentes apaixonados.

Um primeiro encontro quase foi cancelado depois que Trump foi citado insinuando, numa reunião em 17 de maio de 2018, que, se Kim não fizesse um acordo com ele, poderia ter um destino semelhante ao do líder líbio assassinado Muammar al-Gaddafi, que foi derrubado em 2011.

"O modelo, se você olha para aquele modelo com Gaddafi, aquilo foi uma dizimação total", disse Trump em público. "Nós entramos lá para derrotá-lo. Agora esse modelo terá lugar se não chegarmos a um acordo, muito provavelmente. Mas, se fizermos um acordo, penso que Kim Jong-un vai ficar muito, muito contente."[1]

O vice-ministro do Exterior da Coreia do Norte, Choe Son-hui, respondeu: "Se os Estados Unidos se encontrarão conosco numa sala de reunião ou num duelo nuclear é algo que depende inteiramente da decisão e do comportamento dos Estados Unidos".[2]

Em 24 de maio, Trump escreveu a Kim uma carta cancelando a reunião de cúpula.

"Tristemente, com base na tremenda raiva e na aberta hostilidade reveladas em sua declaração mais recente, sinto que é inapropriado, neste momento, realizar esse encontro longamente planejado", escreveu Trump. Postou no Twitter uma cópia da carta.

Mas a contenda durou pouco. O presidente sul-coreano Moon Jae-in ajudou a armar conversas entre diplomatas dos Estados Unidos e da Coreia do Norte no lado norte-coreano da fronteira em 27 de maio, e o encontro de cúpula foi reinserido na agenda dias depois de Trump tê-lo cancelado.

Em 29 de maio, Kim escreveu a Trump que tinha "grandes expectativas" em relação ao encontro, "um evento em que o mundo inteiro está concentrado". Acrescentou: "Espero sinceramente que nosso primeiro encontro, prestes a acontecer mediante não poucos esforços, leve a outros encontros maravilhosos e significativos".

Em 12 de junho de 2018, Trump e Kim finalmente se encontraram no Capella Hotel em Singapura, começando sua reunião às 9h05, horário local.

Os dois trocaram um aperto de mãos que durou doze segundos, antes de se voltar para as câmeras.

"Puta merda", o presidente depois me contou que disse a si mesmo na hora. O momento lhe causou uma impressão memorável. Ele disse que a muralha de câmeras de telejornais era a maior que já tinha visto na vida, maior até do que a que vira em Hollywood na cerimônia do Oscar.[3]

Após o aperto de mãos, ambos se retiraram para uma reunião privada. Trump disse depois que achou Kim "mais do que inteligente".[4]

Em seu primeiro encontro, segundo Trump, os dois líderes conversaram sobre "o tremendo potencial" da Coreia do Norte. Trump disse que contou a Kim que não queria eliminá-lo, aludindo à "ameaça Gaddafi", e que desejava que ele conduzisse o país à grandeza. "Poderia se tornar uma das grandes potências econômicas do mundo", Trump relembrou ter dito. "Está estrategicamente situado entre a China, a Rússia e a Coreia do Sul."

Ao final da reunião, Trump e Kim assinaram um breve acordo, de quatro pontos. A parte mais importante do acordo dizia que a Coreia do Norte, reafirmando seu pacto anterior com a Coreia do Sul, "compromete-se a trabalhar em direção da desnuclearização completa da península coreana".[5]

Kim não saiu de mãos vazias do encontro. Trump disse que ele garantiria a segurança da Coreia do Norte. Numa coletiva de imprensa depois da reunião, Trump fez um anúncio-surpresa: os Estados Unidos iriam encerrar os exercícios militares com a Coreia do Sul. O regime norte-coreano encarava havia muito tempo os exercícios conjuntos como uma ameaça.

"Cessaremos os jogos de guerra, o que nos poupará uma tremenda quantidade de dinheiro, a menos que constatemos que as futuras negociações não estão progredindo como deveriam", disse Trump. "Mas pouparemos uma tremenda quantidade de dinheiro. Além disso, acho que é muito estimulante."[6]

Embora a distensão com a Coreia do Norte estivesse longe de ser completa, Trump se apressou em declarar a viagem um sucesso.

"Acabo de aterrissar — uma longa viagem, mas todo mundo agora pode se sentir mais seguro do que no dia em que tomei posse", escreveu Trump num tuíte na manhã de 13 de junho. "Não existe mais uma ameaça nuclear da Coreia do Norte."[7]

Num segundo tuíte, Trump acrescentou: "Antes de eu tomar posse, as pessoas davam como certo que iríamos à guerra com a Coreia do Norte. O presidente Obama dizia que a Coreia do Norte era nosso maior e mais perigoso problema. Não mais — durmam bem esta noite!".[8]

O acordo de 391 palavras de Trump com Kim não encerrava a ameaça nuclear da Coreia do Norte — ele simplesmente reafirmava uma declaração de formulação vaga que Kim assinara com a Coreia do Sul em abril de 2018. O acordo era menos específico no tocante à desnuclearização do que acordos que os antecessores de Kim haviam assinado em 1992 e em 2005 durante os governos Clinton e Bush.

"Dizer uma coisa não a torna real", disse Chuck Schumer, senador por Nova York e líder da minoria democrata, em pronunciamento no plenário do Senado em 13 de junho. "A Coreia do Norte ainda tem armas nucleares. Ainda tem mísseis intercontinentais. Ainda mantém os Estados Unidos em perigo. De algum modo, o presidente Trump acha que quando ele diz uma coisa ela se torna realidade."[9]

Mattis foi pego completamente de surpresa com o cancelamento, por Trump, dos exercícios conjuntos com a Coreia do Sul.

Em conformidade com o anúncio de Trump, Mattis suspendeu os principais exercícios militares, tais como o Guardião da Liberdade Ulchi, uma manobra anual que envolvia 18 mil soldados dos Estados Unidos e até 50 mil soldados sul-coreanos.

Unidades menores, porém, precisavam treinar, Mattis disse a Trump. "Não vamos ficar com soldados sentados nos quartéis. Isso não é bom. Os soldados não valem nada para você como presidente, não valem nada para mim como secretário da Defesa, se não estiverem em campo treinando." Ele lembrou ao presidente que aqueles soldados na Coreia do Sul eram deslocados constantemente para o Iraque e o Afeganistão e vice-versa. Precisavam estar prontos para o combate.

Há ênfase demais no terrorismo e em lutar as velhas guerras de Bush, disse Trump.

É assim para que os terroristas não possam vir atacar os Estados Unidos aqui, respondeu Mattis, como aconteceu no Onze de Setembro.

"Sempre ouço dizer isso", queixou-se Trump. "Isso significa que temos de combater em toda parte do mundo."

"Não significa não, senhor."

De volta ao Pentágono, Mattis baixou uma determinação. "Todos os exercícios rotineiros e regimentais de pelotões, companhias, batalhões e brigadas continuam", disse ele. "Grupos aéreos continuam. Exercícios navais continuam. O presidente não quer dizer que devemos todos ficar sentados na caserna agora olhando para as paredes, entenderam? Então, nada de ficar todo mundo chupando o dedo."

Exercícios menores com unidades circunscritas a regimentos formados por vários milhares de soldados não precisavam ser relatados a Washington. Apenas os exercícios de grande envergadura entravam no foco do presidente. Mattis reduziu-os a exercícios de correio e rede de comunicação. "Não haverá tropas em campo." Nada de manobras de campo, nada que possa ser chamado de jogo de guerra.

Na Coreia do Sul, o comandante dos Estados Unidos no país, general Brooks, logo atuou para reduzir a visibilidade dos exercícios. Diminuiu imediatamente o tamanho das unidades, mudou o cronograma e reduziu o volume de comunicações, de modo a haver menos notícias públicas sobre o treinamento e menos também sob as vistas de Kim e Trump.

Mattis sentiu-se frustrado com a mensagem que estava sendo enviada à China, à Rússia e à Coreia do Norte. "O que estamos fazendo, na verdade, é mostrar como destruir a América", disse ele posteriormente. "É isso que estamos mostrando a eles. Como nos isolar dos nossos aliados. Como nos puxar para baixo. E está funcionando muito bem. Estamos declarando guerra uns contra os outros dentro da América. Está funcionando de fato contra nós agora mesmo."

16

Em 13 de fevereiro de 2018, Dan Coats e os outros altos chefes da inteligência prestaram depoimento público diante do Comitê de Inteligência do Senado sobre ameaças à segurança global.[1]

O senador Mark Warner, da Virgínia, o mais velho democrata do comitê, e por isso seu vice-presidente, fez um leve desvio. "Com um simples sim ou não, os senhores concordam com o diretor Pompeo em que não temos visto uma diminuição significativa da atividade russa" para interferir nas próximas eleições de 2018 e 2020 nos Estados Unidos?

Todos concordaram com Pompeo, então ainda o chefe da CIA, que disse, provocando risadas: "Eu concordo com o diretor Pompeo".

Sob a manchete "A Rússia tem como alvo 2018, alertam chefes da espionagem", o *Washington Post* noticiou que a avaliação dos dirigentes da inteligência "diverge do presidente Trump".[2] Em sua reportagem de primeira página, o *New York Times* proclamou: "Os alertas foram notavelmente contrastantes com os comentários públicos do presidente Trump".[3]

No dia seguinte, ao receber o PDB, Trump ficou transtornado. Por que aquilo precisava ter vindo a público? Por que o depoimento deles não tinha sido feito a portas fechadas numa sala segura?

Coats sabia que aquele era um ponto sensível para o presidente e tentava acomodar as coisas desde que os chefes da inteligência expuseram seu ponto de vista. O Comitê de Inteligência do Senado insistiu numa audiência pública, Coats disse a Trump. "Não gostamos nada disso. Protestamos. Preferíamos fazer as coisas num ambiente seguro."

Depois de uma reunião de cúpula com Pútin em Helsinque, na Finlândia, em 16 de julho de 2018, Trump se postou lado a lado com o líder russo numa coletiva de imprensa e questionou abertamente a conclusão das agências de inteligência de que a Rússia havia interferido na eleição presidencial de 2016.

"Disseram que acham que foi a Rússia", disse Trump. "Eis aqui o presidente Pútin. Ele acaba de dizer que não foi a Rússia." Acrescentou: "Não vejo razão alguma para que fosse. [...] O presidente Pútin foi bastante firme e veemente no seu desmentido."[4]

Trump se reunira com Pútin por mais de duas horas, sem a presença de nenhum outro funcionário dos Estados Unidos além do intérprete.

O republicano Newt Gingrich, ex-presidente da Câmara, que normalmente apoiava Trump, tuitou: "É o erro mais grave de sua presidência e precisa ser corrigido — imediatamente".[5]

John O. Brennan, ex-diretor da CIA no governo Obama e crítico persistente de Trump, foi mais longe, tuitando: "A performance de Donald Trump na coletiva de imprensa em Helsinque chega ao limiar de 'altos crimes e malfeitos' e até o ultrapassa". Ele chamou Trump de "traidor", acrescentando: "Os comentários de Trump não foram apenas estúpidos, ele está inteiramente nas mãos de Pútin".[6]

Coats, que estava no cargo havia dezesseis meses, ficou fora de si e divulgou sua própria reprimenda: "Temos sido claros em nossas avaliações da interferência russa na eleição de 2016 e dos contínuos e difusos esforços deles para solapar nossa democracia, e continuaremos a fornecer inteligência franca e objetiva em defesa de nossa segurança nacional".[7]

Como DNI, Coats tinha acesso às interceptações mais sensíveis e às melhores fontes ultrassecretas da CIA na Rússia. Ele suspeitava do pior, mas não encontrou nada que mostrasse que Trump estava de fato nas mãos de Pútin. Ele e os membros-chave de sua equipe examinaram os dados de inteligência com todo o cuidado possível. Não havia provas, ponto-final. Mas as dúvidas de Coats persistiram, nunca chegando a se dissipar por completo.

Coats sabia que a Rússia tinha uma "crise demográfica", com uma previsão de 7% de queda da população nos próximos trinta anos. Mas sabia também que Pútin estava lidando muito bem com as cartas ruins de que dispunha. A simpatia de Trump por Pútin nunca foi plenamente explicada a Coats. Toda vez que ele questionava alguma coisa sobre a Rússia ou Pútin, o presidente dizia: mas eles têm armas nucleares. Eles têm armas nucleares. Coats deve ter ouvido isso dezenas de vezes. Certa vez, o presidente se expressou assim: "A Rússia tem 1243 armas nucleares, porra". Na verdade, a Rússia tinha cerca de 1600 grandes ogivas nucleares prontas para ser acionadas e 6500 ao todo.[8] Trump acreditava que um arsenal nuclear tão grande mudava o cálculo estratégico.

O dia 19 de julho de 2018 foi um ponto de inflexão para Coats. Ele estava participando de um fórum de segurança pública em Aspen, Colorado — um encontro anual numa atmosfera informal. O fórum incluía painéis de debates, entrevistas e longos jantares nas frescas montanhas distantes do verão quente de Washington. Sentado sem gravata e relaxado numa sessão vespertina, Coats foi entrevistado no palco por Andrea Mitchell, correspondente para assuntos exteriores da NBC. Pouco antes de iniciar uma sessão de perguntas e respostas, Mitchell deu a notícia de última hora de que o governo anunciara que Pútin visitaria a Casa Branca no outono.[9]

"Okaaaaaay", disse Coats, rindo. "Isso vai ser especial."

A plateia de especialistas em política externa, defesa e inteligência presente em Aspen se juntou imediatamente ao riso. Coats deixara claro, de modo não muito sutil, que não sabia o que se passava entre Trump e Pútin.

Em Washington, Trump ficou furioso. O DNI parecia estar zombando do presidente. Coats fez um pedido público de desculpas e mais tarde foi encontrar o presidente para tentar se explicar.[10]

"A última coisa que eu desejaria fazer, sr. presidente, era constrangê-lo. Não foi essa minha intenção. Fui tomado de grande surpresa. Simplesmente não soube lidar com aquilo como deveria e gostaria de me desculpar por isso com o senhor."

Trump sabia como esmagar alguém com um puro e ostensivo silêncio. Não houve nenhum rompante. Ele apenas ouviu e não disse uma palavra. Foi tão brutalmente impassível quanto se pode ser; a arte da reprimenda fria e silenciosa.

Coats percebeu que a confiança entre eles, nunca muito sólida, havia evaporado, soprada para longe numa brisa fresca de julho.

Uma semana depois, na abertura de uma reunião na Casa Branca, Trump disse com sarcasmo: "Dan virou uma celebridade".

A maior ameaça ao aparato de segurança nacional, acreditava Coats, era que Trump queria ignorar todo tipo de processo que passasse por especialistas — pessoas imersas em certas questões ou em certas partes do mundo, com frequência ao longo de carreiras inteiras. Na prática, e muitas vezes literalmente, o presidente dizia: Não preciso que isso seja feito. Não preciso dessas pessoas. Não preciso de um Conselho de Segurança Nacional. Só preciso de mim mesmo e talvez de três ou quatro pessoas em quem confio e com quem trabalho. Trump não dava importância a avaliações ou opções. Era simplesmente o que ele quisesse fazer.

"Oh, sr. presidente", Coats disse mais de uma vez, "é um pouco mais complicado do que isso."

Trump ficava transtornado como se estivesse sendo sabotado e contrariado. O presidente achava que podia pegar o telefone e ligar para qualquer pessoa que quisesse. A atitude de Trump era: "Posso resolver todos esses problemas". Achava que podia conseguir mais material de inteligência por conta própria. Coats sabia que líderes-chave como Pútin, Xi da China e Erdogan da Turquia mentiam para Trump. Eles o manipulavam com habilidade. Estendiam o tapete vermelho para ele, bajulavam-no e depois faziam o que queriam.

Coats sentia que nunca conseguira decifrar o enigma de Trump.

"Não posso acreditar no que ele disse", Coats exclamava com frequência a sua equipe, a sua esposa ou a Mattis, em reação a alguma declaração trumpiana. E aí, no dia seguinte, Trump dizia o oposto. A cabeça de Coats estava frequentemente rodopiando.

No final de julho de 2018, poucas semanas depois do encontro Trump-Pútin, Coats reuniu os chefes da inteligência — o diretor do FBI, Christopher Wray; o diretor da NSA, general Paul Nakasone; a diretora da CIA, Gina Haspel — na Sala da Situação para um relato confidencial ao presidente Trump sobre segurança eleitoral e interferência de potência estrangeira nas então próximas eleições de meio de mandato de 2018. Haspel entrara no lugar de Pompeo na CIA em maio.

Embora soubesse que a interferência russa era um tema delicado com o presidente, Coats foi em frente com o relato. Continuamos a verificar uma campanha de mensagens infiltradas pela Rússia para tentar enfraquecer e dividir os Estados Unidos, disse ele. A Rússia é o principal culpado, mas outros países estão potencialmente envolvidos — China, Irã. Vamos garantir ao povo americano que seus votos serão computados de modo correto e que eles não serão manipulados.

Gostei disso, disse Trump.

A NSA e a CIA tinham evidências, altamente confidenciais, de que os russos haviam introduzido malware [programa ou código nocivo de computador] no sistema de registro eleitoral em pelo menos dois condados da Flórida — St. Lucie County e Washington County. Não havia ainda evidências de que o malware tivesse sido ativado. Ele estava inserido lá esperando para ser usado.[11]

A urna eletrônica de votação utilizada pela Flórida era a mesma usada pelos sistemas de registro de votos estaduais em todo o país.

O malware russo era sofisticado e podia ser ativado em condados com determinadas características demográficas. Por exemplo, em áreas com porcentagens mais altas de moradores negros, o malware podia apagar um em cada dez votos, quase com certeza reduzindo a quantidade total de votos para os democratas. O mesmo poderia ser potencialmente ativado para reduzir os votos em Trump em distritos republicanos.

Conclusão: os russos estão aqui.

Haspel, a diretora da CIA, estava entre os mais categóricos quanto ao impacto catastrófico. Aquilo poderia ser potencialmente mais danoso do que as interferências russas anteriores.

Coats disse que seu gabinete estava liderando um grupo de trabalho interagências que se reunia toda semana para integrar esforços no intuito de garantir a segurança das eleições.

Wray, diretor do FBI, disse que tinha uma força-tarefa sobre influência estrangeira trabalhando com todos os seus 56 agentes de campo do FBI para lidar com a ameaça que era de espectro ao mesmo tempo amplo e profundo. A interferência russa de 2016 poderia ser duplicada e intensificada.

Com exceção das informações altamente confidenciais sobre o malware, Trump disse que gostaria que os chefes da inteligência contassem tudo ao público.

"Você deveria fazer isso", disse Trump, apontando para Coats. "Torne público, Dan, leve isso aos jornalistas que cobrem a Casa Branca." Ele queria que aquilo fosse feito imediatamente. "Isso é ótimo."

Coats ficou surpreso. Foi a única vez que Trump pediu a Coats que convertesse um relatório de inteligência numa apresentação para o público.

Assim, em 2 de agosto, Coats e a maior parte dos chefes da inteligência apareceram juntos na sala de conferências de imprensa da Casa Branca. Haspel não pôde participar devido a um compromisso assumido anteriormente.[12]

Coats mais tarde não conteve o riso, admirando a esperteza profissional de Haspel. Ela sabia quando estar presente e quando não estar — em especial, quando não se mostrar diante do público.

"O presidente nos instruiu especificamente a fazer do tema da interferência e da segurança do nosso processo eleitoral uma prioridade máxima", Coats disse aos jornalistas credenciados. Ele mencionou muitas vezes a Rússia; os outros chefes da inteligência, só umas poucas.

Coats não conseguiu se conter. "Isso vai além das eleições, tem a ver com a intenção da Rússia de solapar nossos valores democráticos, abrir fissuras entre nossos aliados e fazer uma porção de coisas nefastas", disse.

Indagado por um repórter se apoiaria mais sanções contra a Rússia, Coats extrapolou seu papel na inteligência e se estendeu sobre a política de relações com a Rússia. "Eu apoiaria todo o esforço que pudéssemos fazer coletivamente para mandar um sinal à Rússia de que há um custo — um preço a pagar pelo que eles estão fazendo, e se quisermos ter algum tipo de relacionamento no trato de coisas de interesse mútuo, os russos têm que parar de fazer o que estão fazendo, ou simplesmente não acontecerá."

Quase no minuto mesmo em que as palavras saíram de sua boca, Coats se deu conta de que havia ido longe demais ao sugerir que toda a relação Estados Unidos-Rússia podia estar em risco. Era uma resposta mais apropriada ao seu papel anterior, como senador, do que ao atual, como DNI.

No informe seguinte da inteligência, Trump explodiu em fúria e começou a repreender todo mundo. O que foi aquele pronunciamento?, perguntou, evidentemente irritado com o foco todo na Rússia. "Por que vocês fizeram aquilo?"

"Porque você nos instruiu a fazê-lo", disse Coats.

Sr. presidente, disse Haspel, defendendo seus colegas mesmo sem ter participado da coletiva de imprensa, foi exatamente o que o senhor nos disse para fazer. Fizemos porque o senhor disse vão lá e façam.

A cabeça de Coats estava em turbilhão. Os incidentes de discórdia continuavam se acumulando.

Numa reunião, Trump entregou a Coats um artigo sobre sua esposa, Marsha, datado de 14 de setembro de 2018. Era um artigo leve e agradável, cheio de fotos, sobre o passado educacional, familiar e evangélico da moça e sobre como era a vida de esposa do principal homem do setor de inteligência de Trump.[13]

"Mostre isso para sua esposa!", Trump disse a Coats, quase arremessando o texto em seu rosto. "Entregue-o a sua esposa." Parecia quase um eco do comentário de Trump sobre Coats ter virado uma celebridade.

Àquela altura, Coats já estava tão desconcertado com Trump e a relação tensa, quase inexistente, entre os dois, que interpretou o comentário do presidente como uma insinuação de que sua esposa estava mais do lado do presidente do que o próprio Coats.

O deputado Devin Nunes, republicano que presidia o Comitê de Inteligência da Câmara, declarou publicamente no início de 2018 que em numerosas ocasiões a comunidade de inteligência coletara informações sobre cidadãos dos Estados Unidos envolvidos na transição de Trump. Nunes disse que o governo Obama havia "desvelado" indevidamente relatórios sensíveis de inteligência de modo a identificar quem, exatamente, estava conversando com alvos da inteligência voltada para relações exteriores.[14]

Em geral, se um alvo da inteligência internacional dos Estados Unidos está sob vigilância enquanto conversa com um cidadão norte-americano, a identidade do cidadão é "velada" no relatório de inteligência com um termo substituto, tal como "Pessoa Americana 1". Desvelar era rotina quando um agente de inteligência ou outra autoridade precisava conhecer a identidade do tal cidadão norte-americano para entender o relatório. Por exemplo, se um embaixador estrangeiro falasse com um cidadão dos Estados Unidos enquanto estava sendo vigiado, seria rotineiro que um agente da inteligência que examinava o relatório requisitasse o desvelamento do nome do referido cidadão.[15]

Trump julgou que Nunes estava expondo a espionagem que ele sustentava ter sido direcionada contra sua campanha. Achou aquilo ótimo.

Depois de um informe, Coats puxou o presidente de lado.

"Sr. presidente", disse Coats, tentando encontrar um modo de ser cuidadoso. O desvelamento acontece rotineiramente milhares de vezes por ano, explicou. "Sei que Devin Nunes está fazendo o que pode para apoiá-lo. Mas ele lhe passa informações que se mostram falsas. No fim das contas, causa-lhe prejuízo. Devin lhe disse algo que não é verdade. Se você nos contatasse primeiro para que pudéssemos verificar o que é verdade ou não, isso o deixaria numa situação melhor. Poderíamos atestar se o que foi dito é sustentado por evidências, se é real, antes que você torne público."

Trump não concordou nem um pouco. "Devin Nunes é a pessoa mais corajosa nesta cidade." Para outras pessoas, Trump chegou a dizer que Nunes deveria receber a Medalha de Honra do Congresso.[16]

Coats sabia que o presidente Dwight Eisenhower havia dito que a Casa Branca é "a casa mais solitária em que estive na vida". Parecia a Coats que Trump estava sozinho numa casa vazia, em especial nos fins de semana. E isso, acreditava Coats, havia de ter um impacto, intensificando a sensação de isolamento de Trump. Coats achava que Trump estava se tornando cada vez mais paranoico e solitário.

Os hábitos telefônicos do presidente também eram perturbadores para Coats, sobretudo à noite. A certa altura, estando no cargo havia uns nove meses, Coats parou de obter transcrições ou leituras das conversas do presidente com líderes estrangeiros. Ordenou que sua equipe questionasse o NSC. Por que ocorria aquilo? Jamais obteve uma explicação, mesmo depois de várias tentativas. Mas nunca perguntou ao presidente diretamente. Coats concluiu por fim que os loucos e enlouquecedores telefonemas refletiam o estilo Trump, refletiam quem ele é. E isso não teria conserto.

Uma reação era deixar a desordem fluir sobre sua cabeça, mas Marsha podia ver que seu marido internalizava o tumulto.

Coats sabia que Pompeo era melhor para lidar com o presidente do que o restante deles. Ele contava com a confiança do presidente. Uma porção de vezes, quando Pompeo ainda era diretor da CIA, Coats e os outros chefes da inteligência tinham se virado para ele e dito: você é a melhor pessoa para apresentar isso ao presidente, porque achamos que ele não vai gostar. Mas, se você levar a ele, talvez ele aceite. Pompeo teve êxito em mostrar que retirar todas as tropas dos Estados Unidos do Afeganistão — uma das metas antigas do presidente, verdadeira obsessão — traria o risco de um novo ataque no estilo Onze de Setembro.

Pompeo, diplomado na academia militar de West Point e ex-oficial do Exército, sabia como não desafiar Trump abertamente. Quando Trump quis se retirar do acordo nuclear com o Irã, Pompeo apenas argumentou que o Irã estava cumprindo as exigências técnicas.

Ted Gistaro, um diligente quadro da CIA com duas décadas de experiência, foi o principal relator para Trump nas sessões de PDB até 2019, quando Beth Sanner o substituiu. Gistaro, que havia começado antes da eleição, trabalhava bem com todo o pessoal da inteligência e interagia com o presidente mais do que qualquer outra pessoa do mundo da inteligência. Tomava copiosas notas durante todos os informes no Salão Oval. Gistaro tinha uma compilação diária de todas as apresentações formais e discussões de inteligência no Salão Oval. Trump confiava nele e os dois tinham um bom relacionamento.

Mas um dia o presidente repreendeu Gistaro duramente e com impaciência. Coats nunca vira Trump se voltar contra Gistaro, que pareceu ficar chocado.

Coats saiu da sala com Gistaro. "Ted, como você está? Sinto muito pelo golpe que recebeu."

"Não estou trabalhando para este presidente", Gistaro respondeu de modo brusco. "Estou trabalhando pela integridade da comunidade de inteligência."

A relação de Coats com o presidente foi azedando rápido à medida que Trump persistia em pedir que ele freasse ou assumisse o controle da investigação do FBI sobre a Rússia. Trump queria que Coats dissesse que não havia evidência alguma de coordenação ou conspiração com a Rússia na campanha presidencial de 2016.

Coats tentou várias vezes mostrar que o FBI tinha um lado criminal e um lado de inteligência. Ele tinha a supervisão e um papel no lado da inteligência. Mas não tinha papel nenhum, zero participação, nas investigações criminais — incluindo o inquérito de Mueller sobre a interferência russa.

Trump discordava, ou não entendia, e agia como se Coats fosse insubordinado.

17

Mattis e seu congênere, o ministro da Defesa chinês Wei Fenghe, embarcaram num helicóptero no Pentágono em 8 de novembro de 2018, para um voo de dez minutos sobre o rio Potomac. Washington resplandecia do outro lado do rio sinuoso e margeado de árvores. Era uma imagem de cartão-postal, e o mundo parecia estar calmo e em paz. Não estava, Mattis sabia.

O destino deles era Mount Vernon, a residência histórica de George Washington. Depois de aterrissar, os líderes dos exércitos mais poderosos do mundo saíram para o ar fresco de outono.

Mattis estava numa missão ao mesmo tempo pessoal e profissional. Como chefe civil das Forças Armadas dos Estados Unidos, estava convicto de que seu trabalho era, se possível, não simplesmente evitar a guerra, mas impedir a guerra.

A China estava erigindo uma força nuclear de ataque — não apenas algumas armas com intuito de dissuasão, ou o que os franceses chamam de *force de frappe*, mas uma força nuclear significativa.

Mattis sabia que devia proceder com cuidado — de modo firme, mas cortês. No início da carreira, ele tinha sido recrutador de fuzileiros navais e fora enviado muitas vezes a escolas onde sua presença não era bem-vinda. A experiência lhe ensinara o valor da persuasão quando não se podia ordenar que alguém obedecesse.

Wei, um ex-membro do Politburo governante da China e ex-oficial de artilharia e mísseis, não havia presenciado combates. Mattis havia, nos desertos do Oriente Médio — Kuwait, Afeganistão, Iraque. Mattis acreditava que a falta de experiência de guerra com frequência levava as pessoas a assumir riscos que de outro modo não assumiriam.

Atores vivendo os papéis de George e Martha Washington conduziram Mattis e Wei pela propriedade de quinhentos acres. Na casa principal, de 21 quartos, Mattis parou intencionalmente e indicou a chave da Bastilha, exibida com destaque no salão central de Mount Vernon. A chave tinha sido um presente a George Washington dado pelo marquês de Lafayette, que a recebera depois que cidadãos franceses enfurecidos tomaram a Bastilha, um símbolo da opressão monárquica, nos inícios da Revolução Francesa.

"Veja, nas sociedades realmente revolucionárias, os prisioneiros são libertados da cadeia", disse Mattis. Não poderia passar despercebido a Wei que Mattis sabia que a China era hoje considerada a líder global em número de presos políticos.

No final da excursão, os atores se retiraram para o jardim de inverno da propriedade. Mattis e Wei, acompanhados apenas por um intérprete, continuaram sua caminhada ao longo de uma trilha. Mattis levava uma lanterna para iluminar o caminho.

Mattis lembrou a Wei: "Nós não fizemos parte dos cem anos de humilhação", uma referência a uma época de subjugação internacional da China em que muitos países extorquiram enormes concessões financeiras. Exceto por um curto período, que foi do início da Guerra Fria em 1949 até 1972, com a abertura de Nixon para a China, "nunca fomos adversários. O povo norte-americano na verdade tem afeição pela China".

Então Mattis se aproximou de um nervo sensível. "Vocês se dão conta de que foram os norte-americanos que criaram o mundo que permitiu ao laborioso povo chinês se beneficiar e sair da pobreza?", perguntou Mattis, virando-se para encarar Wei. O comércio com a América ajudara a impulsionar a dramática modernização da China.

Wei fitou Mattis intensamente e o puxou para perto de si, num gesto evidente e incomum de afeto.

"Sim", disse Wei. "E sabemos que devemos aos norte-americanos a maior parte dos agradecimentos." Nada de ambiguidade. "Sem dúvida", disse ele. "Devemos a maior parte aos norte-americanos."

"Bem, é muito bom ouvir isso", disse Mattis. "Então espero que consigamos encontrar um meio de fazer as coisas andarem."

Mattis vinha tentando havia meses desenvolver um relacionamento forte com seu colega chinês. Embora seus encontros pessoais anteriores tivessem sido cordiais, havia tensões subjacentes que provinham da guerra comercial e da expansão chinesa no mar da China Meridional, onde eles construíram ilhas artificiais e instalaram sistemas de mísseis e pistas de pouso para jatos de combate e bombardeiros nas disputadas ilhas Spratly.

A Marinha dos Estados Unidos estava furiosa com a expansão chinesa naquilo que era considerado internacionalmente mar livre e aberto, onde ela conduzia com regularidade exercícios livres de navegação.

O primeiro encontro entre Mattis e Wei, em junho de 2018, numa conferência para ministros da Defesa asiáticos, em Singapura, fora sucedido pela visita de Mattis à Cidade Proibida naquele mesmo mês, na qual ele foi brindado com uma noitada que, a seu ver, fazia *O grande Gatsby* parecer um programa fuleiro. Agora, seis meses depois, Mattis decidiu que era a hora de uma discussão mais franca com seu colega.

Enquanto prosseguiam pela trilha em Mount Vernon, Wei disse a Mattis que estava desapontado pelo fato de a China ter sido desconvidada em maio para o Rimpac, um enorme exercício militar naval internacional realizado bienalmente no Havaí, depois que a China instalou armas nas ilhas Spratly.

"O que você espera que eu faça?", perguntou Mattis. "Dois meses antes do maior exercício naval do mundo, vocês quebram a palavra do presidente Xi ao presidente Obama no Roseiral da Casa Branca, de que não militarizaria as Spratlys. Nós aqui nos lembramos das palavras empenhadas."

Em setembro de 2015, Xi havia dito: "A China não tem intenção de levar adiante a militarização" das Spratlys. A militarização continuada das ilhas era considerada uma violação da convenção sobre o Direito do Mar, que a China havia assinado, e em 2016 um tribunal das Nações Unidas determinou que a China não tinha base alguma para sua reivindicação de "direitos históricos" sobre amplas áreas do mar da China Meridional.[1]

"Ou seu presidente mentiu para o nosso presidente e na verdade pretendia militarizar as Spratlys", disse Mattis, "ou seus militares não obedecem ao controle civil. Qualquer dos dois casos me preocupa."

"Bem, general, mas são armas de defesa", retrucou Wei.

"General... General, cá entre nós, eu posso estar usando isto" — Mattis indicou seus trajes civis — "mas ambos somos generais", disse Mattis. "Fui alvejado por armas de defesa e de ataque. Não sei dizer qual é a diferença, o.k.?"

Wei sorriu de leve ao assimilar as palavras do intérprete.

A conclusão, disse Mattis, é a seguinte: "Eu quero cooperar com vocês. Estou buscando meios de cooperar. Mas vamos enfrentá-los se vocês decidirem nos ferrar".

Na visão de Mattis, as instalações militares nas ilhas eram parte de um plano chinês mais amplo: Xangai substituiria Nova York como centro das finanças mundiais em 2030. Taiwan seria reincorporada como parte da China. A única maneira de a China fazer isso seria pela intimidação ou pela força.

Os dois caminharam mais um pouco bosque adentro, com a lanterna de Mattis iluminando a trilha. Tinham andado por meia hora.

Mattis e Wei voltaram ao jardim de inverno de Mount Vernon para jantar. Enquanto comiam, o coral de West Point cantava. Os cadetes estavam de uniforme de gala, com Mount Vernon atrás de si. Cada canção era introduzida por um cadete diferente falando em mandarim, idioma que todos eles estavam estudando.

Mattis esperava que a exibição ficasse como uma lembrança pessoal para Wei. Em seguida, a equipe de treinamento silencioso dos fuzileiros navais marchou e fez um exercício de fuzil sem emitir um único som e sem qualquer ordem oral. A mensagem era de uma coordenação letal.

Mattis e Wei retomaram sua caminhada depois do jantar. "Aqueles últimos homens", perguntou Wei, "quem eram?"

"Eram fuzileiros navais."

"Parecem bem em forma."

"Eles correm cinco quilômetros em dezenove minutos. E todos fazem mais de 21 flexões de braço na barra fixa."

Mattis recordou a Wei a história que as duas nações compartilhavam. "Lembre-se, os norte-americanos nunca tentaram refrear vocês", disse. "Queremos atuar segundo as regras. Mas o cerne do problema é: como vamos lidar com nossas diferenças quando duas superpotências armadas pisam no calo uma da outra? Essa é a questão fundamental desta época. E o mundo inteiro está assistindo." Ele mencionou as duas guerras mundiais travadas no século passado: "Vamos ser estúpidos como os europeus, que no século XX botaram fogo no mundo duas vezes? Ou não vamos fazer isso?".

Mattis comentou que as nações da região do Pacífico haviam encarado várias forças ao longo dos últimos duzentos anos. "Nenhum país vai dominar o Pacífico", disse. "A história aponta cem por cento para isso. Se vocês acham que vão dominar o Pacífico, serão a quarta força a pensar isso", disse, referindo-se aos colonialistas europeus, às potências fascistas e militaristas e por fim aos comunistas soviéticos que tinham feito tentativas nesse sentido. Os Estados Unidos não têm medo de lutar quando necessário, disse.

"Veja, se você quer brigar, eu brigo. Brigo com qualquer um. Brigo até com a porra do Canadá, se for o caso", disse Mattis. "Mas estou cansado de brigar. Já escrevi cartas suficientes para mães. Não preciso escrever outras. E você também não precisa."

Mattis sabia que, assim como Wei, a maioria dos oficiais militares da China talvez não tivesse jamais vivenciado combates armados — e certamente não em algum grande conflito desde a fugaz invasão do Vietnã em 1979.

Mattis queria que Wei soubesse que a guerra poderia ser extraordinariamente dura para os chineses.

"Só lhe digo", prosseguiu Mattis, "que eu estaria mais disposto a lutar contra um país cuja oficialidade inteira nunca tivesse ouvido um tiro disparado pelo inimigo. A guerra é tão diferente de um treinamento que uma onda de choque os atravessaria — provavelmente 80% dos meus oficiais foram alvejados de uma forma ou de outra. Mas eu prefiro não submetê-los a mais uma guerra."

18

No final de 2018, Mattis preencheu vários cargos importantes de quatro estrelas no Exército — uma complicada dança das cadeiras que indicasse o general ou almirante certo para a função mais adequada a suas forças e atributos particulares. A coisa tinha de ser orquestrada com elegância. Mattis tinha um foco: quem era o melhor para comandar se houvesse uma guerra?

Mattis provavelmente sabia mais do que qualquer outro secretário da Defesa recente a respeito de combates reais — sobre a vida na infantaria com balas voando em volta, em barcos no mar durante meses a fio e em aviões carregados de bombas e mísseis.

O general Joe Dunford estava se aposentando como chefe do estado-maior conjunto, e Mattis tinha o candidato perfeito para substituí-lo como o soldado número um e principal assessor militar do presidente. O chefe do estado-maior conjunto poderia ser uma força decisiva em tempos de guerra, como havia demonstrado o general Colin Powell quando serviu de chefe durante a Primeira Guerra do Golfo em 1991 — uma das guerras mais sensíveis, curtas e com relativamente menos baixas de todos os tempos. Powell, um veterano do Vietnã, mobilizara uma força avassaladora de 500 mil militares dos Estados Unidos na operação, de modo a entrar, sair e proteger tantos soldados quanto possível.

Mattis, naquela época, era um tenente-coronel de 41 anos, comandando um batalhão de 1250 homens no calor escaldante do deserto saudita. Eles passaram cinco meses se preparando para a missão de expulsar do Kuwait a Guarda Republicana de Saddam Hussein. Mattis perdeu nove quilos. Seus superiores estimavam que metade dos soldados de seu batalhão seria morta ou ferida ao romper as linhas iraquianas — uma perspectiva atordoante. Mattis treinou seus homens sem parar, ensinando-os a manter o ímpeto a qualquer custo e a improvisar. Nada de folgas, nada de televisão, nada de telefones. Durante o treinamento, a ruptura de linhas mais rápida tomou 21 minutos. No combate real, apenas onze. De modo espantoso, nenhum de seus fuzileiros foi morto no combate. Sem restrições, Mattis queria "Fingers" [Dedos] — David L. Goldfein, chefe do estado-maior da Força Aérea — como novo chefe do estado-maior conjunto. "Fingers" era o codinome de Goldfein devido à maestria que ele desenvolvera nos controles da cabine de piloto ao longo de 4200 horas de voo em seis tipos de aeronaves. Aos 58 anos, era habilidoso, jovem, vigoroso, modesto e o mais tarimbado estrategista. Ele levaria ao cargo um nível de intelectualismo ao qual o presidente havia resistido.

Quando Mattis era chefe do CentCom no Oriente Médio, Fingers foi o comandante da Força Aérea por dois anos. Teve um desempenho brilhante e foi provavelmente o general da Força Aérea mais "unido" que Mattis já tinha visto — querendo dizer com isso que ele demonstrava uma capacidade de olhar além das atribuições de sua própria arma e encontrar meios de complementar as outras e se integrar com elas.

Por exemplo, quando Fingers chegou, em 2011, os porta-aviões dos Estados Unidos atravessavam o perigoso estreito de Ormuz, controlado pelo Irã, com sua única cobertura aeronáutica fornecida por aviões da Marinha — num paroquialismo corporativo padronizado. Fingers logo pôs caças F-15 e F-16 para escoltar os porta-aviões e posicionou helicópteros e jatos F-18 no convés dos porta-aviões, prontos para decolar. Entre os constantes caças sobrevoando e os F-18s posicionados no porta-aviões, a Guarda Republicana Iraniana logo começou a esmorecer. É um caso clássico de inundação da zona — o espaço aéreo —, bem como de prontidão e treinamento elevados.

Mattis sabia também que podia trabalhar bem com Fingers. Quando Mattis o encarregou de reorganizar o plano de guerra para o Golfo e o Irã, Fingers seguira a orientação de Mattis e citara o conselho de Eisenhower: se um problema não pode ser resolvido com facilidade, torne-o maior. Como definiu Mattis, se os iranianos tinham um alcance de 29 polegadas, ele queria um de trinta. E Fingers lhe fornecera isso, expandindo o espaço aéreo de modo que a Força Aérea norte-americana tivesse um alcance maior do que a dos iranianos. Fingers era astuto, aceitava orientação e mantinha o CentCom bem preparado para uma possível guerra.

Também significativo para Mattis era o fato de Fingers ter sido derrubado num voo de F-16 sobre a Bósnia em 1999. Ele sabia que ficar frente a frente com a própria mortalidade mudava o modo como a pessoa encarava o mundo, a guerra e a si mesma.

Mattis também precisava encontrar um novo comandante para a Otan. Dadas as incessantes críticas de Trump à organização, ele julgava que o chefe do estado-maior do Exército, Mark Milley, seria a melhor escolha. Mattis o considerava um otimista estrepitoso. O *New York Times* mais tarde o chamaria de "um general que mistura rudeza e zombaria".[1] Em junho de 2018, Trump elogiara Milley por ser "bom em avaliar o preço das bombas" tanto quanto em "lançá-las". Mattis julgava que Miller agradaria Trump e ao mesmo tempo infundiria à Otan a necessária autoconfiança, animando a aliança.

Sob Mattis, o Exército tinha muitas mudanças a fazer e precisava esvaziar vários programas agora irrelevantes. Milley supervisionou um aperfeiçoamento metódico da prontidão das brigadas do Exército, elevando de três para trinta o número daquelas imediatamente prontas ao combate, um progresso notável.

Milley também incrementou o preparo físico dos soldados, um tema de imensa importância para Mattis. "Era humilhante assistir ao exército dos Estados Unidos marchando num desfile e depois assistir ao exército mexicano, ucraniano ou norueguês", disse Mattis. Os exércitos das outras nações estavam muito mais em forma. Ele concluiu que um terço dos soldados norte-americanos estava com sobrepeso ou obeso. Milley aprimorou agressivamente a forma física do Exército.

Mattis indicou Fingers a Trump para ser o futuro chefe do estado-maior conjunto e o comandante do Exército Milley para assumir o comando da Otan. As indicações do secretário da Defesa para esses altos postos militares eram quase sempre aceitas pelo presidente.

Mas David Urban, um advogado lobista e apoiador de primeira hora de Trump que o ajudara a vencer no estado crucial da Pensilvânia em 2016, aconselhou o presidente diretamente. Urban, formado em West Point, defendia que Milley, em vez de Goldfein, fosse nomeado chefe do estado-maior conjunto. Pompeo, outro oriundo de West Point, também recomendava Milley.

Trump logo ofereceu o cargo mais alto para Milley, que aceitou. Persistiriam dúvidas sobre como Milley conquistara a chefia e se ele era obsequioso demais em relação a Trump. Mattis julgava que aquilo feria a reputação de Milley porque dava a forte impressão de politicagem pura.

Mattis tinha certeza de que os colegas de Milley no estado-maior conjunto não o teriam escolhido como chefe supremo. Seu estilo era impetuoso demais. Mas os outros chefes, é claro, não tinham voto.

Mattis não protestou contra a decisão de Trump. "Eu não era pago para expressar minha irritação", disse ele a um aliado. O estrago estava feito.

Mattis julgava que não tivera uma oportunidade real por causa do modo precipitado e impetuoso de tomada de decisões do presidente. O Exército e o país perderiam a liderança de Goldfein, embora ele permanecesse como chefe do estado-maior da Força Aérea. Milley era mais do que aceitável. Ter um vínculo com Trump talvez ajudasse. Mas também tornava mais difícil para Milley confrontar o presidente — uma parte cada vez mais central do trabalho de um chefe do estado-maior conjunto.

Mattis percebeu que, mais do que nunca, ele e Trump não estavam se dando muito bem. Mas Mattis sentia que estava ganhando mais do que perdendo. Nos bastidores, ele continuava a conquistar avanços quanto à prontidão militar, ao orçamento e ao treinamento. Estava concentrado internamente em suas relações com Pompeo, Coats e a diretora da CIA, Gina Haspel.

O problema de Trump ia mais longe: tratava-se do fracasso do presidente em constituir uma equipe que funcionasse sem atritos — sua incapacidade de ouvir, juntar várias opiniões abalizadas, debater, identificar opções, debater mais um pouco e chegar a uma decisão com todo mundo em volta da mesa.

"Eu me considero a pessoa mais relutante do mundo a ir à guerra", escreveu Mattis em seu livro de 2019 sobre liderança.[2] Mas era preciso perguntar: o que poderia significar se viesse uma guerra e a pessoa mais indicada não estivesse no comando do estado-maior conjunto? Suponha que os grandes chefes militares da Segunda Guerra Mundial tivessem sido postos de lado pelo impulso do comandante em chefe? Em tal cenário, teria havido um Eisenhower, ou um Marshall, um MacArthur, um Nimitz, um Halsey? E qual teria sido o preço a pagar por não contar com eles?

A resposta, obviamente, era impossível de saber. Mas era importante abordar o tema da sucessão. Toda grande organização ou empresa tem a responsabilidade de garantir que haja um processo de escolha dos melhores entre os melhores. E em 2018, acreditava Mattis, o comandante em chefe falhara e decepcionara o país.

Mattis sempre detestara e desconfiara do Irã. Em 1983, terroristas libaneses, que depois se constatou que estavam agindo sob direção do Irã, lançaram dois caminhões-bomba contra um quartel dos fuzileiros navais em Beirute, no Líbano. Entre os mortos, havia 220 fuzileiros e 21 outros funcionários militares. Mattis, na época um major designado como oficial executivo na Escola Preparatória da Academia Naval em Rhode Island, foi encarregado de fazer visitas aos parentes das vítimas em Rhode Island. Primeiro ele visitou sete famílias para lhes comunicar que seus filhos estavam desaparecidos. Dias depois, voltou. Seu filho foi encontrado, ele teve de informar. Está morto. E não, vocês não podem ter um caixão aberto.

Em 2013, depois de ser demitido por Obama, Mattis voltou para Richland, Washington, na condição de civil pela primeira vez em mais de quatro décadas.

Ao longo dos anos, ele escrevera mais de oitocentas cartas às famílias daqueles que haviam morrido sob seu comando. Essas eram as famílias Estrela Dourada. Com frequência, ele recebia respostas das famílias convidando-o para visitá-las. Ou alguém na unidade do fuzileiro morto lhe entregava uma cópia de um bilhete ou carta escrita à mão. Mattis pedia então que alguém investigasse se o documento era autêntico e, em caso afirmativo, enviava-o à família junto com um bilhete seu: eis aqui o que descobrimos sobre seu filho ou marido. Muitas vezes a família então dizia: por favor, venha nos visitar.

Então, com tempo à sua disposição, Mattis se pôs na estrada com seu Lexus sedan 1998 marrom-claro. Parava para falar com grupos organizados de veteranos ou de famílias Estrela Dourada, ou com uma família individual. Ele entrava numa cidade, hospedava-se num quarto de hotel, lia o dossiê sobre o fuzileiro ou soldado morto em combate, vestia um terno e ia prestar suas homenagens. Às vezes isso o levava a um modesto trailer, às vezes à residência de uma família muito rica.

Ele se lembrava em especial de uma visita a uma família com uma casa grande e linda em Utah. Para chegar a ela, subiu de carro uma ladeira sinuosa. Dentro da casa, ocupou um assento.

Janelas altas serviam de fachada. O pai, um médico, voltou cedo para casa. A mãe, professora numa faculdade local, tinha unhas pintadas à perfeição e cada fio de cabelo no lugar. Eram estoicos.

O filho deles conseguira uma bolsa de quatro anos na faculdade graças ao futebol americano, mas em vez disso ingressara nos fuzileiros navais. Morrera em combate alguns anos antes. A mãe falou sobre o filho falecido, sobre as montanhas que ele havia escalado. Levaram Mattis a um quarto de garoto ainda plenamente intacto, preservado quase como um museu. Mostraram a Mattis todas as fotos — seu filho como bebê, aluno de primeiro grau, de colégio, na festa de formatura. A história americana toda. Mattis se limitou a ouvir tudo aquilo. Havia tanto a dizer. Depois de uma hora, a visita estava terminando.

A mãe disse que o general Stanley McChrystal, o comandante no Afeganistão, pedira mais 40 mil soldados em 2009, e o presidente Obama lhe dera 30 mil. A narrativa dela estava correta. Se havia mais, se havia 1 milhão de homens disponíveis, perguntou ela, então por que McChrystal não conseguiu 80 mil?

Mattis murmurou alguma coisa sobre o presidente ter de ponderar opções. Por fim, disse: "Sabe, eu não posso lhe dar uma boa resposta, senão que julgávamos que aquilo era provavelmente suficiente".

"Estavam tentando ser justos com o inimigo?", perguntou ela. Não havia raiva em sua voz, apenas sofrimento, como se as feridas da perda jamais fossem sarar. De repente, o pai entrou na conversa e olhou fixo para Mattis — um olhar inesquecível.

"Certamente não era isso que estávamos tentando fazer", disse Mattis, em tom defensivo.

"Pesquisamos sobre o senhor", disse a mãe. "Lemos a respeito de tudo o que o senhor fez." Mattis não era o problema. "Sabemos que está tentando ser leal."

O pai se levantou e apertou a mão de Mattis, segurando-a pelo que pareceu ser uns trinta segundos, esforçando-se por alguma conexão. A mãe — culta, refinada, digna, educada — emitiu um pensamento final sobre Washington: *"General, todo mundo naquela cidade está se lixando para a perda da nossa família".*

19

Mattis descreveu mais tarde para outras pessoas como era participar de reuniões com Trump: "É muito difícil ter uma discussão com o presidente. Se um relator da inteligência começava uma discussão com ele, bastava que dissesse um par de frases e logo a conversa derivava para o que eu, meio irreverentemente, comparo com aquelas saídas de via expressa de Seattle que não levam a lugar nenhum. Enveredava-se por outro assunto. De modo que não era ali que se podia chegar muito longe. A gente podia tentar, mas aí alguma coisa que havia sido dita na Fox News ou algo parecido era mais importante para ele.

"Então o jeito era lidar com aquilo. Ele tinha sido eleito. E nosso trabalho não era tomar uma posição política ou partidária. A questão era: como governar o país e tentar manter vivo esse experimento por mais um ano?"

Mattis usava com frequência uma frase cunhada por George Kennan, o pai da doutrina para conter a União Soviética: "a traiçoeira cortina de deferência" que desce quando alguém está na presença de autoridades de alto nível, sobretudo presidentes.

No caso de Trump, havia impedimentos adicionais à conexão e à comunicação com o presidente. Mattis disse que, para além daquela sensação de "Oh, meu Deus, estou no Salão Oval", os auxiliares tinham de forçar a abertura "das cortinas adicionais da Fox News, dos anos de formação dele. Eram convicções arraigadas. Essas eram as verdadeiras cortinas. Porque eu vi Rex Tillerson, Dan Coats e Mike Pompeo quando na CIA, e com certeza Gina Haspel, e eu mesmo, muito dispostos a lidar com os fatos. Joe Dunford nunca hesitou quanto a isso". Tampouco hesitava H. R. McMaster ou o secretário do Tesouro, Steve Mnuchin.

"Mas os fatos eram postos de lado, e éramos lançados num daqueles desvios que rodavam em círculos. E lá estávamos nós sentados, e a essa altura o problema não era a deferência. Era buscar um meio de voltar ao assunto. E era muito difícil. E não havia muito tempo para isso."

Mattis recordara repetidas vezes ao presidente que 77 nações e organizações internacionais estavam combatendo o Estado Islâmico, principalmente na Síria. "Treze dessas nações têm tropas do Exército", observou Mattis.

E as outras nações?, perguntou Trump. Quem o estava tapeando?

"As outras estão fornecendo dinheiro, inteligência", disse Mattis. "Estão apoiando programas, todo tipo de coisa. Lembre-se de que para cada um dos nossos soldados que morreu na Síria, mil curdos morreram na Síria." Na verdade, eram mais. "É do nosso interesse continuar a combater." Trump havia prometido derrotar o Estado Islâmico na campanha presidencial, e Mattis havia impulsionado uma guerra nada menos do que de "aniquilação" — um conceito que Trump adorava e aprovava com ardor.

Em 6 de dezembro de 2018, Mattis estava em Ottawa para uma reunião dos treze ministros da Defesa das nações que contribuíam com tropas para combater o Estado Islâmico. O principal ponto da conversa: elas precisavam se manter na luta. Todos os países precisavam continuar.

"Nós nos reunimos num grande momento", declarou o ministro da Defesa canadense, Harjit Sajjan, dando início à reunião a portas fechadas. "Podemos dizer que essa aliança tem sido excelente. Quebramos a espinha do Estado Islâmico. Mas ainda não acabou."

Mattis estava sentado ao lado dele, bem contente de estar abrigado ali dentro, pois a temperatura externa era congelante.

"Não devemos cantar vitória", disse a ministra das Forças Armadas da França, Florence Parly, inclinando-se para a frente, "e sair andando e depois nos perguntar por que a coisa está de volta." O limiar da vitória era o momento de manter o curso e evitar a tentação de uma retirada prematura.

Todo mundo parecia estar de acordo.

"É fundamental a esta altura não tirarmos os olhos da bola", disse o ministro britânico.

Perfeito, pensou Mattis. Todo mundo estava a postos. Ele podia ignorar as anotações que havia feito de temas para discussão. Não precisaria dizer uma palavra. O negócio estava fechado.

Por fim, a reunião se voltou para ele, como representante da nação mais importante.

Mattis resumiu os pontos defendidos pelos outros e disse que não poderia estar mais vigorosamente de acordo.

Então eles todos discutiram como manteriam suas tropas lá, as palavras exatas para explicar o raciocínio subjacente a seus planos: tinham de persistir, pois a luta contra o Estado Islâmico não havia terminado.

Meu Deus, isso é ótimo, pensou Mattis. Ele telefonou para o chefe de gabinete da Casa Branca, John Kelly. "John, as nações estão conosco. Não vão tirar o time. Vão continuar em campo. É hora de forçar rumo ao processo de paz de Genebra" — para apoiar os curdos, que fizeram o grosso do combate. "Vou falar com Mike Pompeo."

De volta a Washington na quarta-feira, 19 de dezembro, Mattis viu espocar um tuíte do presidente: "Derrotamos o Estado Islâmico na Síria, minha única razão para estar lá durante a presidência de Trump".[1]

Mais tarde no mesmo dia, Trump divulgou um vídeo de um minuto e um tuíte enfatizando sua mensagem anterior: "Depois de vitórias históricas contra o Estado Islâmico, é hora de trazer nossos valentes jovens de volta para casa!". Os Estados Unidos estavam se retirando da Síria.[2]

O breve vídeo, completado com letreiros e produção caprichada, mostrava Trump em pé do lado de fora da Casa Branca falando sobre a "dolorosa" tarefa de escrever cartas às famílias dos tombados em combate.

"Vencemos", dizia Trump no vídeo. "E é assim que queremos e é assim que eles" — apontando para os céus — "querem."

Mattis ficou chocado. Mais uma vez, Trump não consultara seu secretário da Defesa e fizera um anúncio da maior importância sem avisar.

Seu primeiro pensamento foi: como pudemos romper com nossos aliados? O segundo foi o timing: só duas semanas depois da reunião em Ottawa com todos os compromissos e promessas. Ficou ali sentado, pensando: meu Deus, eles vão achar que menti para eles. Não vão acreditar que eu não fazia ideia disso. E agora vamos deixá-los na mão. Vamos fazer o que Obama fez quando disse que iríamos atrás dos sírios por causa do uso de armas químicas, e os aviões franceses estavam armados e prontos para agir quando ele caiu fora. E os curdos seriam deixados desprotegidos e talvez fossem massacrados pela Turquia.

"John", disse Mattis num telefonema a John Kelly, "preciso de uma hora com o chefe."

"Fechado", disse Kelly.

Mattis supunha que Kelly soubesse do que se tratava, mas o chefe de gabinete, que fora surpreendido tantas vezes pelo presidente e anunciara dez dias antes que logo deixaria o cargo, não perguntou.[3] Nove meses antes, Mattis vira Rex Tillerson ser demitido por um tuíte.[4]

Os anúncios de decisões pelo Twitter eram um equívoco total, na opinião de Mattis. Trump vivia em sua própria cabeça e, se quisesse, sacava dali uma ideia ou uma decisão. Não importava o que outras pessoas pensassem.

Mattis disse uma vez: "Em qualquer organização, você se torna cúmplice do que a organização está fazendo". Por quase dois anos, Mattis persistiu. Como comandante em chefe, Trump tomava as decisões. Mattis decidiu que não iria mais ser cúmplice.

Foi para seu gabinete no Pentágono e começou a escrever sua carta de demissão. Se por acaso tivesse sucesso em reverter a decisão anunciada pelo presidente, ele não queria que pessoa alguma tivesse uma cópia da carta. Ele conseguira mudar a opinião do presidente, ao menos temporariamente, a respeito do Afeganistão e de alguns outros assuntos. Nunca tinha sido prazeroso, mas ele sabia que não era pago para ter prazer. Sabia que havia uma chance de voltar de uma reunião com Trump e continuar sendo secretário da Defesa. Pediu a um membro de confiança de sua equipe que datilografasse a carta. Havia apenas duas cópias. Uma delas foi junto com ele, a outra ficou em sua mesa.

Na Casa Branca, Mattis encontrou o presidente de bom humor. Entraram no Salão Oval e se sentaram.

"Sr. presidente, temos que chegar a um entendimento aqui. Esse inimigo não vai desaparecer." Observou que já havia passado por aquilo antes, quando Obama se retirou do Iraque. "Esses grupos terroristas se recompõem." O Exército dos Estados Unidos tinha de ganhar não apenas a guerra, mas também a paz. "Nossos aliados estão lá, e podemos forçar o fim dessa coisa se ainda tivermos empuxo, se ainda tivermos nossos soldados lá."

Mattis era como um disco riscado, repetindo que a presença militar mais forte dava aos diplomatas o poder de falar com autoridade — atuar com a diplomacia, evitar o uso adicional de força militar.

"Se depender de vocês, rapazes, vamos combater para sempre", disse Trump.

"Não", disse Mattis. "Os curdos têm feito o combate. Sejamos francos."

"Isso nos custa bilhões."

"Bem, para uma porção de outras nações também — 77 nações, mais a Interpol, a Liga Árabe, a Otan."

Trump não arredaria pé, percebeu Mattis. Não havia chance.

Ele se decidira e ponto-final. Mattis já tinha visto aquilo. Nada feito. Acabou.

"Nós os derrotamos", disse Trump. "Não há necessidade."

"Não tivemos baixas", disse Mattis. "Mas não os derrotamos. Fizemos a parte militar. Agora temos de vencer a parte que vai nos garantir que não teremos de voltar lá, como nosso antecessor, que saiu do Iraque cedo demais e agora temos de voltar."

Trump não concordava.

Mattis sabia que só podia se demitir uma vez. "Sr. presidente, provavelmente é melhor que leia isto."

Entregou a carta ao presidente, que leu:

"Uma convicção central que sempre tive é a de que nossa força como nação está inextricavelmente vinculada à força de nosso ímpar e abrangente sistema de alianças e parcerias. Se os Estados Unidos continuam sendo a nação indispensável ao mundo livre, não podemos proteger nossos interesses nem desempenhar efetivamente esse papel sem manter alianças fortes e mostrar respeito a esses aliados. [...]

"Dado que o senhor tem o direito de ter um secretário da Defesa cujos pontos de vista estejam mais alinhados com os seus a respeito deste e de outros assuntos, acredito que o correto para mim agora seja renunciar ao meu cargo."[5]

"Não é uma carta muito agradável", disse o presidente.

"Sr. presidente, se você e eu não concordarmos que estamos nos separando por causa dos aliados — da maneira como encaramos os aliados —, então a imprensa vai apontar, certamente, cem razões diferentes para minha partida."

"É justo", respondeu Trump.

Então Mattis despejou seu recado essencial: "Você terá que fazer o próximo secretário da Defesa ser derrotado pelo Estado Islâmico. Eu não vou fazer isso".

A carta vai se tornar pública?, perguntou o presidente.

"Sim, vai se tornar pública", respondeu Mattis. "Primeiro porque ela vai vazar, se não o fizermos. Basta expor a coisa e dizer: 'É só disso que se trata'."

O.k., tudo bem, concordou Trump.

Mas ambos sabiam que havia muito mais.

Trump acompanhou Mattis até a porta. Despediram-se com o que Mattis mais tarde chamou de "aperto de mãos não hostil" — sem fogos de artifício. Em seu carro, Mattis telefonou para seu chefe de gabinete, o contra-almirante reformado Kevin Sweeney. "Há uma carta na primeira gaveta da minha mesa."

Divulgue-a para a imprensa. "Diga ao pessoal de primeiro escalão que quero vê-los todos, a equipe política" e os altos funcionários civis. "Preciso me encontrar com eles na sala de conferências dentro de vinte minutos."

Quando estavam todos reunidos na sala de conferências, Mattis disse: "É crucial que nenhum de vocês se demita. Fiquem firmes, firmes, firmes. Todos os inimigos estão olhando para nós agora. Vamos passar por isso. O substituto está sentado a meu lado". O secretário adjunto Patrick Shanahan estava no cargo havia mais de um ano. "Será uma transição suave."

"Eu me ofereci para continuar aqui até fevereiro", disse ele. Ainda faltavam quase dois meses, e eles estariam juntos por ocasião da próxima reunião da Otan.

"Vocês têm que acalmar todo mundo agora. E se alguém trouxer o assunto à tona, digam: sim, é interessante, mas como estamos de orçamento? Ah, sim, é interessante, mas e quanto à unidade militar acionada? Simplesmente ponham as coisas em foco."

Logo começou a avalanche de telefonemas de umas quatro dúzias de senadores e membros do Congresso. Mais ou menos meio a meio, entre republicanos e democratas. Bem bipartidário. A Defesa era amplamente bipartidária.

Mattis acreditava que tinha boas relações com a maioria. Frequentara os almoços no Senado — os almoços só para republicanos, os almoços só para democratas — tentando responder às perguntas deles. Recebeu aplausos de pé num dos almoços dos democratas.

"Lamento sua saída" era a mensagem mais comum.

Mattis tentava dizer a mesma coisa a cada congressista que ligava, às vezes de modo um tanto brusco: "Chega uma hora em que você tem que decidir se é um braço do governo, tão importante quanto os outros, ou se vai simplesmente fazer de conta que é".

Mattis descobriu que a maioria reconhecia sua observação e não a contestava.

"Não estou aqui para lhes dizer a posição a tomar", dizia Mattis. "Mas vocês às vezes parecem ficar bem enraivecidos e vocês têm o poder da verba. E o que estão fazendo quanto a isso? Eu fiz o que estava ao meu alcance."

Às 17h21, Trump tuitou: "O general Jim Mattis vai deixar o cargo, com distinção, no final de fevereiro… O general Mattis me foi de grande ajuda para conseguir que aliados e outros países cumprissem sua parte de obrigações militares… Eu agradeço muito a Jim por seus serviços!".[6]

Contudo, três dias depois Trump disse que Mattis deixaria o cargo antes, em 1º de janeiro.[7] Numa reunião ministerial no dia seguinte, Trump disse: "O que ele fez por mim? Como se saiu no Afeganistão? Não muito bem. Não estou contente com o que ele fez no Afeganistão e nem poderia estar".[8]

Trump continuou: "Como vocês sabem, o presidente Obama o demitiu, e essencialmente foi o que eu fiz". Mais tarde, ele qualificou Mattis de "o general mais superestimado do mundo".[9]

Quando perguntei a Trump sobre Mattis um ano depois, o presidente disse que Mattis era "meramente um sujeito de relações públicas".[10]

Mattis resumiu: "Quando fui empurrado a fazer uma coisa que a meu ver era mais do que estúpida, era criminosamente estúpida, pondo em risco nosso lugar estratégico no mundo e tudo mais, foi aí que eu me demiti".

20

Os laços heterodoxos de Jared Kushner com líderes estrangeiros e suas conversações com eles por fora dos canais seguros levantavam suspeitas nas agências de inteligência.

Sua permissão temporária de segurança de sigilo máximo foi rebaixada e, por fim, negada.[1] A rejeição significava que Kushner não podia ter acesso a dados sensíveis de inteligência, o que obstruía sua capacidade de trabalhar. O chefe de gabinete da Casa Branca, John Kelly, queria que a permissão de segurança de Kushner fosse conduzida de acordo com as regras, mas o presidente ordenou pessoalmente que se concedesse a Kushner a mais alta permissão de segurança. Isso lhe dava acesso a dados altamente confidenciais de inteligência classificados como Informação Sigilosa Compartimentada (SCI, na sigla em inglês) e alimentou uma tensão constante entre Kushner e Kelly.

Kelly ficava irritado com o estilo individualista que Kushner adotara de modo geral, o que lhe permitia entrar e sair à vontade de assuntos presidenciais. Isso solapava as tentativas do chefe de gabinete de filtrar pessoalmente o fluxo de trabalho do caótico Salão Oval de Trump.

Tanto Kushner como Kelly manobravam, cada um deles, para ser o primeiro entre iguais junto a Trump. "Kelly estava me matando de 1 milhão de maneiras", disse Kushner. Para alívio de Kushner, seu rival finalmente foi embora no início de 2019.

Sua saída limpou o caminho para que Trump e Kushner se voltassem para o que estava em primeiro lugar na mente deles: a reeleição. O pleito ainda estava dois anos adiante, mas a campanha era permanente.

"Existem basicamente três coisas que precisam acontecer para lhe dar de fato uma chance muito forte de ganhar a reeleição", Kushner disse ao presidente.

"Primeiro, construir o muro e diminuir os números da imigração. É uma promessa que não está sendo cumprida." O muro de Trump na fronteira entre os Estados Unidos e o México tinha sido a "marca registrada da campanha" de 2016.

"Segundo, feche o acordo com o México e o Canadá porque isso representa 34% das nossas exportações e uma parte enorme do nosso volume de comércio que podemos ter como garantida.

"Terceiro, se conseguirmos um acordo com a China, será a cereja do bolo. E ainda trará um volume imenso de combustível para a economia."

Kushner estava trabalhando também na reforma da justiça criminal, que era pessoalmente importante para ele. Seu pai tinha sido condenado por contribuições ilegais de campanha, evasão fiscal e manipulação de testemunha, tendo passado catorze meses na cadeia.

Kushner levou os senadores republicanos Mike Lee, Tim Scott e Chuck Grassley para se reunir com Trump. Os senadores estavam argumentando a favor do relaxamento e da redução das sentenças obrigatórias mínimas por drogas e diminuição das disparidades entre penas decretadas para contravenções com crack e cocaína. Kushner queria tentar fazer Trump se envolver com os preparativos para a reforma penal. Eles defenderam sua posição.

"O.k.", disse Trump, "gostei da ideia. Faz sentido. Vamos fazer."

Kushner saiu com Mike Lee, que parecia surpreso e encantado. "Então ele disse sim!"

"Não, não, não, não", disse Kushner. "Foi um sim frouxo."

"Como assim?", perguntou Lee.

"Bem", disse Kushner, "agora eu tenho que trazer as pessoas que discordam totalmente disso e que vão dizer a ele que é uma má ideia. Ele vai ficar do lado deles. E então vamos ter um debate sobre as duas posições."

Kushner disse que havia chegado a essa conclusão quanto às célebres e frequentes reviravoltas e mudanças de opinião de Trump: "Com o presidente, há cem diferentes tons de cinza. Se as pessoas querem arrancar uma resposta rápida dele, é fácil. Você pode levá-lo a decidir a seu favor limitando a informação que ele tem. Mas é melhor ter muita certeza de que as pessoas com opiniões contrárias às suas não vão chegar até ele. Pois, quando isso acontece, ele anula a decisão anterior".

Isso era uma qualidade, no entender de Kushner: "Ele quase usa sua faculdade de ler as pessoas e mantê-las em desequilíbrio como seu melhor filtro para descobrir quando alguém está tentando engabelá-lo. Sabe que é uma espécie de último funil antes de uma decisão. Ele é muito bom em perceber quando alguém vem com conversa mole".

Em 2018, o líder da maioria no Senado, Mitch McConnell, e o presidente da Câmara, Paul Ryan, tinham uma questão simples: como fazer para que o presidente não mudasse de ideia de novo?

Rapazes, Kushner disse aos líderes republicanos, isentando Trump de culpa, "não é que ele mude de ideia. É que não havia sido assessorado da forma certa. As pessoas não estavam lhe fornecendo todos os fatos e aí ele descobria fatos diferentes. De modo que vocês não podem enredá-lo para que tome uma decisão e depois esperar que ele a mantenha".

Kushner acreditava que a atitude que Trump trouxera de seus anos no mercado imobiliário era: "Você faz um acordo. Ainda há uma porção de detalhes para resolver. Então você sempre pode mudar de ideia se os detalhes não forem acertados".

Sua solução: "Garanta que o presidente tenha todas as informações à sua frente para que ele não mude de ideia depois".

Onde outros viam inconstância ou mesmo mentiras, Kushner via a frequente e volúvel incoerência de Trump como um desafio a ser enfrentado com uma forma de gestão em perpétua adaptação. Informação incompleta, assessoria inadequada — a aparência de tomada impulsiva de decisões era sempre culpa de outras pessoas, de acordo com Kushner.

John Kelly tinha uma avaliação menos lisonjeira. "Casa de doido", dizia Kelly.[2]

21

Dan Coats deu início ao novo ano, 2019, com uma Estratégia Nacional de Inteligência atualizada e uma proposição antiga: "Essa estratégia se baseia no princípio central de buscar a verdade e falar a verdade aos nossos gestores de políticas públicas".[1]

A estratégia alertava para "o enfraquecimento da ordem internacional pós-Segunda Guerra Mundial e do predomínio dos ideais democráticos ocidentais, bem como para as tendências crescentemente isolacionistas no Ocidente e as mudanças na economia global". Também reprovava "os esforços russos para aumentar sua influência e autoridade", que "provavelmente vão continuar e podem conflitar com objetivos e prioridades dos Estados Unidos em múltiplas regiões".[2]

As "verdades" de Coats estavam erigidas sobre muitos dos velhos temas que Trump rejeitava.

Uma semana depois de divulgar a estratégia, Coats proferiu publicamente sua Avaliação das Ameaças Mundiais diante do Comitê de Inteligência do Senado em 29 de janeiro. Ele identificou as mudanças climáticas como uma ameaça à segurança. O relacionamento da Rússia com a China estava "mais próximo do que tinha sido durante décadas". Era improvável que a Coreia do Norte "abrisse mão completamente de suas armas nucleares e de sua capacidade de produzi-las".[3]

Coats disse que os agentes da inteligência não acreditavam que o Irã estivesse desenvolvendo uma arma nuclear — contradizendo diretamente assim um dos argumentos centrais de Trump no campo da segurança nacional.

Tudo o que ele disse estava plenamente baseado na inteligência, mas Coats não poderia ter cutucado de modo mais ostensivo o olho do presidente.

Fred Fleitz, presidente do Center for Security Policy, um *think tank* de Washington de tendência direitista, apareceu na Fox Business e sugeriu que Coats fosse demitido, dizendo que o serviço de inteligência "degenerou num monstro que está basicamente contradizendo o presidente o tempo todo".[4] Lou Dobbs, âncora do programa em que Fleitz apareceu e amigo e apoiador de Trump, tuitou a frase e a sugestão de Fleitz.[5]

No dia seguinte, a Casa Branca cancelou o PDB. Trump tuitou: "O pessoal da inteligência dá a impressão de ser extremamente passivo e ingênuo quando se trata dos perigos do Irã. Estão errados!" Acrescentou: "Talvez a inteligência devesse voltar para a escola!".[6]

Em 7 de fevereiro, o presidente do Comitê de Inteligência do Senado, Richard Burr, disse que, depois de dois anos de investigação, seu comitê não encontrara evidência alguma de conluio Trump-Rússia. "Se escrevermos um relato baseado nos fatos de que dispomos", disse Burr, "não teremos coisa alguma que possa sugerir ter havido um conluio entre a campanha de Trump e a Rússia."[7]

Trump comemorou no Twitter e pediu que Coats ajudasse. "Richard Burr disse que não viu evidência alguma daquilo. É algo que você possa fazer? Você é o chefe da inteligência. Teria um enorme impacto. Outras pessoas já disseram isso. Por que você não pode dizer?"[8]

"Sr. presidente", respondeu Coats, "isso não é algo que eu possa fazer. Não faz parte do meu trabalho." Sua conexão com o FBI era com o aspecto de coleta de dados de inteligência. Ele não tinha nada a ver com a parte do FBI que fazia investigações criminais, repetiu mais uma vez.

Chris Ruddy, o CEO do Newsmax e um dos confidentes mais íntimos de Trump, disse numa entrevista à CNN em 18 de fevereiro: "Tenho ouvido de fontes ligadas à Casa Branca que existe um desapontamento geral do presidente com o diretor Coats. Há um sentimento de que talvez deva acontecer uma mudança de chefia naquele setor em breve".[9]

Uma matéria de primeira página do *Washington Post* de 20 de fevereiro, citando fontes bem informadas no assunto, relatou que Trump estava "frustrado", "furioso" e "cada vez mais desiludido" com Coats e cogitava a ideia de afastá-lo.[10]

Depois de vários dias lendo notícias sobre si mesmo na imprensa, Coats chegou em casa e disse a Marsha: "Vou escrever minha carta de demissão e levá-la a Trump, dizendo: 'Estou indo embora'".

"Acho que você deve entregar a carta a ele e deixá-lo decidir", aconselhou ela.

Coats escreveu uma carta breve e objetiva, afirmando: Não posso fazer este trabalho direito sem sua confiança e apoio. Estou pondo meu cargo à disposição para que o senhor possa encontrar alguém que seja mais capaz de servi-lo. Tentou adotar o mesmo tom que seu amigo Mattis empregara dois meses antes.

Coats não deu aviso algum a Trump de que iria lhe entregar uma carta de demissão. Não queria ser um novo Jeff Sessions, o procurador-geral que Trump achincalhara em público de maneira sistemática e que se demitira no outono de 2018. Sessions era apenas um dos muitos que haviam sido enxotados de altos cargos da administração por tuítes malevolentes de Trump. Coats queria sair do seu próprio jeito.

Coats foi ao Salão Oval para encontrar Trump sozinho e entregou ao presidente sua carta de demissão.

Tenho lido que membros do alto escalão da Casa Branca dizem que não sou leal nem tampouco um jogador de equipe, disse Coats.

Não, não, disse Trump.

Coats mencionou alguém cujas declarações tinham sido citadas pela mídia. Nem conheço esse sujeito, disse Trump.

Coats tentou outro nome.

Esse eu mal conheço, insistiu o presidente.

Eu não vou passar por tudo isso, disse Coats. Poderiam ser mil ataques. A maior parte dos relatos publicados vem de fontes anônimas citadas apenas como funcionários de alto escalão da Casa Branca ou amigos de Trump. Ele já tinha visto aquilo antes. Quando Trump estava descontente com alguém, lá vinha aquela onda incessante de desgaste e crítica.

Trump refutou aquilo. As fontes da Casa Branca eram falsas, disse. "Eu não disse essas coisas." Coats não acreditou nem por um minuto nos desmentidos do presidente.

Trump apanhou a carta de Coats, deu a impressão de lê-la atentamente e a devolveu.

E se eu não aceitar?, perguntou Trump. Posso não aceitar? Claro que isso era possível. Dar uma chance a Trump tinha sido ideia de Marsha.

"Você gostaria de permanecer?", Trump disse finalmente. "Estou lhe perguntando. É uma época dura para que você anuncie sua demissão." Dizia-se que estava para sair o relatório Mueller sobre a interferência russa nas eleições. Se Coats saísse, seu afastamento seria mal interpretado. "É o momento errado para isso."

Coats fez uma pausa. O.k., disse por fim. Mas não posso continuar ouvindo esse zum-zum-zum vindo da Casa Branca e dos seus amigos de que você não tem confiança em mim. "Não posso fazer meu trabalho adequadamente com todos esses vazamentos e todas essas coisas sobre o que você pensa de mim e da comunidade de inteligência."

Não, não, disse Trump. Você está fazendo um bom trabalho. Vamos resolver isso. Vamos seguir adiante.

Em algum ponto no futuro, segundo Coats, ele iria querer deixar o cargo.

Você não quer fazer isso do jeito certo?, perguntou Trump, aparentemente sugerindo que havia uma maneira de se demitir de modo que não parecesse que Trump o despedira. Não quer sair de uma forma mais positiva? Vamos pensar nisso.

Coats por fim concordou. Depois de uns dez minutos, saiu levando nas mãos sua carta de demissão não aceita.

Paradoxalmente, sentiu alívio. Estabelecera na prática condições para ficar. E pelo menos eles tiveram uma conversa — sem pôr todas as cartas na mesa, mas uma conversa mais franca do que jamais haviam tido. Tinha sido Trump quem lhe pedira para ficar. Coats era capaz de ver que sua demissão poderia ser usada de modo ardiloso, já que a investigação de Mueller supostamente estava terminando. A interpretação seria de que Coats sabia alguma coisa e queria sair antes das grandes revelações que eram esperadas de Mueller. Seria injusto criar essa percepção, uma vez que Coats nada sabia do aguardado relatório Mueller. Mas Coats continuava a abrigar a secreta convicção, que crescera ainda mais, embora sem base em provas de inteligência, de que Pútin tinha algo que podia comprometer Trump. De que outro modo explicar o comportamento do presidente? Coats não via outra explicação. Estava convicto de que Trump escolhera atuar no lado obscuro — os interesses milionários na cultura imobiliária de Nova York e as finanças internacionais com seus acordos corruptos e seu topa-tudo por dinheiro. Qualquer coisa para progredir, qualquer coisa para fechar um acordo.

Coats percebeu que Trump tinha conseguido fazer um acordo com ele, um acordo político cru — segure essa demissão por enquanto, vamos fazê-la mais tarde, logo mais, mas sem uma tempestade de tuítes sobre você. Ele tinha sido enredado no esquema de proteção de Trump.

Coats percebia quão extraordinário era o fato de o mais elevado funcionário de inteligência do presidente nutrir suspeitas tão profundas quanto ao relacionamento do presidente com Pútin. Mas ele não tinha como dissipá-las.

Pence não queria nem ouvir falar sobre a demissão de Coats. "Veja, precisamos apoiar o presidente", ele disse a Coats. "Vamos ver o lado positivo das coisas que ele está fazendo. Mais atenção a isso. Você não pode sair."

Coats viu que Pence estava numa missão — manter a rota.

22

O subprocurador-geral Rod Rosenstein mantinha sob controle cerrado a investigação de Robert Mueller a respeito da Rússia. Para manter a influência sobre o inquérito, ele manejou agressivamente as regras do Departamento de Justiça que lhe davam autoridade para se sobrepor a Mueller quanto a qualquer "passo de investigação ou promotoria". A existência dessa autoridade era suficiente; ele nunca teve de exercê-la de maneira formal.

A percepção pública geral continuava a ser de que Mueller estava a caminho de um novo Watergate que podia acabar com a presidência de Trump. "It's Mueller Time" [É hora de Mueller] era uma palavra de ordem tão popular em manifestações que acabou se tornando um slogan de camiseta.

Na realidade, porém, foi a hora de Rosenstein. Ele supervisionou a investigação com afinco e mão de ferro, continuando a mandar um representante às reuniões bissemanais com Mueller e sua equipe.

Os promotores de Mueller tinham consciência de que Trump podia mandar Rosenstein demitir Mueller. Se Rosenstein se recusasse, Trump podia demitir Rosenstein e encontrar alguém que se livrasse de Mueller.

A campanha do presidente de intimidação pública, tuítes e alegações de que a investigação era uma "caça às bruxas" atordoava muitos dos colaboradores de Mueller. Toda a atmosfera investigativa era "mantenha-se na sua faixa, nada de desviar a missão". Depois do controverso encontro de Trump com Pútin em Hamburgo em 2017, em que ele confiscou as anotações do tradutor, eles discutiram — mas só de brincadeira — se era o caso de requisitar a apreensão das anotações do tradutor. Sabiam que, se fizessem isso, seriam despedidos.

Depois de um longo debate interno, Mueller decidiu não emitir uma intimação formal a Trump para forçá-lo a depor. Havia uma crença de que, se pedissem uma intimação, a batalha legal nos tribunais demoraria meses, talvez um ano. Ou Trump podia demitir Mueller, em resposta.

Mueller disse a seus procuradores que eles não deviam se esfalfar demais. Se tentassem abarcar tudo, talvez terminassem sem nada.

Aaron Zebley, adjunto de Mueller, disse aos procuradores que dispunha da "caneta" no relatório final, querendo dizer que tinha a autoridade de Mueller como editor final. Uma consideração predominante, disse Zebley, era garantir que o relatório fosse uma prestação de contas definitiva, de modo que não emergisse nenhuma teoria da conspiração, nenhuma teoria do "monte relvado",* como ocorrera depois do assassinato do presidente Kennedy em 1963. Mas houve uma corrida de última hora e um debate entre os procuradores mais graduados. O resultado foi um compromisso que é uma das formulações mais confusas da história das investigações importantes: "Embora esse relatório não conclua que o presidente cometeu um crime, também não o exonera disso".[1]

Trump e o senador Lindsey Graham jogavam uma partida de golfe no clube de Trump em West Palm Beach, Flórida, na manhã de domingo, 24 de março. Trump estava preocupado porque o procurador-geral Bill Barr, que sucedera Sessions no início de 2019, estava para divulgar uma carta resumindo o relatório Mueller. Barr servira como procurador-geral para o presidente George H. W. Bush e mantinha uma opinião forte e radical sobre o poder presidencial.

Antes de divulgar a carta, o procurador-geral telefonou a Graham para lhe dar uma prévia. A investigação Mueller tinha sido histórica e prolongada — dezenove advogados, cerca de quarenta agentes e outros profissionais do FBI, 2800 intimações, quinhentos mandados de busca, quinhentas testemunhas.

"Você não vai acreditar nisso", disse Barr.

"No quê?", perguntou Graham.

"Depois de dois malditos anos, ele diz: 'Bem, não sei, você decide'", disse Barr.

"O que você está querendo dizer?", perguntou Graham.

"Bem, não há conluio nenhum", disse Barr. Mueller não encontrara evidência nenhuma de que Trump ou seus auxiliares tivessem atuado ilegalmente com a Rússia para interferir na eleição de 2016. Era uma ótima notícia.

Mas Barr disse que o relatório Mueller era "contorcido" quanto à questão crítica de definir se Trump tinha ou não obstruído a justiça. Ele não chegara a uma conclusão.

Barr enviou uma cópia da carta para o gabinete de Graham no Senado e um de seus assessores telefonou para Graham para passar um sumário mais

---

* "Teoria do monte relvado": referência a uma das muitas teorias da conspiração sobre o assassinato de Kennedy, segundo a qual ele teria sido baleado por um segundo atirador, escondido atrás de um monte coberto de grama. [N.T.]

completo das conclusões. A carta era endereçada a Graham como presidente da Comissão de Justiça do Senado e a três outros líderes congressistas.

A descoberta central do relatório de Mueller, de acordo com a carta de Barr, era que "a investigação não estabelece que membros da Campanha Trump conspiraram ou se articularam com o governo russo em suas atividades de interferência na eleição".[2]

Para o presidente e seus aliados, isso foi motivo de grande celebração — nenhuma evidência de atuação com os russos.

A segunda conclusão, sobre obstrução de justiça, era menos abrangente, mas ainda assim legalmente escusatória, no entender de Graham. Afinal, o relatório de Mueller declarava que, ao mesmo tempo que não "concluía que o presidente cometeu um crime, ele também não o exonera".

Graham servira seis anos como advogado da Força Aérea e vários outros como procurador-chefe da Força Aérea na Europa. Embora Mueller estivesse operando sob uma velha orientação do Departamento de Justiça de que um presidente no cargo não podia ser acusado de um crime federal, Graham sentia que a frase "não o exonera" era gratuita. Exonerar, no sentido de isentar, não era função dos procuradores. Eles tinham que decidir se acusavam ou não. A linguagem de Mueller soava como a do anúncio de James Comey, então diretor do FBI em 2016, na investigação dos e-mails de Hillary Clinton, de que ele não recomendaria acusações, mas que a conduta dela havia sido "extremamente imprudente".

Mueller escreveu em seu relatório que "preocupações com a imparcialidade" o impediam até mesmo de chegar a um julgamento sobre se o presidente cometera crimes, se nenhuma acusação podia ser apresentada. Normalmente, uma pessoa acusada de um crime tem direito a um processo justo e público e pode usar esse processo para limpar seu nome.[3] No entanto, escreveu Mueller, "o julgamento de um procurador de que crimes foram cometidos, mas nenhuma acusação será apresentada, não proporciona oportunidade de contestação para a limpeza do nome diante de um árbitro imparcial.

"As preocupações quanto à imparcialidade de tal determinação seriam intensificadas no caso de um presidente no exercício do cargo, circunstância em que a acusação de crime feita por um procurador, mesmo num relatório interno, poderia ocasionar consequências que ultrapassariam o campo da justiça criminal."[4]

Mueller concluiu que tinha a opção de declarar em seu relatório que, depois de uma investigação exaustiva, estava convencido de que Trump claramente não cometera obstrução de justiça. "Baseados nos fatos e nos padrões legais aplicáveis, porém, não estamos em condições de chegar a tal juízo", declara o relatório Mueller.[5]

Barr disse em sua carta que, se Mueller não chegara a conclusões legais quanto à suposta obstrução, ele e o subprocurador-geral Rosenstein concluíram "que as evidências encontradas durante as investigações do Conselho Especial não são suficientes para estabelecer que o presidente tenha cometido um crime de obstrução de justiça".[6]

O relatório completo, com trechos expurgados pelo grande júri, seria divulgado mais tarde, disse Barr.

Para efeito prático, a investigação Mueller estava terminada, acreditava Graham. Haveria ataques, críticas e discordâncias. O relatório completo sem dúvida se estenderia sobre incidentes que não eram bonitos e que mostrariam Trump maquinando e se equilibrando no limiar da conduta imprópria. Porém, mesmo o relatório Mueller em si não inocentando Trump, os pontos básicos de exoneração estavam presentes na carta de Barr: nenhum indiciamento adicional, nenhuma acusação formal ao presidente, nenhum prosseguimento de investigação.

A pergunta, ao final daquelas longas e aparentemente intermináveis investigações, era sempre esta: O que vem agora? Não vinha nada. O que vai acontecer amanhã? A resposta, por enquanto: nenhuma ação oficial. Os adversários de Trump e os democratas iriam bater na tecla da interferência russa sempre que possível. Mas isso logo se esvaziaria e teria o ranço das notícias velhas, acreditava Graham.

Graham apresentou a Trump um resumo das boas-novas.

Às 16h46 daquela tarde, Trump se postou diante dos repórteres na pista do Aeroporto Internacional de Palm Beach e falou pela primeira vez sobre a versão de Barr a respeito das conclusões do relatório Mueller.

"Então, depois de um longo exame", disse Trump, "depois de uma longa investigação, depois de tanta gente ter sido tão maltratada, depois de fecharem os olhos para o outro lado, onde acontecia uma porção de coisas ruins, uma porção de coisas horríveis para nosso país — acabam de anunciar que não houve conluio com a Rússia."

"É exoneração completa", acrescentou Trump — contradizendo diretamente a carta de Barr, que citava a declaração do relatório Mueller de que "não o exonera".[7]

"O que você achou?", Trump perguntou a Graham depois de embarcar no *Air Force One*.

"Bem, sr. presidente, muito poucos presidentes obtêm dois mandatos no seu primeiro mandato, mas o senhor acaba de conseguir isso", disse Graham. "Este é o primeiro dia de uma nova presidência."

"Sim, é um belo dia para se apreciar", respondeu Trump.

"Sr. presidente, essa nuvem foi afastada", disse Graham.

Trump parecia contemplativo — provavelmente o mais reservado dentre todos os que estavam no avião. Não condizia com sua personalidade.

Trump, seus assessores e Graham desembarcaram do *Air Force One* na base conjunta Andrews, nos arredores de Washington, para embarcar no *Marine One* e voar de volta à Casa Branca.

Graham e Trump sentaram-se frente a frente. Era um lindo entardecer de início de primavera.

"Não é uma maravilha?", disse Trump, agora de bom humor. "Dá para acreditar que estamos fazendo essa merda? Dá para acreditar que estou aqui, presidente dos Estados Unidos, e você aqui comigo? Dá para acreditar nessa merda? Não é a coisa mais sensacional do mundo?"

Era aparentemente sua maneira de assimilar a realidade de que, depois de dois anos de Mueller, aquilo parecia terminado.

O *Marine One* voou tão perto do Monumento de Washington que quase deu a impressão de que poderiam tocá-lo com a mão.

Quando o helicóptero aterrissou no terreno da Casa Branca, uma multidão de jornalistas estava à espera.

"Lá estão os animais", disse Trump. "São as pessoas mais infelizes da América."

"Sim, pegue leve com eles", respondeu Graham. "Hoje não é um bom dia para eles." Graham recomendou que Trump fosse breve em seus comentários aos repórteres. "Aqui vai meu conselho", disse ele. "Diga algo como 'A América é o maior país do mundo. Boa noite'." Acrescentou: "Se disser isso e nada mais, eles vão cair mortos".

O *Marine One* aterrissou às 19h04. Trump caminhou até o Jardim Sul, olhou diretamente para as câmeras e disse: "Só quero dizer a vocês que a América é o maior país do mundo. Muito obrigado. Obrigado". E saiu andando.[8]

Quando Graham chegou em casa, seu telefone estava tocando.

"Você viu a cara deles?", perguntou Trump.

"De quem?", respondeu Graham.

"Dos animais", disse Trump.

"Não."

"Quando eu disse aquilo, todos eles ficaram perplexos. Ficaram sem palavras. Foi a primeira vez na minha vida em que ninguém me fez 120 perguntas", disse Trump. "Era a coisa mais perfeita a dizer."

Anos de incontáveis manchetes detalhando possíveis laços ou flertes entre o pessoal de Trump e pessoas conectadas com o governo russo foram substituídos por uma nova narrativa.

"Mueller não encontra conspiração" foi a manchete do *Washington Post* na manhã seguinte.[9] No *New York Times*, a manchete era: "Mueller não encontra nenhuma conspiração Trump-Rússia".[10] Uma análise da notícia no *Times* tinha o título "Peso é retirado, deixando o presidente fortalecido para as próximas batalhas".[11]

A carta de Barr fez provavelmente mais para moldar a percepção pública da investigação do conselho especial do que o próprio relatório de 448 páginas de Mueller, que foi divulgado para o público quase quatro semanas depois.

Em 27 de março, Mueller escreveu para Barr se queixando de que sua amplamente divulgada carta-resumo de quatro páginas "não captava plenamente o contexto, a natureza e a substância do trabalho e das conclusões deste gabinete". Ele escreveu: "Agora há uma confusão pública sobre aspectos críticos dos resultados de nossa investigação".[12]

A base para a crítica de Mueller ficou evidente quando o relatório se tornou público em abril de 2019 e pôde então ser comparado com o resumo de quatro páginas de Barr. Mas Mueller não tomou nenhuma iniciativa para mudar o resultado, nem poderia, na prática. Seu trabalho estava no interior do Departamento de Justiça, que Barr controlava.

Em 29 de abril de 2019, Rosenstein apresentou sua carta de demissão de uma página ao presidente. Naquilo que era quase uma carta de fã, Rosenstein empunhava a bandeira norte-americana e o lema da campanha de Trump.

"Equipamos o Departamento de Justiça e as procuradorias com líderes talentosos e íntegros devotados aos valores que tornam a América grande", escreveu Rosenstein.[13]

"Sou grato ao senhor pela oportunidade de servir; pela cortesia e humor que demonstra frequentemente em nossas conversas pessoais; e pelos objetivos que estabeleceu em seu discurso de posse: patriotismo, unidade, segurança, educação e prosperidade."

O discurso de posse de Trump provavelmente não seria lembrado por esses temas, mas por sua invocação da "carnificina americana".

A falha central da investigação de Mueller era os procuradores nunca terem encontrado uma testemunha "de dentro", que pudesse contar uma história de conduta corrupta e ilegal. Não havia uma figura comparável a John Dean, o assessor de Nixon na Casa Branca, que depôs em 1973 atestando suas próprias ações ilegais e as de Nixon. Não havia uma Linda Tripp ou uma Monica Lewinsky para atestar que o presidente Clinton havia mentido em declarações públicas e num processo civil sobre seu caso com Lewinsky.

A investigação não pairaria sobre Trump até a eleição de 2020. Rosenstein sentia que na investigação de Mueller este tornara Trump à prova de balas para a eleição, fazendo-lhe um favor.

O presidente não era culpado de obstrução de justiça, na opinião de Rosenstein. "Eu sabia que não havia fundamento para indiciar o presidente", disse Rosenstein a um camarada. "Eu sabia meses antes."

Quando Barr compareceu diante da Comissão de Justiça do Senado em 1º de maio, os democratas o bombardearam com acusações de que ele agira politicamente em sua manipulação do relatório Mueller — mais como advogado de defesa de Trump do que como chefe do Departamento de Justiça.

"O senhor pôs o poder e a autoridade do gabinete do procurador-geral e do Departamento de Justiça a serviço de um esforço de ajudar Donald Trump a se proteger", disse a senadora Mazie Hirono, do Havaí.[14]

Vários dias depois, mais de setecentos ex-procuradores federais divulgaram um comunicado sustentando que a conduta de Trump descrita no relatório Mueller "resultaria, no caso de qualquer outra pessoa não protegida pela orientação do Gabinete de Parecer Legal [do Departamento de Justiça] contra o indiciamento de um presidente no exercício do cargo, em múltiplas acusações de crimes por obstrução de justiça".[15]

Contudo, depois de 22 meses de investigação sem as descobertas bombásticas antecipadas por alguns adversários e críticos de Trump, Mueller e seu relatório desapareceram das manchetes. Numa coluna de abril de 2019, sob o título "O público cansou do relatório Mueller e quer mudar de assunto", o colunista político do *San Diego Union-Tribune* Michael Smolens escreveu que o relatório Mueller havia se tornado "ruído branco".[16]

***

Num parecer emitido numa ação judicial baseada na Lei da Liberdade de Informação demandando a revelação dos trechos expurgados do relatório Mueller, o juiz sênior do Tribunal Distrital Federal Reggie B. Walton, que tinha sido indicado por George W. Bush, escreveu que Barr "distorceu as descobertas do relatório Mueller".[17]

Walton escreveu que Barr deixou de notar em sua carta que o inquérito de Mueller "identificou múltiplos contatos [...] entre membros da campanha de Trump e indivíduos com conexões com o governo russo". Sobre a questão da obstrução, escreveu Walton, Barr "deixou de revelar para o público norte-americano" que a razão para Mueller decidir não instaurar um processo tradicional de acusação era a diretriz do Departamento da Justiça contra o indiciamento por crime federal de um presidente no exercício do cargo.

"As incoerências entre declarações do procurador-geral Barr", escreveu Walton em seu parecer, "feitas num momento em que o público não tinha acesso à versão editada do relatório Mueller para atestar a veracidade de tais declarações, bem como o conflito de partes da versão editada do relatório Mueller com as mesmas declarações, levam o Tribunal a questionar seriamente se o procurador-geral fez uma tentativa deliberada de influenciar o discurso público sobre o relatório Mueller em favor do presidente Trump, apesar de certas descobertas na versão editada do relatório Mueller mostrarem o contrário."

O parecer de Walton não abordava a substância da investigação ou se Mueller ou Barr deveriam ter chegado a conclusões legais diferentes no que se refere às ações do presidente. A questão legal em torno da qual ele emitiu seu parecer se concentrava em saber se o Departamento de Justiça editou apropriadamente o relatório, ou se algumas supressões de trechos deveriam ser desfeitas de acordo com a Lei de Liberdade de Informação. Era uma crítica de relações públicas acusando Barr de carregar água para o moinho de Trump.

Trump nunca afrouxou seus ataques à investigação de Mueller sobre o papel da Rússia em sua vitória de 2016. Em 23 de maio de 2019, Barr anunciou uma nova investigação sobre suposta espionagem contra a campanha de Trump, potencialmente por policiais e agentes de inteligência. O Departamento de Justiça estava virando o jogo.

Dan Coats e Gina Haspel, diretora da CIA, marcaram uma reunião com Barr.

A investigação de Mueller já virara do avesso de forma inconclusiva as agências de inteligência, disseram eles. Por que isso precisa ser feito? Vai ser muito disruptivo para as agências.

Barr disse que havia ali mais coisas que não tinham sido investigadas.

Haspel declarou que a investigação poderia ter um impacto negativo sobre o moral da CIA. O pessoal dela estava assustado com a nova investigação, e alguns se perguntavam se iriam precisar de um advogado.

Não, disse Barr, ele não pensava assim. Tentou tranquilizá-la. Não vai ter tanto impacto assim.

Haspel discordou. Era Mueller Parte Dois. Seria um "pesadelo" para a agência.

Coats suspeitava que Barr tinha sob a mira o ex-diretor da CIA, Brennan, mas não dizia. Ele perguntou se John Durham, o procurador federal indicado para supervisionar o caso, estaria vigiando o pessoal do próprio Coats no gabinete do DNI.

Potencialmente, disse Barr.

Coats estava preocupado com o funcionário de alto nível que tivesse apenas feito seu trabalho e passado adiante relatórios de inteligência aparentemente de rotina. Ele achava também que Durham estaria vigiando o ex-DNI de Obama, James Clapper, que era um dos críticos constantes do presidente Trump.

Coats e Haspel disseram que dariam ao Departamento de Justiça todos os documentos requisitados porque o presidente assim determinara. Eles não tinham escolha.

Mas esperamos que vocês façam isso do jeito certo, disse Coats.

"Espero que vocês possam fazer isso de uma maneira que não cause uma porção de problemas", afirmou Haspel. "E podemos nos manter informados quanto ao que vocês planejam fazer, de modo a ter certeza de saber o que está acontecendo?"

"Não se preocupem", disse Barr. "Vamos informar, vamos informar. Seu pessoal não precisa se preocupar."

Barr disse que lhes informaria o que ficasse sabendo e se havia algo que eles devessem fazer. Antes de qualquer coisa ser divulgada, declarou, eles teriam a oportunidade de responder. É claro que poderiam defender sua posição. Mas havia uma cautela de advogado, embora ele estivesse obviamente tentando tranquilizá-los.

"Não se preocupem, não se preocupem", disse Barr. "Não é uma caça às bruxas. Há mais coisas ali e só precisamos saber o que é."

Mueller depôs à Comissão de Justiça da Câmara em 24 de julho de 2019, numa performance que frustrou tanto republicanos como democratas, com respostas hesitantes e incompletas. Parecia, às vezes, ter pouca familiaridade com seu próprio relatório. Pouco fez para ajudar o entendimento público do denso documento legal que seu gabinete havia produzido.[18]

Barr e Trump haviam criticado o relatório, e Trump continuou a atacar a investigação de Mueller como sendo uma "caça às bruxas" e um "embuste".[19]

No fim das contas, a investigação de Mueller levou a 34 indiciamentos, incluindo os do advogado pessoal de Trump, Michael Cohen, do chefe da campanha, Paul Manafort, do subchefe da campanha, Rick Gates, do assessor de segurança nacional, Michael Flynn, do amigo íntimo Roger Stone e de um punhado de cidadãos russos. Mas Trump saiu relativamente ileso, e isso representou um golpe contra seus inimigos políticos.

Trump me disse, mais tarde: "A maravilha é que tudo aquilo evaporou. Acabou com um suspiro. Foi totalmente espantoso. Acabou em pó".[20]

Ele sobrevivera à maior ameaça à sua presidência até então, e talvez tivesse saído mais forte em termos políticos e com certeza mais encorajado do que antes.

23

Os três meses desde que Coats guardara sua carta de demissão a pedido do presidente não tinham sido nada bons. A insistência de Coats em não se envolver no inquérito sobre a Rússia só o isolara ainda mais. Quando se encontraram, a linguagem corporal do presidente irradiava não apenas desconfiança, mas também desprezo. Coats sabia que não havia meio possível de sobreviver a um descompasso pessoal como aquele, e à medida que aumentava a animosidade, crescia também seu desalento.

No sábado, 25 de maio de 2019, no fim de semana do Dia da Memória, durante o jogo de futebol de seu neto Jack nos subúrbios de Maryland, Coats se sentia mais deprimido do que nunca.

"Ei, preciso dar um telefonema", anunciou a sua família. Afastou-se sozinho para o parque arborizado e ligou para seu amigo Mattis, que deixara o governo havia cinco meses.

"As coisas para mim estão realmente muito duras aqui", confidenciou Coats. Era um desabafo do fundo do coração. "Só preciso falar com alguém que de alguma forma sabe o que estou passando. Você sabe."

Coats disse que necessitava de alguma orientação. Não precisou dizer a Mattis que sua situação era insustentável. Não foi nada disso que vim fazer aqui, disse Coats. Sentia-se exaurido.

"Eu não soltei o verbo", solidarizou-se Mattis. Ele mantivera o silêncio desde sua demissão em dezembro. "Apresentei meu ponto de vista ao presidente. Ele ouviu. No final, simplesmente não concordou comigo." O desdém de Trump pelos aliados e a decisão de se retirar da Síria sem aviso prévio, sem consulta, tinha sido a gota d'água para Mattis. "Eu enterrei rapazes demais. Aquela foi uma decisão terrível."

Coats disse que as crescentes tensões pessoais entre ele e Trump e suas divergências cruciais sobre a natureza das ameaças à segurança eram extenuantes.

"Isso não é bom", disse Mattis. "Talvez em algum momento nós tenhamos que encarar a situação e falar abertamente. Talvez chegue a hora de tomarmos uma atitude coletiva."

"Bom, é possível", disse Coats. "Sim, talvez seja o caso."

"Ele é perigoso", disse Mattis. "É despreparado."

Soltar o verbo não parecia funcionar, disse Coats. O almirante Bill McRaven, que comandara a Operação Lança de Netuno, o ataque que matou Osama bin Laden no Paquistão em 2011, havia feito críticas cada vez mais agressivas, pessoais e públicas a Trump. Numa carta aberta a Trump publicada no *Washington Post* em agosto de 2018, depois que Trump revogou a permissão de acesso de John Brennan a dados de segurança, McRaven escrevera que o presidente "nos constrangera aos olhos de nossos filhos, humilhara-nos no cenário mundial e, pior de tudo, dividira-nos como nação". Ele desafiou Trump a revogar sua permissão de acesso a dados de segurança: "Eu consideraria isso uma honra".[1]

McRaven, um SEAL da Marinha,* era uma das mais celebradas figuras militares, um combatente e intelectual, autor de livros de sucesso e atualmente chanceler da Universidade do Texas.

Trump contra-atacara, chamando McRaven de "um fã de Hillary Clinton" e sugerindo que ele deveria ter capturado Bin Laden antes. Até onde Coats era capaz de perceber, a atitude corajosa de McRaven parecia não ter exercido impacto algum.[2]

Mattis disse que eles ainda tinham de considerar a hipótese de dar um passo adiante.

"Que passo seria esse, Jim?", perguntou Coats.

"Não sei", respondeu Mattis, "mas não podemos deixar o país prosseguir" nesse caminho. E repetiu: "É um perigo".

"Veja", disse Coats, "outras pessoas tentaram e não houve impacto nenhum. Foram enxovalhadas."

"O que é que poderia fazer a diferença?", perguntou Mattis.

"Se o Senado tomasse uma posição", disse Coats. Ele conhecia intimamente o Senado, em especial os republicanos. Atuara por dezesseis anos como senador republicano. E mantinha contato com meia dúzia de senadores republicanos seus amigos. Nenhum deles abandonaria Trump — não por convicção, mas por sobrevivência política. "O Senado não vai se levantar contra ele."

---

* Os Navy SEALs são membros destacados do Comando de Operações Espaciais da Marinha dos Estados Unidos capazes de operar no mar (*sea*), no ar (*air*) e em terra (*land*). [N.T.]

Mas Coats levou a questão a alguns de seus velhos amigos do Senado.

"Aposto que vocês têm algumas conversas interessantes nas sessões fechadas", Coats disse a um senador.

"Sim, claro que temos", disse o senador.

Outros expressaram a mesma posição, e Coats percebeu que ninguém no Senado precisava ser informado sobre o que estava acontecendo. Eles sabiam. Os senadores só queriam desesperadamente passar logo pela eleição de 3 de novembro. Se ainda estivesse no Senado, Coats julgava que a pior linha de conduta seria não falar abertamente, perder a maioria no Senado e perder a reputação. Acreditava que o Senado não cumprira suas obrigações determinadas pela Constituição, de servir como freio e contrapeso. Devia haver um momento de exigir uma prestação de contas de Trump.

Se Trump fosse reeleito, Coats esperava que um senador republicano comandasse a investida e insistisse numa mudança no modo como as decisões eram tomadas nas interações com o presidente.

24

Trump começou a seguir uma série de artigos de opinião escritos por John Solomon no jornal *The Hill*, afirmando que o ex-vice-presidente Joe Biden havia interferido numa investigação de corrupção na Ucrânia, o segundo maior país da Europa e antigo membro da União Soviética. A afirmação, não provada, era de que Biden, responsável pelas relações com a Ucrânia no governo Obama, atuou para bloquear a investigação da Burisma, uma grande empresa de gás ucraniana. O filho de Biden, Hunter, era membro do conselho diretor da Burisma e, segundo se dizia, recebia pagamento de 50 mil dólares por mês.[1]

O Congresso havia destinado inicialmente 250 milhões de dólares para que o Pentágono fornecesse um auxílio de segurança à Ucrânia, que estava numa disputa territorial com a Rússia a respeito da anexação da Crimeia. Em 19 de junho, Trump perguntou pessoalmente sobre os planos para o auxílio — um questionamento muito incomum por parte de Trump, que raras vezes dava atenção a esses pequenos detalhes. Em 12 de julho, Trump indicou a suspensão do financiamento do apoio militar. E em 25 de julho, os fundos foram formalmente retidos.

Mais cedo naquele mesmo dia, Trump falara ao telefone com o então recém-eleito presidente Volodymyr Zelensky.

No telefonema, cuja transcrição Trump posteriormente ordenou que fosse divulgada, ele pedia a Zelensky que falasse com o procurador-geral Barr e com o advogado pessoal do presidente, Rudy Giuliani, sobre uma investigação dos Biden.

Três dias depois do telefonema, sábado, 28 de julho, era dia de golfe. Trump jogou um circuito de dezoito buracos pela manhã em seu Trump National Club, no norte da Virgínia. Era um dia de calor opressivo no auge do verão.

Depois de jogar, ele parou na sede do clube e topou com Dan Coats e sua esposa, Marsha. Sócios do clube, eles estavam almoçando e tinham um chá marcado para mais tarde no mesmo dia.

Trump pareceu espantado, embora soubesse que eles eram sócios. Marsha, uma psicóloga de formação, teve a percepção de que alguma coisa estava acontecendo. A expressão de Trump era de culpa e temor.

Surpresa, pensou Dan Coats.

Cerca de uma hora depois, os Coats estavam no quarto buraco do par 4 de 508 jardas, quando um membro da equipe de segurança de Coats veio correndo até ele. Sua chefe de gabinete, Viraj Mirani, quer falar com o senhor.

O *New York Times* acabara de publicar uma matéria dizendo que Trump o substituiu, Mirani disse a Coats.[2]

No sexto buraco — um par 5, a 583 jardas —, Coats leu o tuíte de Trump das 16h45: "Tenho a satisfação de anunciar que o altamente respeitável congressista John Ratcliffe, do Texas, será indicado por mim para ser o diretor da inteligência nacional. [...] Dan Coats, o atual diretor, deixará o cargo em 15 de agosto. Quero agradecer a Dan por seus ótimos serviços a nosso país".[3]

Coats e Trump não haviam jamais estabelecido uma data para sua saída. Coats tivera a esperança de permanecer até setembro para resolver algumas decisões pendentes. De onde vinha aquele 15 de agosto, ele se perguntava.

Mais tarde, quando veio a público que um denunciante na comunidade de inteligência estava alegando conduta imprópria de Trump, Marsha Coats concluiu que Trump ou alguém de seu entorno não queria que seu marido fosse a pessoa a receber o relato. Ela julgava que Trump queria afastar Coats porque este teria passado o relato do denunciante ao Congresso em vez de proteger o presidente.

Ratcliffe era um ardoroso apoiador de Trump, mas foi obrigado a renunciar à indicação depois de notícias de imprensa segundo as quais ele extrapolara seu papel ao atuar como promotor em casos de terrorismo como procurador federal. Trump depois acabaria nomeando de novo Ratcliffe, que foi confirmado e assumiu o cargo em 2020. O relato do denunciante desconhecido acabou vindo a público.

A conexão entre o auxílio retirado, que no final chegava a cerca de 400 milhões de dólares, e o pedido de Trump de uma investigação dos Biden acabaram levando a Câmara dos Deputados a acusar formalmente Trump.

25

Depois de seu encontro de junho de 2018 em Singapura, a correspondência entre Kim e Trump se intensificou tanto em frequência como em afeição.

"Acabo de chegar de volta à América, e a mídia sobre a Coreia do Norte e o senhor tem sido fantástica", Trump escreveu a Kim em 15 de junho. "Eles têm um grande respeito pelo senhor e seu país."

Trump prosseguiu com uma carta em 3 de julho instando Kim a trabalhar com Pompeo, que visitaria a Coreia do Norte para fazer progressos em três objetivos: primeiro, o retorno de prisioneiros de guerra remanescentes. Segundo, a permissão da visita de peritos técnicos a um local de testes de mísseis que Kim concordara em fechar.

"Terceiro e mais importante", escreveu Trump, "o secretário Pompeo segue minhas instruções para entrar em acordo com o senhor quanto a dar os primeiros grandes passos rumo à desnuclearização completa e verificada da península coreana e rumo a um futuro mais pacífico entre nós."

Kim não discutiu questões específicas quando escreveu em resposta em 6 de julho.

"O importante primeiro encontro com vossa excelência e a declaração conjunta que assinamos em Singapura há 24 dias foram com certeza o início de uma jornada plena de significado", escreveu Kim. "Desejando que a invariável confiança e esperança em vossa excelência sr. presidente se fortaleça mais ainda no futuro processo de execução de ações práticas, estendo minha convicção de que o notável progresso na promoção das relações da DPRK com os Estados Unidos farão avançar nosso próximo encontro." DPRK é a sigla de Democratic People's Republic of Korea [República Popular Democrática da Coreia], o nome oficial da Coreia do Norte.

Em cartas ao longo dos meses que se seguiram, Kim e Trump cumularam um ao outro de elogios, ao mesmo tempo que sublinhavam gentilmente as demandas que cada um deles havia feito nas negociações de Singapura.

Ambos os líderes diziam ter esperança de negociar um fim oficial para a Guerra da Coreia, porque as hostilidades só haviam terminado sob os termos do armistício de 1953. Em termos técnicos, eles ainda estavam em guerra.

Em 30 de julho, Kim escreveu: "Eu me sinto contente por ter formado bons laços com um estadista tão poderoso e proeminente como vossa excelência, embora exista um sentimento de pesar pela falta de uma declaração antecipada sobre o término da guerra".

Trump respondeu em 2 de agosto: "É hora de fazer progressos nos outros compromissos que assumimos, incluindo a completa desnuclearização".

"Se nosso encontro histórico de dois meses atrás marcou um novo início para as relações DPRK-Estados Unidos", respondeu Kim em 12 de agosto, "meu próximo encontro com o senhor será uma oportunidade de planejar um futuro seguro e sólido. Estou certo de que o esforço que o senhor e eu estamos fazendo continuará a trazer resultados satisfatórios."

Em 6 de setembro, Kim escreveu a Trump sua carta mais longa e específica até então e começou a estabelecer condições para a desnuclearização. Historicamente, os Estados Unidos haviam rejeitado de modo sumário qualquer condição.

"Estamos dispostos a dar novos passos significativos, um de cada vez, de maneira gradual, tais como a desativação completa do Instituto de Armas Nucleares ou do Distrito de Lançamento de Satélites e o fechamento irreversível da unidade de produção de materiais nucleares", escreveu Kim em sua correspondência de 6 de setembro. "Estou profundamente convencido de que as muitas mudanças milagrosas que suscitamos este ano, ultrapassando a imaginação de todo mundo, nos levarão a muitas mais no futuro, com base no excelente relacionamento que existe entre mim e vossa excelência."

Os dois líderes deixaram claro o desejo mútuo de se encontrar de novo, com frequência descrevendo suas relações diplomáticas como um esforço nós-contra-o-mundo.

"Como eu disse em minha carta anterior", escreveu Kim em 21 de setembro, "minha confiança e meu respeito por vossa excelência jamais se alterarão, embora muitas pessoas sejam céticas quanto à situação atual e às perspectivas das relações entre nossos países no que se refere a nossas ideias para resolver a questão da desnuclearização no futuro. Eu, juntamente com vossa excelência, vou provar de uma vez por todas que essas pessoas estão erradas." Trump respondeu com uma carta de cinco frases em 24 de dezembro: "Espero ansiosamente pelo nosso próximo encontro e por fazer progressos reais rumo à desnuclearização e a um futuro brilhante de fato para seu povo sob sua liderança no ano que está chegando".

No dia seguinte, Natal, Kim escreveu a Trump uma carta muito mais longa descrevendo o encontro deles em Singapura numa prosa quase romântica.

"Passaram-se duzentos dias desde a histórica reunião de cúpula DPRK-Estados Unidos em Singapura em junho passado, e o ano está terminando. Mesmo agora não posso esquecer aquele momento histórico em que apertei firmemente a mão de vossa excelência naquele local lindo e sagrado enquanto o mundo todo assistia com grande interesse, e espero reviver a honra daquele dia. Como mencionei na ocasião, eu me sinto muito honrado por ter estabelecido um relacionamento formidável com uma pessoa como vossa excelência.

"Agora que o ano de 2019 se aproxima, questões críticas que demandam um esforço incessante rumo a ideais e metas ainda mais elevados nos esperam. Como vossa excelência francamente observou, ao entrarmos no novo ano o mundo todo certamente irá assistir, num futuro não muito distante, a outro encontro histórico entre mim e vossa excelência semelhante a uma cena de um filme de fantasia."

Quando li pela primeira vez que Kim via aquilo como "semelhante a uma cena de um filme de fantasia", fiquei chocado.

Trump respondeu em 28 de dezembro: "Acabo de receber sua carta e fico muito grato por seus afetuosos sentimentos e pensamentos. Como o senhor, não tenho dúvida de que um grandioso resultado será alcançado por nossos dois países, e que os dois únicos líderes que podem fazer isso somos o senhor e eu". Trump acrescentou que Hanói ou Bangcoc seriam locais aceitáveis para seu encontro seguinte.

Trump escreveu de novo em 8 de janeiro para desejar a Kim um feliz aniversário. "O senhor terá muitos anos grandiosos de celebração e sucesso", escreveu. "Seu país logo estará num caminho histórico e próspero."

Em 17 de janeiro, Kim escreveu para apresentar um enviado especial que ele estava mandando a Washington para combinar o próximo encontro de cúpula. "Quero acreditar que, se o ano passado foi repleto de significado, no qual pusemos fim às duradoras relações hostis entre a DPRK e os Estados Unidos e estabelecemos um compromisso por um novo futuro, este será um ano ainda mais significativo, que verá nossas relações bilaterais evoluírem para um novo e mais elevado estágio", escreveu.

Depois da visita do enviado Kim Yong-chol a Washington, as duas nações acertaram um segundo encontro entre os dois líderes para fevereiro em Hanói.

"Estamos fazendo juntos algo muito histórico", Trump escreveu a Kim em 18 de janeiro. "Eu o verei em breve." Ao contrário das outras cartas, que eram datilografadas e arrematadas com um "Sinceramente", essa foi escrita à mão por Trump com caneta permanente preta e assinada: "Seu amigo, Donald J. Trump".

Trump escreveu mais uma vez a Kim antes do encontro de cúpula dos dois em Hanói, enviando um bilhete curto em 19 de fevereiro junto com quatro fotos do encontro anterior. "Espero ansioso a hora de vê-lo na próxima semana", escreveu Trump. "Será ótimo."

Em 27 e 28 de fevereiro de 2019, o encontro de cúpula Coreia do Norte-Estados Unidos foi realizado em Hanói, no Vietnã.

Os dois lados pretendiam realizar uma cerimônia de assinatura no último dia, mas o encontro desmoronou.

Trump e Kim passaram duas horas juntos com seus respectivos assessores.

Matérias de imprensa que se seguiram ao final abrupto noticiaram que Kim oferecera o desmonte do Centro de Pesquisa Científica Nuclear de Yongbyon — a maior unidade nacional de armas nucleares, localizada no extremo norte —, mas não chegou a oferecer também o desmonte de outras unidades mais ativas. E, embora Trump estivesse disposto a retirar algumas sanções econômicas, diziam as reportagens, não estava preparado para suspender completamente cinco séries de sanções que haviam sido devastadoras para a economia norte-coreana.

Trump tinha sua própria versão dos eventos em Hanói, conforme me relatou: quase desde o início, contou, ele sabia instintivamente que Kim não estava pronto para ir até onde ele, Trump, queria que fosse.[1]

Kim estava disposto a abrir mão de uma de suas unidades nucleares, mas ele tinha cinco.

"Olhe, uma não basta, duas não bastam, três não bastam e quatro não bastam", disse Trump. "Cinco bastam."

"Mas é nossa maior unidade", disse Kim, referindo-se ao centro de Yongbyon.

"Sim, e também a mais velha", disse Trump. "Porque eu conheço cada uma das unidades. Conheço todas elas, melhor do que qualquer um dos meus homens. O senhor entende isso."

Kim não arredou pé de sua posição.

"O senhor por acaso faz outra coisa além de lançar foguetes pelos ares?", Trump perguntou a Kim. "Vamos ao cinema juntos. Vamos jogar uma partida de golfe."

Por fim, a realidade se impunha.

"O senhor não está disposto a fazer um acordo", Trump disse a Kim. "Não sinto firmeza."

"O que está querendo dizer?" A expressão do rosto de Kim era de choque total. "O senhor não está disposto a fazer um acordo", disse Trump. "Tenho que partir. O senhor é meu amigo. Acho que é um sujeito maravilhoso. Mas temos que partir, porque o senhor não está disposto a fazer um acordo."

A mensagem implícita de Trump, na opinião de Pompeo, era: Não atire. Somos amigos. Podemos confiar um no outro. Vamos dar um jeito.

O encontro foi noticiado como um fracasso.[2]

As cartas entre Trump e Kim depois do encontro em Hanói foram cordiais, mas pouco frequentes. O relacionamento entre eles recebia mais atenção do que o progresso da desnuclearização.

Trump só voltou a escrever três semanas depois, em 22 de março, numa carta em que professava amizade permanente. "Obrigado de novo por fazer essa longa viagem a Hanói", escreveu. "Como eu lhe disse quando nos despedimos, o senhor é meu amigo e sempre será."

Em 10 de junho, Kim escreveu a Trump outra carta de adulação verborrágica.

"Como no breve tempo que tivemos juntos há um ano em Singapura, cada minuto que compartilhamos há 103 dias em Hanói foi também um momento de glória que permanece como uma lembrança preciosa", escreveu Kim. "Tal lembrança preciosa que tenho em meu inquebrantável respeito pelo senhor proporcionará um ímpeto para que eu dê meus passos quando caminharmos um para o outro novamente algum dia no futuro.

"Acredito também que a amizade profunda e especial entre nós atuará como uma força mágica...

"Ainda respeito vossa excelência, sr. presidente, e deposito minhas esperanças no desejo e na determinação que o senhor mostrou em nosso primeiro encontro de resolver a questão em nosso estilo único, que ninguém jamais havia tentado, e escrever uma nova história. A realidade de hoje é que, sem um novo enfoque e a coragem que ele exige, as perspectivas para uma resolução da questão serão desalentadoras.

"Acredito que mais cedo ou mais tarde virá o dia em que sentaremos juntos para fazer grandes coisas acontecerem, com o desejo de dar mais uma chance à nossa confiança mútua. Esse dia há de vir novamente. E poderá muito bem ser registrado como mais um momento fantástico da história."

Dois dias depois, em 12 de junho, Trump escreveu em resposta que gostaria de um novo encontro.

"É difícil acreditar que já se passou um ano inteiro desde nosso primeiro encontro histórico em Singapura", escreveu Trump. "Foi naquele dia, um ano atrás, que o senhor e eu fizemos uma porção de promessas um ao outro — o senhor se comprometeu a se desnuclearizar por completo, e eu me comprometi a fornecer garantias de segurança. Ambos nos comprometemos a estabelecer novas relações entre nossos dois países e construir um regime de paz duradoura e estável na península coreana.

"Concordo plenamente com o senhor. O senhor e eu temos um estilo único e uma amizade especial. Só o senhor e eu, trabalhando juntos, podemos resolver as questões entre nossos dois países e encerrar quase setenta anos de hostilidades, trazendo uma era de prosperidade para a península coreana que excederá todas as nossas maiores expectativas — e será o senhor a liderar. Será histórico!"

Usando o Twitter, Trump apresentou o próximo encontro entre os dois líderes como espontâneo. Quando estava no Japão para a reunião de cúpula do G20, Trump tuitou: "Se o líder Kim, da Coreia do Norte, ler isto, posso me encontrar com ele na fronteira da zona desmilitarizada só para apertar sua mão e dizer Olá (?)!".[3]

O tuíte de 29 de junho foi seguido por uma carta mais formal no mesmo dia.

"Como o senhor talvez já tenha visto", escreveu Trump, "vou viajar hoje de Osaka, no Japão, para a República da Coreia e, já que estarei tão próximo do senhor, gostaria de convidá-lo para se encontrar comigo na fronteira amanhã à tarde. Estarei próximo da zona desmilitarizada à tarde e proponho um encontro às 15h30 na Casa da Paz, no lado sul da linha demarcatória. Não tenho nenhuma agenda específica para nosso encontro, mas penso que seria ótimo vê-lo de novo, uma vez que estaremos muito perto um do outro. Espero vê-lo amanhã!"

Kim aceitou o convite de Trump.

Em 30 de junho de 2019, Trump e Kim se encontraram na Área de Segurança Conjunta, uma zona de chamativos prédios azuis na fronteira entre a Coreia do Norte e a Coreia do Sul.

Os dois líderes se encararam, Trump em pé sobre o chão de cascalho do lado sul-coreano e Kim do outro lado, sobre uma estreita laje de concreto que marcava a fronteira real.

"Quer que eu vá até aí?", perguntou Trump.

"Sim, eu gostaria que o senhor viesse", respondeu Kim.[4]

Trump cruzou a pé a fronteira entre os dois países, marcando a primeira vez que um presidente dos Estados Unidos entrou na Coreia do Norte, e os dois líderes caminharam alguns passos para dentro do território norte-coreano.

Depois da travessia, os dois líderes conversaram brevemente um com o outro por meio de intérpretes.

"Quero lhe agradecer", disse Trump, de acordo com a transcrição oficial da conversa da Casa Branca. "Veja só, o mundo todo está olhando, e é muito importante para o mundo."[5]

Kim disse a Trump que tinha ficado surpreso com a carta do presidente do dia anterior propondo um encontro na fronteira.

"O fato de nos reunirmos neste lugar mostra que estamos dispostos a pôr um fim no passado infeliz e também abrir um novo porvir e proporcionar oportunidades positivas no futuro", disse Kim. "Se não fosse pela excelente relação entre nós dois, não teria sido possível ter esse tipo de oportunidade."

"Foi uma honra o senhor ter me convidado para atravessar aquela linha", disse Trump. "E tive orgulho ao dar aquele passo sobre a fronteira."

O evento foi um espetáculo internacional de mídia, mas não produziu de imediato nenhum resultado diplomático substantivo. "Um presidente preocupado com índices de audiência consegue a imagem que queria", dizia uma manchete no *Washington Post* do dia seguinte.[6]

"Estar com o senhor hoje foi verdadeiramente estupendo", Trump escreveu a Kim em 30 de junho. "Até mesmo a mídia, que sempre gosta de dizer que tudo vai mal, tem lhe dedicado elogios por me convidar a entrar em seu país. Disseram que o senhor demonstrou grande presciência e coragem ao aceitar um encontro marcado tão em cima da hora e tão exposto ao público. Mais importante do que isso, penso que nosso encontro se desenrolou muito bem. O potencial de seu país é realmente ilimitado, e estou seguro de que uma incrível prosperidade aguarda o senhor e seu povo no futuro se continuarmos a trabalhar juntos."

Anexada à carta de Trump de 30 de junho havia uma cópia da primeira página do *New York Times*, que exibia uma foto de quatro colunas de Trump e Kim. "Chairman, linda foto sua, maravilha", Trump acrescentou com a caneta permanente.

Trump escreveu de novo em 2 de julho, enviando 22 fotos junto com a carta. "Foi uma honra entrar em seu país e retomar nossa importante discussão", escreveu Trump. "Tenho uma confiança tremenda em nossa capacidade de chegar a um acordo que conduza a uma imensa prosperidade para o senhor e seu povo, que o livre de seu fardo nuclear e inspire as próximas gerações. Essas imagens são grandes lembranças para mim e captam a amizade única que o senhor e eu desenvolvemos."

Mais de um mês depois, em 5 de agosto, Kim escreveu a Trump a carta mais longa da correspondência entre eles.

O tom era cortês. Mas a mensagem era de que as relações entre Kim e Trump talvez tivessem esfriado para sempre. Soava como um amigo ou amante desapontado.

Kim agradecia Trump pelas fotos do encontro na fronteira. "Fiquei encantado ao receber cada uma das fotos que o senhor escolheu especificamente daquele dia, que guarda um significado especial e permanecerá como eterna lembrança daquela data grandiosa e histórica", escreveu. "Aquelas fotos agora estão penduradas em meu gabinete. Expresso meu agradecimento ao senhor e recordarei para sempre aquele momento."

Mas Kim estava aborrecido, disse, porque os exercícios militares da aliança Estados Unidos-Coreia do Sul não tinham cessado por completo.

"Minha crença era que os provocativos exercícios militares conjuntos fossem ou cancelados ou adiados para depois das negociações em curso entre nossos dois países, nas quais continuaríamos a discutir temas importantes", escreveu Kim. "Contra quem são os exercícios militares conjuntos que ocorrem na parte sul da península coreana, quem estão tentando obstruir e quem estão pretendendo atacar e derrotar?"

Prosseguiu: "Em termos conceituais e hipotéticos, o alvo principal dos exercícios preparatórios de guerra é nosso próprio exército. Isso não é um mal-entendido de nossa parte. [...]

"Confirmando nosso entendimento, alguns dias atrás a pessoa que eles chamam de ministro da Defesa Nacional da Coreia do Sul disse que a modernização de nossas armas comerciais convencionais era vista como uma 'provocação' e uma 'ameaça' e que, se continuássemos a 'provocar' e 'ameaçar', eles iriam classificar meu governo e meu exército como 'inimigos'. Hoje e no futuro, o exército sul-coreano não pode ser meu inimigo. Como o senhor mencionou a certa altura, temos um exército forte sem necessidade de meios especiais, e a verdade é que o exército sul-coreano não é páreo para meu exército."

Kim disse que não gostava do papel do exército dos Estados Unidos. "A coisa que me agrada ainda menos é que o exército dos Estados Unidos esteja engajado nessas ações paranoicas e hipersensíveis com o pessoal da Coreia do Sul.

"Estou claramente ofendido e não quero esconder do senhor esse sentimento. Estou de fato muito, muito ofendido", continuava a carta. "Vossa excelência, estou imensamente honrado e orgulhoso de que tenhamos um relacionamento em que eu possa trocar pensamentos tão francos com o senhor."

Em comentários no Jardim Sul da Casa Branca em 9 de agosto, Trump trouxe à tona espontaneamente a última carta de Kim ao responder a uma pergunta de um repórter sobre outro tópico. Se a carta de Kim alertava Trump de que o ofendera, o presidente a virou de cabeça para baixo.

"Recebi ontem uma carta muito linda de Kim Jong-un", disse Trump. "Era uma carta muito positiva."[7]

"O que dizia a carta?", perguntou um repórter.

"Eu adoraria entregá-la a você", disse Trump. "Adoraria mesmo. Talvez... talvez um dia eu o faça."

A CIA nunca chegou a uma conclusão definitiva quanto a quem escrevia e elaborava as cartas de Kim para Trump. Eram obras-primas. Os analistas ficavam maravilhados com a habilidade daquela pessoa para encontrar o tom exato de adulação ao mesmo tempo que apelava para o sentimento de grandiosidade de Trump, de estar no palco central da história.

26

"Eu trouxe uma coisa que nunca mostrei a ninguém. Vou mostrá-la a você", Trump me disse em 5 de dezembro de 2019. "Vou lhe dar algo que é bem bacana." Apanhou o telefone na Resolute Desk do Salão Oval. "Traga-me algumas fotos de mim e Kim Jong-un atravessando a fronteira. Aquelas belas fotos coloridas que acabei de ver."

A entrevista de 74 minutos daquela tarde aconteceu três meses antes de a pandemia do coronavírus corroer os Estados Unidos e o mundo. Seria a primeira de minhas dezessete entrevistas com ele para este livro.

"Isso está sendo registrado para o livro", disse eu. "Estou aqui de fato para escutar sua posição. E quero saber de diretrizes de governo. Porque, tendo coberto nove presidentes, a diretriz é o que importa. É a espinha dorsal e a definição."

"Concordo", disse Trump. "Concordo. A diretriz pode mudar também, você não acha? Eu gosto de flexibilidade. Algumas pessoas dizem que mudo. Mudo mesmo. Gosto de flexibilidade, não de alguém que tem uma diretriz e chega a ponto de atravessar um muro de tijolos por essa diretriz quando pode mudá-la muito facilmente e não ter que bater contra o muro."

Enquanto esperávamos que um funcionário lhe trouxesse as fotos, mencionei que a CIA concluíra que Kim é "astuto, manhoso, mas em última análise estúpido".

"Espero que você escreva isso", disse Trump. "E espero que escreva minha resposta. Eu discordo. Ele é astuto. É manhoso. E é muito inteligente. E é duro na queda. Você sabe…"

"Por que então a CIA diz isso?"

"Porque eles não sabem", disse Trump. "O.k.? Porque eles não sabem. Não fazem ideia. Sou o único que sabe. Sou o único que lida com ele. Ele não trata com mais ninguém."

Trump tivera três encontros com Kim àquela altura.

Mais tarde, baseado em relatórios mais detalhados, descobri que o principal especialista da CIA em Coreia do Norte concordava com o presidente na avaliação de que Kim era astuto, manipulador, mas também bastante inteligente.

Um assistente trouxe fotos que mostram Trump e Kim. Todas aquelas imagens eram fotos que já haviam sido divulgadas e circularam amplamente na época do evento.

"Aqui estou eu e aqui está ele", disse Trump. "Aqui é a linha, certo? Então eu cruzei a linha a pé. Muito legal. Quer saber? Muito legal. Certo? Essa é a linha entre a Coreia do Norte e a do Sul. É a fronteira. Essa linha é uma grande coisa. Ninguém jamais atravessou essa linha. Jamais." Muitos outros haviam cruzado a fronteira para a Coreia do Norte, mas Trump foi o primeiro presidente dos Estados Unidos no exercício do cargo a fazer isso.

Trump continuou: "Eu disse: quer que eu vá até aí? Ele disse: sim, gostaria que viesse. Ninguém jamais tinha feito aquilo. Quero dizer, são fotos muito bacanas quando você... você sabe, quando se fala de imagens icônicas, que tal?".

"Mas ainda é um relacionamento perigoso", disse eu. "O senhor concorda?"

"Sim", disse Trump, "mas é menos perigoso do que era antes. Porque ele gosta de mim. Eu gosto dele. Nós nos damos bem. Isso não significa que eu seja ingênuo. Isso não significa que eu pense 'oh, vai ser maravilhoso'. Ele é um osso duro de roer. E é inteligente, muito inteligente."

"Está convencido de que ele é inteligente?"

"Mais do que inteligente. Veja, ele assumiu o cargo quando tinha 27 anos, um lugar explosivo onde as pessoas são muito espertas. O mesmo vale para a Coreia do Sul. São a mesma coisa, o.k.? O mesmo povo. Muito inteligente."

Trump não contestava que Kim fosse também violento e malévolo. Disse que Kim "me conta tudo. Me contou tudo. Sei tudo sobre ele. Ele matou o tio e dispôs o corpo bem nos degraus da escada por onde os senadores saíam. E a cabeça estava decepada, pousada sobre o peito. Você acha isso brutal? Você sabe, eles acham que a política aqui neste país é brutal".

O presidente continuou: "Nancy Pelosi disse 'oh, vamos fazer o impeachment dele'. Você acha que aquilo é brutal? Brutal é isso. Estas são fotos formidáveis". Apontou para uma delas. "Você o viu sorrir alguma vez? Você o viu sorrir alguma vez antes?"

A mídia estatal norte-coreana divulga regularmente fotos de Kim sorrindo em vários eventos. O presidente disse que podia me dar cópias de algumas das fotos.

"O chefe do Comando Norte, em Colorado Springs, foi instruído pela presidência a derrubar qualquer míssil que pudesse atingir o território norte-americano partindo da Coreia do Norte", eu disse. Isso só aconteceria se o secretário da Defesa não estivesse acessível.

"Está correto", disse o presidente. "Sim, estamos preparados. Porque é preciso estar preparado."

"Então o senhor está confortável com essa delegação de autoridade ao Comando Norte?"

"Sem dúvida. Bem, é preciso estar preparado. Não espero por coisa alguma. Não espero por coisa alguma. Nada me perturba. Não espero por coisa alguma. Se esperasse, eu não estaria aqui um ano atrás. Faz três anos que eles tentam me destituir. Não, mais do que isso. Eles vêm tentando me afastar desde o dia em que desci a escada rolante,* se você quer saber a verdade", disse ele, referindo-se ao lançamento de sua campanha. "Estão tentando me pegar desde aquela época."

Ele me mostrou uma foto. "Olhe, bela imagem. Mas... não, o relacionamento é bom."

"Agora uma questão difícil, presidente Trump", eu disse. "Pelo que entendo, chegamos muito perto de uma guerra com a Coreia do Norte."

"Certo. Muito mais perto do que qualquer pessoa soubesse. Muito mais perto. Você sabe. Ele sabe melhor do que ninguém", disse, referindo-se a Kim.

"O senhor contou a ele?"

"Não é o que eu quero dizer. Mas ele sabe. Eu tenho um ótimo relacionamento, vamos dizer assim. Mas vamos ver o que acontece." Ele observou que por dois anos a Coreia do Norte não efetuara testes nucleares ou de ICBMs. O último teste desses mísseis pela Coreia do Norte havia sido em novembro de 2017.

"Não posso lhe dizer qual será o desfecho ainda, como isso vai acabar", disse Trump. "Ele testou mísseis de curto alcance. Aliás, diga-se de passagem, todo país tem mísseis de curto alcance. Não existe país que não tenha. O.k.? Não é grande coisa. Isso não quer dizer que depois de janeiro ele não vá fazer algumas coisas. Vamos ver o que será. Mas eu tenho um ótimo relacionamento."

---

* Referência ao dia 16 de junho de 2015, em que, num evento midiático, Trump desceu a escada rolante da Trump Tower para anunciar sua candidatura à presidência dos Estados Unidos. O evento é visto simbolicamente como sua passagem de empresário a político. [N.T.]

Muitas figuras da política externa haviam dito que Trump facilitava demais a Kim ao concordar em se encontrar sem condições prévias formais, escritas. "Então o senhor deu poder demais a Kim?", perguntei. Kim havia dito que não iria disparar mais ICBMs. "Porque, se ele resolver desafiar, se ele disparar um daqueles ICBMs, o que o senhor vai fazer?"

"Se ele disparar, disparou", disse Trump. "E aí ele terá grandes problemas, vamos dizer assim. Problemas grandes mesmo. Maiores do que qualquer um jamais teve."

Em seguida, Trump fez uma digressão para revelar algo extraordinário — um sistema secreto de novas armas. "Eu construí um sistema nuclear... um sistema de armas que ninguém jamais teve neste país. Temos coisas que você nunca viu nem ouviu falar. Temos coisas de que Pútin e Xi nunca ouviram falar antes. Ninguém — o que temos é incrível."

Mais tarde, encontrei fontes que confirmaram que o Exército tinha um sistema secreto de novas armas, mas ninguém quis fornecer detalhes, e todos ficaram surpresos por Trump tê-lo revelado. Desde que tomara posse, Trump solicitara e recebera enormes aumentos de verbas para a Administração Nacional de Segurança Nuclear (NNSA, na sigla em inglês), que mantém o arsenal de armas nucleares.

Trump me disse que a única coisa que deu a Kim foi um encontro. "Olhe, veja esta bela foto. Ele está se divertindo. Sabe? Ninguém jamais o viu sorrir. Olhe. Veja-o sorrindo. Está feliz. Sente-se feliz."

"O senhor achava que era como Nixon com a China?", perguntei, referindo-me à abertura de Nixon à China em 1972.

"Não, não quero nem falar sobre Nixon e a China. Acho que Nixon na China... acho que a China tem sido uma coisa horrível para este país. Horrível porque permitimos que eles" se tornassem uma potência econômica.

O Exército sempre lhe diz que as alianças com a Otan e a Coreia do Sul são os melhores negócios que os Estados Unidos fazem, observei, um grande investimento em defesa conjunta.

"O pessoal do Exército está errado", disse Trump. "Eu não diria que são estúpidos, porque nunca diria isso do nosso pessoal militar. Mas se eles disseram isso, eles... quem quer que tenha dito isso foi estúpido. É um negócio horrível. Estamos protegendo a Coreia do Sul da Coreia do Norte, e eles estão fazendo uma fortuna com televisores e barcos e tudo mais. Certo? Eles ganham um dinheirão. E nos custam 10 bilhões de dólares. Somos otários."

Custa aos Estados Unidos aproximadamente 4,5 bilhões de dólares por ano manter tropas estacionadas na Coreia do Sul, dos quais 920 milhões de dólares são pagos pelo governo sul-coreano.[1]

"Tem muita raiva lá fora" no país, disse eu. "E a questão é: o senhor está sentado aqui no Salão Oval. Por quê? Por que toda essa raiva?"

"O.k.", disse o presidente, "penso que por uma porção de razões. Mas antes mesmo de concordar em responder a essa pergunta, o.k.?, eu tenho que dizer o seguinte: há também muitos democratas que vão votar em segredo em mim. E isso aconteceu na última vez. Os democratas de Obama que saíam da votação — eu ia dizer Barack Hussein, mas achei que não diria isso hoje, porque quero manter a gentileza. Os democratas de Obama que saíam votaram em mim, e foi uma porcentagem tremenda. E os democratas de Bernie Sanders, eles votaram em mim."

Pesquisas de boca de urna mostraram que cerca de 9% dos que se identificavam como democratas votaram em Trump em 2016, e cerca de 7% dos que se identificavam como republicanos votaram em Hillary Clinton.[2]

Evoquei o ex-presidente Obama e disse que muitos o julgavam inteligente.

"Não sei, não. Não acho que Obama seja inteligente", disse Trump. "Quer saber? Acho que ele é muito superestimado. E não o considero um grande orador. Oh, ele é tão… veja só. Eu frequentei as melhores escolas. Me saí muito bem. Tive um tio que foi professor no Instituto de Tecnologia de Massachusetts (MIT, na sigla em inglês) por quarenta anos, um dos mais respeitáveis da história da escola. Por quarenta anos. Irmão do meu pai. E meu pai era mais inteligente do que ele. É uma linhagem boa. Você sabe, falam da elite. Ora, a elite. Ah, eles têm belas casas. Não. Eu tenho casas muito melhores do que as deles. Eu tenho tudo melhor do que eles, incluindo o estudo."

"Este é um momento importante na história", eu disse, "em que vão acusá-lo, o Congresso vai instaurar o impeachment."

"Sim."

"E estamos sentados aqui no Salão Oval. E o senhor está contente, feliz, orgulhoso."

"Sim."

"Não está apreensivo?"

"Não."

O secretário adjunto de imprensa nos interrompeu, dizendo: "Temos só mais cinco minutos, senhores". O secretário do Tesouro estava esperando.

"Oh, tudo bem", disse Trump. "Continue. Estou achando interessante. Adoro esse cara. Mesmo que ele escreva merda a meu respeito. Tudo bem."

"Qual é a estratégia Trump-Pence para conquistar, nos próximos onze meses, o eleitor convencível?", perguntei.

"Não sei", disse Trump. "Quer saber de uma coisa? Vou lhe dizer qual é a estratégia Trump-Pence: fazer um bom trabalho. Só isso. É muito simples. Não é uma… eu não tenho uma estratégia. Eu faço um bom trabalho."

"Por que o senhor não me dá sua declaração de impostos?", perguntei. "Não, estou falando sério."

Ele citou seu argumento-padrão de que suas restituições de imposto estavam sendo auditadas pelo serviço de receita do governo (IRS, na sigla em inglês), embora eu soubesse que isso não o impedia de revelar seus impostos, se quisesse.

"Sabe quanto eu faturei no último ano?", perguntou Trump. "Quatrocentos e oitenta e oito milhões ou algo parecido. Ganhei 488 milhões — e isso porque não estou lá [nos negócios]. Quero dizer que eu teria faturado muito mais. Quatrocentos e oitenta e oito."

Trump informou pelo menos 434 milhões de dólares em rendimentos em 2018, de acordo com sua declaração financeira arquivada no Gabinete de Ética Governamental em maio de 2019.

Notei o efeito de "tela dividida" do debate do impeachment na Câmara e aquela nossa discussão no Salão Oval. Eu sabia que era um grande show. Ele dispunha de todos os seus adereços na Resolute Desk: os papéis oficiais de indicação dos juízes empilhados no meio da mesa, as grandes cartelas de fotos dele e de Kim e uma pasta com as cartas de Kim. Eu havia entrevistado os presidentes Carter, Clinton, George W. Bush e Obama no Salão Oval. Todos se sentavam na poltrona presidencial junto à lareira e não exibiam acessórios.

"É como se o senhor tivesse ganhado na maior loteria de todos os tempos", disse eu.

"Ganhei mesmo. Eu ganho todos os dias. Nancy Pelosi elevou meus números até as nuvens. E ela vem com 'Eu rezo pelo nosso presidente'. Ela nunca rezou por mim na vida."

"Tudo bem. Numa frase, qual é o trabalho do presidente? Qual é seu trabalho, no seu modo de ver?"

"Tenho muitos trabalhos."

Forneci minha definição-padrão. "Eu penso que é imaginar qual é o próximo estágio de bem-estar para a maioria da população do país…"

"Isso é bom", disse Trump.

"… e então dizer", continuei, "é nessa direção que eu vou, e este é o plano para chegar lá."

"Correto", disse Trump. "Mas às vezes a estrada muda. Você sabe, uma porção de gente é flexível. Às vezes uma estrada tem que mudar, entende? Você tem um muro à sua frente e tem que dar a volta em vez de tentar passar por dentro — é muito mais fácil. Mas, de verdade, o trabalho de um presidente é manter nosso país seguro, mantê-lo próspero. O.k.? Prosperidade é uma coisa importante. Mas às vezes você tem tanta prosperidade que as pessoas querem usá-la de um jeito ruim, e você precisa ter cuidado com ela."

Enquanto ouvia, eu me chocava com a natureza vaga, sem direção, dos comentários de Trump. Ele era presidente havia praticamente três anos, mas parecia incapaz de articular uma estratégia ou plano para o país. Era surpreendente que ele fosse entrar em 2020, ano em que esperava conquistar a reeleição, sem uma maior clareza em sua mensagem.

"A propósito, posso lhe fazer uma pergunta?", indagou Trump. Ele queria saber quem eu achava que ganharia a indicação democrata para presidente.

Eu tinha um retrospecto terrível em relação a previsões desse tipo e preferi me abster. "Quem o senhor acha que será o adversário?", perguntei.

"Para ser honesto com você, acho que é um grupo horrível de candidatos", disse Trump. "É constrangedor. Estou constrangido pelos candidatos democratas. Eu posso ter que enfrentar um deles, e quem sabe? É uma eleição. E ao que parece estou muito bem agora."

27

Pouco antes de minha segunda entrevista com o presidente Trump na tarde de sexta-feira, 13 de dezembro, a Comissão de Justiça da Câmara havia votado a favor de enviar ao plenário da casa dois artigos (acusações formais) de impeachment contra o presidente.

Trump era acusado de pressionar por telefone o presidente ucraniano Volodymyr Zelensky a investigar o ex-vice-presidente Joseph R. Biden e o filho de Biden enquanto oferecia cerca de 400 milhões de dólares em ajuda de segurança à Ucrânia em sua disputa com a Rússia. O segundo artigo o acusava de obstruir a investigação do Congresso ao ordenar que funcionários do governo ignorassem intimações. A votação a favor do impeachment foi 23 a dezessete, obedecendo a um estrito alinhamento partidário.[1]

Eu queria ver como Trump estava lidando com o impeachment.

O presidente parecia tranquilo, até mesmo alegre, e teve tempo para uma entrevista de uma hora e meia no Salão Oval. Ele pediu a seu fotógrafo que fizesse um registro. Enquanto se preparava para a foto, explicou que gostava de gravatas compridas para prender a parte de trás enfiando-a na etiqueta. "Você não odeia quando ela flutua solta?"

Ele me levou para uma incursão a seu gabinete escondido, o lugar onde o presidente Clinton havia se encontrado secretamente com a estagiária Monica Lewinsky. A "Sala Monica", disse Trump, e me deu um sorriso malicioso. Voltamos ao Salão Oval para a entrevista.

"Como é sua relação com Mitch McConnell?", perguntei.

"Muito boa", disse ele, mas não forneceu detalhes quando o pressionei. "Sabe qual é a melhor coisa de Mitch neste mundo?", perguntou Trump. "Seus juízes. Ele me diz, sem hesitar: por favor vamos conseguir a aprovação do juiz em vez de dez embaixadores." Trump concordava que as indicações no Judiciário eram a prioridade correta. "Não precisamos de milhares de pessoas indo para o Departamento de Estado. Temos milhares e milhares de pessoas. É tão ridículo. Não quero esse pessoal."

Mudamos o assunto para a Coreia do Norte, que havia ameaçado recentemente enviar um "presente de Natal" para os Estados Unidos, com um porta-voz dizendo: "O diálogo alardeado pelos Estados Unidos é, em essência, nada mais do que um embuste tolo".[2]

De Kim, Trump disse: "Ele não respeitava Obama. Não gostava dele. Achava que ele era um babaca".

Perguntei por que Trump mudara de posição e se reunira com Kim depois de dirigir contra ele uma retórica ríspida e belicosa por mais de um ano.

"É muito complicado", disse Trump. "Eu sempre faço a mesma pergunta: por que estamos defendendo a Coreia do Sul?" Os Estados Unidos têm 30 mil soldados estacionados na Coreia do Sul. "Estamos perdendo uma fortuna. É um país rico. Eu digo: então estamos defendendo vocês, estamos permitindo que existam."

Fiquei surpreso com um comentário tão extremo — de que a própria existência da Coreia do Sul dependia de os Estados Unidos "permitirem".

"Por que estamos fazendo isso?", prosseguiu Trump. "O que nos importa? Estamos a 8500 milhas de distância." Seul, na Coreia do Sul, fica a cerca de 5100 milhas de Seattle e a 7 mil milhas da Costa Leste dos Estados Unidos. "Por que nos importamos? Por que temos nossos 32 mil soldados lá, dispostos a combater por vocês?"

O comando militar norte-americano julgava que manter tropas dos Estados Unidos na Coreia do Sul havia mantido a paz na Ásia por décadas, e a longa e bem-sucedida aliança com a Coreia do Sul era um bom negócio.

Trump disse que havia feito a mesma pergunta ao primeiro-ministro do Japão, Shinzo Abe. "Perguntei a Abe. Ele é meu amigo. Eu disse: por que estamos defendendo o Japão? Vocês são um país rico. Por que estamos defendendo vocês e vocês estão nos pagando uma fração minúscula do custo? O establishment odeia essa pergunta, o que mostra como o establishment é estúpido."

Tentei trazer a conversa de volta para Kim Jong-un. O que aconteceu no primeiro encontro entre vocês em Singapura?, perguntei.

"Sabe, eram principalmente as câmeras. Acho que vi mais câmeras do que qualquer ser humano na história. Havia centenas delas. De graça. Consigo isso de graça. Não me custa nada. Chama-se mídia merecida. E a gente a merece mesmo. Dizem que gastei 25% do que Hillary gastou, mas consegui o equivalente a 6 bilhões de dólares de mídia gratuita." Na verdade, foram 50%, de acordo com a agência de análise mediaQuant.[3]

"Conte-me o que aconteceu em Singapura, até onde consegue se lembrar."

"O evento em Singapura foi gigante", disse Trump. "Havia um aparato montado para a mídia como nunca se vira antes. Nunca vi uma coisa tão grande. Milhares. Milhares. Nós temos fotos daquilo?"

"Mas quero saber o que o senhor pensa daquele homem", disse eu, tentando desviar seu foco do carnaval midiático para a substância do encontro. Um assistente trouxe uma grande foto de quarenta por cinquenta centímetros de Trump e Kim sentados, sorrindo.

Kim, disse Trump, prometera atuar em prol da desnuclearização da península coreana. "Ele tem dificuldades com a palavra 'desnuclearização'. Assinou um acordo. Kim me prometeu. Mas tem grandes dificuldades. Ele recua." Encontrou uma metáfora imobiliária para a relutância de Kim em abrir mão de armas nucleares: "É mais ou menos como, você sabe, alguém que está apaixonado por uma casa e simplesmente não consegue vendê-la".

O encontro em Singapura foi crucial, disse Trump. "Nós realmente nos demos bem. Houve uma química ótima."

Trump havia descrito em privado o encontro com Kim desta maneira: "Você conhece uma mulher. Num segundo, você sabe se tudo vai acontecer ou não. Não leva dez minutos, e não leva seis semanas para você saber. É tipo 'uau'. O.k. Quer saber? Leva menos do que um segundo".

Trump prosseguiu relatando. "Então tivemos um almoço. Nunca vi nada igual. Cada pessoa sentada ereta na sua cadeira. Um general se levantou para fazer uma declaração. Ele se ergueu abruptamente, em posição de sentido. Não havia tapete, era um piso lindo de madeira. A cadeira dele foi se estatelar contra a parede, seis metros atrás. Eu disse: puta merda. E brinquei, dizendo: quero que vocês ajam como essas pessoas. Brincando com meu pessoal, entende?"

"Brincando, mas não brincando", disse eu. Tentei verificar a história em minhas reportagens subsequentes, mas não encontrei ninguém que se lembrasse daquilo.

Trump contou que disse a Kim, sobre o tema da desnuclearização: "Eu conheço cada uma das suas unidades nucleares melhor do que qualquer um dos meus homens". Ele me lembrou de novo de seu falecido tio, dr. John Trump, um físico que lecionou engenharia elétrica no MIT e ganhou a Medalha Nacional da Ciência em 1983. "Ele foi do MIT durante 42 anos, por aí. Era um colosso — de modo que entendo dessas coisas. Geneticamente, sabe?"

Trump continuou: "A pessoa mais graduada do MIT veio ao meu gabinete há mais ou menos um ano. Trouxe-me um pacote de papéis sobre o dr.

John Trump. Disse que era um grande homem, dos maiores. Era brilhante. Eu tenho essa matéria-prima".

"Kim Jong-un — se me permite perguntar isso — disse alguma coisa que fosse ameaçadora?"

"Nem sombra disso. Não."

Trump derivou para outro assunto. Foi quando ele me disse: "Estou pondo no rabo da China em matéria de comércio. A China vai ter um PIB negativo".

Aparentemente, apenas um economista de destaque, Xiang Songzuo, da Universidade Renmin, na China, concordava com ele.

Trump desviou de novo o assunto, dessa vez se voltando para a Rússia. "Poderíamos fazer tantas coisas grandiosas com a Rússia, mas por causa da investigação fajuta sobre os russos — iniciada de modo falso, corrupto e ilegal, como agora se revela —, por causa disso, você sabe, ficamos empacados. E ele sabe disso também. Pútin me disse num encontro: é uma pena, porque sei que é muito difícil para você fazer um acordo conosco. Eu disse: você tem razão."

Fizemos um pingue-pongue sobre alguns outros temas e chegamos ao Afeganistão. Os generais de Trump haviam resistido ao desejo dele de retirar soldados norte-americanos daquela guerra de dezenove anos. "A primeira coisa que os generais lhe dizem quando você quer cair fora é o seguinte: senhor, é preferível lutar contra eles lá do que lutar contra eles aqui. E se você está sentado atrás desta linda mesa, a Resolute Desk, e você tem quatro sujeitos que parecem saídos de Hollywood dizendo *yes, sir* — eles farão o que você disser. Eu digo: qual é sua opinião, general? Senhor, eu prefiro lutar contra eles lá a lutar contra eles aqui. Outros quatro generais dizem quase exatamente as mesmas palavras. É dureza se você está sentado aqui e tem que tomar essa decisão, quando há sujeitos que você respeita fazendo essa declaração."

Trump continuou: "Mas aí eu digo: bom, isso significa que vamos ficar lá pelos próximos cem anos?".

No final, ele me deu a grande foto, do tamanho de um pôster, dele com Kim. Perguntou a um de seus assistentes: "Você tem um canudo para ele poder levar isso dentro? Ou mesmo um elástico ou coisa que o valha. Porque você não pode dobrar o papel, isso arruinaria a foto. Nem sei por que a estou dando a você. É a única que eu tenho".

Assim como na entrevista anterior, Trump me disse: "Ele nunca sorria antes. Sou o único com quem ele sorri".

28

"Estou pensando em pegar Soleimani", disse o presidente Trump, puxando de lado seu parceiro de golfe, o senador Lindsey Graham, na tarde de segunda-feira, 30 de dezembro de 2019.

Eles estavam no *front nine* do Trump International Golf Club, em West Palm Beach, Flórida, a cerca de sete quilômetros de Mar-a-Lago, propriedade e clube particular de Trump. O general iraniano Qasem Soleimani era o líder do violento grupo de operações especiais da guarda revolucionária conhecido como Força Quds. Era considerado o homem mais poderoso do Irã depois do aiatolá Khamenei e a força motriz por trás das ações terroristas do Irã no exterior. Uma das milícias de Soleimani tinha acabado de matar um fornecedor americano num ataque de míssil no Iraque; no dia seguinte, a situação escalaria para um cerco à embaixada americana em Bagdá.

"Puxa, isso seria um passo gigantesco!", disse Graham, apreensivo. Matar Soleimani seria uma jogada inesperada e potencialmente perigosa.

Soleimani vinha ameaçando os Estados Unidos por décadas. Desde 2007, estava sob a vigilância de uma célula de inteligência especial formada para impedir a Força Quds de prover material e treinamento para os iraquianos que combatiam as forças dos Estados Unidos. Soleimani se tornara, ao longo dos anos, uma das pessoas mais perigosas do Oriente Médio, com mais controle sobre a política externa do Irã do que seu ministro de assuntos internacionais.

O iraniano estava na mira do presidente desde que o general reformado e ex-vice-chefe do estado-maior do Exército Jack Keane dissera, quando Trump acabara de se eleger, que o iraniano havia municiado as milícias Shia no Iraque com "um dispositivo explosivo improvisado (IED, na sigla em inglês) avançado, desenvolvido por seus engenheiros e cientistas e capaz de atingir qualquer equipamento no campo de batalha", até mesmo um tanque. Centenas de soldados americanos haviam sido mortos e feridos por esses dispositivos.

Keane contou a Trump que a equipe de segurança nacional do presidente George W. Bush havia pedido que este autorizasse a destruição de duas bases

185

no Irã onde as forças de Soleimani estavam treinando soldados estrangeiros. Mas Bush negou, disse Keane. Bush disse que temia sofrer um impeachment caso atacasse o Irã.

Graham, que havia se tornado uma espécie de amigo íntimo do presidente, disse que, se viesse a matar Soleimani, Trump teria de pensar em quais outros passos seriam necessários para evitar uma intensificação de ações por parte do Irã. "Se eles retaliarem de algum jeito, e eles farão isso, você precisará estar disposto a destruir suas refinarias de petróleo." Graham vinha lembrando Trump havia anos que o petróleo era o coração da economia do Irã, seu ponto fraco. Ameace liquidar as empresas de petróleo deles, sugeria Graham. Mas cuidado, advertia: "Isso será quase uma guerra total!".

As apostas subiriam, disse Graham. "Se você o mata, haverá um jogo novo. Você sai de um Black Jack de dez dólares e passa para um jogo de 10 mil dólares por lance."

"Ele merece", disse Trump. "Temos todas aquelas interceptações mostrando que Soleimani está planejando ataques."

"Sim, ele sempre fez isso", respondeu Graham. "É isso que ele faz. Com as eleições se aproximando, você tem que pensar em como responder e em como espera que o Irã reaja." Ameaçar com ações militares teria de implicar realizar um ataque no Irã, caso Trump quisesse ter credibilidade. "Isso traz o risco de uma guerra importante."

Graham dissera a Trump no começo de seu mandato que os líderes teocráticos do Irã "comeriam grama antes de desistir". Mas que podiam ser influenciados por fatores econômicos, para além da ideologia. Pressões financeiras e sanções podem fazer o povo se voltar contra seus líderes.

O Irã estava por trás tanto do ataque com mísseis que matou um cidadão americano quanto das milícias que haviam atacado a embaixada. "Não vamos deixar que eles se saiam bem dessa", disse Trump.

"Sr. presidente", disse Graham, "isso é um exagero. Por que não atacar alguém que esteja num nível abaixo de Soleimani, alguém que seria muito mais fácil para todo o mundo absorver?" Essa postura representava uma inversão de papéis no caso de Graham. Em geral, ele é que se via levado a atiçar um Trump relutante para que se decidisse a adotar ações militares. Nesse caso, porém, um ataque a Soleimani poderia levar Trump a lançar os Estados Unidos sobre territórios perigosos e desconhecidos.

No campo de golfe, Trump tendia, normalmente, a se concentrar na partida. Esquecia-se do mundo, saboreando os intermináveis ajustes que fazia em seu estilo de jogo. Naquela semana, estava alterando a forma de segurar o taco, reforçando-a ao virar as mãos para longe do alvo. Estava satisfeito com o resultado. Suas tacadas haviam alcançado entre dez e quinze jardas a mais, ultrapassando 250 jardas.

Mais tarde, Mick Mulvaney, chefe de gabinete interino de Trump, fez um pedido urgente a Graham. Os dois, Graham e Mulvaney, haviam participado da delegação do congresso na Carolina do Sul e se conheciam bem.

Você precisa dar um jeito de acabar com essa história de atacar Soleimani, disse Mulvaney, quase implorando. Talvez ele lhe dê ouvidos.

Quatro dias depois, Trump ordenou o ataque de drone que mataria Soleimani.

Horas depois do jogo de golfe entre Trump e Graham, eu estava sentado na recepção do Mar-a-Lago, esperando para entrevistar Trump — nossa terceira entrevista no mês. Eu não tinha a menor ideia do potencial ataque contra Soleimani. Queria falar com ele a respeito da investigação de Mueller sobre a Rússia e sobre o pedido de impeachment de Trump feito apenas doze dias antes pela Câmara dos Representantes de maioria democrata. A notícia, a história do dia, era o impeachment. Era ao menos isso que me parecia enquanto observava os membros do clube Mar-a-Lago chegarem para jantar, naquilo que um agente do serviço secreto chamava de "uma noite normal".

O clube, construído em 1927 originalmente como uma residência privada, era opulento e luxuoso, num estilo do Velho Mundo, como uma versão dourada do castelo do mágico de Oz. Uma placa de quarenta centímetros estava proeminentemente exposta na mesa da recepção. Ela dizia: "Donald J. Trump. Clube Mar-a-Lago. O único clube privado de seis estrelas no mundo".

De repente, Trump, de terno e gravata, apareceu com o bilionário Nelson Peltz ao seu lado. Peltz, de 77 anos, é um dos parceiros fundadores do Trian Fund Management, uma companhia de investimento cujo portfólio inclui marcas famosas como Wendy's. Induzido por Trump, Peltz disse: "Oh, ele está fazendo coisas incríveis pela economia. É tudo ele!".

Peltz tem uma residência de 123 milhões de dólares, próxima ao Mar-a-Lago, e viu seu patrimônio líquido subir de 1,4 bilhão de dólares em 2016 para 1,6 bilhão em 2019 — um ganho de 200 milhões. Ele continuava apontando para Trump, e repetindo: "É tudo ele! É tudo ele! Ele fez tudo!".

A certa altura, Trump aponta para o teto folheado a ouro, com quase sete metros de altura. "Veja aquilo", ele disse. "Você viu? Você viu?"

Trump então me levou para uma sala de reuniões privada. Sentamo-nos próximos um do outro, numa mesa grande. Hogan Gildey, seu vice-secretário de imprensa, sentou-se a mais de dois metros, do outro lado da mesa, gravando a entrevista com seu celular.

Falamos sobre o impeachment. Trump me disse que se considerava "um aluno da história", acrescentando: "Gosto de aprender com o passado. É muito melhor do que aprender com você e com seus erros".

Apesar de estar sofrendo um impeachment, Trump aparentava estar descansado e tranquilo.

Isso contrastava com outros presidentes recentes que estiveram em situações semelhantes, disse Trump. "Nixon estava num canto da sala chupando o dedão. Bill Clinton se sentiu muito mal. Eu não."

No começo da entrevista, citei a famosa frase dita por Nixon a David Frost, em 1977, depois de ter renunciado à presidência.[1] Falando sobre seus oponentes, Nixon afirmou: "Eu dei a eles uma espada. E eles me apunhalaram. E torceram a lâmina com gosto. E acho que, se eu estivesse na posição deles, teria feito a mesma coisa".

Na transcrição da chamada de 25 de julho com o presidente ucraniano que a Casa Branca havia divulgado, Trump diz: "Há muita conversa sobre o filho do Biden, de que Biden impediu a investigação, e muitas pessoas querem saber sobre isso, então o que você pudesse fazer com o procurador-geral seria ótimo. Biden tem se exibido por aí dizendo que ele pode parar a investigação, então se você puder dar uma olhada nisso... Parece algo horrível para mim".[2]

Perguntei a Trump se, em retrospecto, ele não sentia que havia "dado a eles uma espada" ao liberar a transcrição da ligação com o presidente Zelensky.

"É um telefonema absolutamente normal", disse Trump, repetindo a linha de defesa que adotou em público. "Não, eu não dei a eles uma espada", continuou. "Eles nunca, nem em um milhão de anos, pensariam que eu liberaria a conversa, em primeiro lugar. Em segundo lugar, eles nunca, nem em um milhão de anos, achariam que tínhamos uma transcrição." Trump insiste que deve "receber um crédito" por ter liberado a divulgação da transcrição da conversa.

"Mas, nesse caso, a transcrição é que é a espada", eu disse. "Vamos considerar então que eu não tivesse uma transcrição", disse Trump. "Então eu teria que viver com um relatório falso feito por um denunciante dizendo que foi uma ligação horrível."

Mas a transcrição provou que o denunciante, apesar de não ter testemunhado pessoalmente a ligação, havia dado uma descrição correta em seu relato.

"Posso lhe fazer uma pergunta, presidente Trump? Como política, o senhor gostaria que o presidente dos Estados Unidos falasse com líderes estrangeiros sobre investigar alguém? Isso é uma política muito ruim, não é?"

"Deixe-me explicar. Deixe-me explicar. Não, deixe-me explicar." Trump insistia. Biden era um "corrupto".

"O senhor entende o que eu... como política, o senhor quer que o presidente dos Estados Unidos..." Comecei a perguntar, mas o presidente me interrompeu.

"Eu acho que não tem problema. Mas não há... deixe eu lhe dizer..."

"O senhor acha mesmo?"

"Quando damos muito dinheiro para um país, acho que você deve se perguntar se eles não são corruptos. Por que existe esse tipo de corrupção quando damos dinheiro? E, você sabe, há outra coisa que eu também falo. E eu pergunto por que não é a Alemanha, a França, as nações europeias, que são muito mais afetadas pela Ucrânia do que nós", que pagam mais? "Porque a Ucrânia é como um muro gigantesco. Pense na Ucrânia como um muro entre a Rússia e a Europa, o.k.?"

"Entendo", eu disse, mas não querendo que ele mudasse de assunto. "O senhor me permite continuar com isso, eu acho, isso é a questão central de tudo?"

"Não havia nada demais... desculpe, Bob, mas não havia nada de errado com aquela ligação."

Mas insisti: "O senhor quer que a política do presidente dos Estados Unidos seja a de ele poder falar com líderes estrangeiros, e digamos, investigar? Eu quero que você fale com o procurador-geral sobre investigar alguém que é meu oponente político?".

"Não. Não. Não. Eu quero que eles investiguem a corrupção. O que ele fez é corrupção. Quero que eles investiguem a corrupção. E eu não falei: ligue para o meu diretor de campanha. Falei: ligue para o procurador-geral dos Estados Unidos..."

"Entendo sua defesa. Mas estou perguntando sobre uma questão de política", eu disse.

"E cabe dizer uma coisa: não, eu quero que a corrupção seja investigada. E como podemos investigar a corrupção num país estrangeiro? Como podemos fazer isso? Não podemos. Não podemos porque não estamos — você sabe, não temos acesso. Destinamos bilhões e bilhões de dólares para um país estrangeiro. E sim, eu acho que deveríamos ter o direito de investigar a corrupção ali. Acredito nisso fortemente."

"Entendo seu argumento, mas estou perguntando sobre a questão política. O senhor acha que, para o presidente dos Estados Unidos, é uma boa política falar com líderes estrangeiros sobre investigar alguém…"

"Corrupção. Sim, corrupção."

"Sim, mas dando o nome de um oponente político?"

"Se o oponente político é corrupto, eles podem nos avisar. Olhe, o filho dele…"

"O senhor acha que isso é função do presidente?"

"O filho dele…", Trump tentou prosseguir.

"O senhor acha que isso é função do presidente? Desculpe insistir nisso, mas…"

"O trabalho do presidente é investigar a corrupção. Se há corrupção, se nós estamos dando bilhões de dólares para um país, esse país deveria nos informar se há corrupção."

"O senhor não considera de modo algum o outro lado nisso?"

"Não, não olho para isso."

"Zero?"

"Não. Se não houvesse corrupção… Mas houve corrupção. E quando você vê aquela fita de Joe Biden… O toma lá dá cá de Joe, como eles dizem. Toma. Lá. Dá. Cá. De Joe", ele disse, enunciando cada palavra cuidadosamente. "Quando você olha aquela fita, Bob, é isso… puro toma lá dá cá, certo? É definitivo."

Trump se referia à declaração de Biden no Conselho de Relações Exteriores em 23 de janeiro de 2018, em que ele falou sobre ajudar a remover do poder o promotor-geral ucraniano Viktor Shokin.[3] A queda de Shokin tinha sido requisitada pelos Estados Unidos e por outros países ocidentais, por sua falha em investigar casos de corrupção — incluindo uma investigação que envolvia a Burisma, a companhia de gás ucraniana.

O presidente continuou: "Só estou dizendo isso. Veja, só estou dizendo isso. Que minha conversa [com Zelensky] foi impecável. Mas foi isso que aconteceu. Você tinha um informante que agora desapareceu. Você teve um segundo denunciante que agora desapareceu. Você teve o primeiro denunciante que falou da conversa. Ele contou então tudo de forma diferente — houve oito toma lá dá cá".

190

As afirmações de Trump eram confusas. Os denunciantes estavam sob proteção federal. Várias vezes no final de 2019 o presidente disse, sem que houvesse confirmação, que ele tinha sido acusado de "oito toma lá dá cá", uma distorção exagerada das alegações levantadas contra si. Trump então tentou mudar de assunto para falar sobre o presidente da Comissão de Inteligência da Câmara, Adam Schiff.

"Estou perguntando apenas sobre uma questão de política", eu disse. "O senhor gostaria que o próximo presidente dos Estados Unidos falasse com líderes estrangeiros sobre investigar seus oponentes políticos?"

"Eu gostaria que o próximo presidente dos Estados Unidos investigasse a corrupção. E de fato, temos um acordo firmado com a Ucrânia, porque eles foram muito corruptos no passado — espero que o novo presidente dê um jeito nisso —, mas nós temos um acordo que determina que vamos de fato fazer isso."

O Acordo de Assistência Legal Recíproca entre os Estados Unidos e a Ucrânia permitia que o Departamento de Justiça investigasse casos de corrupção na Ucrânia, mas não o obrigava a fazê-lo.

"O senhor entende por que estou fazendo essas perguntas?"

"Olhe, olhe, o que aconteceu aqui é muito interessante."

"Realmente é", eu disse.

"Eles inventaram uma conversa falsa", disse Trump, "e ela soou como algo terrível." Trump se referia ao resumo dramatizado que Adam Schiff fizera do telefonema numa audiência da Comissão de Inteligência da Câmara sobre o relatório do denunciante em 26 de setembro. Schiff iniciou seu relato num tom altamente parafraseado, dizendo: "Parecia uma coisa de crime organizado. Tirando seu caráter desconexo e usando poucas palavras, essa é a essência do que o presidente afirmou".[4] Schiff continuou fazendo uma paródia da ligação ao estilo de um chefe mafioso e encerrou dizendo: "Seria engraçado se não fosse uma traição tão clara do juramento de posse do presidente". Era evidente que Schiff estava exagerando, mas ele deu a Trump uma grande oportunidade para criticá-lo.

"Quando liberou a transcrição", eu disse, "o senhor deu a eles uma espada, presidente Trump."

"Não, foi exatamente o contrário."

"Deu sim. Bem, eu sei que o senhor diz que..."

"Olhe, deixa eu lhe perguntar uma coisa", disse Trump.

"Claro, sem problema."

"Está preparado? Se eu não tivesse a transcrição, eu teria um grande problema agora."

"Não, senhor. Não teria, não."

"Me desculpe, mas eu tinha um denunciante..."

"A transcrição é muito clara", eu disse. Mais do que isso, ela continha a verdade, liberada e validada por Trump. "Eu sei que isso remete às fitas do Nixon. Quando você tem uma transcrição, mesmo que não seja completamente perfeita, ao pé da letra, quando você tem isso, é no que todo mundo vai se concentrar."

"Aí está meu problema", disse Trump, resumindo, "o relato do denunciante era uma fraude."

Eu ainda não havia lido o relatório do denunciante, mas sabia que ele tinha afirmado não ter testemunhado a maioria dos fatos, incluindo o telefonema. Também sabia que o relatório fora amplamente comprovado como correto.

"Se eu não tivesse a transcrição", disse Trump, "teria um grande problema."

"Mas nesse caso seria apenas o relatório de um denunciante", eu disse. "Teria o caráter de algo impreciso, por se tratar apenas de uma denúncia."

"Eu acho que você está errado", disse Trump.

"Ele não tem nenhuma reputação", eu disse. Ao contrário da transcrição que Trump liberou, o relatório não possuía nenhuma evidência concreta. "Não serve como prova."

Trump então atacou o relatório e chamou o advogado do denunciante de "verdadeiro canalha".

"O.k.", eu disse, "o senhor está disposto a falar sobre isso e me conhece bem o suficiente, eu... eu quero realmente entender isso de modo abrangente", acrescentei, referindo-me ao relatório do denunciante. "Ele não constitui realmente uma prova." Mas a transcrição do telefonema era sim uma evidência — era prova do que havia sido dito.

Trump olhou para o vice-secretário de imprensa Gidley pedindo ajuda.

"Sr. presidente", disse Gidley, "tudo que tenho recebido são perguntas sobre esse relatório. Tudo que venho recebendo há dias."

"A propósito", disse Trump, "eu tive autorização da Ucrânia antes da liberação. Porque eu estava muito... eu falei, caramba, é uma coisa horrível de se fazer. Então ligamos para a Ucrânia. Falamos: vocês se importam se liberarmos essa conversa? E tivemos autorização. Se não fosse por isso, nós não poderíamos liberar."

Nossa conversa tinha passado de uma entrevista para uma confrontação. Ele não parecia entender ou aceitar minha questão principal: o presidente do Estados Unidos não tinha o direito de pedir uma investigação criminal sobre um oponente político. Estava claro que não iríamos entrar num acordo, então resolvi passar para outro assunto.

"Vou lhe dizer uma coisa com base na minha experiência", eu disse.

"Diga", respondeu Trump. "Ninguém tem tanta experiência como você."

"Bem", continuei, "se o senhor pensa assim... como o senhor sabe, no caso Nixon, eu sempre disse, depois, assim que os bandidos do Watergate foram pegos, que se Richard Nixon tivesse aparecido na televisão e dito: 'Sabe, eu sou o homem que está no topo. Sou indiretamente responsável por isso. Sinto muito. Peço desculpas', as coisas teriam acabado por ali."

"Eu nunca teria feito isso nesse caso", disse Trump. "Sim, Nixon devia ter feito isso. Mas eu não preciso, porque não fiz nada de errado. Eu não fiz nada de errado."

"O senhor já parou para pensar que, mesmo sem ter feito nada de errado, um pedido de desculpas seria o caminho para acabar com o problema?", perguntei.

"Eu não pediria desculpas se eu não tivesse feito nada", disse Trump. "Não consigo. Se eu fiz alguma coisa errada, peço desculpas."

Eu disse: "Estou lhe dizendo, com base na minha experiência em décadas de casos como esse, que, se o senhor pedisse desculpas, tudo acabaria".

"Mas acho que, se eu pedisse desculpas", disse Trump, "seria um desastre. Porque seria admitir que fiz algo de errado, e eu não fiz."

Ao votar pelo impeachment de Trump, a Câmara, dominada pelos democratas, havia focado suas acusações na transcrição do telefonema. "O senhor claramente queria ver os Biden sendo investigados", tentei dizer, mais uma vez.

"Não. Não", disse Trump. "Eu quero é que a corrupção seja investigada." E repetiu que queria saber por que a Alemanha e a França não estavam dando dinheiro para a Ucrânia. "Por que têm sempre que ser os trouxas dos Estados Unidos?"

"Sei que pedir desculpas não combina com sua personalidade", eu disse.

"Com certeza, eu pediria desculpas se tivesse feito algo errado."

Resolvi mudar o registro: "Quem é a pessoa na qual o senhor mais confia no mundo?".

Trump fez uma longa pausa. Depois, riu e disse: "É uma pergunta interessante. Eu não sei. Não quero falar sobre isso, porque tenho tantas pessoas — tenho uma família maravilhosa. Confio nos membros da minha família".

"Pois bem", eu disse. "Pergunte então a eles se você deveria pedir desculpas."

"Bob, eu acho que você deveria ler o relatório do denunciante."

"Eu vou", prometi. Sinalizei ter compreendido que ele estava me deixando empurrá-lo contra a parede. "Agradeço sua indulgência. Estou lhe falando da minha experiência, minha convicção, minhas crenças como jornalista. O senhor deu a eles uma espada quando liberou a transcrição."

Tentar fazer com que os Biden fossem investigados era algo impróprio, ou, como muitos republicanos acabariam dizendo, "inapropriado".

"Então discordo de você", disse ele, rindo. "Se eu não tivesse uma transcrição, eles inventariam uma história supermentirosa, e eu não teria como me defender."

"Encontrei com Ivanka quando cheguei", eu disse, referindo-me a sua filha. "Leve-a para passear por esse lugar maravilhoso."

"Vou perguntar a ela", disse Trump.

"E digamos... uma desculpa, se cuidadosamente elaborada, não poderia acabar com isso ou pôr a coisa toda dentro de um contexto?"

"Seria um desastre", disse Trump. "Na minha opinião."

Do outro lado da mesa, mais uma vez Gidley interveio. "Desastre. O senhor está certo. Cem por cento certo. A mídia não o largaria, de jeito nenhum. Eles iriam acabar com ele por isso."

"Tenho essa reputação de não conseguir pedir desculpas", disse Trump. "É errado. Vou pedir desculpas, se eu estiver errado."

"Quando foi a última vez que o senhor pediu desculpas?"

"Oh, não sei, mas acho que depois de um tempo — eu iria pedir desculpas. A questão é: eu nunca estou errado? Tudo bem. Não, se eu estou errado... se eu estou errado... acredito em pedir desculpas. Foi uma conversa totalmente aceitável. Foi perfeita. E ainda assim, se eu fiz algo errado, peço desculpas. O.k.?"

A mais recente e conhecida situação em que Trump pediu desculpas foi em outubro de 2016, depois da divulgação da fita do *Access Hollywood*.[5]

Mais adiante, na entrevista, perguntei-lhe se ainda pretendia conversar sobre o assunto com Ivanka.

"Eu vou, mas discordo bastante de você", disse Trump. "Não faria a menor diferença o que ela viesse a me falar."

Pressionei-o uma última vez. O que ele faria se Ivanka achasse que ele deveria se desculpar?

"O que quer que ela dissesse, não faria diferença", repetiu.

Dan Scavino, o diretor de mídias sociais de Trump, entrou na sala. Trump puxou-o para a conversa. "Ele acha que eu deveria me desculpar", disse Trump. "Acho que, se eu me desculpasse, seria um desastre. Não sei."

"Cem por cento", disse Scavino. "A mídia iria liquidá-lo."

Scavino, um dos assessores mais próximos de Trump, abriu seu laptop na mesa.

"Mostre aquilo a ele", disse Trump.

"Você não vai acreditar nisso", disse Trump. "Dê uma olhada nisso."

Scavino mostrou um vídeo de noventa segundos, uma coleção de falhas, hesitações, pausas e confusões no depoimento de Mueller ao Congresso, em 24 de julho. Intercalados, havia clipes de membros da comissão maravilhados, indiferentes e surpresos. Era algo engraçado, mas de uma forma cruel. Mueller parecia visivelmente instável. Trump assistia por trás de meus ombros. Ria e gargalhava, deliciando-se, como se aquilo fosse a desforra pelos dois anos de atuação de Mueller.

Em seguida, havia no laptop de Scavino um vídeo com o discurso do Estado da União feito por Trump ao Congresso onze meses antes. Em vez de suas palavras, o som era de uma música de elevador exagerada, enquanto a câmera fazia um panorama dos senadores e membros do Congresso assistindo ao pronunciamento de suas poltronas. Uma das primeiras imagens era de Bernie Sanders, que parecia entediado.

Trump tinha uma interpretação diferente. "Eles me odeiam", disse o presidente. "O que você está vendo é ódio!"

Seguiu-se então uma imagem de Elizabeth Warren. Ela prestava atenção, mas havia em seu rosto uma expressão neutra, sem emoção.

"Ódio!", disse Trump.

Veio uma imagem do rosto de Alexandria Ocasio-Cortez sem nenhuma expressão. E Trump apontou para ela.

"Ódio! Veja o ódio!", disse.

A câmera se deteve por um tempo particularmente longo em Kamala Harris, que trazia no rosto uma feição direta e até mesmo polida, enquanto a música aplicada no filme soava ao fundo.

"Ódio!", disse Trump. "Veja o ódio! Veja o ódio!"

29

Em janeiro de 2020, o senador Lindsey Graham se deleitava em seu cargo de presidente da Comissão Judiciária do Senado, uma das posições mais poderosas do Senado. Todos os indicados a juízes federais passaram por sua comissão.

Trump se empenhava para nomear uma série de juízes federais. Havia um fluxo constante e aparentemente incessante de nomes. O Senado havia confirmado 187 das nomeações judiciais de Trump até dezembro de 2019.[1]

Na noite de 7 de janeiro, Graham refletia sobre o pilar fundamental dessa revolução de Trump.

"Eu não sabia que tínhamos essa quantidade toda de juízes", disse Graham. "Acho que cada cidade tem um juiz. Alguns são meio doidos. A maioria é muito boa. Com exceção de alguns que não pertencem ao local onde atuam. O problema é que quando você só precisa de uma maioria simples, não precisa procurar gente de fora do seu próprio partido."

Em 2005, sob o governo de George W. Bush, Graham, John McCain e um grupo bipartidário de doze outros senadores resistiram firmemente à proposta de eliminar a possibilidade do uso do veto no Senado para nomeações judiciais. Um veto formal efetivamente possibilitava que um senador bloqueasse a nomeação de um juiz. As regras do Senado exigiam sessenta votos para derrubar um veto, ou seja, na prática, cada nomeado precisava do apoio de pelo menos sessenta senadores.

Mas em 2013, sob a administração Obama, o líder da maioria no Senado, Harry Reid, furioso com o uso de vetos pelos republicanos, levou adiante o pedido da eliminação.

"Acho que nunca vi John McCain tão chateado", lembrava-se Graham, "porque isso era só o começo do fim."

O resultado foi tornar o Judiciário mais ideológico, Graham percebeu. A mudança de regra eliminou a necessidade de se esforçar para chegar a um acordo. "Quando você tem que recorrer ao outro lado para obter dez votos, precisa de um juiz diferente do que quando não há essa necessidade."

Quando os democratas voltassem ao poder, com maioria no Senado, fariam a mesma coisa, ele previa.

Agora, com as nomeações de Trump, "existem alguns malucos, mas há pessoas que não fizeram isso. Eu disse não. Não, não vamos chegar a isso.

"Mas removemos alguns bem doidos. No entanto, isso só vai piorar com o tempo. O Judiciário está ficando muito mais ideológico. Isso muda o Senado. É só uma questão de tempo para o Senado ficar igual à Câmara" — mais ideológico, mais partidário e focado mais no curto do que no longo prazo.

O veto sobre a legislação seria o próximo a acabar, temia Graham. "Se Trump for reeleito e retomarmos a Câmara e tivermos uma pequena maioria no Senado, haverá uma enorme pressão sobre nós para mudar as regras."

Se ele tivesse algo a ver com isso, disse Graham, tentaria não mudar mais as regras.

Nesse meio-tempo, disse, "o Judiciário irá mudar fundamentalmente com o passar do tempo". Os indicados terão de ser aprovados por ideólogos declarados do partido, "porque você já não precisa de nenhuma ajuda do outro lado".

Graham conversa com frequência com John Roberts, presidente da Suprema Corte. "John Roberts está muito preocupado com essa guinada. Ele é um institucionalista de carteirinha. Participou de várias decisões de cinco a quatro por não querer que a Corte seja, acho, rotulada como um partido político."

30

No final de dezembro, um médico de 79 anos, 1,70 metro de altura, calmo e paternal, examinava alguns e-mails, anotações e recados telefônicos de uma rede internacional de contatos que havia formado ao longo de 35 anos.

Bip! Seu alarme interno disparou. "China. Vírus novo. Mercado úmido. Uau."

O dr. Anthony Fauci, o maior especialista em doenças infecciosas do governo, estava vendo os primeiros relatos de uma nova pneumonia misteriosa num mercado de animais vivos, conhecido como mercado úmido, na China.

Fauci foi diretor do Instituto Nacional de Alergia e Doenças Infecciosas por 36 anos, uma longevidade inédita para um alto escalão do governo, e supervisionou um amplo esforço de pesquisa para detectar, tratar e prevenir uma gama enorme de infecções e doenças imunológicas.

Ele esteve na vanguarda da maioria dos surtos globais mais severos nas últimas quatro décadas, incluindo a surgimento da crise do HIV/aids nos anos 1980, anthrax, Sars, gripe suína e ebola. Ao final do outono de 2019, trabalhava para encontrar uma vacina para a gripe comum e uma vacina para HIV, os dois sonhos dourados da pesquisa de doenças infecciosas.

Fauci temia que uma epidemia catastrófica estivesse à espreita, com o potencial de alterar a civilização tal como a conhecemos. "Minha preocupação é que sempre temos infecções surgindo", afirmou Fauci em junho de 2019 no colégio jesuíta em que ele próprio se formou.[1] "As mais devastadoras são aquelas que se espalham rapidamente — doenças respiratórias... Eu tenho medo de uma pandemia."

Relatos de uma nova doença infecciosa vinda da China o deixaram incrivelmente assustado. A China vinha sendo a ameaçadora fonte de alguns dos surtos mais virulentos e mortais ao longo dos anos, incluindo Sars, H5N1 e o vírus H7N9 da gripe aviária.

Seria essa nova doença semelhante ao surto da Sars de 2003?, questionou a si mesmo. Acredita-se que o vírus Sars tenha começado num morcego e depois pulado para uma civeta, que foi vendida num mercado chinês para ser sacrificada num banquete. O Sars era mortal para as vítimas, mas as pessoas afetadas em geral não se tornavam infecciosas até o quinto ou sexto dia da doença, quando finalmente apresentavam sintomas graves. Então a doença foi considerada como tendo uma propagação ineficiente de pessoa para pessoa. Pessoas doentes eram fáceis de identificar e isolar antes que infectassem outras pessoas. O Sars infectou mais de 8 mil pessoas em todo o mundo e matou quase oitocentas antes de finalmente ser contido. Mas poderia ter sido muito pior. Nenhuma morte por Sars foi registrada nos Estados Unidos.

A nova epidemia, que viria a ser chamada de Covid-19, havia aparentemente começado em Wuhan, na China.

Na véspera do Ano-Novo, 31 de dezembro de 2019, o dr. Robert Redfield também viu o primeiro relato de uma pneumonia inexplicável numa cidade grande na China e no mesmo instante entrou em alerta.

Redfield, 68 anos, um virologista especializado e diretor do CDC, a organização de saúde pública responsável por proteger a saúde dos americanos, leu uma "notícia urgente sobre o tratamento de uma pneumonia de causa desconhecida", divulgada on-line pela Comissão de Saúde Municipal de Wuhan.[2] Uma das mais importantes responsabilidades do CDC era monitorar as ameaças globais à saúde para tentar contê-las antes que pudessem chegar aos Estados Unidos.

Redfield contava com 23 mil pessoas trabalhando para ele ao redor do mundo, incluindo fornecedores, em comparação com os 2 mil de Fauci. Redfield, com seu belo cavanhaque cinza, não costumava aparecer em público. O CDC se considera "a agência de proteção da nação". Como diretor, o foco inicial de Redfield foi sobre a causa da doença, ou seja, sua etiologia.

Católico devoto, Redfield passou por um despertar religioso durante uma seção privada de dez minutos com o papa João Paulo II em 1989 e acreditava no poder redentor do sofrimento. Rezava todos os dias, inclusive para o presidente Trump.

Ele tratou a informação que veio da China com urgência.

O primeiro relatório formal do CDC, apresentado no dia seguinte, apesar do feriado federal, é um documento de três páginas extremamente detalhado (ver foto).[3] Intitulado "Relatório situacional de pneumonia da China de etiologia desconhecida", é datado de 1º de janeiro de 2020 e marcado como "Apenas para uso interno/Não para distribuição". O relatório foi divulgado a outras importantes autoridades de saúde, incluindo o secretário da Saúde e Serviços Humanos, Alex Azar.

No capítulo intitulado "Mensagens principais", o relatório afirma:

1. A situação atual está relacionada com uma epidemia de pneumonia de etiologia desconhecida, centralizada num mercado de frutos do mar, o Hua Nan Seafood Market, em Wuhan, na China.
2. Apesar de relatos mencionarem a possibilidade de Sars, não há evidências implicando Sars.
3. Há 27 casos reportados até o momento.
4. A síndrome clínica inclui febre, alguns com dificuldades respiratórias, e com infiltrações bilaterais nos raios X do peito.
5. O mercado de frutos do mar foi fechado para desinfecção, pois também vendem animais selvagens.

Em outros capítulos, o relatório dizia:

· Não houve nenhuma transmissão óbvia entre pessoas até o momento.
· Não há funcionários de hospital infectados até o momento.
· O comissário de Saúde da Municipalidade de Wuhan fez um anúncio antes das 14 horas de 31 de dezembro.
· Testes de laboratório estão sendo feitos para patógenos respiratórios, incluindo Sars.
· Os casos até agora foram limitados a Wuhan.

O relatório incluía um mapa mostrando a localização de Wuhan na China, e três fotos do mercado.

Em 2 de janeiro, o segundo relatório situacional do CDC foi atualizado para incluir o fato de que o mercado Hua Nan vendia morcegos, um conhecido portador de doenças que são transmissíveis e mortais para humanos, entre outros animais selvagens.[4] "O mercado de frutos do mar está fechado para desinfecção, pois também vendem animais como frango, gato, cachorro, morcego, marmota, cobra, frutos do mar e outros animais." O relatório também afirma: "Dois relatos da mídia sobre doenças fora de Wuhan foram publicados hoje".

Redfield temia a possível emergência de uma nova pandemia de febre aviária vinda mais uma vez da China — o H5N1 e o H7N9 já haviam matado excepcionais 60% e 40% dos infectados, respectivamente.

Em 2 de janeiro, Redfield levou suas preocupações ao diretório de biodefesa do NSC, que se reportava a Pottinger e O'Brien.

Redfield e Fauci conversaram sobre os relatos provenientes da China. Em cada um dos 27 casos, a doença havia supostamente sido transmitida de um animal para um humano.

Fauci e Redfield achavam que aquilo parecia exagerado. Todas as 27 pessoas infectadas por animais do mesmo mercado? Todas as pessoas haviam ido ao mesmo mercado ou comeram animais e pegaram a doença deles? Ou o mais provável seria que havia um contágio de humano para humano, o que poderia aumentar a possibilidade de uma epidemia?

De maneira significativa, o relatório situacional do CDC de 3 de janeiro observou que agora havia 44 casos. Os testes de laboratório descartaram a gripe sazonal e aviária e alguns outros patógenos respiratórios comuns, embora a Sars ainda fosse uma possibilidade. "Hong Kong, Taiwan, Singapura e a região de Amur, na Rússia, implementaram triagens nas fronteiras para pessoas oriundas de Wuhan", afirma o texto.[5] Esse nível de cautela era relativamente raro.

Redfield enviou um e-mail para George Gao — chefe do CDC chinês, que tinha um phD de Oxford em bioquímica e é um especialista em coronavírus — na tarde da sexta, 3 de janeiro, para organizarem uma ligação privada. Redfield conhecia Gao, e ambos haviam trabalhado juntos ao longo dos anos.

Você tem certeza de que não é uma contaminação de humano para humano?, perguntou Redfield. Alguns dos infectados eram da mesma família e viviam juntos, notou Redfield, o que aumentava a chance de contaminação de humano para humano.

Eles todos estiveram no mesmo mercado, disse Gao.

Redfield estava cético.

Por que não enviamos nossos investigadores de doenças do EIS a Wuhan para ver o que está acontecendo?, sugeriu Redfield a Fauci.

Fauci disse que, se a doença estivesse passando apenas de animais para humanos, a contaminação provavelmente seria ineficiente, e uma epidemia era improvável.

Redfield queria enviar seus especialistas para Wuhan. O método comprovado para conter a propagação de uma doença infecciosa era, em primeiro lugar, entender sua escala e características. A melhor maneira de fazer isso era enviar seus especialistas médicos — epidemiologistas, virologistas, médicos do CDC, sem nenhum político — ao local nos estágios iniciais de um surto para que vissem por si mesmos. A questão do tempo era crítica. Se a equipe do CDC pudesse entrar em Wuhan, teria como avaliar a situação e até mesmo ajudar os chineses. Talvez essa avaliação fizesse a diferença entre contenção e desastre. Redfield enviou a Gao outro e-mail no dia seguinte.

"O CDC tem grande experiência", escreveu, "em identificar a etiologia de pandemias de pneumonia causadas por patógenos recentes. O CDC também tem uma longa história de trabalhar colaborativamente com o governo da China em pneumonia e outras doenças respiratórias infecciosas."

E continuou: "Eu gostaria de oferecer os técnicos do CDC especializados em laboratório e epidemiologia de doenças respiratórias infecciosas para ajudar você e a China na identificação desse desconhecido e possivelmente novo patógeno".

Naquela situação, raciocinou Fauci, eles teriam de considerar que os chineses seriam honestos em relação ao que estava acontecendo.

Redfield falou mais uma vez com Gao. E informou O'Brien e Pottinger. A ligação foi estranha e problemática. A China estava se esquivando.

Ele atualizou Pottinger sobre os detalhes. Gao não estava falando de forma aberta. Redfield estava preocupado com o tom de voz de Gao, que se mostrava distinto de suas outras experiências com ele. Gao parecia um refém e aparentava muita ansiedade. Quando pressionado, não ofereceu nenhum dado sobre um possível contágio de humano para humano. Numa virada inesperada, Gao queria que os Estados Unidos enviassem seus especialistas, mas não podia fazer o pedido. Em vez disso, talvez Redfield pudesse solicitar aos chineses que pedissem a presença de especialistas dos Estados Unidos.

Redfield estava mais do que frustrado. Cada dia contava. Em 6 de janeiro, transformou seu e-mail do dia 4 de janeiro, palavra por palavra, numa carta formal para Gao no papel timbrado do Departamento de Saúde e Serviços Humanos dos Estados Unidos. Redfield achou que uma carta formal daria a Gao mais chances com seus superiores. Os chineses não fizeram nada.

Redfield cutucou Gao por meio da embaixada dos Estados Unidos em Beijing, perguntando se havia alguma resposta. Podemos ir para a China? A resposta foi: Obrigado pela oferta.

O que está acontecendo?, Redfield reclamou com Fauci. Eles não estavam recebendo nem um sim nem um não. Considerando sua relação com Gao, ele não esperava isso. Tentou de tudo para obter um convite claro. Nada.

Eles estavam no estágio mais crítico. Precisavam de informações locais.

Uma explicação plausível, concordavam Redfield e Fauci, era que os chineses eram orgulhosos, com médicos e equipamentos sofisticados, e provavelmente sentiam que não precisavam da ajuda de ninguém. Fauci levou as mãos à cabeça. Aqui vamos nós de novo. A China sendo sempre a China — remota, indiferente e secreta. Como não conheciam nenhum caso da estranha pneumonia nos Estados Unidos, seria difícil pressionar mais.

Em 5 de janeiro, de acordo com o relatório situacional nº 5 do CDC, havia 59 casos em Wuhan, mais do que o dobro em quatro dias. Sars e Mers (Síndrome Respiratória do Oriente Médio) foram descartadas.[6] Especialistas em saúde locais recomendavam o uso de máscaras e que fossem evitados ambientes públicos fechados e sem ar, bem como locais lotados. A especulação da mídia sobre a Sars continuou a crescer.

O CDC acionou um aviso de viagem nível 1 para Wuhan em 6 de janeiro. Nível 1 era o mais baixo, que servia apenas para alertar viajantes a respeito da presença de problemas de saúde na área, e pedia que "tomassem as precauções de costume" e "evitassem animais vivos ou mortos, mercados de animais e contato com pessoas doentes".

O relatório situacional de 6 de janeiro observava que o mercado de frutos do mar, que se espalhava de forma desordenada, era próximo de uma estação de trem "que servia como centro de transporte para as rotas de trens domésticos da China e que estará especialmente congestionada quando entrarmos no Ano-Novo chinês".[7]

A celebração do Ano-Novo chinês começaria em 24 de janeiro e duraria dezesseis dias. Um artigo da *Bloomberg News*, que a chamava de "a maior migração humana do mundo", relatava que 3 bilhões de viagens seriam feitas dentro da China e para outros países durante o feriado.[8]

O relatório do CDC também observava que "a pneumonia viral em Wuhan foi tema recorrente nas redes sociais chinesas na semana passada".[9] De acordo com o CDC, uma hashtag, traduzida como #WuhanReportedMysteriousPneumonia, estava sendo ativamente censurada nas redes sociais chinesas.

Redfield ficou cada vez mais preocupado com o aumento dos casos relatados. No dia 7 de janeiro, instalou sua Estrutura de Gerenciamento de Incidentes, um processo reservado apenas para questões graves de saúde. Em dois anos como diretor do CDC, fizera isso apenas duas vezes antes. A princípio nomeado como "Resposta à pneumonia na China em 2020", foi logo depois renomeado como "Resposta à pneumologia de etiologia desconhecida de 2020". A iniciativa foi lançada tendo como principais objetivos "preparar-se para potenciais casos domésticos e apoiar a investigação na China ou em outros países, se solicitado".

O relatório situacional do CDC disse que não estava sendo feita nenhuma triagem específica em estações de trem ou aeroportos de Wuhan. "A mídia começou a relatar uma alta demanda por máscaras N95 na China", observou.[10] A N95 era uma máscara sofisticada usada por profissionais de saúde.

Redfield ligou e sugeriu a Gao que os chineses testassem pessoas que não haviam estado no mercado. Logo Gao relatou que eles já tinham identificado casos não associados ao mercado. No relatório situacional de 8 de janeiro, Redfield comentou que naquele momento só havia "algumas conexões epidemiológicas" ao mercado.[11]

A Tailândia e o Vietnã tinham se somado à lista de países que faziam triagens nas fronteiras em pessoas vindas de Wuhan, e o CDC estava em contato com "parceiros na cadeia de fornecimento de equipamentos de proteção individual" para "aumentar o conhecimento sobre a situação dessas cadeias de fornecimento". O relatório comentou que o *Wall Street Journal* havia reportado que a China descobrira uma nova variação do coronavírus, e um artigo da Wikipédia tinha sido criado sobre a pandemia.

Em 10 de janeiro, cientistas chineses publicaram o genoma do vírus on-line, transmitindo à comunidade científica internacional sua primeira visão sobre o novo coronavírus.

Fauci convocou sua equipe do Centro de Desenvolvimento de Vacinas. Vamos produzir uma vacina, ordenou. Quem sabe aonde isso vai levar? O centro começou então a trabalhar na mesma hora e lançou o projeto de vacina depois adquirido pela Moderna e que apresentava uma perspectiva positiva para a vacina.

Fauci estava focado intensamente na questão da eficiência de transmissão. O quão infeccioso era o novo vírus? As informações que vinha recebendo da China não podiam ser levadas a sério. O discurso oficial chinês continuava sendo de que o vírus não era perigoso. Não era eficiente. E era menos mortal do que a Sars. Está tudo sob controle.

O relatório situacional do CDC de 13 de janeiro alertava os leitores: "A Tailândia já relatou um caso confirmado do nCoV num viajante de Wuhan para a Tailândia. Essa foi a primeira infecção do novo coronavírus 2019 detectada fora da China".[12]

Esse relatório atingiu Redfield duramente. Isso lhe dizia, quase com certeza, que havia propagação de humano para humano e que a doença estava se espalhando para fora da China.

Enquanto isso, Redfield teve outra conversa por telefone com Gao. Você não pode acreditar no que está acontecendo aqui, disse Gao. É muito, muito pior do que você está ouvindo.

Merda!, disse Fauci. Eles não estão contando a verdade. Isso realmente está se transmitindo com muita eficiência.

O CDC começou a desenvolver um teste de diagnóstico e a alertar aeroportos e portos de entrada nos Estados Unidos sobre viajantes vindos de Wuhan. Conversou-se com mais de trezentos integrantes de departamentos de saúde estaduais e locais nos Estados Unidos.

Em 15 de janeiro, o relatório situacional do CDC dizia:

"Alguma contaminação limitada de humano para humano pode ter ocorrido [...]. A possibilidade de uma transmissão limitada de humano para humano não pode ser descartada, mas o risco de uma transmissão sustentada de humano para humano é baixo."[13]

Pottinger, que começou a fazer suas próprias ligações para as fontes de sua época como repórter do *Wall Street Journal* sobre Sars, disse a Redfield que estava reunindo evidências não apenas de propagação de humano para humano, mas também de propagação assintomática, ou seja, que uma pessoa sem sintomas poderia ser um portador e infectar outros. Seria possível que um ex-jornalista descobrisse o novo vírus mais rápido do que os médicos?, Redfield se perguntou. Era preciso esperar para ver.

Em 17 de janeiro, Redfield mobilizou todo o CDC e designou milhares de seus funcionários para trabalhar em cima do novo vírus. A triagem de viajantes de Wuhan começou nos aeroportos de Nova York, São Francisco e Los Angeles. Ele temia que a maior crise de saúde desde 1918 pudesse estar se aproximando.

Pottinger também calculou que a taxa de mortalidade na província de Hubei, cuja capital era Wuhan, poderia ser seis vezes maior do que o normal. Ele baseou essa estimativa não em informações da comunidade da inteligência ou nas taxas de mortalidade relatadas na China, mas nas redes sociais chinesas e em conversas telefônicas com pessoas no local. E concluiu que isso poderia se traduzir em milhares de mortes em Wuhan dentro de um mês.

31

Trump me surpreendeu com uma ligação perto de uma e meia da tarde da segunda-feira, 20 de janeiro, no feriado do Dia de Martin Luther King Jr. Eu havia literalmente acabado de entrar em casa e não estava com meu gravador. A descrição dessa ligação, portanto, é baseada em minhas anotações.

O livro *A Very Stable Genius*, escrito por Philip Rucker e Carol Leonning, dois de meus colegas do *Washington Post*, estava para ser lançado. A obra era bastante crítica em relação a ele. "Não vai vender bem", Trump me disse.

O livro acabaria por se tornar campeão de vendas, integrando a lista de mais vendidos do *New York Times*.

Perguntei a Trump se ele já havia lido a obra.

"Não, só li uma resenha", disse. Trump discordava de uma cena em que o livro sugeria que ele não parecia saber muito sobre Pearl Harbor durante uma visita privada que fizera ao Memorial USS *Arizona*, localizado acima dos vestígios do navio bombardeado pelos japoneses em 1941. Rucker e Leonning relatam que o chefe de gabinete John Kelly ficou embasbacado ao notar que Trump não conhecia a história de Pearl Harbor e precisou que alguém explicasse a ele.

"Eu sei tudo sobre Pearl Harbor", disse-me Trump. "Como eles podem dizer que não sei?" Ele então relatou com exatidão uma parte da história. "É invencionice deles."

Eu disse que eles eram excelentes repórteres e que tinham fontes. "Isso é um trabalho feito de boa-fé", falei.

"Bem", disse ele, "setenta por cento são coisas inventadas."

"Eles têm fontes", repeti. E disse que achava que ele estava errado em criticar a mídia tratando tudo como "fake news". Sim, todo mundo pode errar de vez em quando. Mas ele deveria entender que o denominador comum era a "boa-fé" com fontes reais.

"Bem", brincou ele, "eu tenho a Rússia e Sean Hannity do meu lado."

Trump citou uma pesquisa da Rasmussen mostrando que ele tinha 51% de aprovação entre os prováveis eleitores de 16 de janeiro. E disse que isso era maravilhoso.

"Mas o senhor não acredita em pesquisas, não é?", perguntei.

"Bem, não", disse ele. "Não, eu não acredito nelas." Pesquisas haviam previsto uma ampla vitória de Hillary Clinton em 2016.

O que o senhor acha do editorial do *New York Times*, que acabou de apoiar Amy Klouchar e Elizabeth Warren como indicação dos democratas para a presidência?, perguntei.

"Meu sonho é disputar com Elizabeth Warren", Trump disse em voz alta e aparentando sinceridade.

Trump contou que Henry Kissinger estivera no Salão Oval recentemente e dissera que ele parecia estar muito bem, apesar do impeachment. "Durante toda a investigação do caso Watergate e o impeachment de Nixon, ele estava completamente perdido."

Eu estava com as cartas que Kim Jong-un havia escrito para Trump. E disse que gostaria de ter o outro lado — as cartas que Trump escrevera para Kim.

"São altamente confidenciais", disse Trump. Ele não queria que eu as visse. "Você não pode caçoar de Kim. Não quero uma porra de uma guerra nuclear só por você ter caçoado dele."

Eu disse que tomaria cuidado e me concentraria apenas no que estava nas cartas. "Não vou caçoar dele."

Mais tarde, durante a entrevista, voltamos ao assunto das cartas Trump- -Kim. "Não caçoe de Kim", repetiu Trump. "Eu não quero uma porra de uma guerra nuclear", disse ele mais uma vez. E voltou a falar das novas armas nucleares que possuía. "Tenho armas poderosas. Tão poderosas que você não iria acreditar. Não iria nem mencioná-las no seu livro."

Cerca de dois minutos depois de nossa ligação terminar, às 13h53, Trump retuitou o que ele havia postado originalmente em 16 de janeiro mostrando a pesquisa da Rasmussen, acrescentando ao tuíte anterior: "E eles dizem que você poderia somar de 7% a 10% para todos os números relativos a Trump! Quem sabe?".[1]

As pesquisas da Rasmussen têm constantemente apresentado resultados melhores para Trump do que as pesquisas conduzidas por outros institutos. A média nacional de apoio ao presidente nas pesquisas, naquele dia, mostrava que ele contava com uma aprovação de cerca de 44%.[2] A Rasmussen foi considerada a pesquisa que menos errou em 2016, mostrando Clinton apenas dois pontos acima de Trump no dia anterior às eleições. A maioria das outras pesquisas mostrava Clinton liderando com uma vantagem de três a seis pontos.

***

Trump participou no final de janeiro do Fórum Econômico Mundial, um encontro exclusivo de lideranças políticas e financeiras internacionais realizado anualmente em Davos, na Suíça. O primeiro caso confirmado de coronavírus nos Estados Unidos havia sido identificado. "É uma pessoa vinda da China. Temos tudo sob controle. Vai ficar tudo bem", disse Trump, ao fazer seu primeiro comentário sobre o coronavírus durante uma entrevista em Davos.[3] "Nós achamos que vamos lidar muito bem com isso", disse ele, em outra entrevista.[4]

Trump me ligou em 22 de janeiro, logo depois das nove da noite.

"Acabei de chegar" de Davos, disse. "Acabei de aterrissar, literalmente." Sua voz ecoava pelo alto-falante.

Perguntei-lhe sobre sua estratégia para lidar com o presidente chinês, Xi Jinping. Ele havia assinado um acordo comercial com a China uma semana antes.

"Bem, em primeiro lugar, ele tem uma personalidade incrível", disse Trump. "A força dele, a força mental e física, é incrível. É muito inteligente. Muito sagaz. Eu me dei incrivelmente bem com ele." Disse que houve algumas "rusgas" durante as conversas comerciais. "Além de religião, o comércio é a coisa mais perigosa que existe." Uma sociologia interessante, pensei.

Trump acreditava que os chineses haviam planejado inicialmente aguardar o resultado das eleições de novembro de 2020 para só então assinar um acordo. "A China foi atrás, contratou os melhores pesquisadores do país, que disseram: 'Trump vai vencer fácil'", disse ele. "E então concluíram que era melhor já fazer isso de uma vez."

Ele avaliava que sua relação com Xi havia sido "muito desgastada durante o acordo. Nós ouvimos a China — você sabe, a China teve o pior ano nos últimos 67 anos". Lembrou que muitas empresas haviam se afastado da China durante a guerra comercial. "Eu tinha todas as cartas na mão", disse. O crescimento dos Estados Unidos havia aumentado, e o da China, diminuído. "Então agora nós somos o país número um, de longe." Depois do acordo, disse Trump, "nosso país está arrasando como nunca arrasou antes".

Perguntei a Trump sobre decisões de política externa. Ele me disse que estava trabalhando em conjunto com o líder turco na guerra na Síria.

"Eu me dou muito bem com Erdogan, mesmo parecendo que não deveria ser assim, pois todo mundo diz que ele é 'um cara terrível'", disse Trump. O presidente Recep Tayyip Erdogan é um líder repressor com uma história terrível de violações de direitos humanos. "Mas para mim funciona bem. É engraçado, os relacionamentos que tenho, quanto mais duros e malvados eles são, melhor eu me dou com eles. Sabe? Explique isso para mim algum dia, o.k.?"

Isso não deve ser tão difícil, pensei, mas não disse nada.

"Mas talvez não seja uma coisa ruim", continuou. "Os fáceis são aqueles de quem eu talvez não goste tanto ou com quem não me dou tão bem."

Trump disse que havia ligado para Roberto Azevêdo, presidente da Organização Mundial do Comércio (OMC), que Trump acreditava estar "roubando da gente feito doido por uns 25, trinta anos". No começo de dezembro, os Estados Unidos haviam bloqueado a nomeação de juízes para o órgão da OMC responsável por julgar os recursos dentro da organização, prejudicando assim sua capacidade de resolver disputas comerciais entre as nações.

Na ligação, Trump disse: "Roberto, você está nos tratando muito mal. Os Estados Unidos são considerados um lugar muito rico, e a China é vista como uma nação em desenvolvimento, e a Índia é uma nação em desenvolvimento. Se você é uma nação em desenvolvimento, você vai conseguir coisas que ninguém mais tem. Nós vamos virar uma nação em desenvolvimento". Quando Azevêdo discordou, Trump disse: "Pois o que vai acontecer é que eu vou sair da OMC".

Azevêdo anunciou sua renúncia antecipada da OMC em maio, em meio à disputa em andamento e à pandemia do coronavírus.

O presidente trouxe à tona a questão da União Europeia, que ele também achava que estava "nos roubando havia anos" e fora "formada para ferrar com os Estados Unidos". Trump disse que estava esperando para enfrentar a União Europeia depois que seus acordos comerciais com a China, o México e o Canadá fossem fechados. "Não quero brigar com todos os países do mundo ao mesmo tempo."

Trump se irritou quando tentei interromper sua litania sobre acordos comerciais e suas queixas — tema que ele trazia à tona toda vez que conversávamos — fazendo mais perguntas sobre política externa.

"Não, não, eu fiz todos esses acordos, mas ninguém quer falar deles!", exclamou. Afirmou que a mídia preferia focar este "impeachment de merda" e que esperava que minha esposa, Elsa, não estivesse ouvindo, "porque não quero que ela ouça. Acho que os ouvidos dela devem ser muito delicados e muito... ela não deve ouvir um linguajar desses".

Trump disse que o noticiário cobre "essa coisa do impeachment 95%, 96% do tempo. Eles falam sobre a economia menos de 1% do tempo, e essa é uma das melhores economias da história do país. Então eu mesmo tenho que falar sobre isso, Bob".

Embora a economia estivesse indo bem, não era a melhor economia da história do país.

Trump me contou de um jantar que ele organizou. Jeff Bezos, o CEO da Amazon que comprou o *Washington Post* em 2013, estava presente. Ele disse que puxou Bezos de lado, ou talvez tenha ligado para ele no dia seguinte, e disse: "Jeff, você não precisa me tratar bem. Mas apenas me trate com justiça. Quando eu faço algo ótimo, diga que é ótimo. Quando eu faço algo bom, diga que é bom. E quando eu fizer algo ruim, pode me dar uma surra".

Ah, eu nunca me envolvo, disse Bezos, de acordo com Trump. Ele não teve participação na cobertura feita pelo *Washington Post* sobre Trump ou qualquer outra pessoa.

"O que você quer dizer com não se envolver?", disse Trump. Você está perdendo milhões por ano com o jornal. "É claro que se envolve."

O *Post* não estava perdendo dinheiro e aparentemente tem sido um negócio lucrativo sob o controle de Bezos.

Bezos insistia que nunca tinha se envolvido.

Eu conhecia Bezos havia mais de vinte anos e trabalhei no *Post* por 49 anos. Disse a Trump que acreditava que aquilo era verdade. Havia uma cortina de ferro entre a redação e o dono do jornal.

"É difícil acreditar", disse Trump. "Se eu realmente soubesse que isso é verdade, eu o trataria muito diferente. Porque eu não tenho sido muito gentil com ele, sabe?" A independência do *Washington Post* em relação a Bezos parecia gerar uma incredulidade genuína em Trump. "É simplesmente difícil acreditar, para mim. Talvez seja uma diferença de personalidade. Mas, para mim, é difícil acreditar nisso."

Depois de alguns minutos, voltamos ao assunto do jornal. "As pessoas no *Post* estão incomodadas com o assassinato de Khashoggi", eu disse, me referindo a Jamal Khashoggi, um colunista colaborador do *Washington Post* que havia sido crítico da família real da Arábia Saudita e fora assassinado e esquartejado em Istambul em 2018. Creditava-se ao príncipe herdeiro saudita Mohammad bin Salman, conhecido de modo informal como MBS, a ordem de assassinato. "Foi uma coisa grotesca", eu disse. "O senhor mesmo disse isso."

"Sim, mas o Irã está matando 36 pessoas por dia, então...", disse Trump.

Questionei-o a respeito do papel de MBS no assassinato de Khashoggi. Afirmei ter relatos de que Trump havia falado com terceiros sobre o príncipe herdeiro. "Eu salvei a pele dele", disse Trump depois da indignação dos Estados Unidos em relação ao assassinato de Khashoggi, e "consegui fazer com que o Congresso o deixasse em paz. Consegui fazer com que parassem". Ele havia dito, sarcasticamente, aos membros do Congresso: "Em vez disso, deixe-os negociar com a Rússia. Deixe-os comprar mil aviões da Rússia e não dos Estados Unidos. Que eles vão para a China e comprem todo o seu equipamento militar em vez de comprar dos Estados Unidos. Pessoal, vocês precisam ser espertos".

Em maio de 2019, Trump usou seus poderes emergenciais para driblar as objeções do Congresso e vender aos sauditas 8 bilhões de dólares em armamentos.

Agora, disse Trump: "Bom, entendo o que você está dizendo, e eu me envolvi muito. Sei tudo sobre toda a situação". Disse que a Arábia Saudita gastou centenas de bilhões nos Estados Unidos e foi responsável por milhões de empregos. Sobre MBS, afirmou: "Ele sempre dirá que não foi ele. Diz isso a todos e, francamente, estou feliz que diga isso. Mas ele vai dizer o mesmo para você, para o Congresso, para todo mundo. Ele nunca dirá que fez isso".

"O senhor acredita que ele fez?"

"Não, ele diz que nunca fez."

"Eu sei, mas o senhor realmente acredita..."

"Ele diz com firmeza que não fez isso", disse Trump. "Bob, eles gastaram 400 bilhões de dólares em muito pouco tempo."

Trump estava se referindo, como de costume, aos acordos fechados antes de sua viagem à Arábia Saudita em 2017. Depois de uma apuração dos fatos, a Associated Press escreveu: "Os pedidos reais no âmbito do acordo de armas são muito menores, e nenhum dos países anunciou nem fundamentou a afirmação repetida de Trump de que os sauditas estão prestes a injetar 450 bilhões de dólares na economia dos Estados Unidos".[5]

"E, você sabe, eles estão no Oriente Médio", prosseguiu Trump. A Arábia Saudita era um aliado importante. "Você sabe, eles são gigantes. Por causa dos monumentos religiosos, você sabe, eles têm poder de verdade. Eles têm petróleo, mas também têm os grandes monumentos religiosos. Você sabe disso, certo? Para aquela religião."

"Sim", eu disse. "Todos aqueles países são vulneráveis, a não ser que lhes demos proteção."

"Eles não durariam uma semana se não estivéssemos lá, e eles sabem disso."

Depois, na mesma entrevista, Trump voltou mais uma vez à questão *Washington Post*. "Se você vir todas as coisas que nós realizamos agora, é incrível", disse Trump, "inclusive fazer o *New York Times*, o *Washington Post* e a televisão a cabo se darem bem. Porque eles estavam todos indo por água abaixo. Mas eles vão acabar. Quando eu for embora, todos irão desaparecer. Irão todos desaparecer."

"Espero que isso não aconteça", eu disse. E Trump e eu falamos, então, ao mesmo tempo. "Porque eu acho que é realmente importante que tenhamos a Primeira Emenda em vigor", eu disse. "O senhor sabe disso."

"Bem, espero que sim, mas estamos caminhando para isso", disse Trump. E se perguntou em voz alta qual jornal seria "mais desonesto", o *Washington Post* ou o *New York Times*. "É difícil acreditar que Jeff Bezos não controle o que está acontecendo." Estava claro que, se Trump fosse dono de um jornal, ele se envolveria ativamente em sua produção.

Trump disse que tinha acabado de "assinar meu 187º juiz federal" e me lembrou de suas duas nomeações para a Suprema Corte. "Quando eu sair, provavelmente terei mais de 50% dos juízes federais do país nomeados por Trump", gabou-se. "O único que tem uma porcentagem melhor é George Washington, porque indicou 100%."

Embora Trump tenha repetido essa afirmação com frequência, ela não reflete a realidade.[6] Entre os presidentes recentes, Clinton, Carter e Nixon haviam preenchido uma porcentagem maior de juízes federais no final de janeiro do quarto ano de seu primeiro mandato. Ele também não estava sozinho ao nomear dois juízes da Suprema Corte em seu primeiro mandato — os presidentes Obama, Clinton e George H. W. Bush também já o haviam feito.

Comentei que minhas apurações mostravam que Trump nomeara juízes que Lindsey Graham, presidente do Comitê Judiciário do Senado, e outros republicanos haviam rejeitado.

"Sim", disse Trump. "Quando eles não gostam, eu não os ponho." E acrescentou: "Em alguns casos, eles não são conservadores ou não acreditam, ou já vieram tendo tomado algumas decisões ruins ou coisa assim".

"Graham tem medo de que o Judiciário fique muito partidarizado", eu disse. "O senhor não se preocupa com isso?"

"Bem, depende", disse Trump. "Sim, está bastante partidarizado hoje, basicamente. É sempre um voto partidário. Quer dizer, veja bem, o país inteiro agora está partidarizado."

Perto do final da entrevista, Trump aproveitou uma menção improvisada que fiz sobre o presidente Obama para dizer: "Noventa por cento das coisas que ele fez, eu desmontei".

De acordo com um levantamento do *Washington Post*, até 20 de janeiro de 2018 Trump emitira dezessete decretos, e o conjunto do governo, 96 decisões de agências que acabariam por "revisar, revogar e substituir partes essenciais do legado de seu antecessor".[7] Obama emitiu 276 decretos em seus oito anos de mandato.

Nossa entrevista durou pouco mais de meia hora, uma volta aleatória em torno do planeta num final de noite, de acordo com Trump. O presidente queria mostrar seu astral elevado. Acreditava ter vencido a guerra comercial com a China e proclamou uma vitória para a economia americana em Davos. Disse também que apareceria em breve para outra entrevista.

"Vamos ver se conseguimos chegar realmente a um livro justo", disse ele.

No dia seguinte, 23 de janeiro, em meio ao processo de impeachment de Trump, as autoridades chinesas iniciaram um lockdown em Wuhan e várias cidades próximas; suspenderam voos externos, trens e ônibus, paralisando mais de 35 milhões de pessoas.

Na Casa Branca, naquele dia, durante o PDB, no Salão Oval, a responsável pelo informe, Beth Sanner, disse ao presidente Trump que naquele momento a comunidade de inteligência tinha uma visão bastante benigna do coronavírus.

"É como uma gripe", disse Sanner sobre a gravidade do vírus. "Não achamos que seja tão mortal quanto a Sars." Não acreditamos que isso vá ser uma pandemia global, disse ela.

O PDB deveria conter não apenas os assuntos mais secretos e sensíveis, mas também os mais relevantes para que o presidente fosse alertado sobre uma possível crise. O'Brien e Pottinger estavam decepcionados com a comunidade de inteligência, e a apresentação apenas reforçava sua determinação em se aprofundar naquilo que eles tinham certeza de ser uma enganação chinesa.

Mais tarde, algumas reportagens viriam a registrar que a versão escrita do PDB continha alertas sobre o vírus, mas não trazia citações concretas.

Também ficou bem claro, naquela época, que Trump não lera o PDB, limitando-se a suas apresentações orais.

Quando viu as reportagens, Pottinger coçou a cabeça e voltou e releu todas as informações da inteligência, sem encontrar nada. "Só falaram besteira", disse ele. "Que informação? Não havia nenhuma."

O vírus agora parecia estar se espalhando loucamente. Em 24 de janeiro, cientistas chineses por fim publicaram um relatório no *Lancet*, talvez o jornal médico mais respeitado do mundo, afirmando que "as evidências até agora indicam transmissão humana" do coronavírus.[8]

Alex Azar, o secretário da Saúde e Serviços Humanos, ligou para seu homólogo Ma Xiaowei, o ministro da Saúde chinês, na manhã de 27 de janeiro. Pottinger também participava da ligação. Quase um mês havia se passado desde os primeiros relatórios da China.

Podemos enviar nosso pessoal?, perguntou Azar. Permita-nos fazer isso. Temos especialistas. Podemos fornecer suporte. Podemos ajudar. Vamos compartilhar amostras. As regras da Organização Mundial da Saúde (OMS) definem que as amostras sejam compartilhadas. Só me diga quando, e estamos preparados para ir. Eles já estão de malas prontas.

Muito obrigado, disse Ma. É muito bom ouvir isso de vocês. Vamos ver o que fazer.

Não houve respostas. Azar ficou furioso, mas evitou qualquer discussão e postou um tuíte dizendo que "transmitimos nosso reconhecimento pelos esforços da China".

Um novo elemento no processo de impeachment surgiu naquele dia a partir de uma reportagem no *New York Times*, sobre o manuscrito do livro não publicado do ex-assessor de segurança nacional John Bolton, *The Room Where It Happened*.[9] Bolton, no que o *Times* descreveu como um "relato explosivo", escreveu que Trump disse a ele que queria que 391 milhões de dólares de ajuda à segurança para a Ucrânia fossem congelados até que os Biden fossem investigados — o motivo do impeachment.

Enquanto a mídia se agitava diante da declaração bombástica de Bolton, os alarmes sobre o vírus tocavam mais intensamente do que nunca para Pottinger, que havia aumentado seus esforços para conseguir informações de suas fontes médicas e políticas na China.

Os chineses diziam, na prática, que não queriam sua gente misturada com gente dos Estados Unidos. Queriam mantê-los separados. Não queriam colaboração. À medida que o número de casos aumentava em Wuhan, Pottinger observava que os chineses erguiam cada vez mais obstáculos à informação, tentando manter os repórteres dos Estados Unidos fora de Wuhan. Os poucos que entraram foram alocados em quartos de hotel e avisados de que não poderiam sair. Outros foram expulsos posteriormente. Pottinger chegou à conclusão de que os chineses foram mais agressivos com as expulsões do que a União Soviética no auge da Guerra Fria. Todos os sinais apontavam para um esforço no sentido de esconder alguma coisa.

Mesmo antes da crise do vírus, O'Brien e Pottinger acreditavam que a China representava a maior e mais fundamental ameaça existencial à segurança nacional dos Estados Unidos.

"Eles adorariam dominar o mundo", disse O'Brien num encontro reservado na Ala Oeste, em 20 de dezembro de 2019. "Ser a principal potência do mundo. Não há dúvidas sobre isso."

"Nenhuma dúvida sobre isso", disse Pottinger. Sob o presidente Xi, "a ideologia agora é mais uma vez a proeminência, de um jeito que não acontecia desde Mao".

Anteriormente, O'Brien e Pottinger haviam argumentado com agressividade contra permitir que a empresa chinesa Huawei, a maior fabricante de equipamentos de telecomunicações do mundo, entrasse no mercado dos Estados Unidos. O'Brien estava convencido de que a Huawei queria usar sua rede sem fio de quinta geração (5G) para monitorar todos os cidadãos do mundo. Era outra grande ameaça à segurança nacional dos Estados Unidos. O'Brien disse: "Terão acesso aos seus registros médicos, suas postagens de mídia social, seus e-mails, seus registros financeiros. Dados pessoais e privados de todos os americanos. Irão torná-los alvos com base nos seus medos mais profundos".

"Todos os membros do Congresso", disse Pottinger.

Com relatos vindos de Wuhan que demonstravam a propagação rápida do vírus, O'Brien sabia que os chineses iriam tentar fugir de qualquer responsabilidade. O prefeito de Wuhan admitira isso em 26 de janeiro ao dizer que 5 milhões de pessoas já haviam saído da cidade uma semana antes de o governo chinês fechá-la.

Os chineses eram mais ricos do que dez ou vinte anos atrás, em outras pandemias, O'Brien sabia, mas seu sistema de saúde ainda era fraco e sobrecarregado. Era inevitável que tentassem fugir para o Ocidente, para os Estados Unidos ou Europa, a fim de fugir do vírus ou procurar tratamento e hospitais melhores.

Em toda a China, ruas e avenidas já estavam vazias, com escolas e lojas fechadas. O transporte público estava suspenso. Um número cada vez maior de países havia fechado suas fronteiras para visitantes que tivessem estado na China.

Os Estados Unidos, porém, ainda estavam abertos para viajantes chineses.

Alguma coisa ruim e perigosa estava acontecendo bem diante de seus olhos, Pottinger insistia para O'Brien.

Assim, no PDB seguinte, em 28 de janeiro, O'Brien disse a Trump que o vírus seria "a maior ameaça à segurança nacional que o senhor vai enfrentar na sua presidência", e Pottinger o apoiou.*

No dia seguinte, a Casa Branca anunciou a criação de uma força-tarefa do coronavírus. A secretária de imprensa, Stephanie Grisham, afirmou em comunicado por escrito: "O risco de infecção para todos os americanos continua baixo e todas as agências estão trabalhando agressivamente para monitorar essa situação em constante evolução e manter o público informado".[10]

Num discurso em Michigan em 30 de janeiro, Trump disse: "Temos em nosso país um problema bem pequeno neste momento — cinco pessoas. E todas elas estão se recuperando bem. Mas estamos trabalhando muito próximos à China e outros países, e achamos que tudo acabará bem, posso garantir a vocês".[11]

Na sexta-feira, 31 de janeiro, por volta das três da tarde, Fauci, Azar e Redfield andavam para lá e para cá do lado de fora do Salão Oval, esperando para entrar e fazer uma apresentação para Trump e Pence. Conversavam sobre os próximos passos. "Estão fechando Wuhan", disse Fauci aos demais. É melhor levá-los a sério. "É melhor isolá-los já." Todos eles conheciam a regra número um da epidemiologia: é o tempo que determina se um surto pode se constituir, com um crescimento exponencial, surpreender e explodir. Ou ser contido. Naquele dia, três grandes companhias aéreas — American, Delta e United — haviam anunciado a suspensão dos voos entre os Estados Unidos e a China pelos meses seguintes.

---

* Veja o Prólogo. [N.A.]

Os três foram finalmente chamados e se sentaram em torno da Resolute Desk para aguardar o presidente. O'Brien e Pottinger sentaram-se mais longe, perto dos sofás. A porta do escritório particular de Trump se abriu e ele entrou.

Tudo bem com vocês?, perguntou em tom amigável e jovial. Como estão as coisas?

"Sr. presidente", disse o vice-presidente Pence, "o secretário Azar vai apresentar algo e, em seguida, vamos lhe entregar para ver se o senhor tem alguma pergunta para Tony ou Bob."

"Sr. presidente", disse Azar, "há uma agitação enorme na China. É nítido que eles estão tendo uma epidemia. Fecharam boa parte do país, incluindo, essencialmente, toda a cidade de Wuhan, e achamos que há um perigo considerável de haver um fluxo grande de pessoas vindo da China."

Uma das estimativas era de que havia 22 mil pessoas saindo por dia da China para os Estados Unidos. No final de semana, mais de 100 mil pessoas estariam chegando de um país que já se fechara por causa do coronavírus.

"Então parece que precisamos realmente nos fechar", disse Azar. Viagens da China para os Estados Unidos precisavam ser drasticamente reduzidas.

Trump se virou para Fauci, um conselheiro médico dotado de razoabilidade e autoridade. O que você acha, Tony?, Trump perguntou.

"É o que o senhor ouviu, presidente", disse Fauci. Ele estava sentado de frente para o presidente em sua mesa. "Está muito claro que temos uma infecção concentrada na China e temos milhares de chineses desembarcando todos os dias. Então, realmente, parece que temos de fechar tudo." Havia seis casos nos Estados Unidos.

"Você acha que é a coisa certa a se fazer?", perguntou Trump. "O que isso vai significar?"

Houve alguma discussão a respeito de que o comércio provavelmente poderia prosseguir. Os produtos da China poderiam continuar a ser importados.

Os americanos teriam permissão para voltar, mas apenas se ficassem em quarentena por catorze dias, que é o período de incubação do vírus. "Precisamos deixar os americanos voltarem, porque parte da nossa tradição é de não se abandonar cidadãos americanos fora do país", disse Fauci.

Eles disseram a Trump que seria a primeira quarentena nacional obrigatória em cinquenta anos. O último caso ocorrera durante os rumores sobre a varíola, em 1969.

Em que esse vírus se diferencia da gripe?, perguntou Trump. Numa temporada ruim, como a de 2017-8, cerca de 60 mil pessoas haviam morrido por causa da gripe nos Estados Unidos.

Não sabemos nada sobre esse vírus, respondeu Fauci. "Não sabemos onde isso vai terminar. Não sabemos qual o potencial. Por pior que a gripe seja, temos décadas de experiência com ela. Apesar de haver certo número de hospitalizações e mortes por ano, sabemos como a gripe funciona. Sabemos o que é uma temporada boa de gripe. Sabemos como é uma temporada ruim. Neste caso, porém, é um território desconhecido. É por isso que estamos reagindo. Pelo que estamos vendo na China. Ele está devastando a região. Então, seja lá o que for que esteja acontecendo na China agora, é muito pior do que uma gripe comum."

"É um tipo novo de vírus?", perguntou Trump.

"Pode apostar que é novo", disse Fauci.

Azar e Redfield confirmaram.

Havia aparentemente duas diferenças em relação a outros vírus, como o Sars, disse Fauci. Primeiro, a transmissão ocorria de humano para humano com mais facilidade e rapidez. Segundo, havia pessoas que podiam não apresentar os sintomas, chamadas assintomáticas, mas que podiam transmitir o vírus. Esse não foi o caso com Sars e outros vírus anteriores. Havia um ou dois casos de clara disseminação assintomática na China. "Não sabemos a extensão de tudo isso, mas claramente está acontecendo."

Fauci sabia, com base num relatório vindo da Alemanha, que havia, sim, disseminação assintomática. O relatório alemão, publicado como uma carta ao editor do site do *New England Journal of Medicine* em 30 de janeiro, dizia: "O fato de que pessoas assintomáticas sejam fontes potenciais da infecção do 2019-nCoV pode justificar uma reavaliação da dinâmica de transmissão do surto atual".[12] A linguagem era técnica e minimizava a situação, mas a mensagem sobre os perigos de uma transmissão assintomática era clara.

Azar, Redfield e Fauci recomendavam a adoção de fortes restrições a viagens para a China.

Mick Mulvaney, um ex-congressista conservador de 52 anos, de modos polidos, que atuou como chefe de gabinete da Casa Branca por um ano, disse que eles deveriam avaliar algumas consequências inesperadas.

O que iria acontecer com o mercado de ações?, perguntou Mulvaney. O que aconteceria com as frágeis relações comerciais? E com as relações em geral com a China? Será que os chineses iriam fazer alguma retaliação? Poderia haver coisas imprevistas.

O consenso entre as três autoridades da saúde era de que, se houvesse uma pandemia nos Estados Unidos, as consequências de não restringir viagens oriundas da China poderiam ser piores.

"E vocês estão confortáveis com isso?", perguntou Trump.

Eles estavam.

Vocês têm certeza de que é isso que precisamos fazer?

Sim.

"Tony, você tem certeza disso?", perguntou a Fauci.

"Sim, sr. presidente", disse Fauci. "Acho que esse é o único caminho que temos agora."

Quase em uníssono, os três reiteraram que era preciso impedir que cidadãos americanos vindos da China espalhassem a infecção nos Estados Unidos. Eles deveriam, então, ser deixados em quarentena por catorze dias, para que passasse o período de incubação caso eles estivessem infectados.

"O.k.", disse Trump. "Tudo bem." Olhou para O'Brien e Pottinger, que estavam nos fundos do Salão Oval, longe da mesa. "Vocês estão de acordo?" O'Brien disse que sim.

"Totalmente", disse Pottinger, a águia. "É o único jeito."

Trump deu sua aprovação final, e Azar, Redfield e Fauci foram anunciar as restrições para viagens da China na sala de imprensa da Casa Branca.

Redfield foi o primeiro a falar. "Há uma situação grave de saúde na China, mas quero enfatizar que o risco para o público americano atualmente é baixo."[13] E repetiu, para dar ênfase: "Confirmamos seis casos desse novo vírus nos Estados Unidos. O caso mais recente não teve histórico de viagens à China".

A China relatava a ocorrência de 9700 casos e mais de duzentas mortes.

Fauci disse duas vezes que ainda havia muitos fatores desconhecidos. "Ainda temos um risco baixo para o público americano."[14]

Finalmente, Azar falou. "Hoje o presidente Trump tomou medidas decisivas para minimizar o risco de propagação de um novo coronavírus nos Estados Unidos", anunciou.[15] "Declaramos, hoje, que o coronavírus representa uma emergência de saúde pública nos Estados Unidos." Ele disse que os cidadãos americanos que voltassem da China seriam submetidos a catorze dias de quarentena obrigatória e que Trump havia assinado um decreto presidencial "suspendendo temporariamente a entrada nos Estados Unidos de estrangeiros que apresentassem risco de transmitir o novo coronavírus de 2019" — especificamente de estrangeiros que viajaram para a China nos últimos catorze dias. Azar definiu a medida como "prudente, direcionada e temporária" e ressaltou, mais uma vez, que "o risco de infecção para os americanos permanece baixo".

"Governo incrementa resposta ao coronavírus, quarentenas, restrições de viagem" — foi a manchete da matéria principal do *Washington Post* no dia seguinte,[16] deixando de lado o impeachment. No *New York Times*, a notícia apareceu abaixo da dobra, com o título "Declarando emergência de saúde, Estados Unidos restringem viagens da China".[17]

Apesar das evidências de que pelo menos cinco pessoas defenderam as restrições — Fauci, Azar, Redfield, O'Brien e Pottinger —, numa entrevista em 19 de março o presidente Trump me disse que merecia o crédito exclusivo pelas restrições de viagens da China. "Eu tinha 21 pessoas no meu escritório, no Salão Oval, e, das 21, apenas uma pessoa disse que tínhamos de fechar. Era eu. Ninguém queria porque era muito cedo."[18]

Em 6 de maio, ele me disse: "E deixe-me dizer a você, eu tinha uma sala com vinte ou 21 pessoas, e ninguém naquela sala, exceto eu, queria impor esse veto".[19]

Pelo menos sete vezes, incluindo uma coletiva de imprensa, uma entrevista com perguntas do público na TV, entrevistas na Fox News e na ABC e em reuniões com executivos da indústria e legisladores republicanos, ele repetiu versões dessa história.

Mesmo quando tomou o que parecia ter sido uma decisão difícil e sensata, a conselho de seus principais especialistas em segurança nacional e médicos, ele queria — e atribuiu — todo o crédito para si mesmo.

Somente para uso interno/não para distribuição

Pneumonia na China de Etiologia Desconhecida
Relatório Situacional
1º de janeiro de 2020
Semana epidemiológica 1

Mensagens em destaque

1. A situação atual diz respeito a uma epidemia de pneumonia de etiologia desconhecida cujo centro é o mercado de frutos do mar Hua Nan, em Wuhan, China.
2. Apesar de notícias na imprensa mencionarem a possibilidade de Sars, não há evidências reais que indiquem Sars.
3. De 27 casos relatados até agora, sete eram graves e outros estão estáveis e sob controle; dois casos se recuperaram e estão prontos para receber alta do hospital.
4. A síndrome clínica inclui febre, poucos com dificuldade respiratória e com infiltração nos dois pulmões detectada por raio X.
5. O mercado de frutos do mar foi fechado para desinfecção, pois vendem também animais silvestres.

Ações do CDC da China

Reações em áreas afetadas pelo surto

- A Comissão Nacional de Saúde da China enviou uma equipe de especialistas a Wuhan (de laboratório e epidemiologia)
- O CDC da China realizou uma investigação de campo
- Estão em andamento testes para patógenos respiratórios, bem como para Sars
- Todos os casos estão sendo tratados
- Contatos próximos dos casos estão sendo rastreados
- Tratamento sanitário do mercado de frutos do mar está em andamento, bem como um estudo de higiene
- Depois de investigação e análise preliminar, os casos notificados foram considerados de pneumonia viral
- Não houve transmissão óbvia entre pessoas até agora
- Não houve funcionário hospitalar infectado até agora
- A investigação sobre a causa da epidemia ainda está em andamento e à espera de identificação laboratorial

Comunicações e alcance das medidas

- O comissário municipal de Saúde de Wuhan divulgou um pronunciamento pouco antes das duas da manhã de 31 de dezembro
- O CDC dos Estados Unidos trabalhou junto com o consulado americano em Wuhan e com a embaixada americana para desenvolver mensagens eletrônicas apropriadas de prevenção
- Hospitais foram instados a oferecer tratamento e notificar casos de maneira oportuna
- Informações oficiais e atualizações serão compartilhadas em: http://wjw.wuhan.gov.cn/front/web/showDetail/2019123108989 (por CDC China)

Somente para uso interno/não para distribuição

Em 1º de janeiro de 2020, os Centros de Controle e Prevenção de Doenças (CDC) começaram a produzir uma série de relatórios diários detalhados sobre a propagação de uma epidemia em Wuhan, China, e em outros lugares. "A situação atual diz respeito a uma epidemia de pneumonia de etiologia [causa] desconhecida, cujo centro é o mercado de frutos do mar Hua Nan, em Wuhan, China", afirma o primeiro relatório. "Não houve transmissão óbvia entre pessoas até agora."

Somente para uso interno/não para distribuição

**Novo Coronavírus (nCoV) 2019
Relatório Situacional
13 de janeiro de 2020
Relatório dia 13** (informações novas em azul)

Mensagens em destaque

- Em 10 de janeiro de 2020, autoridades da saúde chinesas identificaram preliminarmente um novo coronavírus como a causa de um surto de pneumonia na cidade de Wuhan, província de Hubei, China. Até agora, foram notificados oficialmente 41 casos do novo coronavírus (nCoV) 2019; sete pacientes tiveram doença grave; uma morte de um paciente com graves problemas médicos preexistentes; seis pacientes tiveram alta.
- Casos desse surto foram identificados entre 8 de dezembro de 2019 e 2 de janeiro de 2020.
- A maioria dos casos tinha alguma ligação com um grande mercado de frutos do mar e animais, o que sugere uma possível origem zoonótica do surto.
    - Gripe, gripe aviária, adenovírus, Sars-CoV e Mers foram descartados em todos os casos.
    - Não há confirmação de transmissão entre seres humanos e nenhuma transmissão notificada para profissionais da saúde.
- Pesquisadores chineses conseguiram sequenciar totalmente o genoma do vírus. A China postou publicamente a sequência genética do novo coronavírus 2019 em 12 de janeiro. Isso facilitará mais diagnósticos e o desenvolvimento de testes diagnósticos específicos para este vírus em outros países.
- Com a divulgação da sequência, os laboratórios do CDC têm agora capacidade para detectar o nCoV-2019 sequenciando vírus isolados e comparando com a sequência genética divulgada pela China.
- O CDC começou a trabalhar num teste diagnóstico que permitirá a detecção laboratorial.
- Em 13 de janeiro de 2020, a Tailândia relatou um caso confirmado de nCoV numa pessoa que viajou da cidade de Wuhan para a Tailândia. Trata-se da primeira infecção com o novo coronavírus 2019 detectada fora da China.
- Em 6 de janeiro de 2020, o CDC divulgou um alerta de saúde nível 1 de viagens ("praticar precauções usuais") para esse destino. Atualizações desse alerta foram postadas em 11 de janeiro de 2020. https://wwwnc.cdc.gov/travel/notices/watch/novel-coronavirus-china
- Em 8 de janeiro de 2020, o CDC divulgou um HAN [Health Alert Network] e notificação a parceiros para informar aos provedores clínicos e autoridades de saúde pública sobre o surto e orientações pertinentes. As orientações serão atualizadas nesta semana para informar sobre o andamento do surto.
- Em 10 de janeiro, o CDC lançou uma página na internet dedicada a esse surto, na qual serão postadas atualizações e informações à medida que a situação evolua: https://www.cdc.gov/coronavirus/novel-coronavirus-2019.html. O site foi atualizado em 11 de janeiro e, depois, em 13 de janeiro de 2020.
- Em 11 de janeiro, acrescentaram-se informações sobre o surto a um artigo sobre o Ano-Novo lunar: https://wwwnc.cdc.gov/travel/page/lunar-new-year-2020.
- Em 11 de janeiro, o CDC compartilhou um "muster" (informe de conscientização situacional) sobre o surto com a Alfândegas e Proteção de Fronteiras (CBP) para informar seus funcionários nos portos de entrada americanos e oferecer recomendações para detectar e reagir a viajantes doentes vindos de Wuhan.
- O CDC desenvolveu mensagens eletrônicas para postar em monitores do CDC em aeroportos americanos com os maiores volumes de viajantes vindos de Wuhan.

Somente para uso interno/não para distribuição

O relatório situacional do CDC de 13 de janeiro alertava as autoridades de que "a Tailândia relatou um caso confirmado de nCoV numa pessoa que viajou da cidade de Wuhan para a Tailândia. Trata-se da primeira infecção com o novo coronavírus 2019 detectada fora da China".

O presidente Donald J. Trump, em entrevista concedida ao autor em 7 de fevereiro de 2020, refletiu sobre a presidência. "Olhe, quando você está dirigindo um país, o caminho é cheio de surpresas", disse Trump. "Há dinamite atrás de cada porta."

Robert O'Brien (à dir.) é o quarto assessor de segurança nacional de Trump. Matthew Pottinger (à esq.) é um ex-repórter do *Wall Street Journal*, ex-fuzileiro naval e vice de O'Brien. Em 28 de janeiro de 2020, durante o altamente secreto Informe Diário ao Presidente (PDB), O'Brien disse a Trump em relação ao coronavírus: "Essa será a maior ameaça à segurança nacional que o senhor vai enfrentar na sua presidência". Pottinger disse: "Concordo com essa conclusão", e instou Trump a proibir as viagens da China para os Estados Unidos.

O general reformado James Mattis, primeiro-secretário da Defesa de Trump, entrou em confronto com o presidente quanto a manter o curso na guerra contra o Estado Islâmico e renunciou em dezembro de 2018. "Quando fui empurrado a fazer uma coisa que a meu ver era mais do que estúpida, era criminosamente estúpida, pondo em risco nosso lugar estratégico no mundo e tudo mais, foi aí que eu me demiti", disse Mattis.

No final de 2017, Mattis foi discretamente várias vezes à Catedral Nacional em Washington para orar. Mattis sentava-se em silêncio no nicho da capela do Memorial da Guerra, iluminada à luz de velas, visto na foto. "O que você faz se tiver que fazer isso?", Mattis se perguntava, contemplando a perspectiva de um conflito nuclear com a Coreia do Norte. "Você vai incinerar alguns milhões de pessoas."

Rex Tillerson, o ex-CEO da ExxonMobil, disse a Trump em 2016 que aceitaria sua nomeação para secretário de Estado, mas "quero que você me prometa que nunca teremos uma discussão pública. Se você estiver insatisfeito comigo, me telefone e pode me arrebentar. É tudo a portas fechadas". Trump demitiu Tillerson por tuíte e mais tarde o chamou publicamente de "burro como uma pedra e totalmente despreparado e mal equipado para ser secretário de Estado".

O presidente Trump pediu a Dan Coats, que havia sido por dezesseis anos senador republicano por Indiana, para ser seu primeiro diretor da inteligência nacional. "Sr. presidente", disse Coats, "haverá momentos em que entrarei aqui para informá-lo sobre inteligência, e você não ficará feliz com o que tenho a dizer." Foi o que acabou acontecendo inúmeras vezes.

O secretário de Estado Mike Pompeo visitou o líder norte-coreano Kim Jong-un em abril de 2018, quando ainda era diretor da CIA. Os sul-coreanos nos disseram que o senhor tem intenção de se desnuclearizar, disse Pompeo a Kim. É verdade? Eu sou pai, respondeu Kim. Não quero que meus filhos carreguem armas nucleares nas costas pelo resto da vida.

O senador republicano Lindsey Graham, da Carolina do Sul, tornou-se um Primeiro Amigo de Trump e o aconselhou durante intermináveis conversas telefônicas e partidas de golfe. "Se tentar ser o presidente apenas da lei e da ordem, você vai perder", disse Graham a Trump em junho de 2020.

O promotor especial Robert Mueller concluiu sua investigação de 22 meses sobre as relações entre a coordenação da campanha de Trump e a Rússia na primavera de 2019. O resumo de seu tão esperado relatório era pouco claro e confuso, parecendo chegar a duas conclusões contraditórias: "Embora esse relatório não conclua que o presidente cometeu um crime, também não o exonera disso".

O subprocurador-geral Rod Rosenstein supervisionou a investigação de Mueller com mão de ferro. Ele achava que essa investigação havia deixado Trump à prova de balas para as eleições de 2020. O presidente não era culpado de obstrução da justiça, na opinião de Rosenstein. "Eu sabia que não havia fundamento para indiciar o presidente", disse ele a um auxiliar depois da investigação.

O procurador-geral William Barr assumiu o cargo em fevereiro de 2019. "Você não vai acreditar nisso", disse ele a Lindsey Graham antes de divulgar uma carta de quatro páginas em que resumia suas conclusões sobre o relatório Mueller. "Depois de dois malditos anos, ele diz: 'Bem, não sei, você decide'." Barr decidiu em sua carta de 24 de março de 2019 sobre as conclusões de Mueller.

Jared Kushner, genro do presidente, muitas vezes era utilizado por Trump como agente para projetos especiais que se afastavam das vias oficiais. Kushner disse: "Uma de suas maiores capacidades é que ele consegue fazer com que seus inimigos se autodestruam e cometam erros idiotas. Ele faz a mídia dançar no ritmo dele e os democratas também. Eles parecem cachorros correndo atrás de uma moto, perseguindo tudo o que ele joga na rua. Então, ele resolve o problema e vai para o próximo — e eles correm atrás da próxima coisa também".

Bip!, tocou o radar interno do dr. Anthony Fauci quando ele viu os primeiros relatórios sobre o novo coronavírus. Fauci, o maior especialista em doenças infecciosas do país, pensou: "China. Vírus novo. Mercado úmido. Uau". Sobre encontrar Trump para informá-lo, Fauci disse a um auxiliar: "A capacidade de concentração dele é um número negativo. Seu único propósito é se reeleger".

O dr. Robert Redfield, diretor do CDC, viu o primeiro relatório de uma inexplicável pneumonia na China na véspera do Ano-Novo, em 31 de dezembro de 2019, e entrou imediatamente em alerta. Em 2020, à medida que o vírus se espalhava, ele falou a outras pessoas em particular sobre seus maiores medos. "Estávamos agora numa corrida", disse Redfield. "Acho que todos nós entendemos agora que estávamos numa corrida. Estamos numa maratona. Estamos numa corrida de dois, três anos. Não uma corrida de um ano, nem de seis meses."

A dra. Deborah Birx (segunda, à dir.) era a coordenadora de reação da força-tarefa para o coronavírus da Casa Branca, comandada pelo vice-presidente Mike Pence (à dir.). Quando o secretário do Tesouro Steve Mnuchin se opôs à suspensão das viagens da Europa para os Estados Unidos, ele disse que isso levaria todos à falência e destruiria a economia. "Em quais dados você está se baseando para dizer isso?", perguntou Birx. "Você tem me pedido dados. Mas onde estão os seus?"

"Eu me dou muito bem com Erdogan, mesmo parecendo que não deveria ser assim, pois todo mundo diz que ele é 'um cara terrível'", disse Trump sobre o presidente turco Recep Erdogan numa entrevista de 22 de janeiro de 2020. "Mas para mim funciona bem. É engraçado, os relacionamentos que tenho, quanto mais duros e malvados eles são, melhor eu me dou com eles. Sabe? Explique isso para mim algum dia, o.k.? Mas talvez não seja uma coisa ruim. Os fáceis são aqueles de quem eu talvez não goste tanto ou com quem não me dou tão bem."

O presidente Trump e o líder norte-coreano Kim Jong-un trocaram pelo menos 27 cartas particulares em 2018 e 2019, que foram lidas pelo autor. Depois do encontro em Singapura, Kim escreveu a Trump que haveria "outro encontro histórico entre mim e vossa excelência semelhante a uma cena de um filme de fantasia".

"Não fiz isso", disse Trump sobre as acusações de que em sua campanha de 2016 ele havia trabalhado com os russos. "Fiz um monte de coisas ruins, mas essa eu não fiz." Apesar das críticas à sua relação com Pútin, o presidente disse que tinha apoio. "Eu tenho a Rússia e Sean Hannity do meu lado", disse Trump durante uma entrevista em 20 de janeiro de 2020 ao autor.

Num telefonema de 6 de fevereiro de 2020, o presidente chinês Xi Jinping rejeitou várias ofertas de Trump para enviar autoridades de saúde pública à China a fim de investigar o novo vírus. Trump disse ao autor que achava que Xi pode ter deixado intencionalmente o vírus se propagar: "Acho que o que pode ter acontecido é que eles perderam o controle, e ele não queria evitar que a coisa chegasse ao resto do mundo porque isso o deixaria em grande desvantagem".

O autor realizou uma entrevista de uma hora e catorze minutos com o presidente Donald Trump no Salão Oval em 5 de dezembro de 2019. Foi a primeira das dezessete entrevistas de Woodward com Trump, totalizando mais de nove horas, de dezembro de 2019 a julho de 2020. Também estão na foto (da esq. para a dir.) o chefe de gabinete interino Mick Mulvaney, a conselheira do presidente Kellyanne Conway, o subsecretário de imprensa Hogan Gidley, Woodward e o vice-presidente Mike Pence. "Eu construí um sistema nuclear… um sistema de armas que ninguém jamais teve neste país", disse Trump nessa entrevista. "Temos coisas que você nunca viu nem ouviu falar. Temos coisas de que Pútin e Xi nunca ouviram falar antes. Ninguém — o que temos é incrível."

32

O discurso do Estado da União de Trump, em 4 de fevereiro, consistiu em uma hora e dezoito minutos de autoconfiança e celebração que provavelmente será mais lembrada por seu tributo teatral a Rush Limbaugh. O conservador e polêmico apresentador de rádio havia revelado um dia antes que fora diagnosticado com câncer de pulmão avançado. Trump anunciou que estava concedendo a Medalha Presidencial da Liberdade, a maior homenagem civil da nação, a um Limbaugh visivelmente atormentado. Da mesma forma teatral, a presidente da Câmara dos Representantes, Nancy Pelosi, rasgou uma cópia do discurso de Trump diante das câmeras.

No dia seguinte, 5 de fevereiro de 2020, o Senado absolveu Trump nos dois itens do impeachment, com uma votação de 52 a 48 sobre abuso de poder e 53 a 47 sobre obstrução ao Congresso. O senador Mitt Romney, de Utah, foi o único republicano que votou com os democratas contra Trump, e o fez apenas no caso de abuso de poder.

"O que ele fez não foi correto", disse Romney, num discurso frio, antes de votar.[1] "Não, foi um ataque flagrante à nossa legislação eleitoral, nossa segurança nacional e nossos valores. Corromper uma eleição para se manter no cargo talvez seja a violação mais abusiva e contrária ao juramento de posse presidencial que consigo imaginar."

Apenas oito anos antes, Romney havia sido o indicado dos republicanos à presidência. E falou agora sobre essa divergência em termos quase bíblicos. "Tenho certeza de que serei atacado pelo presidente e seus apoiadores", disse. "Alguém aqui acredita seriamente que eu iria aceitar essas consequências se não fosse pela minha convicção inescapável que meu juramento a Deus me pede?"

Até mesmo para muitos senadores do Partido Republicano que votaram pela absolvição de Trump em ambas as acusações, foi difícil achar que aquele era um dia para comemorações.

O senador Lamar Alexander — aos 79 anos, um republicano da velha guarda e duas vezes candidato à presidência, que não concorria à reeleição para o Senado — agiu, para muitos, como a consciência da maioria do Senado. Embora tenha dito que o comportamento de Trump não atingira os "altos padrões exigidos pela Constituição para ser considerado uma ofensa passível de impeachment", ele admitiu que Trump agiu de forma inadequada.[2] As perguntas sobre se Trump merecia permanecer na presidência, disse ele, deveriam ser deixadas para os eleitores no pleito de 2020, para o qual faltavam, então, apenas nove meses.

"Foi inapropriado para o presidente pedir a um líder estrangeiro que investigasse seu oponente político e retirar a ajuda dos Estados Unidos para estimular essa investigação", disse Alexander. "Quando funcionários eleitos interferem de forma inadequada em tais investigações, isso prejudica o princípio de justiça igual para todos perante a lei."

No total, dez senadores republicanos que votaram pela absolvição disseram, em declarações ou entrevistas, que as ações de Trump haviam sido equivocadas, impróprias ou inadequadas. "Deixe-me ser claro, Lamar falou por muitos, muitos de nós", disse Ben Sasse, senador republicano de Nebraska. "Eu acredito que postergar a ajuda foi impróprio e errado."[3]

O presidente havia conseguido os votos desses republicanos, mas não sua aprovação.

O ex-DNI e senador Dan Coats, fora do governo havia cinco meses, assistiu ao impeachment de Trump com poucas ilusões. Ele achava que entendia o Senado muito mais do que o mundo da inteligência ou da Casa Branca. Tinha certeza de que todos os senadores ali presentes, incluindo os republicanos, sabiam o que havia acontecido. Trump obviamente pressionou por uma investigação dos Biden e atrasou ou impediu a ajuda à Ucrânia.[4] Seria isso suficiente para remover Trump do cargo? Era possível argumentar para um lado ou para o outro. Mas remover um presidente com uma base tão forte em seu partido era praticamente impensável. Uma minoria cada vez menor de republicanos apoiou genuinamente Trump. Os outros tomaram uma decisão de sobrevivência política.

Com todos os "ex" ligados ao seu nome, Coats não queria ser a pessoa a declarar: "Ei, vocês têm que reagir". Então, permaneceu em silêncio.

Depois que as restrições de viagem foram impostas, a China continuou não permitindo a entrada das autoridades de saúde do governo americano, como relataram O'Brien e Pottinger ao presidente.

Devo ligar para o presidente Xi?, perguntou Trump. Devo fazer a ligação? Vocês acham que Xi ligaria para nós se estivesse pronto? Isso não poderia parecer humilhante para Xi? Vamos propor uma ligação, Trump finalmente decidiu.

Os chineses nunca aceitaram a proposta dessa ligação. Nesse ínterim, Trump manteve ligações com outros chefes de Estado. Seu refrão era sempre o mesmo: você consegue acreditar que isso aconteceu? As coisas estavam indo incrivelmente bem, disse Trump, e de repente veio tudo isso, do nada.

Tendo ouvido os telefonemas, O'Brien pensou: bem, na verdade, isso tudo não veio do nada. Veio da China. Isso nos tirou dos trilhos.

A ligação com Xi foi finalmente marcada para a quinta-feira, 6 de fevereiro, às nove da noite, horário de Washington. O Senado absolvera Trump em seu julgamento de impeachment no dia anterior.

Trump atendeu a ligação na ala residencial da Casa Branca. Embora tenha reputação de ser áspero e fanfarrão, ele começou a conversa com sua saudação pessoal característica — agradável e jovial, com poucas frases. Tendia a ser simpático em ligações como essa. Pottinger testemunhou a chamada e considerou-a "bastante trumpiana".

Trump foi direto ao ponto, para ele. Eu só queria ligar para dizer que vamos ajudar em cem por cento na Covid-19, disse Trump. Temos especialistas em saúde incríveis. E embora eu saiba que você pode fazer isso, temos ótimos profissionais dispostos a ajudar.

Nós temos o CDC, continuou Trump. Eles lidaram com a crise de ebola na África. Adoraríamos ajudar você e acabar com esse vírus. Queremos erradicar o vírus, e o pessoal do CDC está pronto, mas precisamos de vistos.

Não era comum o presidente discutir questões logísticas de rotina, como vistos.

Xi agradeceu a Trump pela oferta, porém foi evasivo, esquivando-se em relação ao pedido. Mas também não o recusou abertamente. Xi observou que a China estava trabalhando com a OMS para coordenar a vinda de especialistas externos e sugeriu que os Estados Unidos poderiam participar de uma delegação da OMS.

Xi disse que estava supervisionando pessoalmente os esforços da China e que havia registrado importantes avanços. Deu a impressão geral de que tudo estava sob controle.

Por uma segunda vez, Trump pressionou de forma não agressiva para que Xi permitisse a entrada de especialistas de saúde americanos. A ajuda dos Estados Unidos chegaria se o presidente Xi pedisse, disse ele.

Xi disse que a China estava sendo aberta e transparente e que as ações realizadas ali estariam protegendo não apenas seu próprio país, mas o mundo todo. Em seguida, mencionou que a OMS estava pedindo aos países que se abstivessem de reações excessivas. "Peço aos Estados Unidos e às suas autoridades que não tomem medidas excessivas que possam criar mais pânico."

"Pânico" era uma palavra extraordinariamente forte. Ficou claro que Xi estava criticando de modo indireto os Estados Unidos por restringir as viagens da China, mas ele não foi além de sugerir que gostaria que os voos internacionais fossem retomados.

Trump expressou esperança de que o clima mais quente pudesse ter um papel na minimização da ameaça do vírus, e Xi sugeriu que isso era possível. A temperatura tinha um papel importante, disse ele. Uma vez que se atinja os 10°C, o vírus realmente não sobrevive bem. A China não tinha ainda nada de definitivo sobre os tratamentos que pudessem funcionar, disse ele. E comparou a situação com o surto de Sars de 2003.

Trump, surpreso por ter seu pedido negado duas vezes, mudou de tática, para mencionar esperançosamente o acordo comercial entre os dois países, assinado duas semanas antes. Xi parecia não ter mais nada a dizer sobre isso. E Trump então mudou de tática mais uma vez.

A visita oficial à China que ele e Melania haviam feito em 2017 foi a visita estrangeira mais impressionante que nós tivemos, disse Trump.

Você e a primeira-dama deveriam vir de novo assim que a situação permitir, disse Xi.

Trump voltou a insistir, propondo várias vezes o envio de especialistas de saúde dos Estados Unidos, mas de nada adiantou.

A ligação durou trinta minutos, mas com apenas quinze minutos de fato, considerando os tempos de tradução.*

Naquele fim de semana, em 9 de fevereiro, Fauci, Redfield e outros membros da força-tarefa do coronavírus tomaram seus lugares à mesa de uma grande sala de conferências em Washington. Mais de 25 governadores estaduais, na cidade para uma reunião da Associação Nacional de Governadores e para comparecer a um jantar de gala com Trump naquela noite, pediram informações sobre o coronavírus. Sentados junto a três longas mesas

---

* No dia seguinte, 7 de fevereiro de 2020, conversei com Trump. Ele sabia bastante sobre o vírus e disse que na presidência "há dinamite atrás de cada porta". Veja o Prólogo. [N.A.]

em formato de U, os governadores queriam orientação e pareciam estar interessados nos bastidores da crise.

O surto do coronavírus vai ficar muito, muito pior antes de melhorar, alertou Redfield.

Ainda não chegamos ao começo do pior, disse Redfield. Não há razão para acreditar que o que está acontecendo na China não vai acontecer aqui, disse ele. Na época, havia quase 40 mil casos na China, com mais de oitocentas mortes, apenas cinco semanas depois do anúncio dos primeiros casos.

Concordo totalmente, disse Fauci aos governadores. É um assunto muito sério. Vocês precisam estar preparados para problemas nas suas cidades e estados. Fauci pôde ver a apreensão nos rostos dos governadores.

"Acho que conseguimos deixar esses caras bem assustados", disse Fauci depois da reunião.

O comunicado de imprensa oficial do Departamento da Saúde e Serviços Humanos descrevendo a reunião dizia: "O encontro reiterou que, embora este seja um assunto sério de saúde pública, o risco para o público americano permanece baixo neste momento, e que o governo federal continuará trabalhando em coordenação com os governos estaduais e locais para que continue assim".[5]

No dia seguinte, o presidente Trump disse publicamente três vezes — uma na Casa Branca, uma na TV e outra num comício em New Hampshire — que o vírus iria embora por conta própria. "Quando fica um pouco mais quente, ele desaparece como que por milagre", disse ele no comício lotado. "Acho que vai funcionar bem. Temos apenas onze casos e todos estão melhorando."[6]

Fauci participou de uma conferência pública em Aspen, Colorado, em 11 de fevereiro.[7] A moderadora, Helen Branswell, do STAT News, uma agência de notícias de ciência muito respeitada, disse: "Você tem falado muito sobre querer mais informações da China. O que você gostaria de ter em mãos?".

"Nós realmente precisamos saber a extensão disso", disse Fauci. "O grau de transmissão assintomática" seria a informação crucial. "Isso tem um impacto real em como você toma certas decisões políticas." Se as pessoas que não apresentavam sintomas estiverem transmitindo a doença a outras, será muito mais difícil de conter.

Fauci repetiu várias vezes que o vírus era de baixo risco. Nitidamente cética, Branswell disse: "Explique-me por que o risco é baixo. Porque, para mim, quando olho para este vírus, vejo que ele está se espalhando de forma muito eficiente".

"É a questão da mensagem", disse Fauci de forma franca. Os americanos não precisam ficar assustados. "No momento, temos treze pessoas." Mesmo assim, ele disse: "Existe o risco de que isso se torne uma pandemia global? Absolutamente, sim".

Branswell perguntou sobre o perigo de subestimar o risco que o vírus representava para os Estados Unidos.

Fauci disse: "O risco é relativamente baixo". E propôs uma hipótese: o que aconteceria se ele agora se levantasse e dissesse: "Eu estou falando, nós temos um risco gigantesco de ser aniquilados por completo, e nada acontecesse?". Então, ele respondeu: "Sua credibilidade acaba".

Fauci sabia que estava se equilibrando numa corda bamba. Os Estados Unidos jamais ficariam apenas naqueles poucos casos. Se ele propusesse opções muito extremas tão cedo, não apenas perderia credibilidade, mas ninguém daria ouvidos ou faria alguma coisa.

Ele não disse, mas pensou: "Veja o que está acontecendo na China". O surto era severo.

Durante esse período, entre 11 e 14 de fevereiro, Trump repetiu várias vezes que os Estados Unidos registravam apenas doze casos.

Num evento uma semana depois no Conselho de Relações Exteriores, Fauci foi de novo a voz tranquilizadora. "Até onde sabemos, não há indivíduos que tenham sido infectados internamente nos Estados Unidos", mas apenas aqueles relacionados a viagens, disse ele. "Achamos que não." Mas ele acrescentou: "Não sabemos cem por cento, porque eles poderiam ter entrado sem percebermos".[8]

Instado por outro participante do encontro a reiterar que o público não deveria comprar máscaras respiratórias necessárias aos profissionais de saúde, Fauci riu. "Não quero difamar as pessoas que andam por aí usando máscaras", mas as máscaras, disse ele, devem ser usadas por pessoas doentes. "Ponha uma máscara neles, não em você." Mais tarde ele acrescentou, provocando risadas no público: "Não quero falar mal dos navios de cruzeiro, mas se há uma coisa que você não deve fazer agora, é um cruzeiro na Ásia".

Durante uma reunião na Casa Branca em 18 de fevereiro, Pottinger tratou do vírus de forma geopolítica. A Coreia do Norte fechara suas fronteiras com a China, suspendendo as relações com seu maior parceiro comercial para conter o vírus.

"O coronavírus está provavelmente fazendo mais para aumentar nossa pressão sobre eles do que qualquer outra coisa até agora", disse Pottinger.

Consegui falar com o presidente Trump por telefone às 13h45 da quarta-feira, 19 de fevereiro.[9] Ele estava no *Air Force One*, voando para o Arizona para um comício. O coronavírus ainda não era o foco.

O que eu queria do presidente, eu disse, "é saber o que se passa na sua cabeça quando o senhor diz o que diz ou toma qualquer decisão em relação à política externa sobre a China, Coreia do Norte, Rússia...".

"Soleimani foi um grande acontecimento", disse Trump, referindo-se à decisão de matar o líder da Força Quds iraniana num ataque com drone em 3 de janeiro. "O número um do Paquistão, o primeiro-ministro do Paquistão, Khan, disse que foi o *maior* evento da vida dele. Eu não tinha ideia. Outras pessoas disseram a mesma coisa: foi um acontecimento destruidor." Trump e o primeiro-ministro paquistanês Imran Khan se encontraram confidencialmente em Davos em 21 de janeiro, mas não consegui confirmar se Khan de fato disse o que Trump afirma.

Seis dias antes, o procurador-geral Bill Barr havia criticado Trump numa entrevista notável na televisão, dizendo que os tuítes de Trump estavam tornando "impossível que eu faça meu trabalho".[10]

Barr fez esses comentários depois que Trump postou um tuíte por volta das duas da manhã de 11 de fevereiro atacando a recomendação de condenação do Departamento de Justiça de até nove anos para seu associado político Roger Stone.[11] Na tarde de 11 de fevereiro, o Departamento de Justiça apresentou uma recomendação de sentença sugerindo de três a quatro anos para Stone. Todos os quatro promotores se retiraram do caso, e um deles se afastou totalmente do Departamento de Justiça.

"E o que está acontecendo com o procurador-geral Barr?", perguntei a Trump.

Qualquer pessoa que tenha assistido às coletivas de imprensa de Trump sabe como ele evita problemas e não lida com perguntas difíceis. Isso só aumenta numa situação face a face — numa forma de se esquivar que deixava Mattis, Tillerson, Coats e outros enlouquecidos.

"É uma declaração falsa", respondeu Trump. "Bem, ele fez a declaração sobre o Twitter. Eu não chamo de Twitter, chamo de mídias sociais", como se isso fizesse diferença. Barr tinha sido explícito, e seu desafio público a Trump era uma notícia relevante. Trump continuou a tuitar reclamações sobre o Departamento de Justiça, mas não atacou ou respondeu diretamente a Barr.

A menção de Trump a mídias sociais o atiçou. "Sem mídias sociais, em primeiro lugar, eu não teria ganhado, e em segundo lugar, você sabe, eu sou o número um no Facebook. Zuckerberg", o CEO do Facebook, "esteve na Casa Branca duas semanas atrás."

No início de 2020, com 80 milhões de seguidores, Trump tinha a nona conta com mais seguidores no Twitter, atrás do ex-presidente Barack Obama e várias celebridades.[12] Em termos de curtidas e seguidores, sua página no Facebook está abaixo de dezenas de outras.

"Então, o que está acontecendo entre o senhor e o procurador-geral?", insisti.

Trump ainda estava falando de Mark Zuckerberg. "Ele disse, parabéns, você é o número um no Facebook."

"Isso é tudo para minha reportagem", eu disse, tentando conseguir alguma explicação sobre Barr.

"E eu sou o número um no Twitter", disse Trump. "Quando você é o número um e tem centenas de milhões de pessoas, se eles estão a favor ou contra você, mesmo assim eles leem o que você diz. Eu não preciso de comerciais. Quando você é o número um, você não precisa de comerciais. O número dois é Modi, mas a Índia tem 1,5 bilhão de pessoas. Eu tenho 350 milhões. Você sabe? É um pouco diferente." Trump e o primeiro-ministro Narendra Modi, que tinha mais de 50 milhões de seguidores, eram os dois líderes mundiais com mais seguidores no Twitter.

"Então me fale sobre o... tudo isso é para uma reportagem séria, sr. presidente."

"Mídias sociais", disse Trump. Ele havia decidido ficar nesse caminho e não ia mudar de direção. "Eu provavelmente não estaria aqui falando com você agora se não fosse pelas mídias sociais. Pelo menos não nessa função. No *Air Force One*, viajando confortavelmente para o estado do Arizona. Você sabe? Eu não estaria falando com você aqui. Então é muito importante."

"Senhor, o que foi que Barr lhe disse? Isso, como eu já falei, é para uma reportagem séria. O senhor sabe, tem muita gente falando de um tuíte sobre isso, para usar esse termo."

"Acho bom, é assim que eu gosto. Gosto de ver todo mundo em cima de um tuíte. Por mim, tudo bem. Deixe ficarem desse jeito."

"Bem, está funcionando", eu disse.

Ele mudou a conversa para falar de uma pesquisa. "Eu fiz uma declaração sobre isso hoje, não sei se você já viu."

Mais cedo, naquele mesmo dia, Trump havia tuitado: "As pesquisas internas VERDADEIRAS mostram que estou vencendo todos os candidatos democratas. As pesquisas fake news (aqui vamos nós, igualzinho a 2016) me mostram perdendo ou empatado. As pesquisas deles vão se mostrar furadas no 3 de novembro, assim como as fake news são furadas!".[13]

"Nas pesquisas internas, estamos vencendo todo mundo", disse ele. "Mas as fake news estão aprontando de novo. Eles gostam de inventar pesquisas onde eu não estou" vencendo.

"O.k., agora, senhor", eu disse, "qualquer um que entenda da Constituição sabe que como presidente o senhor tem autoridade sobre todos os ministérios, incluindo o Departamento de Justiça."

"Sim. Está certo. Total. E eu não exerci essa autoridade. Eu deixei as pessoas comandarem."

Comentei que muitas pessoas achavam que ele não deveria intervir, repetindo a afirmação que fiz a ele em Mar-a-Lago.

"Este foi o maior crime, o maior crime político na história do nosso país", disse Trump, referindo-se à investigação de sua campanha de 2016, concluída quase um ano antes. "Eles espionaram essa campanha. O partido oposto, no controle da nação, espionou seu oponente e a campanha política do seu oponente. Eles causaram uma tremenda injustiça. Eles causaram danos tremendos. E destruíram muitas vidas."

"Estou acompanhando isso bem de perto", eu disse.

"Eles foram pegos", disse o presidente. "As pessoas que votam em mim" sabem disso, disse ele. "Foi uma ação pérfida. Um ato terrível. Essas pessoas estariam na prisão. Por cinquenta anos eles teriam ido para a prisão. Passariam cinquenta anos na prisão, o que significa que teriam morrido na prisão. Uma das coisas mais importantes que fiz foi despedir aquele salafrário do Comey."

Ele não desistia de falar dessas questões e voltava a elas em qualquer oportunidade. Mas parecia recitá-las apenas por fazê-lo, sem emoção nenhuma.

Quando consegui voltar a falar, ri e disse: "Já ouvi sua opinião sobre isso seis vezes, senhor". Sugeri que perguntasse a seu amigo e conselheiro Lindsey Graham se achava uma boa ideia que ele, Trump, entrasse numa briga pública com o procurador-geral sobre sua autoridade. "Isso é uma coisa boa para o senhor?"

"Quero que as pessoas saibam que eu tenho a autoridade", disse Trump, "mas que decidi não usá-la." Ele culpou a mídia. "Eles cortam e recortam. Você não vê as coisas como elas são.

"Não houve nenhum presidente que tenha feito o que eu fiz em três anos", disse Trump. "Você sabe disso e todo mundo sabe." E acrescentou em tom desafiador: "Vamos ver se você está ou não disposto a escrever isso".

No final de fevereiro, a China finalmente permitiu que cientistas da OMS entrassem no país para investigar a situação. Redfield queria enviar sua equipe de investigadores, mas apenas um oficial do CDC foi permitido no grupo. O vice-diretor de Fauci, dr. Clifford Lane, foi o único outro americano com permissão para se juntar à delegação, que esteve na China entre 16 e 24 de fevereiro. O relatório divulgado pelo grupo indicou que a infecção assintomática era "relativamente rara e não parece ser um vetor de transmissão expressivo", e elogiou a China por ter realizado "provavelmente o esforço de contenção de doenças mais ambicioso, ágil e agressivo da história".[14]

Lane, que nunca estivera na China e não tinha experiência com dirigentes chineses, relatou pessoalmente a Fauci que havia muitos casos lá e que eles estavam se espalhando com rapidez. Mas disse também que os chineses pareciam estar fazendo tudo que tinham ao seu alcance para conter o vírus. Tudo estava parado. Ninguém tinha permissão para sair de casa, exceto para comer. Pessoas doentes e saudáveis estavam trancadas em suas residências. Se decidissem sair em busca de algo que não fosse comida, seus vizinhos denunciariam à polícia, que viria e as interrogaria. Foi algo absoluto, quase sem nenhuma preocupação com os direitos humanos.

Lane também disse que ficou impressionado com as capacidades tecnológicas nos hospitais em Pequim. Mas nenhum dos americanos da delegação teve permissão para entrar em Wuhan, o epicentro da doença.

O relatório da OMS continha um alerta grave: "Grande parte da comunidade internacional ainda não está preparada, mental e materialmente, para implementar as medidas que foram empregadas para conter a Covid-19 na China. Estas são as únicas medidas que comprovadamente interrompem ou minimizam" a disseminação do coronavírus. Tais medidas incluíam vigilância, engajamento público, cancelamento de reuniões em massa, controle de tráfego, diagnóstico rápido, isolamento imediato de casos e "rastreamento rigoroso e quarentena de contatos próximos".[15]

No final de fevereiro, o vírus se espalhou pela Europa, mais fortemente na Itália, pela Ásia e pelo Oriente Médio. Os mercados globais despencaram.

As mensagens otimistas do governo americano continuaram. "Temos tudo sob controle", disse Trump a repórteres em 23 de fevereiro.[16] "Curiosamente, não tivemos mortes." No dia seguinte, ele tuitou: "O coronavírus está sob controle nos Estados Unidos", e acrescentou: "O mercado de ações está começando a parecer muito bom para mim!".[17]

Mas, em 25 de fevereiro, quando Trump embarcou no *Air Force One* para voltar de uma visita oficial à Índia, a diretora do Centro Nacional para Imunização e Doenças Respiratórias do CDC, dra. Nancy Messonnier, emitiu um alerta público grave. As escolas poderiam ter de fechar, as reuniões poderiam ter de ser suspensas e as empresas poderiam ter de manter seus funcionários trabalhando em casa. "A interrupção da vida cotidiana pode ser significativa", disse ela aos repórteres. "Não é tanto uma questão de se isso vai acontecer, mas sim de quando isso vai acontecer e quantas pessoas neste país terão doenças graves."[18]

Alguns conservadores, incluindo Rush Limbaugh, no mesmo instante atacaram Messonnier como integrante de uma conspiração para usar o vírus com o objetivo de prejudicar Trump. Observaram que Messonnier era irmã de Rod Rosenstein, o ex-subprocurador-geral, que supervisionara a investigação de Mueller e renunciara na primavera de 2019.

Redfield conhecia Messonnier muito bem e tinha muito respeito por ela. Suas carreiras haviam se cruzado em agências federais de saúde pública desde a década de 1990. Às vezes, ele pensou, você tem de ser direto. Ela apresentou sua avaliação honesta e tentou fazer com que as pessoas se preparassem para o que poderia acontecer.

As manchetes ecoavam seus alertas: "Crise viral nos Estados Unidos é considerada provável", registrou o *New York Times*.[19] "Ameaça aos americanos chamada de 'inevitável'", relatou o *Washington Post*.[20] O S&P 500 caiu mais de 3% pelo segundo dia consecutivo. Trump, voltando da Índia para os Estados Unidos, ligou para Azar e ameaçou demitir Messonnier.

Em 26 de fevereiro, Trump anunciou em entrevista coletiva que o vice-presidente Pence substituiria Azar como chefe da força-tarefa do coronavírus. "Quando você tem quinze pessoas — e as quinze dentro de alguns dias vão cair para quase zero —, é porque foi feito um bom trabalho", disse o presidente. "Isso é uma gripe. Isso é como uma gripe."[21]

Questionado sobre se as escolas deveriam se preparar para a propagação do coronavírus, Trump disse: "Acho que todos os setores da nossa sociedade devem estar preparados", mas acrescentou: "Não acho que vá chegar a esse ponto, sobretudo pelo fato de que estamos indo para baixo, não para cima. Estamos caindo substancialmente, não subindo".

Redfield continuou monitorando com urgência todos os dados que chegavam ao CDC. Seu trabalho era manter o país em segurança 24 horas por dia, sete dias por semana, contra doenças.

Ela foi chamada de Caso #15. Em 15 de fevereiro, uma mulher saudável de quarenta e poucos anos foi hospitalizada em Vacaville, Califórnia, com uma doença respiratória grave. Intubada e com ventilação, sua condição piorou e ela foi transferida para o Davis Medical Center da Universidade da Califórnia, em Sacramento, em 19 de fevereiro. A equipe da UC Davis solicitou um teste de Covid, mas, como ela não se enquadrou nos critérios do CDC — sintomas de vírus e sintomas recentes de viagem para a China ou contato conhecido com alguém que tinha o vírus —, o teste não foi administrado de imediato. O CDC finalmente aprovou um teste de Covid dias depois, quando sua condição continuou a piorar.

Dez agentes do CDC enviados para a Califórnia começaram a rastrear seus contatos. Nenhum deles tinha qualquer ligação com a China ou com outros lugares onde o vírus havia sido detectado.

Para Redfield, ela foi um momento crítico. A disseminação comunitária, um termo de saúde pública usado para designar uma infecção cuja fonte é desconhecida, abriria uma nova frente na batalha contra a Covid nos Estados Unidos.

Veio então o Caso #16, também da Califórnia, sem nenhuma fonte rastreável de infecção. Redfield chamou de "transmissão não vinculada".

"Há evidências, agora, de que este vírus estabeleceu a transmissão comunitária no país", disse ele. "Vamos começar uma batalha."

A evidência de disseminação comunitária deu a Fauci uma sensação de desespero. De repente, era um caso aqui e outro ali. "Droga!", pensou consigo mesmo. "Aqui vamos nós."

Poucos dias depois, então, Redfield assistiu a um aumento nos casos de doenças semelhantes à influenza em Nova York. Mas a vigilância da gripe do CDC mostrou casos muito, muito baixos. Não era gripe. Ligou para Howard Zucker, o comissário de saúde do estado de Nova York.

"Howard", disse Redfield, "temos um grande problema em Nova York." Alguns casos adicionais de Covid em Nova York foram diagnosticados em pessoas que não tinham vindo da China para os Estados Unidos, mas sim da Itália. A luz então se acendeu e permaneceu acesa.

Redfield não sabia de onde o vírus estava vindo e sentia que não tinha controle sobre isso.

Em depoimento à Câmara, no dia 27, Azar disse: "O risco imediato para o público continua baixo". E acrescentou: "O povo americano vai achar e sentir mais como uma temporada de gripe severa".[22]

O coronavírus finalmente começou a se infiltrar na campanha de reeleição de Trump. Na manhã de 28 de fevereiro, Jared Kushner falou por telefone com Brad Parscale, diretor da campanha de Trump.

"Precisamos de mais imagens", disse Parscale a Kushner. Trump deveria aparecer "na frente de coisas incríveis. Vestir um jaleco branco. Ver a vacina sendo elaborada. Mostrar para o país que estamos fazendo coisas".

Naquele dia, o mercado de ações teve uma queda pelo sétimo dia seguido, tendo sua pior semana desde 2008.

No mesmo dia, mais tarde, num comício na Carolina do Sul, Trump disse: "Os democratas estão politizando o coronavírus, vocês sabem disso, não é? Coronavírus, eles o estão politizando".[23] E chamou as críticas dos democratas sobre como ele havia lidado com o vírus de "o novo embuste deles" depois da investigação russa e do impeachment, dizendo que eles, a partir dali, "só iriam quer falar sobre isso".

Fauci, que estava se tornando rapidamente o rosto mais reconhecido do governo dos Estados Unidos na reação ao coronavírus, apareceu no *Today Show* em 29 de fevereiro.

Peter Alexander, repórter da NBC, fez a pergunta que estava na cabeça de muitas pessoas: "Então, dr. Fauci, agora é sábado de manhã nos Estados Unidos. As pessoas estão acordando com preocupações reais sobre isso. Elas querem ir ao shopping e ao cinema, talvez à academia também. Devemos mudar nossos hábitos e, em caso afirmativo, como?".[24]

"Não", disse Fauci. "Agora, neste momento, não há necessidade de mudar nada do que você está fazendo no dia a dia. No momento, o risco ainda é baixo, mas isso pode mudar."

Mais tarde, ele ficaria feliz por ter adicionado aquele "mas isso pode mudar". Ainda assim, do ponto de vista prático, o Médico da América dava um sinal verde para que as pessoas seguissem com sua rotina no fim de semana.

No mesmo dia, as autoridades de saúde anunciaram que a primeira morte por Covid-19 nos Estados Unidos ocorrera durante a noite no estado de Washington. No informe da força-tarefa do coronavírus na Casa Branca, naquela tarde, Redfield disse sobre o falecido: "A investigação, no momento, não mostra nenhuma evidência de ligação com alguma viagem ou contato conhecido".[25]

Questionado por um repórter se os americanos deveriam mudar sua rotina ou vida diária, Trump disse: "Bem, espero que eles não mudem sua rotina. Mas talvez, Anthony", disse a Fauci, "vou deixar você... vou deixar você responder a isso. Ou Bob?", perguntou a Redfield. "Você quer responder a isso? Por favor."

"O público americano precisa levar uma vida normal", disse Redfield. "O risco é baixo. Precisamos continuar com nossa vida normal."

33

Quando eu estava na faculdade, mais de 55 anos atrás, tive um professor de inglês que entendia bem o quanto uma biografia pode ser imprecisa. O biógrafo, dizia ele, deve encontrar os verdadeiros "refletores" de determinado objeto, as pessoas que conhecem o objeto da biografia melhor do que ninguém. O refletor ideal possui uma proximidade pessoal e profissional única com o indivíduo em questão, ter uma ampla experiência com ele e poder fazer uma avaliação de seu caráter.

Quando ouvi falar de Jared Kushner pela primeira vez, ele parecia venerar seu sogro, agindo como um sempre leal líder de torcida e verdadeiro defensor. Certa vez, ele disse a pessoas próximas: "Quando discordo do presidente, sempre digo: o.k., o que eu não estou enxergando? Porque ele já provou várias vezes que tem um bom instinto".

Ele expressou admiração pelo domínio de Trump sobre a mídia. "Se o presidente não tuitou, não aconteceu. Você envia um comunicado à imprensa e ele vai para o éter e ninguém se importa. Ele posta um tuíte e logo está na CNN um minuto e meio depois."

A princípio, pensei que tudo isso significava que Kushner não seria capaz de chegar nem mesmo perto de transmitir uma avaliação honesta do caráter de Trump.

Então, em 8 de fevereiro de 2020, Kushner indicou a algumas pessoas quatro textos que, segundo ele, deveriam ser lidos e absorvidos por quem quisesse entender Trump.

Primeiro, Kushner aconselhou: volte e leia um texto opinativo de 2018 da colunista ganhadora do Prêmio Pulitzer do *Wall Street Journal*, Peggy Noonan. Sua coluna sobre Trump dizia: "Ele é louco... e isso meio que está funcionando".[1]

Kushner deixou claro que seu endosso à coluna não era um comentário à parte ou desconexo, mas sim algo fundamental para compreender Trump.

O genro devia saber que a coluna de Noonan, datada de 8 de março de 2018 e intitulada "Sob Trump, estamos mais divididos do que nunca", não fazia uma avaliação positiva. Ao contrário, era bem crítica. Nela, Noonan chamava Trump de "um ato de circo" e "um insulto ambulante".

"O que você sente é inquietante", ela escreveu, "e você sabe do que se trata: a natureza preocupante do sr. Trump... instabilidade épica, ingerência e confusão."

Redatora conservadora de discursos do presidente Ronald Reagan, Noonan escreveu que, com Trump, "não estamos falando de ser pitoresco e astuciosamente imprevisível, como eram às vezes os mestres políticos Roosevelt e Reagan, mas algo mais infeliz, uma qualidade desequilibrada ou não totalmente articulada que parece uma tragédia maluca".

Continuando com seu tema, Noonan escreveu: "A loucura não dura. Louco não vai longe. Loucura é um elemento instável que, quando solto num ambiente instável, explode. E daí sua inquietação. Mais cedo ou mais tarde, algo ruim vai acontecer. Tudo parece muito perigoso.

"Esperar mais de um presidente dos Estados Unidos é algo que deriva do respeito ao país, às suas instituições e à própria Casa Branca. Algo que deriva de certos padrões cuja queda preocupa os autênticos conservadores. Não é arrogância. As pessoas que tentam compreender esta presidência também são patriotas. Essa é uma das coisas infernais da era atual."

A segunda recomendação de Kushner para entender Trump era, surpreendentemente, o Gato que Ri de *Alice no País das Maravilhas*. Ele parafraseou o gato: "Se você não sabe aonde está indo, qualquer caminho vai levá-lo até lá".[2] A estratégia do Gato que Ri era de perseverança e persistência, não de direção.

Kushner estava dizendo, explicitamente, que *Alice no País das Maravilhas* era um texto que servia como guia para a presidência de Trump. Kushner entendia o quão negativo isso era? Seria possível que o melhor roteiro para o governo fosse um romance sobre uma jovem que cai numa toca de coelho? Estaria Kushner disposto a reconhecer que a presidência de Trump estava em terreno instável e sem direção?

O terceiro texto que Kushner recomendou para compreender a presidência de Trump foi o livro de Chris Whipple, *The Gatekeepers: How the White House Chiefs of Staff Define Every Presidency*. No livro, Whipple concluía que, depois do presidente, os chefes de gabinete eram os que tinham o destino do país nas mãos.[3]

Num capítulo sobre a presidência de Trump acrescentado em março de 2018, Whipple escreveu que Trump "claramente não tinha ideia de como governar" em seu primeiro ano no cargo, mas estava relutante em seguir o conselho de seus primeiros dois chefes de gabinete, Reince Priebus e John Kelly. "O que parece claro, no momento da redação deste artigo e passado quase um ano em sua presidência, é que Trump será sempre Trump, qualquer que seja seu chefe de gabinete", concluiu Whipple.

Um quarto texto que Kushner aconselhou ser necessário para entender Trump foi o livro de Scott Adams, *Win Bigly: Persuasion in a World Where Facts Don't Matter*. Adams, o criador da história em quadrinhos Dilbert, explica em *Win Bigly* que as falsas declarações de Trump não são erros lamentáveis ou lapsos éticos, mas parte de uma técnica chamada "persuasão intencional do erro".[4] Adams argumenta que Trump "pode inventar qualquer realidade" para grande parte dos eleitores na maioria das questões e "tudo o que você vai lembrar é que ele forneceu suas razões, não se desculpou e seus oponentes o chamaram de mentiroso como sempre fazem".

Kushner disse que a abordagem de Scott Adams poderia ser aplicada ao discurso mais recente de Trump sobre o Estado da União, em 4 de fevereiro, quando ele afirmou: "Nossa economia está melhor do que nunca".[5] A economia estava de fato em excelente forma na época, mas não era a melhor da história, reconheceu Kushner.

"A polêmica destaca a mensagem", disse Kushner. Esse era o entendimento principal da estratégia de comunicação na era da internet e de Trump. A controvérsia sobre a economia, Kushner argumentava — e o quão bem ela estava —, só podia ser benéfica para Trump, pois lembrava aos eleitores que a economia estava em boa forma. Uma análise minuciosa da mídia dizendo que os indicadores seriam tecnicamente melhores décadas atrás ou nos anos 1950 é irrelevante, disse ele.[6]

Reunidos, os quatro textos de Kushner apresentam um presidente Trump amalucado, sem foco, teimoso e manipulador. Eu não conseguia entender como alguém podia recomendar esses textos como forma de compreender o sogro, ainda mais sendo este o presidente em quem ele acreditava e a quem servia.

Kushner não tinha nenhum cargo oficial durante a campanha presidencial de Trump em 2016, mas havia tomado muitas decisões operacionais — em especial sobre custos, que ele sabia que Trump monitorava constantemente. Agora, Kushner desempenha um papel importante na campanha de reeleição de 2020, que ele chama de "uma máquina perfeita e bem lubrificada", em contraste com a campanha "experimental" de 2016.

253

Para 2020, disse Kushner em fevereiro a algumas pessoas próximas, "montei três operações de pesquisa". Elas são independentes uma da outra, acrescentou. "As pesquisas mostram repetidamente que o presidente está indo muito bem. Temos potencial para uma grande explosão em 2020."

A votação do impeachment na Câmara pelos democratas, que Kushner chamou de "muito injusta", foi uma bonança para os índices de aprovação de Trump.

"Subimos oito pontos. Acertamos uma porrada na cara deles", disse Kushner sobre os democratas. Oito pontos podem ser discutíveis, mas parecia claro que o impeachment havia impulsionado Trump. Uma pesquisa do instituto Gallup publicada em 4 de fevereiro mostrou a aprovação de Trump em 49%, a maior em toda a sua presidência.

A verdadeira história da presidência de Trump, na visão declarada de Kushner, foi a da percepção de Trump em relação à realidade. "Você deveria vê-lo nas reuniões. Trump interroga as pessoas, mantendo-as desequilibradas, mas ele permanece flexível.

"A mídia está histérica sobre Trump — tão histérica que não consegue vigiá-lo", argumentou Kushner. "Os repórteres têm medo de passar dos limites apontando as disfunções de Trump. E se o fizerem, cairão no ostracismo."

No início de fevereiro, o presidente me dissera que "há dinamite atrás de cada porta".[7] Trump, é claro, tinha suas preocupações, mas Kushner descartava a ideia de que havia problemas à espreita. Ele nem mesmo reconheceria essa possibilidade. Tinha uma confiança ilimitada e estava otimista.

Problemas sempre surgiriam na presidência. Não havia surpresas em todos os lugares? O inesperado espreita em qualquer esquina, qualquer dia, todo dia. Não seria certo e sábio, para qualquer presidente, pensar defensivamente que havia dinamite atrás de cada porta?

Por exemplo, o BDP de 6 de agosto de 2001 para George W. Bush incluía uma manchete memorável: "Bin Laden determinado a atacar os Estados Unidos". Nada, ou muito pouco, foi feito. Trinta e seis dias depois, a organização terrorista de Osama bin Laden atacou as cidades de Nova York e Washington, matando 3 mil pessoas e mudando o curso da história.

Mas Kushner era um otimista. Trump, disse ele, "passou por muitas portas com dinamite" e sobreviveu. "Ele dominou a presidência como nunca antes."

E resumiu: "O presidente passou dos limites, sim. Não fez a coisa normal. Mas era a coisa certa para as pessoas. Tudo está no caminho certo para uma grande explosão".

34

Kushner se sentia ora frustrado, ora perplexo diante da confusão dos outros em relação a Trump. "Ele é imprevisível, o que é uma grande vantagem. Ninguém sabe qual o limite" de Trump. De acordo com Kushner, o próprio Trump também não sabe. "Essa é a diferença entre um empresário e um político, no sentido de que os fatos mudam todos os dias. E os limites mudam também."

Isso era muitas vezes realçado com uma análise cínica sobre custo-benefício. Por exemplo, em dezembro de 2016, antes de assumir a presidência, Trump questionou se sua administração continuaria com a política de "Uma China" mantida pelos Estados Unidos desde a administração Carter. De acordo com essa política, os Estados Unidos não reconhecem a ilha de Taiwan como uma nação independente e, em vez disso, reconhecem apenas "Uma China" que inclui Taiwan. A decisão de Trump de colocar essa política em questão irritou a China e, em 9 de fevereiro de 2017, num telefonema com o presidente chinês Xi Jinping, Trump disse que iria honrá-la. Dois meses depois, recebeu Xi em Mar-a-Lago para uma cúpula.

Kushner considera a decisão sobre a política de "Uma China" de um cinismo pragmático. "O presidente Trump disse que iria respeitar a política de 'Uma China', disse Kushner. "Não era uma grande concessão, porque você sempre poderia dizer no dia seguinte que não iria mais respeitá-la."

Kushner tinha explicações adicionais para as oscilações de Trump. "A maior dificuldade que as pessoas têm para entendê-lo é que elas o veem como impassível, quando na verdade ele não é algo sólido, ele é fluido, no sentido de que... e isso é uma vantagem." A experiência de Trump nos negócios lhe ensinou que "não há acordo até que você assine a papelada, certo? Você pode fazer um acordo e depois cumpri-lo. Mas enquanto a papelada não for assinada, não existe acordo. E é assim que ele é. Assim ele sempre será flexível".

Claro que flexibilidade pode ser uma vantagem, nos negócios e na política. Mas o gabinete de Trump e sua equipe raramente tinham uma posição definida sobre as orientações e políticas do presidente até que ele decidisse ou tuitasse algo a respeito. Acreditar que "os fatos mudam todos os dias" é simplesmente uma outra versão da afirmação de Kellyanne Conway, de 2017, segundo a qual existem "fatos alternativos".

"Ele não tem medo de entrar em situações polêmicas", disse Kushner. "Eu acho que ele demonstrou aos poucos que tem a coragem de fazê-lo. Porque já entrou em situações nas quais as pessoas lhe diziam que o mundo iria acabar se ele fizesse isso ou aquilo, mas no dia seguinte o sol nasceu, e à tarde o sol se pôs."

No início de 2020, Kushner avaliou que Trump havia montado uma equipe melhor e mais dedicada, na Casa Branca, do que eles haviam feito antes.

"No começo", dizia Kushner, referindo-se aos primeiros anos da administração, "20% das pessoas que tínhamos achavam que Trump estava salvando o mundo, e 80% achavam que estavam salvando o mundo de Trump.

"Agora, acho que temos o contrário. Acho que 80% das pessoas que trabalham para ele acham que ele está salvando o mundo, e 20% — talvez menos agora — acham que estão salvando o mundo de Trump."

Tentemos entender bem esta análise: 20% da equipe do presidente acha que está "salvando o mundo" do presidente.

Kushner sugeriu que Trump havia provocado uma mudança de opinião a seu respeito em algumas das pessoas que estavam com ele desde o começo de sua administração. Quando as responsabilidades econômicas de 2020 aumentaram e o secretário do Tesouro, Steve Mnuchin, assumiu um papel cada vez mais importante, Kushner disse ao presidente: "Agora você realmente vai começar a agradecer por ter os judeus neuróticos de Nova York do seu lado".

Kushner disse que uma das maiores capacidades de Trump era que "ele de algum modo consegue fazer com que seus inimigos se autodestruam e cometam erros idiotas. Ele faz a mídia dançar no ritmo dele e os democratas também. Eles parecem cachorros correndo atrás de uma moto, perseguindo tudo o que ele joga na rua. Então, ele resolve o problema e vai para o próximo — e eles correm atrás da próxima coisa também".

A pergunta era, disse ele: "Com o que a mídia está obcecada num determinado momento? Porque todos os dias eles se derretem por alguma coisa, isso é assim desde que estou nesse negócio de política, por alguns anos. E, aí, o que está realmente acontecendo? É como um bufê em que eles comem as piores coisas que você lhes oferecer".

Em reuniões, diz Kushner, Trump é "um especialista em questionamentos. É um especialista em ler o que as pessoas falam. Ele não vai dizer, deixe-me ir em frente com uma posição mais nuançada. Ele vai, numa reunião, dizer, bem, e se fizermos cem por cento isso? Eles vão dizer, ah, você não pode fazer isso. E então ele dirá, bem, e se fizermos zero? É tipo, porra! É uma chicotada. Então essa é sua maneira de ler as pessoas, é ver o quão certos eles estão da sua posição: eles se mantêm nela? Eles desistem? Então, esse é só o estilo dele.

"Aliás", complementou Kushner, "é por isso que a pessoas mais perigosas ao redor do presidente são os idiotas arrogantes." Isso era aparentemente uma referência a Mattis, a Tillerson e ao ex-assessor econômico da Casa Branca, Gary Cohn. Todos já haviam ido embora. "Se você olhar a evolução através do tempo, nós nos livramos de muitos idiotas arrogantes. E agora ele tem mais pessoas inteligentes que sabem seu lugar e o que fazer."

De acordo com Kushner, um dos maiores impactos de Trump foi no Partido Republicano. "Nenhum dos partidos é realmente um partido. Eles são mais como uma coleção de tribos", comentou numa reunião na Casa Branca. "O Partido Republicano era uma coleção de um monte de tribos. Veja a plataforma do Partido Republicano. É um documento feito para irritar todo mundo, basicamente, porque foi feito por ativistas." A teoria de Kushner é de que havia uma "desproporção entre os assuntos sobre os quais as pessoas falam e aquilo com que os eleitores realmente estão preocupados".

Trump havia unido o Partido Republicano atrás de si. "Nem acho que seja por conta das questões em pauta", disse Kushner. "Eu acho que é pela atitude." Ele disse que Trump "assumiu o controle do Partido Republicano dentro de uma situação totalmente hostil".

A construção do muro na fronteira dos Estados Unidos com o México, paga pelo governo do México, foi um dos pontos centrais da campanha de 2016 de Trump e está no topo da lista de coisas que Kushner acha que Trump deveria fazer para conquistar a reeleição em 2020. O México se negava a pagar, e cinco dias depois de sua posse, Trump determinou que o Departamento de Segurança Interna (DHS, na sigla em inglês) identificasse e alocasse para isso possíveis fontes de fundos federais. Um relatório do DHS registrou que o muro iria custar mais de 20 bilhões de dólares.[1]

No outono de 2019, Trump nomeou Kushner como responsável pela questão do muro da fronteira. O método de Kushner era típico de uma faculdade de administração, com documentos detalhados e reuniões a cada duas semanas.

Numa reunião em 14 de fevereiro de 2020, Kushner se encontrou com quinze pessoas e fez uma série de perguntas: Temos os contratos para cada seção do muro? Eles chegaram na hora certa? Quais decisões precisam ser tomadas? Onde havia problemas? Como reduzir os custos? De onde vinha o dinheiro — de qual conta do Pentágono? Qual é o retorno das pessoas que estão no local?

Pelos cálculos de Kushner, eles haviam construído pouco mais de 195 quilômetros do muro. O órgão Alfândegas e Proteção de Fronteiras (CBP, na sigla em inglês) afirmou que, desse total, 159 quilômetros eram "novos sistemas de muros de fronteira construídos no lugar de projetos já deteriorados e/ou desatualizados" — em outras palavras, substituições ou reparos. Dezesseis quilômetros eram de "muros de fronteira secundários".[2] Um quilômetro e seiscentos metros eram de um novo muro "em locais onde não havia nenhum muro antes". O objetivo de Kushner era construir, substituir ou consertar de onze a treze quilômetros por semana e chegar a 644 quilômetros até o final do ano. Ainda não estaria completo, o que significa que ainda estariam construindo o muro até 2021 — supondo-se que Trump fosse reeleito. A parte mais difícil foi comprar terrenos.

"É mais complicado do que pensei", admitiu Kushner.

A obtenção do financiamento se mostrou difícil. Trump acionou todas as alavancas do governo federal. Entrou num impasse com o Congresso, levando a uma paralisação governamental de 35 dias, de dezembro de 2018 até janeiro de 2019 — a mais longa na história do país. Declarou emergência nacional em fevereiro de 2019 para forçar a liberação de fundos do Departamento de Defesa, travando batalhas judiciais em todas as fases e, finalmente, vencendo um caso por cinco a quatro na Suprema Corte em julho de 2019.

Eles forçaram o sistema e conseguiram fazer funcionar, disse Kushner. "O sistema foi concebido para não fazer nada."

Suspensas as restrições, os valores do orçamento do Pentágono destinados a construções e programas antidrogas foram deslocados para pagar pelo muro. "Nós procuramos em todas as gavetas e encontramos o dinheiro de que precisávamos", disse Kushner.

O muro também não estava sendo erguido exatamente onde Trump queria. Em vez disso, estava sendo construído onde o CBP havia identificado, para Trump e Kushner, como sendo áreas de alto tráfego. "É um muro inteligente", disse Kushner. O CBP possuía drones, sensores e câmeras, podendo cobrir mais áreas com menos pessoas. O número de travessias ilegais na fronteira diminuiu. As apreensões de drogas aumentaram. Kushner esperava que o retorno sobre o investimento significasse que o muro pagaria a si mesmo.

A cada duas semanas, Kushner dava a Trump uma atualização sobre a construção do muro. O presidente não estava interessado em avanços parciais.

"Termine essa merda logo", dizia Trump.

Para Kushner, uma das maiores habilidades de Trump é a capacidade de "entender como provocar o outro lado criando brigas nas quais este fosse levado a adotar posições estúpidas".

Ele recorda os tuítes de Trump de 27 de julho de 2019, sobre o distrito representado pelo falecido democrata negro Elijah Cummings e que incluía Baltimore. "O distrito de Cummings é um lugar bagunçado, nojento e cheio de ratos", tuitou Trump.[3] "Nenhum ser humano quer viver ali."

Kushner viu isso como uma provocação aos democratas. "Quando ele fez aquele tuíte sobre Elijah Cummings, o presidente estava dizendo, isso é ótimo, deixe que eles defendam Baltimore", disse Kushner a um interlocutor próximo. "Os democratas estão ficando doidos, estão praticamente defendendo Baltimore. Quando tivermos as próximas eleições, eles estarão amarrados a essas posições idiotas, porque preferem atacá-lo a ser racionais."

O ex-distrito de Cummings se situa na metade superior dos distritos eleitorais em termos de renda média, preços de imóveis e nível educacional. Ele possui a segunda maior renda de todos os distritos eleitorais de maioria negra dos Estados Unidos.

No dia seguinte, Chris Wallace recebeu Mick Mulvaney, então chefe de gabinete interino da Casa Branca, em seu programa dominical. "Isso parece ser o pior tipo de estereótipo racial, Mick…", disse Wallace.[4]

Mulvaney tentou interromper.

"Deixe-me terminar", disse Wallace. "Estereótipo racial. Congressista negro, distrito majoritariamente negro — digo, 'nenhum ser humano gostaria de viver ali'? Ele está dizendo que quem vive em Baltimore não é ser humano?"

"Acho que você está perdendo muito tempo lendo as entrelinhas", disse Mulvaney.

"Não estou lendo as entrelinhas", disse Wallace. "Eu estou lendo o que está escrito."

35

Na manhã da sexta-feira, 28 de fevereiro, oito meses antes da eleição de 2020, o diretor de campanha de longa data de Trump, Brad Parscale, estava se sentindo confiante. Até mesmo exuberante. Com sua barba cor de âmbar e seus quase dois metros de altura, ele sentava-se confortavelmente em seu escritório no 14º andar da sede de campanha de Trump na Virgínia. Ao fundo, uma vista panorâmica do rio Potomac.

"Sou um mestre do marketing", disse Parscale a vários membros da equipe e a visitantes naquele dia. Ele disse que Trump definia os temas de campanha e da governança, e sua missão era transformá-los, junto com os tuítes de Trump, numa blitz imbatível de mensagens e arrecadações de fundos.

Pense assim, disse Parscale: "O presidente é o rádio e a música. Nós somos o amplificador". De vez em quando, Parscale dizia que seu trabalho para Trump o transformava no que ele chamava de "compositor". Ele dizia: "Aqui estão algumas coisas que você deveria ver".

A campanha avançava em alta velocidade. Utilizando inteligência artificial, a operação de Parscale testava até 100 mil variações de mensagens por dia. Por exemplo, testavam se um botão de doação verde ou vermelho geraria mais dinheiro numa arrecadação.

Em dez segundos, os modelos de IA poderiam dizer como foi o desempenho de determinado anúncio em comparação com os últimos 4 milhões que tinham passado antes dele.

Haviam acumulado quase vinte dias seguidos de arrecadações de fundos de 1 milhão de dólares. O discurso do Estado da União de Trump, feito no dia 4 de fevereiro, fora o maior dia até então, com 5,3 milhões de dólares arrecadados.

Parscale, agora com 44 anos, foi um dos primeiros contratados para a campanha de 2015 e continuou a trabalhar na mídia, enquanto Trump contratava e demitia outros dirigentes de sua campanha.

"Uma bênção disfarçada foi o casamento da sua filha com Jared", disse Parscale. "Eu acho que Jared Kushner era o operador que ele precisava — o yin para o yang dele. Um cara detalhista. Jared é meticuloso."

Trump precisava de dois tipos de personalidade importantes, na opinião de Parscale. "Alguém escrupuloso e perfeccionista para garantir que tudo esteja bem organizado." Esse era Kushner. "E dois, ele precisa de alguém que entenda a marca dele e que possa vender sua visão. Esse sou eu." Havia uma clara divisão de trabalho.

"Eu cuido de tudo que seja político fora da Casa Branca. Ronna McDaniel, presidente do Comitê Nacional Republicano (RNC, na sigla em inglês), cuida de tudo para o partido e Jared cuida de tudo dentro da Casa Branca."

Parscale conhecia bem a ligação existente entre os tuítes de Trump e os anúncios. "Imagine a cabeça de Trump como o ponto inicial para cada narrativa básica que temos. Em 2016, fiz 5,9 milhões de anúncios no Facebook. Havia apenas 25 narrativas básicas. É isso que a mídia nunca vai conseguir entender."

Parscale estava tão orgulhoso da campanha coordenada por ele que chegou a dizer: "Um dia irão fazer filmes sobre a gente".

Segundo ele, a aprovação do impeachment de Trump na Câmara dos Representantes e a absolvição do Senado levaram a 1 milhão de novos doadores. A recompensa era "dinheiro e dados. A doação-padrão para a campanha de Trump no quarto trimestre de 2019 fora de 40,87 dólares. Kushner chamou isso de uma "data-palooza",* expressão que Parscale incorporou.

Três anos antes, Parscale instara Trump a se organizar logo. "Vá lá o quanto antes. Ser o presidente é uma vantagem, mas a vantagem mesmo está em fazer isso o quanto antes." Trump preencheu os documentos da agência reguladora de arrecadações de campanha, a Comissão Eleitoral Federal (FEC, na sigla em inglês), perto da posse, e logo partiu para um comício na Flórida, em fevereiro de 2017.

"Eu faço muitas coisas que os políticos acham erradas à primeira vista, mas elas têm funcionado muito bem. Virei gerente de campanha 1400 dias antes de começar. Sou o gerente de campanha que está há mais tempo no cargo na história."

A capacidade de contatar eleitores, inclusive aqueles com pouca propensão de voto, aumentou ao longo dos anos. Antigamente, as campanhas tinham de mandar pessoas de porta em porta ou enviar correspondência, o

---

* Algo como "um show de dados". [N.T.]

que custava caro. Parscale disse que agora podia contatar alguém pelo telefone cem vezes por cerca de onze centavos de dólar.

Quais democratas causavam mais problemas para Trump? "Os mais *mainstream*. Os que mais atraem os moderados. Olhe, essa eleição é sobre os moderados. São eles quem determinam as eleições."

Nesse momento, destacou que achava haver três pontos importantes na campanha — economia, imigração e saúde.

Parscale conduziu pesquisas presenciais em doze cidades em oito estados por todo o país, com mais de mil pessoas diferentes, sobre a corrida presidencial.

Uma das perguntas era: você votaria em alguém de quem gosta, mas não concorda com suas políticas, ou você votaria em alguém de quem não gosta, mas gosta de suas políticas?

"Cem por cento disseram que votariam em alguém de quem não gostam, mas de cuja política eles gostam. Cem por cento."

Fosse isso verdadeiro ou não, era essa sua visão. E aqui residia o paradoxo, de acordo com Parscale. Trump acreditava que "a aparência é muito importante. Ele dizia que a maneira como eu apareço quando faço um discurso é provavelmente mais importante do que o próprio discurso que estou fazendo".

Parscale acrescentou: "Você tira uma foto com o presidente da China. É muito mais importante do que qualquer coisa que você fez ali" na reunião. O eleitor-padrão raciocina: "Uau, o presidente da China. Sinto-me seguro. Não vamos entrar em guerra com eles".

Da maneira como Parscale descrevia, Trump possui um poder de persuasão que é quase místico. "Agora que o conheço há bastante tempo, eu volto e digo 'você fez isso. Eu sei o que você fez para mim'." Trump o fez ver o que ele de fato queria ver — como sua atitude firme, mas sem que haja guerra com a China, Rússia ou Coreia do Norte. "Ele é isso, eu estava certo. E eu sou isso, é, você estava certo."

Na noite da eleição, Trump pediu que ele "não ficasse perto de mim". Trump tem cerca de 1,90 metro, e Parscale é doze centímetros mais alto. As aparências importavam. Havia poucas fotos dos dois juntos.

"Acho que depois das eleições de 2020 vai ter um monte de gente querendo ser minha amiga", dizia Parscale. "Muitas pessoas acham que ele vai ganhar. E em teoria eu tenho as chaves do maior tesouro de dados que já existiu."

E acrescenta: "Mas eles teriam que me oferecer muito dinheiro. Não estou fazendo isso de graça".

Um visitante perguntou a Parscale qual seria o obstáculo para a reeleição. "O coronavírus", disse, enfático. A manchete principal no *New York Times* daquele dia era "Temores do coronavírus causam queda nas ações pelo sexto dia consecutivo".[1]

Sessenta e quatro casos haviam sido confirmados nos Estados Unidos. No dia anterior, Trump fizera o seguinte comentário em seu gabinete: "Isso vai desaparecer. Um dia — como um milagre — isso vai desaparecer".[2]

Para Parscale, a preocupação estava nos empregos, não na influência que o vírus teria no mercado de ações. "Nós nunca ganhamos votos do mercado de ações", disse. "Se o mercado de ações afetar os empregos, então nós perderemos. Votos têm a ver com emprego e renda das pessoas."

Parscale se concentrava em sua preocupação principal. "O coronavírus. Aquilo que você nunca vê. O presidente já sabia e chegou a dizer: É um longo corredor, todos os dias eu abro novas portas. E um dia vou abrir uma porta e vai haver uma dinamite atrás dela."

36

Dois dias depois de dar um sinal verde para idas ao cinema no fim de semana ou para sessões de ginástica na academia, Fauci apareceu na MSNBC, em 2 de março, cansado e de jaleco branco.

"Estamos lidando com uma situação em constante evolução", disse ele.[1] A doença "agora atingiu proporções de surto e prováveis proporções de pandemia, se você olhar para as múltiplas definições do que é uma pandemia. O fato é que se trata de múltiplas transmissões sustentadas de um agente altamente infeccioso em várias regiões do planeta".

Redfield monitorava a rede de doenças similares à influenza do CDC, com relatórios diários de instituições de saúde do país, rastreando influenza A e B. Isso permitia que os epidemiologistas antecipassem quando uma gripe estava por vir. Redfield observava as curvas produzidas: a influenza B tinha um pico, depois descia; a influenza A tinha um pico, depois descia. Agora, em março, estava em queda, com a temporada de gripe terminando. Mas, então, um terceiro pico apareceu. Redfield nunca havia visto um terceiro pico antes.

Em 3 de março, Trump visitou os Institutos Nacionais da Saúde (NIH, na sigla em inglês), em Maryland, onde foi fotografado conversando com médicos de jaleco branco numa sala repleta de equipamentos científicos — exatamente como o diretor de campanha Brad Parscale aconselhara. Três dias depois, Trump fez uma turnê pelo CDC em Atlanta, Geórgia, com um boné vermelho da campanha "Keep America Great", calça cáqui e uma camisa de gola aberta sob uma jaqueta.

Falando no CDC, Trump prometeu: "Qualquer pessoa que precise de um teste pode fazer um teste",[2] parecendo contradizer as informações que circulavam amplamente sobre a dificuldade de ser testado. Funcionários do governo, mais tarde, tiveram de se esforçar bastante para esclarecer que as pessoas precisavam contatar seus médicos ou funcionários de saúde pública para fazer os testes.

"Estamos vendo que este vírus está agora nos Estados Unidos", disse Redfield aos repórteres, ao lado de Trump. "Eu digo às pessoas que, toda vez que vemos um novo caso confirmado, elas devem pensar nisso como um sucesso, porque sabem que a comunidade de saúde pública está fazendo seu trabalho."

A principal lição que Redfield aprendeu em seus dias de pesquisa sobre o HIV foi não se antecipar em relação aos dados. Imaginava-se que o HIV só era transmitido por meio de relação sexual homossexual. No início, ele questionou isso e foi coautor de estudos que demonstraram que o HIV também poderia ser transmitido heterossexualmente. Por mais importante que fosse fazer com que as pessoas soubessem quais seriam as consequências da doença, ele perderia a credibilidade se se antecipasse aos dados no momento de prepará-las para elas. Quando o CDC se pronunciava, ele queria que as pessoas ouvissem. E afirmava ser um homem de dados, não de opinião.

O presidente do Brasil, Jair Bolsonaro, um nacionalista usuário voraz do Twitter que Trump rotulou de "Trump dos Trópicos", estava na Flórida no início de março e queria ir a Mar-a-Lago para se encontrar com ele. O assessor de segurança nacional O'Brien vinha reduzindo as visitas estrangeiras ao presidente, pois havia a sensação de que o vírus estava se tornando uma preocupação nos Estados Unidos.

Uma exceção foi feita para Bolsonaro. Combinou-se uma sessão de fotos, que acabou se transformando num jantar na noite de sábado, 7 de março.

Trump e Bolsonaro sentaram-se à mesa com O'Brien, Ivanka, Kushner e alguns outros brasileiros que viajavam com Bolsonaro. O'Brien foi mais tarde notificado de que três dos brasileiros na mesa, mas não Bolsonaro, haviam testado positivo para Covid-19.

Depois que isso se tornou público, Bolsonaro minimizou o vírus como sendo parte de uma "fantasia".[3] O'Brien teve uma reação totalmente diferente. Ele temia se tornar uma nota de rodapé na história como a pessoa responsável por expor Trump ao vírus ou transmiti-lo diretamente a ele. Passou muito tempo ao lado de Trump. Não havia muitos testes disponíveis, mas ele providenciou para ser testado. O resultado deu negativo. Mais tarde, Bolsonaro testou positivo. O vírus estava começando a parecer real.

Em 9 de março, com o mercado de ações fraquejando, Trump postou um tuíte: "No ano passado, 37 mil americanos morreram de gripe comum.

A média é de 27 mil a 70 mil por ano. Nada será fechado, a vida e a economia continuam. Neste momento, existem 546 casos confirmados do coronavírus, com 22 óbitos. Pense nisso!".[4]

Manchete do *New York Times* na manhã de terça-feira, 10 de março: "Mercados em espiral enquanto o mundo estremece com vírus".[5] Os mercados haviam despencado no dia anterior. O *Times* escreveu que foi "a queda mais acentuada em mais de uma década".[6]

Em comentários aos repórteres depois de uma reunião com senadores republicanos, Trump disse: "Estamos fazendo um ótimo trabalho. E isso vai embora. Fiquem calmos. Ele irá embora".[7] Os casos de vírus nos Estados Unidos aumentaram em mais de duzentos em relação ao dia anterior.

O'Brien assistia TV em seu escritório, zapeando os canais de TV a cabo. Na Itália, a situação estava cada vez pior. Havia imagens de pessoas sangrando e morrendo nos estacionamentos de hospitais italianos, não conseguindo entrar. Tudo isso num país ocidental com bom serviço de saúde.

Com o vírus se espalhando rapidamente pela Europa, O'Brien ligou para seus homólogos europeus — assessores de segurança nacional ou equivalentes. As restrições de viagens chinesas estavam tendo um impacto significativo. Em janeiro, antes das restrições, cerca de 500 mil viajantes tinham chegado aos Estados Unidos provenientes da China.[8] Em fevereiro, houve uma redução de 86%, com esse total caindo para 70 mil.

Suspendemos a maioria das viagens da China, O'Brien disse a seus colegas. Vocês deveriam fazer o mesmo.

A resposta foi que este era um problema para a União Europeia, em Bruxelas. A Europa teria de reagir de forma unificada.

A Itália estava sendo duramente atingida e, em 9 de março, impôs restrições em todo o país a viagens domésticas. No mês anterior, quase 140 mil pessoas tinham chegado aos Estados Unidos vindas da Itália.[9] Mais 1,74 milhão haviam chegado de outros países europeus, como França e Alemanha.

O'Brien estava preocupado que houvesse um "buraco" na adoção inicial das restrições de viagens da China. Muitos chineses que teriam vindo para os Estados Unidos se não fossem essas restrições viajaram para a Europa.

Outra especialista recentemente integrada à equipe era a dra. Deborah Birx, com mais de quarenta anos de uma bela carreira como médica, pesquisadora de HIV/aids e diplomata no governo federal. Ela foi nomeada coordenadora de respostas da força-tarefa do coronavírus da Casa Branca. Birx passara a maior parte de sua carreira em busca de uma vacina para o HIV e, em 2003, havia ajudado a conduzir o teste clínico que produziu a primeira evidência de uma vacina que poderia ser eficaz na redução do risco de HIV. Além da coordenadora global de aids dos Estados Unidos no Departamento de Estado, ela trabalhara em colaboração com Fauci e Redfield ao longo de sua carreira.

Birx relatou que 35 estados já registravam casos de Covid-19, sendo que trinta desses casos se relacionavam a viajantes oriundos da Europa, sobretudo através do Aeroporto John F. Kennedy.

O'Brien, Pottinger, Fauci e Redfield acharam que já era hora de restringir as viagens da Europa. Uma reunião foi agendada com Trump para a manhã de 11 de março.

Nessa época, Kushner estava concentrado numa iniciativa para plantar 1 trilhão de árvores. Marc Benioff, o CEO da Salesforce, levara a ideia a Kushner, que a apresentou a Trump. "Todo mundo é a favor das árvores", disse Benioff.[10] Essa era mais uma das inúmeras tarefas delegadas por Trump a Kushner, que se dedicava a elas com a eficiência de um estudante de administração.

Mas agora seu sogro o fazia saber que ele precisava de ajuda imediata na crise da Covid-19.

No Salão Oval, naquela manhã, havia um consenso entre a segurança nacional e as autoridades de saúde de que era necessário agir imediatamente para impedir viagens da Europa.

O secretário do Tesouro, Mnuchin, se opunha. Viagens oriundas da Europa eram quase cinco vezes mais do que as da China. "Isso vai levar todo mundo à falência", disse ele, em tom dramático. "Isso vai destruir a economia."

"Em quais dados você está se baseando para dizer isso?", perguntou Birx. "Você tem me pedido dados. Mas onde estão os seus?"

Mnuchin disse que era assim que a economia e os mercados funcionavam.

Trump, ao final, aprovou as restrições de viagem. Elas seriam consistentes com suas decisões sobre a China.

Kushner ajudou a redigir o discurso que Trump decidira fazer no horário nobre da televisão naquela noite, apresentado do Salão Oval. Foi apenas o segundo de sua presidência. Um pronunciamento noturno transmitido em rede nacional daria simbolicamente o peso devido ao assunto.

Naquela tarde, a OMS declarou oficialmente a Covid-19 como uma pandemia.[11]

"Esse é o esforço mais agressivo e abrangente para enfrentar um vírus estrangeiro na história moderna", disse Trump às nove da noite.[12] "Desde o início dos tempos, as nações e as pessoas enfrentaram desafios imprevistos, incluindo ameaças à saúde em grande escala e muito perigosas", leu Trump. "É assim que sempre foi e sempre será. O que importa é como você responde."

O presidente anunciou que iria suspender as viagens da maioria dos países europeus pelos trinta dias seguintes.

"Na semana passada, sancionei uma lei de financiamento de 8,3 bilhões de dólares", disse ele. Várias centenas de vezes mais do que isso logo se mostraria necessário.

"Para a grande maioria dos americanos: o risco é muito, muito baixo", disse Trump. "Lave as mãos, limpe as superfícies usadas com frequência, cubra o rosto e a boca se espirrar ou tossir e, acima de tudo, se estiver doente ou não estiver se sentindo bem, fique em casa." Ele não fez menção ao distanciamento social — ficar a dois metros de distância dos outros — e pediu apenas aos que estivessem doentes ou que não estivessem se sentindo bem, que ficassem em casa.

"Essa não é uma crise financeira, é só um momento passageiro", disse ele, tentando acalmar os mercados. "O vírus não tem chance contra nós... Nosso futuro continua mais brilhante do que qualquer um pode imaginar."

O discurso recebeu péssimas críticas. Trump parecia esgotado, sem controle da situação. Não demonstrava a espontaneidade, a convicção de seus comícios.

Peggy Noonan escreveu no dia seguinte no *Wall Street Journal*: "O presidente fez um grande discurso no Salão Oval na quarta-feira à noite com o objetivo de acalmar os temores da população; o discurso foi considerado 'perturbador'".[13]

Esse dia, 11 de março, marcou o início de uma nova consciência no país. Houve mais de mil casos e 37 mortes. Faculdades de todas as regiões anunciaram a suspensão das aulas. O ator Tom Hanks disse que ele e sua esposa, Rita Wilson, haviam testado positivo para Covid-19 e entrariam em quarentena.

Mais peças do dominó caíram. No dia seguinte, a NCAA anunciou que estava cancelando torneios de basquete e suspendendo todos os jogos restantes da temporada. Trump reconheceu que provavelmente teria de cancelar seus próximos comícios. Os teatros da Broadway fecharam.

Em depoimento ao Congresso, Fauci disse que os testes para o vírus estavam "falhando. Quero dizer, temos que admitir isso".[14] A distribuição de kits de testes defeituosos impediu que funcionários e cientistas obtivessem uma visão clara do número de infecções nos cruciais primeiros dias da disseminação do vírus pelos Estados Unidos. No início de março, menos de quinhentos testes haviam sido realizados.

O índice Dow Jones caiu 10% em 12 de março, levando o *New York Times* a dar a seguinte manchete: "Pior queda de Wall Street desde o crash de 1987".[15] Um gráfico gigante na primeira página do *Wall Street Journal* mostrava o crescimento acelerado do Dow Jones desde os primeiros dias da presidência de Obama, de oito anos, e dos primeiros três anos de Trump. Então, ele caiu ladeira abaixo, registrando uma queda de 20% desde 2009.[16]

Em 13 de março, Trump declarou emergência nacional, a sexta de sua presidência.[17] Anunciou também o lançamento de um site ligado ao Google que poderia "determinar se um teste é garantido e facilitar o teste num local conveniente e próximo". Isso "cobriria o país em grande parte". Pouco depois, o Google postou um tuíte alegando que a ferramenta ainda estava em desenvolvimento numa de suas pequenas subsidiárias e se destinava apenas a cobrir a área de São Francisco.[18]

Durante dois dias seguidos, naquele fim de semana, todas as notícias da primeira página do *Washington Post* eram relacionadas à Covid. Os americanos esvaziaram as prateleiras das lojas de álcool em gel e papel higiênico. A Casa Branca começou a instituir verificações de temperatura. A cidade de Nova York anunciou o fechamento de suas escolas.

Matt Pottinger se mudou de seu pequeno escritório de assessor de segurança nacional localizado na Ala Oeste para um escritório no Eisenhower Executive Office Building. Isso iria mantê-lo separado de O'Brien, de modo que sempre um deles pudesse comandar o NSC se o outro adoecesse. Pottinger começou a usar máscara e entregou outras aos funcionários do NSC que trabalhavam na Sala de Operações. Ele não podia obrigar os funcionários a usarem máscara, mas podia incentivá-los. Ele e O'Brien já estavam usando álcool em gel havia algumas semanas.

Birx, Fauci e Kushner vinham trabalhando juntos reservadamente na elaboração das recomendações que seriam feitas aos americanos no sentido de que tirassem "quinze dias para desacelerar a propagação" do coronavírus e também sobre o fechamento efetivo do país. Trocaram vários esboços algumas vezes, e Jared Kushner fizera alguns comentários. Sua equipe trabalhou nessa questão por quase 24 horas seguidas; ele fez a redação final com Derek Lyons, secretário da equipe, e depois a enviou para Fauci.

Se Kushner se envolvera tanto, pensou Fauci, isso significava que o presidente saberia mais detalhes. Kushner explicaria tudo ao sogro. Isso é bom, pensou Fauci, porque lhes dava uma linha direta com o presidente.

Quando o senador Lindsey Graham soube pela primeira vez da discussão sobre o fechamento do país, achou que seria uma loucura. Viu, então, algumas projeções que estimavam a possibilidade de 2,2 milhões de mortos.

"Não sou nenhum especialista", disse Graham a Trump, "mas se essas projeções estiverem quase certas e você ignorá-las, terá um lugar único na história. Sr. presidente, se essas coisas estiverem minimamente certas e você não agir, será devastador para sua presidência."

Trump reuniu sua equipe no Salão Oval naquele domingo, 15 de março. Pence, Mnuchin, Fauci e Birx se amontoavam em volta da Resolute Desk.

Fauci e Birx descreveram as diretrizes para Trump. A separação física é essencial, disseram. Temos de fechar tudo por pelo menos quinze dias e ver o que acontece. Propunham que se pedisse à população que trabalhasse e estudasse de casa, que evitasse aglomerações com mais de dez pessoas, deixasse de ir a restaurantes e bares, de viajar, fazer compras e visitar parentes em asilos de idosos. E que se reiterasse a já conhecida receita para a saúde pública: lavar as mãos, não encostar no rosto, espirrar em lenços de papel e desinfetar superfícies.

O esboço final revela a fraqueza dos textos que passam por muitas mãos durante sua redação. Em nenhum momento as diretrizes recomendam o distanciamento de dois metros entre as pessoas — uma das medidas universais mais eficazes.

Se pudermos seguir essas orientações por quinze dias, diziam, e fechar tudo, talvez possamos começar a "achatar a curva" — em outras palavras, espalhar o número de infecções ao longo do tempo para evitar sobrecarregar todo o sistema de saúde de uma vez só.

Enquanto Trump ouvia, Fauci e Birx se contrapunham a um Mnuchin cético.

Estou preocupado com o que vai acontecer na economia, dizia Mnuchin.

Bem, sabem de uma coisa, disse Trump finalmente, vamos tentar tudo isso por quinze dias. Talvez possamos reabrir para a Páscoa.

Não acho que devamos prometer isso, disse Fauci. Não será possível ver os efeitos em apenas quinze dias.

O.k., vamos tentar, disse Trump.

Estou preocupado, disse Mnuchin. Mas não lutou contra a decisão.

Naquele dia, em público, Trump afirmou: "Este é um vírus muito contagioso. É incrível. Mas é algo sobre o qual temos um absoluto controle".

No mesmo dia, Kushner foi acordado por mais um telefonema sombrio. Ele vinha trabalhando para aumentar a quantidade de locais de testes e foi a uma reunião na sede do Departamento da Saúde e Serviços Humanos. Temos más notícias, disseram-lhe. Há apenas 1,2 milhão de cotonetes disponíveis para aplicação de testes no país.

Foi uma constatação brutal. Depois de estar envolvido por quatro dias, a extensão do problema estava ficando clara. De que adiantariam os testes se não houvesse cotonetes para se poder aplicá-los?

37

Trump anunciou as diretrizes de "Quinze dias para desacelerar a propagação" no dia seguinte, 16 de março, na coletiva da força-tarefa do coronavírus. Questionado sobre sua afirmação frequente de que a situação estava sob controle, ele reconheceu: "O vírus, não, isso não está sob controle em nenhum lugar do mundo". E acrescentou: "Eu estava falando sobre o que estamos fazendo, isso está sob controle, mas não estou falando sobre o vírus".[1]

Kushner disse que as diretrizes haviam sido "bem pensadas, bem recebidas e elogiadas tanto pelos democratas quanto pelos republicanos".

Graham acreditava que a decisão de fechar tudo por quinze dias fora provavelmente a primeira que Trump tivera de adotar em sua vida e que não ia ao encontro de seus interesses políticos ou financeiros. Graham estava convencido de que Trump havia feito isso por acreditar que tinha o poder de salvar a vida das pessoas. Ele escolheu o caminho que traria mais danos dentro de sua principal preocupação, a economia.

Para Redfield, foi um dos momentos mais difíceis de suas quatro décadas de vida profissional. Os "Quinze dias para desacelerar a propagação" eram importantes, mas não suficientes.

Em privado, ele comentou com algumas pessoas seus receios mais profundos. "Não é para impedir a propagação", disse Redfield. "Estávamos agora numa corrida. Acho que todos nós entendemos agora que estávamos numa corrida. Estamos numa maratona. Estamos numa corrida de dois, três anos. Não uma corrida de um ano, nem de seis meses. A corrida é para desacelerar e conter esse vírus o máximo possível, com todos os nossos esforços, até que possamos obter uma vacina altamente eficaz implantada para todo o povo americano e, depois, para o resto do mundo."

Aquela conversa sobre o vírus ir embora ou desaparecer era falsa do ponto de vista médico.

Em sua aflição, ele se lembrou de uma situação paralela. Anos atrás, quando inaugurou o Instituto de Virologia Humana na Escola de Medicina da Universidade de Maryland, vieram cientistas do mundo inteiro. Um deles, de Princeton, fez uma pergunta: suponha que soubéssemos que daqui a quinze anos um meteoro iria se chocar com a Terra, destruir o planeta e explodir tudo em pedaços. E a pergunta era: como você evitaria isso? Como mudamos o centro de gravidade, presumivelmente do meteoro ou mesmo da Terra? A corrida contra o vírus era a mesma coisa.

Sua preocupação não poderia ser mais profunda. "Este vírus só irá parar quando basicamente infectar mais de 70% do mundo, ou 80% do mundo", disse Redfield. "Ou quando o mundo desenvolver uma contramedida biológica que impeça isso", acrescentou, referindo-se a uma vacina. O meteoro estava a caminho da Terra.

À medida que estados, cidades, empresas e indivíduos começaram a implementar as diretrizes, o país efetivamente começou a fechar. Num tuíte de 16 de março, Trump escreveu: "Os Estados Unidos apoiarão fortemente essas indústrias, como as companhias aéreas e outras, que são particularmente afetadas pelo vírus chinês. Seremos mais fortes do que nunca!". Essa parece ter sido ser a primeira vez que Trump se referiu em público à Covid como o "vírus chinês".[2]

Três dias depois de Trump anunciar "Quinze dias para desacelerar a propagação", realizei minha oitava entrevista com ele.

"Esta coisa é desagradável — é uma situação desagradável", disse Trump sobre o coronavírus em 19 de março de 2020.[3] Mais cedo, naquele dia, o governador da Califórnia, Gavin Newsom, havia se tornado o primeiro governador a ordenar aos seus habitantes que ficassem em casa, exceto para necessidades essenciais — o primeiro de uma onda de pedidos de paralisação em todos os cinquenta estados que acabariam por levar a dezenas de milhões de pedidos de desemprego e à maior recessão econômica do país desde a Grande Depressão.

O número de mortes causadas pelo coronavírus no país ainda era inferior a duzentos. Em nossa entrevista, o presidente falou com orgulho sobre sua liderança. Ele culpou a China e o presidente Obama e continuou a não admitir nenhuma responsabilidade.

"Acho que estamos indo muito bem", disse o presidente. "Temos que ver o que acontece. Está tudo muito bem fechado. O povo americano é incrível. Você sabe, com tudo que estão passando." No decorrer do telefonema, de quarenta minutos, Trump, em três momentos distintos, trouxe à tona a história sobre sua decisão, em 31 de janeiro, de impedir a entrada de estrangeiros vindos da China nos Estados Unidos. A decisão evitou "uma morte tremenda", disse ele.

"Se eu não tivesse feito isso, haveria muitas mortes agora", disse Trump. "Foi uma grande decisão. Porque, você sabe, nós recebemos milhares de pessoas por dia da China. E a China foi fortemente infectada." De acordo com Trump, ele tomou a decisão diante de grande resistência de dentro e de fora de seu governo.

Mencionei seu filho de treze anos, Barron. O que você disse a ele?, perguntei. O presidente me contou sobre um momento, dias antes, quando Barron lhe perguntou sobre o coronavírus.

"Ele disse: pai, o que está acontecendo? O que está acontecendo?", relatou Trump. "Eu disse que é uma coisa muito ruim, mas vamos arrumar isso.

"Ele disse: como isso aconteceu?", prosseguiu Trump. "Eu disse: veio da China, Barron, pura e simplesmente. Veio da China. Mas poderia ter sido evitado. E, para ser honesto com você, Barron, eles deveriam ter informado que isso era um problema dois meses antes. E o mundo não teria — nós temos 141 países com isso agora. E eu disse: o mundo não teria esse problema. Nós poderíamos ter evitado isso facilmente. E eles não quiseram fazer a... eles esperaram e esperaram. Mantiveram em segredo, segredo. Então nós começamos a ouvir as coisas que saíam. Contei a ele como estava acontecendo. E eu disse: agora o mundo inteiro está infectado com isso."

Era óbvio que o presidente estava ciente das críticas que vinha sofrendo sobre o tratamento dado à questão do coronavírus. Depois de sobreviver à investigação de Mueller de 22 meses e ao terceiro julgamento de impeachment na história dos Estados Unidos, a verdadeira dinamite por trás da porta era o vírus. A vida e o sustento de dezenas de milhões de americanos estavam em jogo a cada decisão que ele tomava ao lidar com o coronavírus.

Em nossa entrevista, ele parecia compreender a gravidade mortal da doença.

"Parte disso é um mistério", disse Trump. "Parte disso é a ferocidade. Você sabe que, quando ela ataca, ataca os pulmões. E eu não sei — quando as pessoas são atingidas, quando são atingidas, e agora está acontecendo que não são apenas os idosos, Bob. Ainda hoje e ontem, alguns fatos surpreendentes foram divulgados. Não são apenas idosos, mais velhos. Jovens também, muitos jovens."

Perguntei a Trump o que causou a mudança em seu pensamento sobre o vírus. "É claro, pelo que está registrado publicamente, que o senhor deu uma virada em relação a isso", eu disse, "para algo como: meu Deus, a gravidade disso é quase inexplicável e incompreensível."

Apenas dois dias antes, na coletiva da força-tarefa, Trump chegara a afirmar: "Eu sempre soube que isso é — isso é real — isso é uma pandemia. Senti que era uma pandemia muito antes de ser chamada de pandemia".[4] O presidente disse que sua retórica otimista das primeiras semanas de surgimento do vírus havia sido algo deliberado.

"Eu queria minimizar isso", disse Trump, conforme relatei anteriormente neste livro. "Ainda gosto de minimizar, porque não quero criar pânico."

Trump disse que as coletivas de imprensa diárias com membros de sua força-tarefa do coronavírus da Casa Branca, liderada pelo vice-presidente Pence, estavam ajudando a mudar a maré da opinião pública e fazendo com que o público visse sua resposta de forma mais positiva.

"Você viu que venho realizando coletivas de imprensa diariamente, porque acho que isso mantém as pessoas informadas e elas têm sido boas, elas receberam críticas muito boas, mas também obtiveram uma audiência inacreditável", disse ele.

Os monólogos confusos, repetitivos, muitas vezes defensivos e raivosos minaram a confiança quanto à sua compreensão do problema e sua liderança. Perguntei a Trump quais seriam seus próximos passos.

"Meu próximo passo é que tenho vinte ligações esperando por mim sobre esse assunto e preciso começar a fazê-las. O.k.? Esses são meus próximos passos. Meu próximo passo, Bob, é fazer um ótimo trabalho", respondeu Trump. "E eu tenho que ser muito profissional... Acho que as pessoas estão respeitando o que está acontecendo. E acho, francamente, que, desde que comecei a dar as coletivas de imprensa, tudo mudou."

Ele havia falado em mais de dez coletivas da força-tarefa do coronavírus da Casa Branca e começara a realizá-las diariamente. "Porque fizemos um ótimo trabalho. É preciso sempre repetir que uma das melhores partes do excelente trabalho foi o fechamento da China muito, muito cedo."

No início do dia, Trump dera uma coletiva de imprensa de oitenta minutos em que promovera o uso da droga hidroxicloroquina como um suposto tratamento para o vírus. "Se as coisas não saírem como planejado", disse ele, "não vai matar ninguém."[5]

Estudos posteriores indicaram que a droga poderia causar problemas cardíacos graves, e o FDA, em junho, alertou contra seu uso no tratamento da Covid-19 devido ao risco de problemas de ritmo cardíaco e testes que não encontraram "nenhum benefício para diminuir a probabilidade de morte".[6]

Trump usou a coletiva de imprensa para elogiar o trabalho de funcionários do governo, incluindo ele mesmo. Disse que o comissário da FDA, Stephen Hahn, "trabalhou provavelmente tão ou mais duro do que qualquer pessoa nisso — neste grupo, exceto talvez Mike Pence ou eu".

Quando conversou comigo naquela noite, concentrou-se na cobertura da mídia sobre sua liderança durante a pandemia.

"Não tive sintomas, mas a imprensa foi meu sintoma", disse ele, referindo-se às perguntas sobre se ele havia feito o teste do vírus.

Perguntei a Trump sobre o dr. Fauci, que se tornou onipresente na vida dos americanos com suas aparições na mídia desde o surto do vírus.

"Isso é uma guerra", disse eu. "E de certa forma, ele é seu Eisenhower." Sob a presidência de Franklin Roosevelt, Eisenhower tinha sido o comandante supremo das Forças Aliadas e planejou a invasão da Normandia, que levou à vitória na Segunda Guerra Mundial.

"Bem, ele é um cara muito bom. Ele já fez isso antes", disse Trump sobre Fauci. "Ele é um cara muito afiado."

Comecei a perguntar a Trump se ele já se sentara sozinho com Fauci para receber informações científicas sobre o vírus, quando o presidente interrompeu.

"Sim, eu acho, mas honestamente não há muito tempo para isso, Bob. Esta é uma Casa Branca atarefada. Temos muitas coisas acontecendo. E então surgiu isso tudo."

Não importa o quão ocupado ou quais outras coisas estivessem acontecendo, eu francamente me perguntei o que poderia ser mais importante. Trump havia reservado horas para falar comigo, por exemplo.

"Olhe, nós tínhamos a maior economia do planeta. A melhor situação econômica que já tivemos", acrescentou Trump, exagerando a força da economia dos Estados Unidos em comparação com outros períodos da história do país. Isso me lembrou da noção de Kushner de que "a controvérsia eleva a mensagem".

"E, em um dia, essa coisa veio e tivemos que fazer uma escolha", continuou Trump. "Fechar tudo e potencialmente salvarmos milhões de vidas — você sabe, centenas de milhares de vidas — ou não fazer nada e olhar para sacos de cadáveres todos os dias sendo retirados de prédios de apartamentos."

"Quem lhe disse isso?", perguntei.

"Fui eu", disse Trump. "Eu mesmo me disse isso."

Enquanto liderava a nação durante a crise, Trump mostrava poucos sinais de introspecção.

"Houve um momento em tudo isso, nos últimos dois meses, em que o senhor disse para si mesmo... o senhor sabe, de repente, ao acordar, ou o que quer que estivesse fazendo, virou para si mesmo e disse, ah, este é meu teste de liderança definitivo?", perguntei.

"Não", ele respondeu.

"Não?"

"Pode até ser, mas não acho isso. Tudo que eu quero fazer é resolver o problema."

Mencionei os comentários de Trump numa coletiva de imprensa na semana anterior, quando ele disse "Não assumo nenhuma responsabilidade" pela crise.[7]

"Eu não assumo a responsabilidade por isso", Trump me disse. "Não tenho nada a ver com isso. Eu assumo a responsabilidade de resolver o problema. Mas eu não assumo a responsabilidade por isso, não. Fizemos um bom trabalho. Na administração Obama — eram testes obsoletos. E, sendo justo com eles, ninguém jamais pensou em termos de milhões de pessoas."

Não consegui encontrar fontes que embasassem a afirmação de Trump, repetida várias vezes em comentários públicos, de que a administração Obama legara testes "obsoletos" ou "defeituosos". O NSC de Obama havia preparado um documento de 69 páginas intitulado "Manual para resposta antecipada a ameaças de doenças infecciosas emergentes de alta consequência e incidentes biológicos" que incluía instruções para lidar com novos vírus da gripe que "produziriam uma estimativa entre 700 mil e 1,4 bilhão de mortos de uma pandemia de uma cepa virulenta do vírus da gripe".[8] O documento recomendava que os funcionários nos estágios iniciais de tal pandemia verificassem a capacidade de testes diagnósticos do país e a quantidade de EPIs disponíveis para profissionais de saúde.

As queixas sobre a falta de preparo eram universais. Por dois anos, Redfield afirmara perante o Congresso que o país não estava preparado para uma grande crise de saúde. Quando um relatório de 2018 sobre o vírus zika, o vírus do Nilo Ocidental e outras doenças causadas por picadas de insetos foi publicado, Redfield disse: "Não sabemos o que ameaçará os americanos a seguir".

Era pouco antes da meia-noite de 22 de março quando Trump postou um tuíte em letras maiúsculas: "NÃO PODEMOS DEIXAR QUE A CURA SEJA PIOR DO QUE O PRÓPRIO PROBLEMA. AO FINALIZAR O PERÍODO DE QUINZE DIAS, TOMAREMOS UMA DECISÃO SOBRE QUAL CAMINHO QUEREMOS SEGUIR!".[9]

No final de março, Kushner e Pence tiveram uma reunião com o pessoal de dados da Agência Federal de Gerenciamento de Emergências (Fema, na sigla em inglês). Eles apresentaram a Kushner uma lista mostrando que o país precisaria de 130 mil ventiladores até 1º de abril. A mensagem foi absorvida. Significava que possivelmente 130 mil pessoas morreriam por falta de ventiladores. Significava que a situação logo poderia se espalhar como na Itália, onde os médicos estavam escolhendo quem viveria e quem morreria. Na opinião de Kushner, pessoas morrendo em macas de hospital por falta de ventiladores não eram uma opção politicamente viável.

Pence viu que Kushner estava perturbado. "Venha dar uma volta", disse ele. Então Kushner e Pence voltaram juntos para a Casa Branca. "Jared", disse Pence, "vamos dar um jeito nisso."

Kushner deu a notícia sobre os ventiladores a Trump, que mais tarde considerou esse o dia mais assustador de sua vida, e disse que ordenou à sua equipe que "movesse céus e terras" para obter os ventiladores. Kushner reuniu na Sala Roosevelt um grupo de economistas e estatísticos da Casa Branca que ele conhecia do setor privado. Eles puxaram os dados do Medicare e do Medicaid e foram de hospital em hospital, obtendo o maior número de ventiladores que cada hospital já havia pedido de uma só vez, e então reuniram os números numa base, estado por estado. Antes que a Fema enviasse mais ventiladores, disse Kushner, seria necessário perguntar quantos ventiladores havia em cada estado, quantas máquinas de anestesia o estado havia convertido em ventiladores e qual era a taxa de utilização diária do estado.

A equipe de Kushner pré-distribuiu ventiladores de modo que, toda vez que faltassem cerca de 96 horas para acabar, eles mandavam mais quinhentos. Nova York e Nova Jersey chegaram perto de ficar sem ventiladores algumas vezes.

O governador de Nova York, Andrew Cuomo, realizava coletivas de imprensa diárias, alegando que estavam obtendo índices altos, e se queixou abertamente da falta de ventiladores, dizendo a certa altura que Nova York precisava de mais 40 mil desses equipamentos.

Trump ligou para Kushner. Jared, por que você não está enviando mais ventiladores?

Cuomo está errado, disse Kushner. Ele e sua equipe fizeram a verificação ligando para os hospitais de Nova York. Ninguém em Nova York está a 96 horas de distância de precisar de um ventilador, disse Kushner.

Em 26 de março, um repórter perguntou a Trump sobre a linguagem que ele utilizara para descrever o vírus. "Falo sobre vírus chinês e — e estou falando sério. É de onde veio", disse ele. "E este é um vírus chinês."[10]

Mais tarde, naquele dia, Trump e Xi falaram novamente por telefone sobre o vírus. No início da ligação, Trump discutiu os comentários do porta-voz do Ministério das Relações Exteriores da China de que o vírus havia sido trazido para a China por um soldado americano. Esse é um comentário ridículo, você sabe disso, disse Trump. A situação estava tensa, e eles discutiram.

Xi mudou a conversa para um tópico diferente. O presidente da França, Emmanuel Macron, queria realizar uma reunião dos cinco membros permanentes do Conselho de Segurança da ONU. Os líderes discutiram a reunião potencial antes de a conversa voltar ao vírus.

Xi disse que a China estava na curva descendente da pandemia e que o número de novos casos caíra significativamente. Afirmou que quaisquer novos casos na China só poderiam vir de fora, importados. Trump e Pottinger, que estava ouvindo a ligação, sabiam que isso não era verdade. Xi chamou o vírus de inimigo comum e disse que seu ministro da Saúde entraria em contato com Azar, seu homólogo americano, para compartilhar as melhores práticas.

Trump perguntou a Xi o que era eficaz na luta contra o vírus. Quais medicamentos e terapias estavam funcionando para a China?

Lockdowns, quarentena e distanciamento social foram eficazes, respondeu Xi. Ele alegou que o bloqueio em Wuhan impediu a disseminação do vírus para o resto do mundo. A descoberta precoce, o teste precoce, a quarentena precoce e o tratamento precoce foram úteis, disse ele.

Ajudaria, acrescentou Xi, se as autoridades americanas — muitas das quais pegaram emprestada a frase "vírus chinês" de Trump — revissem seus comentários. Ele expressou preocupação com o sentimento antichinês.

Trump disse que ele pessoalmente e o povo americano amavam o povo chinês e que nunca toleraria maus-tratos a visitantes da China.

Os dois líderes passaram o restante da ligação discutindo o vírus e seus tratamentos.

Por que a taxa de mortalidade é tão alta em Wuhan?, Trump perguntou.

Xi respondeu que era por causa da proporção de idosos em Wuhan e da alta concentração de casos.

A ligação terminou cordialmente, com Xi convidando o presidente e sua primeira-dama para uma visita assim que o vírus passasse e Trump novamente agradecendo a oferta.

Embora Xi não tenha feito nenhuma ameaça direta, Pottinger pensou que ele teria sugerido uma relação de causa e efeito entre o tom das declarações oficiais dos Estados Unidos e o grau de cooperação que a China forneceria. Ele também achou ultrajante — e parte do encobrimento — que a China não tivesse fornecido amostras de vírus conforme exigido pelo acordo internacional.

Durante a coletiva do dia seguinte, Trump aludiu ao telefonema de Xi e disse: "Você pode chamar isso de germe, pode chamar de gripe, pode chamar de vírus. Sabe, você pode chamá-lo de muitos nomes diferentes. Não tenho certeza se alguém realmente sabe o que é isso".[11]

Em 27 de março, Trump se reuniu com Pence, O'Brien, Kushner e Larry Kudlow — o principal assessor econômico da Casa Branca, que sucedeu Gary Cohn — no Salão Oval para discutir o uso da Lei de Produção de Defesa na 3M.

A escassez de máscaras faciais de proteção para profissionais da área médica gerou uma crise total. O estoque era de cerca de 40 milhões de máscaras — 1% do necessário.

"Sobre as máscaras", disse Kushner ao presidente, "não há como produzirmos na capacidade de que precisamos aqui na América no tempo necessário. Se quisermos obter o produto na quantidade que precisamos nas próximas semanas, a China é a única resposta." A China fabrica cerca de 80% das máscaras faciais do mundo. "Então você tem que decidir como quer fazer isso."

Ligue para seu contato, disse Trump.

Kushner ligou para Cui Tiankai, o embaixador chinês nos Estados Unidos, de 67 anos e cabelos grisalhos. Cui estava em seu posto em Washington havia surpreendentes sete anos. Veterano do Ministério das Relações Exteriores da China, fizera pós-graduação na Johns Hopkins nos Estados Unidos e falava um inglês perfeito. Kushner e Cui, ambos intermediadores dedicados, haviam marcado o primeiro encontro entre Trump e o presidente chinês Xi em Mar-a-Lago em 2017. Era uma relação útil para ambos.

"No momento", disse Kushner numa ligação para Cui, "estamos nessa situação." Trump vinha se referindo publicamente ao "vírus chinês", com teorias da conspiração se acumulando umas sobre as outras. Devido à sua própria crise avassaladora do vírus, a China estava restringindo as exportações de equipamentos médicos de proteção, incluindo as máscaras. As máscaras de 75 centavos são uma das formas mais eficazes de conter o vírus.

Kushner falou sobre a questão da reputação e do gerenciamento de imagem nacional. "Quando sairmos disso, haverá inúmeras pessoas muito zangadas com a China. E a maneira como vocês agirem agora com relação a muitos dos materiais fabricados na China será analisada com bastante cuidado pelo país e pelo mundo."

Kushner perguntou diretamente: "Você ameaça as pessoas com o fato de que muito da manufatura global está sediada no seu país?".

E acrescentou: "Então, eu só quero dizer isso para você, e quero que saiba que é algo que será observado de perto".

Kushner tinha uma alternativa. "Vou começar a trabalhar para encontrar suprimentos aqui e quero ter certeza de que não terei nenhuma restrição quanto ao fornecimento que posso adquirir na China."

"Estou conduzindo uma grande, grande operação", disse o presidente quando o contatei de novo por telefone na manhã de sábado, 28 de março.[12]

O país havia ultrapassado 2 mil mortes e oficialmente tinha mais casos confirmados do que qualquer outra nação. No dia anterior, Trump assinara um projeto de resposta à pandemia de 2 trilhões de dólares.

"O mundo está sitiado, como você sabe", disse ele. "Acho que estamos fazendo um bom trabalho. Mas é inacreditável." Ele parecia cerceado. "Qual é seu sentimento?"

"A tarefa de liderança está sobre seus ombros", comecei.

"Sim".

"As pessoas vão olhar para tudo isso e tentar entender daqui a cem anos", eu disse. Minha pergunta para essa história foi: "Quais são suas prioridades?".

"Há um monte de fake news", respondeu ele, voltando ao seu primeiro argumento. E se queixou por um tempo da mídia.

"A questão, porém, é o que... porque está nos seus ombros", tentei novamente. "Quais são suas prioridades?"

"Minha prioridade é salvar vidas", disse ele. "Essa é minha única prioridade."

Lembrei-lhe que ele dissera ter falado com o presidente Xi sobre como isso tudo começou. "Ele deu alguma resposta?"

"Certo", disse Trump. "Bem, eu fiz isso e discuti com ele. E então eu disse, olhe, não é o mais relevante agora. Falaremos sobre isso depois que tudo acabar. Porque, por enquanto, temos que consertar o que está aqui. Mas não há razão para entrar numa grande discussão sobre isso agora. Às vezes, você apenas diz tudo bem, vamos falar sobre isso algum tempo depois. Eles estão muito defensivos, como provavelmente — como você estaria."

"Quando conversamos em fevereiro, o senhor disse que havia dinamite atrás de todas as portas", eu disse. "E isso antes de tudo acontecer. E eu me pergunto se, nesse ponto, o senhor tinha ideia ou informações de que, meu Deus, essa tempestade estava chegando?"

"Bem, ninguém sabia que algo assim poderia acontecer", disse Trump. "A melhor decisão que tomei foi sobre a Europa e a China, fechando nossas portas. Teríamos um problema muito maior, tipo, muitas vezes maior do que temos agora. Teríamos uma quantidade incrível de mortes."

"Fauci está prevendo que podemos ter 100 mil mortes no país", eu disse.

"É bem possível", disse ele. "E se não fizéssemos o que eu estou fazendo, teríamos um número muito maior. Você consegue acreditar nisso?"

"Como está o humor de Xi?", perguntei. "Porque eles também foram atropelados por tudo isso."

"Eles foram atropelados de maneira bem pior do que você tem lido", disse o presidente.

"Eu entendo que isso mostra que a Coreia do Norte está sendo atropelada também." A Coreia do Norte havia declarado publicamente que não tinha um único caso do vírus.

"De um jeito que você não iria acreditar", disse Trump. "Não tivemos uma guerra", ele me lembrou. "O.k.? E então você tem uma coisa dessa. E isso impede as guerras, porque eles têm sua própria guerra agora."

"Alguém me disse que o vírus começou a se espalhar pela Coreia do Norte", eu disse.

"Sim. Um grande problema. O Irã é um problema inacreditável."

A China culpara os soldados americanos por trazerem o vírus. Trump disse que falou ao presidente Xi: "Olhe, você não pode fazer isso. E você sabe, nós tivemos uma pequena discussão".

Entendi que a decisão de Trump de chamar em público o coronavírus de "vírus chinês" levou alguns funcionários da Casa Branca a se sentirem encorajados a criticar a China ainda com mais dureza. Trump estava preocupado porque sabia que as palavras podiam causar guerras. Ele disse a eles: "Vocês não podem fazer uma merda dessas", e fez com que parassem rapidamente.

A dimensão do problema ficava clara. Trump quase parecia outra pessoa.

Com a aproximação do final do prazo dos "Quinze dias para desacelerar a propagação", Trump afirmou que queria reabrir o país na Páscoa. Nós realmente queremos que as pessoas possam ir às igrejas, disse ele.

"Eu sou católico", disse Fauci. "Estudei em escolas católicas. Entendo a importância da Páscoa, mas estou um pouco preocupado porque, se você quiser que as pessoas voltem às igrejas na Páscoa, isso pode não ser uma boa ideia."

Não sei, disse Trump. Eu adoraria poder fazer isso. Belas igrejas, disse ele. Uma linda missa. É um dia realmente ensolarado. O.k., disse Trump. Vamos voltar a isso mais adiante e ver o que fazer.

Fauci e Birx voltaram alguns dias depois, logo no final dos quinze dias. Eles precisavam estender o tempo de paralisação e requisitaram mais trinta dias para "desacelerar a propagação".

"Sr. presidente, isso é impossível", disse Fauci sobre a reabertura do país para a Páscoa. "Você não pode fazer isso." Depois de quinze dias, eles não sabiam se havia causado algum impacto com as medidas. Fora prematuro. "Precisamos de mais trinta dias."

Trump se voltou para Fauci e Birx. Vocês realmente acreditam nisso?

Sr. presidente, disseram eles, nós realmente precisamos fazer isso. Porque aí poderemos começar a ver um achatamento da curva, e então você poderá voltar e dizer, você sabe, foi uma coisa muito boa termos feito isso.

Está bem, vamos fazer assim, disse Trump. Espero que vocês estejam certos.

Está bem, disse Fauci. Eu acho que estamos sim.

Trump anunciou a prorrogação de trinta dias em 29 de março. Fauci disse que as projeções mostravam que os Estados Unidos poderiam ter mais de 1 milhão de casos e que as mortes poderiam ultrapassar 100 mil pessoas se não houvesse nenhum esforço de contenção. "Quero dizer, você pode não gostar disso, mas o fato é que é possível", disse Fauci. "O que estamos tentando fazer é não deixar isso acontecer."[13]

Trump acrescentou: "Se pudermos manter isso, como estamos dizendo, em 100 mil — esse é um número horrível —, e talvez até menos, mas para 100 mil, então ficarmos entre 100 mil e 200 mil — todos nós, juntos, teremos feito um bom trabalho".

Na coletiva do dia seguinte, Trump disse: "Fiquem calmos. Ele irá embora. Vocês sabem disso — vocês sabem que ele está indo embora e irá embora. E vamos ter uma grande vitória".[14]

38

Abril começou com manchetes sobre as mais recentes projeções da força-tarefa da Casa Branca, divulgadas em 31 de março, prevendo de 100 mil a 240 mil mortes em todo o país com as medidas de contenção, como distanciamento social, sendo adotadas, e de 1,5 milhão a 2 milhões sem essas medidas.

Trump parecia estar numa guerra contra as regras estabelecidas. Em 3 de abril, quando o CDC emitiu uma nova orientação recomendando que os americanos usassem máscaras, Trump disse na coletiva da força-tarefa do coronavírus daquele dia: "Isso é voluntário. Eu não acho que vou fazer isso".[1] O total de mortos nos Estados Unidos havia chegado a 7 mil, e o número de novos casos crescia em impressionantes 30 mil por dia. "Estou me sentindo bem", acrescentou Trump mais tarde na coletiva. "Eu só não quero estar... eu não sei, sentado no Salão Oval atrás daquela bela Resolute Desk — a grande Resolute Desk —, usando uma máscara enquanto cumprimento presidentes, primeiros-ministros, ditadores, reis, rainhas, não sei. De alguma forma, não me vejo fazendo isso."

Longe das câmeras, no entanto, o humor do presidente era sombrio.

"Essa praga", disse o presidente Trump quando falei com ele por telefone no final da tarde de 5 de abril de 2020, o Domingo de Ramos.

O presidente havia desistido de seu plano de abrir o país até a Páscoa. Parecia resignado, quase purificado, com um tom solene diferente de tudo que eu tinha ouvido em nossas nove entrevistas anteriores.

"É uma coisa horrível. Inacreditável. Você acredita nisso? Ele se move com rapidez e violência. Se você for a pessoa errada e se esse negócio te pegar, sua vida estará praticamente acabada se você estiver no grupo errado. É nossa faixa etária."

Ele estava com 73 anos, e eu tinha completado 77 recentemente.

Eu preparara uma lista de catorze áreas críticas em que minhas fontes haviam dito que uma ação importante era necessária. Meu objetivo era cobrir todos os catorze pontos em nossa entrevista e descobrir o que

Trump pensava e o que poderia ter planejado. Dados os riscos e perigos, achei que essa não poderia ser uma entrevista-padrão. Eu queria expô-lo da forma mais direta e sincera que pudesse. Ele estava organizado? Existia um plano?

"Vamos ter uma mobilização total?", perguntei. "As pessoas com quem eu falo me disseram defender aquela sensação de mobilização total. Ninguém vai dizer que Trump fez demais. Nunca é demais."

"Eu concordo", disse ele.

Os testes eram a primeira das catorze questões que eu queria abordar. Minhas apurações mostravam que o dr. Anthony Fauci, em encontros privados, vinha dizendo que a resposta do governo federal ao coronavírus era de "ainda não chegamos lá". Autoridades vinham dizendo que precisávamos de um "projeto como o Manhattan", algo similar, em dimensões, ao projeto dos anos 1940 para desenvolver uma bomba atômica.

Trump tem o hábito de ignorar as perguntas e tentar redirecionar a conversa. Às vezes, falar com ele significa ele falar com você. Agora Trump tinha mudado, citando a instalação de 3 mil leitos que os militares dos Estados Unidos construíram no Javits Center, na cidade de Nova York.

"Isso era para cirurgias normais etc. Isso era para pacientes normais, não pacientes de Covid", disse ele. "Não sei se você sabe disso. Você sabia disso?"

"Sim. Certamente. A questão é…"

"Mas você sabe que isso é importante, Bob. Quero dizer, isso é um avanço muito grande." Eles estavam tentando garantir que houvesse espaço suficiente nos hospitais para pacientes com coronavírus.

Dada a magnitude da crise, o Javits Center era algo importante, mas não dizia respeito à crise nacional. Apresentei de novo a questão dos testes. Todos os profissionais de saúde diziam que os testes eram fundamentais porque as pessoas, sobretudo aquelas sem sintomas, poderiam ser isoladas para evitar infectar outras pessoas. Dezenas de milhões de testes seriam necessários, senão centenas de milhões.

"A questão é, o senhor está satisfeito?", perguntei sobre o nível de resposta do governo federal. Sobre os testes: "É o suficiente?".

Ele não respondeu. Os governadores democratas, disse ele, não estavam lhe atribuindo o crédito em público suficientemente.

"Isso vai ser uma mobilização total?", insisti. "O Projeto Manhattan? Nós vamos, desculpe a expressão, cair de boca? É isso que o povo quer. E o povo quer sentir isso."

Ele disse que estivera "falando com as pessoas o dia todo" e indicou que estava tentando passar essa mensagem em suas coletivas de imprensa diárias. "Talvez então eu esteja fazendo um péssimo trabalho ao não dizer isso."

Essa foi uma concessão quase inédita, mas ele imediatamente começou a falar sobre o governador de Nova York, Andrew Cuomo. "Olhe", disse o presidente. "Cuomo nos pediu 40 mil ventiladores. O.k.? Pense nisso." Os pacientes mais gravemente enfermos precisavam de aparelhos de ventilação para ajudá-los a respirar.

"Tudo bem", eu disse, "mas Cuomo não é o problema."

"Não, não, eu sei. Mas 40 mil. Eu disse a ele, você não precisa nada perto dessa quantidade. Agora está ficando claro que estamos certos." Trump estava correto. Quando a Casa Branca pesquisou um a um os hospitais de Nova York, a quantidade necessária de ventiladores era bem menor.

A responsabilidade era dele, eu disse. "O senhor é o número um. Esta é uma pergunta sobre sua liderança. E o senhor sabe, eu só quero saber como se sente em relação a isso."

"Eu me sinto bem", disse ele. "Acho que estamos fazendo um ótimo trabalho." E retomou uma queixa já conhecida. "Acho que nunca receberemos o devido crédito da mídia das fake news, não importa o quão bom seja nosso trabalho. Não importa o quão bom seja meu trabalho, nunca terei crédito da mídia e nunca terei crédito dos democratas que querem me derrotar desesperadamente daqui a sete meses."

"Se o senhor declarar que isso é uma mobilização total…", eu disse.

"Eu já fiz isso. Fiz isso. Bem, veja…", disse ele.

"Projeto Manhattan…"

"É, sim", disse ele.

Nós estávamos falando de coisas diferentes, embora parecesse que fosse o mesmo assunto.

Decidi então me voltar para a segunda questão da minha lista, a dificuldade no fornecimento dos EPIs para os trabalhadores dos hospitais, entre outros. "A cadeia de fornecimento na área médica. As pessoas com quem falei dizem que o senhor não está satisfeito com isso."

O presidente soltou um suspiro tão alto que pôde ser ouvido na gravação.

"Estamos recebendo muito poucas reclamações", disse ele. "Agora, eu sou um grande fã da hidroxicloroquina." O medicamento contra a malária foi elogiado por alguns líderes, incluindo Trump, como uma cura revolucionária para a Covid-19. "Pode não funcionar, aliás, e pode funcionar. Se funcionar, não terei crédito por isso, e se não funcionar, eles vão me culpar até o inferno. O.k.? Mas está tudo bem. Não me importo com isso. Mas nós... nós temos milhões de... nós pedimos milhões de doses de hidroxicloroquina. Pedimos milhões — temos milhões — estamos com um bom estoque."

Mais tarde, em 18 de maio, Trump revelaria que estava tomando esse remédio.

"A terceira questão, senhor, são os benefícios de desemprego e os pagamentos em dinheiro." Havia realmente um sistema funcionando para isso? Perto de 10 milhões de pessoas haviam feito pedido de seguro-desemprego — um número impressionante. O Congresso aprovara no fim de março um pacote de estímulo à economia de 2 trilhões de dólares que destinaria aos desempregados um valor extra de seiscentos dólares.

"Eu era totalmente contra a distribuição do dinheiro da maneira que os democratas queriam", disse o presidente. "Eles queriam que passasse pelo seguro-desemprego — você sabe, os centros que cuidam disso. Mas muitos deles têm computadores com mais de quarenta anos. Eu disse, vai demorar muito para chegar lá se vocês fizerem isso. E já fizemos — o dinheiro foi enviado. Cabe aos estados entregá-lo."

"Tudo bem", eu disse. "A quarta questão é sobre os empréstimos para pequenas empresas" que estavam sendo dados através do Programa de Proteção ao Pagamento (PPP).

"Isso vai muito bem, Bob. Digo, isso... não sei se você viu. Isso começou na sexta."

"Eu entendo. Mas alguns bancos não estão participando, porque eles dizem que..."

"Bem, se eles não participarem, obviamente não ficaremos felizes com eles. Mas o Bank of America, o J.P. Morgan Chase, eles tiveram que se ajustar. E isso não teve nada a ver conosco." Ele tinha um bom argumento, o de que 13 bilhões de dólares haviam sido emprestados no primeiro dia, embora o total alocado no pacote de estímulo e recuperação fosse de 350 bilhões de dólares e tivesse de ser aumentado.

"Quinta questão", eu disse. "Confinamento em casa."

"Tem sido muito bem-sucedido", disse ele.

"Ele não precisa de uma decisão nacional? Sei que o senhor reluta em fazer isso."

Os esforços para que as pessoas ficassem em casa estava indo bem, observou Trump corretamente. "Existem muitas questões constitucionais e muitas questões federais" para não baixar uma determinação nacional.

"A sexta é sobre o suprimento de comida", eu disse. "O senhor está confiante em que o suprimento de comida irá chegar à população?"

"Sim", disse ele. "Você não tem visto nenhuma reclamação sobre isso, Bob. Digo, está indo otimamente. Eu tive uma reunião com todas as grandes redes na quinta. Os maiores do mundo, todos eles. Também tivemos reuniões com todos os tipos de grandes lojas de departamentos e todas elas — da Amazon ao Walmart, todas elas. E todas estão indo bem. E elas também têm longas filas nas lojas porque estamos mantendo o distanciamento, dois metros de distância, na fila." Um mês depois, o aumento das taxas de infecção em frigoríficos poria em risco o suprimento de carne do país.

"Sétima questão: coordenação internacional." Perguntei se Trump havia visto a última coluna de Henry Kissinger no *Wall Street Journal* com o título "A pandemia do coronavírus irá mudar para sempre a ordem mundial".[2]

"Não vi. O que ele disse?"

Kissinger reforçou a natureza internacional da crise. "Falhar", escreveu ele, "poderia incendiar o mundo."

"O senhor tem alguém para se concentrar na coordenação com as outras nações envolvidas nisso?", perguntei.

"Tenho, eu tenho. Temos um secretário de Estado chamado Mike Pompeo."

"E esse vai ser o foco dele?", perguntei.

"Sim, ele está muito focado nisso. E temos mais do que ele. Temos o Departamento de Estado inteiro focado nisso. Mas honestamente, Bob, isso é mais um problema local desse ponto de vista."

Não estava claro o que ele queria dizer com "um problema local", mas antes que eu pudesse perguntar, ele citou sua invocação da Lei de Produção de Defesa (DPA, na sigla em inglês) para fazer a 3M concordar em enviar 166,5 milhões de máscaras N95 da China ao longo de três meses, o que Kushner tinha conseguido aprovar com sucesso. Trump enfrentou críticas pela lentidão de usar a DPA para forçar os fabricantes nacionais a se concentrarem nas necessidades do governo dos Estados Unidos, e o país ainda estava bem aquém dos 500 milhões a 600 milhões de máscaras solicitadas pelo governo.

"Tudo bem", eu disse. "Que tal a próxima questão? Qual é a definição de um trabalhador essencial? As pessoas acham que é... todos estão definindo da maneira que desejam. O senhor tem uma definição ou o governo federal..."

"Temos uma definição específica", disse ele. "Eu posso lhe dar se você quiser. Mas temos uma definição muito específica." O DHS divulgou em março um memorando consultivo de dezenove páginas com formas de identificar os trabalhadores essenciais, mas os estados e condados individuais adotavam definições diferentes.[3]

"Bem, parece um tanto vago para as pessoas."

"O.k., bem, vou abordar isso. Talvez eu fale sobre isso hoje." Ele não mencionou o assunto em sua coletiva de imprensa naquela noite. "Sabe, tivemos um caso em que as igrejas diziam que são essenciais. É uma pergunta muito interessante. As igrejas estão dizendo que são essenciais."

Alguns estados classificaram as igrejas como setores essenciais para lhes permitir a opção de permanecerem abertas e realizar cultos.

"E sobre viagens aéreas?", perguntei. "Algumas pessoas dizem que o senhor está liberando aviões com quatro passageiros de uma cidade para outra, e isso está colocando as pessoas em risco. Há uma política nacional?"

"Eles estão quase todos fechados. Temos que manter alguns voos abertos para fins de emergência, mas eles estão quase todos fechados. As companhias aéreas estão fazendo verificações. Estamos conferindo. Mas eles estão quase todos fechados, Bob. Contudo, eles têm algumas rotas. Se você fizer o que algumas pessoas… você precisa ter pelo menos uma aparência, um pouco disso… agora, verificamos as pessoas na entrada e na saída. E não tem sido um problema."

Em março de 2020, as companhias aéreas dos Estados Unidos transportaram 36,6 milhões de passageiros em voos regulares, de acordo com o Escritório de Estatísticas de Transporte, cerca de metade dos 77,5 milhões de passageiros de março de 2019.[4] Numa coletiva de imprensa em 1º de abril, Trump disse que estava estudando tomar medidas para regulamentar os voos. "Em alguns casos você tem voos indo de um foco de contaminação para outro", disse ele.[5] Mas, no final das contas, nenhuma ação do governo federal foi implementada para limitar as viagens aéreas domésticas.

"Fauci e o dr. Birx acham isso suficiente?" Perguntei se eles não viam as viagens aéreas como um "vazamento" na contenção do vírus.

"Bem, não reclamaram", disse Trump. "Quer dizer, você sabe — talvez eu faça essa pergunta a eles, mas eles também não reclamaram."

"Tudo bem", eu disse. Tentei novamente fazer a pergunta básica que estava sem resposta: quem é o responsável pelas áreas-chave? "Agora quem está no comando dos esforços — conversei com algumas pessoas…" — novamente o presidente deixou escapar um suspiro profundo — "… que estão fazendo um trabalho muito agressivo e criativo com vacinas e anticorpos. Quem está encarregado disso?"

"O NIH", disse ele. "O NIH, que é fenomenal. Eles estão fazendo isso. Estão no comando disso. Temos muitas vacinas potenciais, em especial, provavelmente, a Johnson & Johnson. Você sabe, o NIH está fazendo o trabalho, mas também distribuímos para muitas, muitas empresas."

Ele estava certo sobre os serviços de desenvolvimento de vacinas do NIH, mas não havia uma pessoa clara e publicamente liderando esse esforço vital do governo.

"O senhor já conversou com Bill Gates?", perguntei. Gates, o cofundador da Microsoft e, mais recentemente, um dos maiores especialistas mundiais em gerenciamento de crises gigantescas de saúde pública, com sua esposa, Melinda, investiu bilhões de dólares por meio da Fundação Bill e Melinda Gates no desenvolvimento global e iniciativas de saúde pública. Gates vinha alertando sobre uma pandemia havia anos. Num artigo recente no *Washington Post*, ele escreveu que a única saída da crise seria uma vacina.[6]

"Não, ainda não. Ele... mas acho que vou encontrá-lo em breve, sim."

Os dois se encontraram várias vezes antes. Em dezembro de 2016, Gates foi à Trump Tower para alertar o presidente eleito sobre os riscos de uma pandemia e o estimulou a priorizar a preparação para isso. Em 2017, Trump disse a Gates que estava pensando em estabelecer uma comissão para examinar os "efeitos negativos" das vacinas.[7] "Não, isso é um beco sem saída, seria uma coisa ruim, não faça isso", disse Gates a Trump.

"Ele é um especialista", eu disse. "Gastou bilhões de dólares do próprio bolso. E diz que só vamos sair dessa quando tivermos vacinas."

Trump anunciou mais tarde que iria suspender o financiamento da OMS porque sentia que a instituição havia protegido a China durante a crise. Num tuíte de 15 de abril, Gates atacou a decisão, escrevendo: "Interromper o financiamento da OMS durante uma crise mundial de saúde é perigoso demais. O mundo precisa da OMS agora mais do que nunca".[8] Depois do tuíte, Gates e o presidente nunca mais se encontraram, de acordo com um assessor sênior de Gates.

"Bem, estamos indo muito bem com as vacinas", disse Trump. "O problema com a vacina é que ela leva de treze a catorze meses depois de estar pronta. Porque você tem que testar uma vacina. Ao contrário da hidroxicloroquina, você tem que testá-la. Porque a hidroxicloroquina existe há 25 anos." A hidroxicloroquina já estava disponível havia muito tempo como tratamento para malária e artrite, mas ainda estava sendo estudada como um tratamento hipotético para a Covid-19 quando conversamos.

"A próxima questão é sobre a China e os mercados úmidos. Algumas pessoas — acho que Fauci tem dito reservadamente em reuniões que precisamos fazer com que a China feche seus mercados úmidos", como aquele onde o vírus se originou, em Wuhan.

"Sim, algumas pessoas estão dizendo isso", reconheceu Trump. "E sobre isso não fiz nada ainda. Você tem que entender, acabei de assinar um grande acordo comercial mudando tudo, porque a China vem nos agredindo há anos. Agredindo economicamente, de um jeito como nunca se viu." Ele não queria prejudicar o acordo comercial com a China.

"Não, eu... ouça, sr. presidente, compreendo tudo isso. A questão é, o senhor tem alguns especialistas, como Fauci..."

"Bem, eu não sei", disse Trump. "Fauci também disse que isso não seria um problema, então... essa doença não seria um problema. Eu estava na sala quando ele disse isso, o.k.? Então você sabe..."

Fauci realmente havia minimizado publicamente a gravidade do vírus no final de fevereiro.

Trump continuou: "E algumas das pessoas que você mencionou. E você sabe, eles estavam errados nisso. Então, você sabe, eles também podem estar errados, Bob. Certo?".

"Com certeza. Eu acho... estou lhe falando como repórter, vou enfatizar isso mais uma vez. Eles estão dizendo que querem que haja um sentimento de mobilização como na Segunda Guerra Mundial."

"Tudo bem, eu entendi. Compreendo. Entendo. Acho que estamos fazendo um trabalho muito bom, mas entendi exatamente o que você está dizendo. Agora, em Nova York, as mortes caíram pela primeira vez. Isso é um grande passo." No dia anterior, o estado de Nova York havia relatado 630 mortes por coronavírus. Naquela manhã, havia relatado 594.

"E os republicanos de governos pequenos, que, o senhor sabe, estão realmente desconfiados de todo esse gasto de trilhões de dólares?", perguntei. "Eles são obstáculos para isso?"

"Se eu tivesse dado ouvidos a eles, não teria fechado o país."

"O.k. E as agências de inteligência? Como está a diretora da CIA, Gina Haspel?", perguntei, tentando entender o papel que a inteligência estava desempenhando na luta contra o vírus. "O senhor sente que sabe o que está acontecendo no mundo?"

"Melhor do que qualquer presidente em trinta anos", disse ele, respondendo apenas à última parte da pergunta. E acrescentou: "Estou ouvindo cada palavra que você está dizendo".

Segundo o que tenho apurado, repeti, as pessoas querem uma "mobilização total, dizem que estamos aqui no nível do Projeto Manhattan e não vamos parar... estou relatando ao senhor o que as pessoas estão dizendo..."

"Não importa o que eu faça", respondeu Trump, "elas sempre vão falar mal."

"Mas mesmo as pessoas que não gostam do senhor", eu disse, "pessoas que se opõem ao senhor... querem que o país seja bem-sucedido nisso."

"Bem, não", disse ele. "Acho que há algumas pessoas que prefeririam que nós não tivéssemos sucesso. O.k.? Essa é uma grande declaração. Há algumas pessoas que prefeririam que não tivéssemos sucesso para que elas pudessem me vencer na eleição. Certo?

"Vou lhe dizer de forma clara. Existem pessoas mais radicais e da esquerda que não querem que tenhamos sucesso."

"Deus nunca irá perdoá-las, então", eu disse.

"Bom, talvez isso seja verdade", Trump disse. "Eu nunca vou perdoá-las."

Ele tentou mudar a conversa para o tópico da disputa por ventiladores que sua administração havia resolvido.

"Mas se o senhor partir para uma mobilização total...", eu disse.

"Eu já parti", disse ele.

"... e se o senhor disser para o mundo e para o país que é isso, estas são as pessoas responsáveis por testar, pelos benefícios de desemprego, pela rede de alimentação, coordenação internacional, viagens aéreas, vacinas, China, o mundo da inteligência — ou seja, se ficar claro para todo mundo..."

"Certo", disse Trump.

"Durante o caso Nixon", eu disse, "ele não compreendia a boa vontade que as pessoas tinham em relação a um presidente. Agora, o senhor... este é um problema atual no país, essa polarização, sem dúvida. Mas..."

"Sim, mas os que gostam de mim gostam *muito* de mim, o.k.?", disse Trump.

"Mas as pessoas sabem que essa é uma questão de sobrevivência", eu disse. "As pessoas estão falando sobre seus filhos e dizendo: que tipo de mundo vamos dar aos nossos filhos?"

"Eles estão certos. Mas quando você fala sobre isso... Nixon era um cara impopular. Eu tenho um grande apoio lá fora. Você não vê isso, provavelmente.

Basta dar uma olhada nas pesquisas. Estou conseguindo... acabei de receber 69% ou 68% de aprovação."

Uma pesquisa Gallup de março mostrou que 60% aprovavam seu gerenciamento da crise, enquanto 38% não aprovavam.[9] Presidentes normalmente subiam um pouco nas taxas de aprovação durante tempos de crise nacional.

"Estou lhe fazendo uma série de perguntas", eu disse, "baseado nas minhas apurações."

"Me passe uma lista das coisas que você falou. Você anotou tudo, ou não?"

"Sim, anotei tudo."

"Pode ler tudo de novo para mim. Vá lá, leia."

Eu reli a lista, enfatizando todas as questões mais críticas. Trump me fazia acelerar com impaciência, item por item.

Acrescentei um item final: "As pessoas realmente precisam de um fluxo de renda sustentável" — ou pelo menos uma maneira confiável de dizer: "O.k., em algum momento eu vou conseguir esse dinheiro — seja seguro--desemprego, pagamentos em dinheiro, algum tipo de empréstimo".

Quando cheguei ao final da lista, ele disse: "Isso é bom. Estou feliz que você me contou. Muitas dessas coisas já foram feitas ou estão em ótimo estado. Mas estou feliz que você me falou disso tudo".

Ele estava descartando tanto a mim quanto a lista.

Elsa, minha esposa, estava na sala durante a ligação. Às vezes, eu levantava a voz para responder a uma pergunta ou pressionar o presidente a responder. A certa altura, ela me disse para parar de gritar. Ela sentiu que minha lista de catorze pontos parecia muito como se eu estivesse dizendo a ele o que fazer. Outros, tenho certeza, concordariam. A lista representava o que descobri em minhas investigações, como disse a ele várias vezes. Se eu fosse escrever sobre a lista — e tinha certeza de que o faria —, achei justo perguntar a ele sobre aqueles pontos.

Desliguei, sentindo-me angustiado. Trump nunca pareceu disposto a mobilizar totalmente o governo federal e parecia o tempo todo empurrar os problemas para os estados. Não havia uma teoria de gestão real do caso ou como organizar uma grande empreitada para lidar com uma das emergências mais complexas que os Estados Unidos já enfrentaram. Eu estava preocupado com o país, não apenas como repórter.

Naquela mesma noite, Lindsey Graham teve uma conversa de cerca de 25 minutos com Trump ao telefone. Graham havia falado várias vezes com o presidente durante a crise e temia que Trump não quisesse assumir a responsabilidade de lidar com o problema do coronavírus.

"Ele fica com um pé dentro e o outro fora", disse Graham, descrevendo mais tarde a conversa. "Ele quer ser um presidente em tempos de guerra, mas não quer assumir nenhuma responsabilidade a mais."

Graham disse a Trump que as reclamações das pessoas sobre o seguro-desemprego eram um problema do estado, e não culpa dele, mas completou: "Acho que é seu trabalho consertar os problemas, mesmo que não seja sua culpa".

A verdadeira falha, disse Graham, está nos testes. Ele tinha conversado com Fauci. "O dr. Fauci disse que há de 25% a 50% da população contaminada, mas que nem sabe que tem o vírus", disse ele, referindo-se à porcentagem de pessoas infectadas que não apresentam sintomas, mas podem espalhar o vírus para outras pessoas, não à população total dos Estados Unidos. "A única maneira de descobrir é testando. Caso contrário, você reanimará o vírus."

Graham disse ao presidente: "Você precisa de um plano. Precisa explicar ao país, dizer que não somos impotentes contra o vírus. Aqui está a estratégia para vencer o vírus.

"Você precisa de comandantes como tem no Iraque ou no Afeganistão. Alguém encarregado de testar. Alguém encarregado das vacinas. Precisa de um Petraeus* para recuperar o prumo. Você perdeu o ímpeto. Precisa de um impulso. Os testes são a maior falha que temos."

Embora o índice de aprovação do trabalho de Trump tivesse atingido o nível mais alto de sua presidência na semana dessa entrevista — cerca de 47% numa média das pesquisas nacionais —, ele começava a cair à medida que a crise prosseguia.[10] "Você precisa atingir o pico em outubro", disse Graham a Trump. "É preciso ter a economia dando sinais de vida. Uma vacina no horizonte. Terapias e medicamentos que funcionem."

Graham disse que Biden seria "um adversário difícil, mas seu oponente é o coronavírus."

"Isso provavelmente é verdade", respondeu Trump.

---

* Referência a David Petraeus, militar de destaque no Iraque e ex-diretor da CIA. [N.T.]

"É verdade, sr. presidente. Se você puser tudo a perder, não há nada que possa fazer para ser reeleito. Mas se souber aparecer resolvendo, se souber administrar bem, será praticamente imbatível. Se você mantiver baixa a contagem de corpos, as pessoas o verão como alguém que teve sucesso."

Por mais próximo que fosse do presidente, Graham sentia que era difícil penetrar no mundo de Trump e descobrir quem tinha influência sobre ele. Mas Graham conhecia a natureza do presidente. "A maior ameaça política que paira sobre ele é que as pessoas fiquem sem dinheiro por semanas, fiquem descontentes e ele acabe reagindo de forma exagerada e tente abrir a economia cedo demais. Isso será seu fim, porque haverá uma nova onda do vírus."

As pessoas precisavam de seus salários, Graham tinha certeza disso. "Ele vai dizer, estou cansado dessa história, vamos abrir a economia em resposta a isso, em vez de tentar consertar os sistemas de desemprego do estado. Se ficarem sem trabalho por seis semanas e sem receber nenhum dinheiro, as pessoas irão responsabilizá-lo por isso."

39

Em 6 de abril, um dia depois de minha conversa com Trump, o presidente começou o dia demonstrando animação. "LUZ NO FIM DO TÚNEL!" ele tuitou por volta das oito da manhã.[1] Naquele dia, as mortes nos Estados Unidos chegariam a 10 746. Um dos aliados de Trump, o primeiro-ministro britânico Boris Johnson, havia sido contaminado com o vírus e fora internado na UTI.

Também estava ficando claro que o vírus afetava em termos desproporcionais comunidades de minorias. Distritos majoritariamente negros "têm taxa de infecção três vezes maior e índice de mortalidade quase seis vezes superior do que os distritos onde os brancos são maioria", noticiou o *Washington Post* em 7 de abril.[2]

No período de quatro semanas que terminou em 9 de abril, mais de 17 milhões de americanos haviam solicitado seguro-desemprego, segundo números do Departamento do Trabalho.[3]

Em 10 de abril, Trump previu que o total de mortes nos Estados Unidos seria menor do que o mínimo previsto pelos modelos da força-tarefa. "O número mínimo era de 100 mil vidas, e acho que ficaremos significativamente abaixo disso", disse.

Em 11 de abril, o número de mortos pelo coronavírus nos Estados Unidos passou dos 20 mil. Os Estados Unidos ultrapassaram a Itália como o país com maior número de fatalidades do coronavírus no mundo.

No domingo, 12 de abril, Fauci foi questionado durante uma entrevista na CNN sobre Trump ter sido lento demais para agir contra o vírus. "Se você tivesse um processo contínuo e a ação de mitigação começasse antes, vidas poderiam ter sido salvas", Fauci disse. Ele acrescentou: "Se tivéssemos desde o começo fechado tudo, poderia ter sido diferente. Mas na época houve muita resistência a um fechamento geral".[4]

Várias horas depois, na noite de domingo, Trump retuitou um tuíte que sugeria a demissão de Fauci, dando início a fortes especulações e causando preocupação quanto ao destino de Fauci.[5] Trump depois me disse que tinha um bom relacionamento com Fauci.

Na tarde de segunda, o presidente rebateu as críticas numa entrevista coletiva esquisitíssima de duas horas que começou com um vídeo, no estilo de anúncio de campanha, propagandeando suas "ações decisivas" contra o vírus. Respondendo a perguntas dos repórteres, Trump se recusou a reconhecer qualquer erro e disse que seu governo estava "muito à frente do cronograma" de resposta.[6] Questionado sobre o que fez para preparar hospitais e ampliar a realização de exames com o tempo extra que Trump disse ter conseguido por estar à frente do cronograma, o presidente chamou o repórter de "infame". Ele alternava entre culpar os governadores democratas pelos fracassos e alegar que tinha total autoridade sobre a reação nacional. "Quando a pessoa é o presidente dos Estados Unidos, a autoridade é total", Trump disse. "E é dessa maneira que deve ser. É total."

No dia seguinte, Trump disse que as decisões sobre reabertura estariam basicamente nas mãos dos governadores. O governo federal estaria "lá para ajudar", disse, mas "os governadores vão abrir seus estados.[7] Eles vão declarar quando".

Consegui falar com Trump na Casa Branca por volta das dez da noite de segunda, 13 de abril, para continuar com minhas perguntas sobre as catorze áreas de enfrentamento do vírus que discutimos em 5 de abril.[8]

Ele queria conversar sobre Mueller, impeachment e a imprensa em vez de falar sobre os detalhes da política de seu governo para responder ao vírus.

"Mas você tem uma série de problemas", eu disse. Em busca de exemplos, olhei a lista de catorze áreas em que era preciso haver integração numa resposta nacional. "Testagem."

"Nossa testagem é boa", ele disse. Naquele dia, o *Washington Post* noticiou "escassez" de equipamentos de proteção individual (EPIs) e cotonetes necessários para realizar exames em todo o país.[9] O país precisava de "exames rápidos, amplamente disponíveis" para reabrir, segundo o *Post*, mas, de acordo com uma análise dos números de testes "nas últimas duas semanas, os dados sugerem que nossa capacidade de estabelecer tal sistema se tornou menos provável".

Perguntei se ele já havia conversado com Bill Gates. "O senhor nunca vai se arrepender de ouvir alguém", eu disse.

"Gates", Trump disse, "e eu vi quando ele falou em algum programa e li algo que ele disse. E um problema é que se dependesse dele, ele ia manter o país fechado por dois anos e aí não ia mais ter país."

"O senhor tem muitos problemas econômicos também", eu disse. Como estão o seguro-desemprego e aqueles empréstimos para pequenas empresas?

"Isso está indo muito bem, Bob."

As vacinas?

"Provavelmente já temos a vacina", Trump disse, embora a ciência estivesse longe de algo definitivo na ocasião. "Sabe qual é o maior problema? É preciso testar, garantir — que mata o vírus, mas tem que garantir também que não mata a pessoa. Consegue imaginar? Vacinamos 100 milhões de pessoas e descobrimos que é um veneno, certo?"

E a China, onde o vírus surgiu?

Ele queria falar sobre comércio. "Bem", ele disse, "ninguém foi mais duro. Mas acabamos de fechar um acordo comercial de 250 bilhões de dólares pelo qual eles têm que comprar nossos produtos."

Como parte da fase um do acordo comercial em janeiro, a China havia concordado em aumentar as importações dos Estados Unidos em 200 bilhões de dólares durante dois anos.

Ele disse que a investigação de Mueller foi "uma tentativa de derrubar o presidente dos Estados Unidos".

"Digo isso diretamente para o senhor", eu disse. "O que aconteceu no passado, o senhor tem que… acho que isso está atrapalhando seu trabalho" contra o vírus.

"Foi uma tentativa fracassada de golpe", Trump disse.

"Não acho que seja isso. Existe um ímpeto", falei, para cada investigação, tentando oferecer uma analogia. "Escrevi quatro livros sobre as guerras de George W. Bush. Passei horas com Bush." Ele era movido por uma crença de que Saddam Hussein tinha armas de destruição em massa. Havia um ímpeto e uma crença de que uma guerra seria fácil.

"Ele não se saiu mal nesses livros?", Trump perguntou. Os quatro livros traçavam ações de Bush depois do Onze de Setembro e as origens das guerras no Afeganistão e Iraque.

"O terceiro livro se chama *Estado de negação* porque ele estava em negação", falei.

"Ele passou todo aquele tempo com você", Trump disse. "E você o retratou como um tolo, certo, na minha opinião."

"Não, não, não", respondi. "Ele teve direito de falar. E não fez nenhuma objeção."

"Espero que eu não esteja perdendo todo esse tempo. Porque, para ser sincero, consigo pensar em outras coisas que eu preferia estar fazendo."

"Entendo", eu disse. "E meu trabalho é encontrar a melhor versão possível..."

"Argh", Trump disse. "E no final você provavelmente vai escrever um livro péssimo. O que posso dizer? Respeito você como autor. Mas se isso for um exemplo."

"O.k.", respondi. "Então sua grande decisão agora é o que fazer com o vírus."

"Estou tranquilo", ele disse. "Estou tranquilo. Estou tranquilo. Você provavelmente nem vai saber se é uma boa decisão quando lançar o livro. Talvez o vírus desapareça. Mas é possível que você nem saiba."

"Mas quero descrever o processo", eu disse. Perguntei sobre Fauci e Birx e sobre quantos outros especialistas ele consultou.

"Bem, você sabe que Fauci errou", Trump respondeu. "Fauci disse que estava tudo bem no fim de fevereiro."

Trump estava parcialmente certo. Fauci havia dito no programa *Today*: "Agora o risco ainda é baixo, mas isso pode mudar".

"Mas eu gosto dele", Trump disse. "Ele gosta de mim. Temos um bom relacionamento. Vamos descobrir."

"Ele se tornou um símbolo para muita gente", disse.

"Bem, ele é", Trump disse, "mas não se esqueça de que a imprensa não diz que ele errou. Nunca publicam que ele errou. Se eu quiser, posso fazer isso — mas não quero fazer isso com ele. Mas ele errou. Eu acertei. Ergui um muro, ergui uma — basicamente impus um embargo à China." Ele estava se referindo à proibição de que estrangeiros voassem para os Estados Unidos a partir da China. "Eu estava certo. Quase todo mundo estava contra mim. Fui muito criticado."

Como este livro já mostrou, as cinco principais autoridades de segurança nacional e saúde, incluindo Fauci, apoiaram as restrições.

Em nossa entrevista de 13 de abril, Trump continuou: "É tão facilmente transmissível, você não vai acreditar. Eu estava na Casa Branca faz uns dois dias. Reunião com dez pessoas no Salão Oval. E um cara espirrou, inocente. Nada terrível — só um espirro. A sala inteira saiu correndo, o.k.? Inclusive eu, aliás".

"O senhor corre o risco de pegar, claro", eu disse. "A maneira como circula e participa de reuniões e lida com as pessoas. O senhor se preocupa com isso?"

"Não, não me preocupo. Não sei por que não. Não me preocupo", ele disse.

"Por quê?"

"Não sei. Só não me preocupo."

Mudando de assunto, Trump voltou a um de seus temas preferidos. A Boeing estava em apuros, ele disse. "Ninguém vai comprar cinquenta aviões."

"O método deles estava muito errado", eu disse. Trump também estava tendo problemas com seu método. "Então você tem o problema que a Boeing teve, multiplicado por 10 mil." De novo falei a Trump que a maneira como ele lidaria com o vírus era, em minha opinião, o "teste de liderança" de "uma vida".

"Em termos da importância da decisão, com certeza", ele disse, concordando. "Mas a Boeing, rapaz, o que fizeram com aquela empresa, você não tem ideia. É difícil de acreditar, na verdade."

"E então o senhor tem seu método", eu disse. "O senhor falou…"

Trump soltou o ar, os lábios tremendo, frustrado.

"Uma coisa importante", terminei. "Quando meu livro for publicado, posso não saber ainda o resultado. Mas quero saber do processo."

"Qual é seu prazo?", ele perguntou, referindo-se à data de lançamento do livro.

"Quero lançar em setembro ou outubro."

"Então, se for um livro ruim… não, pense nisso. Se for um livro ruim, é logo antes da minha eleição. Isso é uma beleza. Isso é terrível."

Trump disse que meu último livro, *Medo*, "era horroroso, mas a culpa é minha. Adoraria ter falado com você. Mas não me disseram que você estava ligando. Agora é um jogo completamente diferente. Quando você me ligou da última vez, eu estava sitiado" pela investigação de Mueller, ele disse. Não consegui entrevistar Trump para *Medo*, apesar de ter tentado contatá-lo por meio de seis de seus assessores mais próximos. "O.k. Espero que você me trate melhor do que Bush, porque você o retratou como um débil mental, o que ele é mesmo."

"O senhor vai ser julgado", eu disse, "pela forma como lidou com o vírus."

"Eu discordo", ele falou. "Isso vai ser uma parte, mas eu fiz várias outras coisas também."

"Mas é tão monumental", disse.

"Concordo", disse. "É uma guerra. É uma guerra. É como estar sob ataque. Mas não vou ser julgado só por isso."

Na noite seguinte, Lindsey Graham apareceu na Fox News e defendeu a resposta de Trump à crise do coronavírus. "O presidente fez mais do que se esperava em termos de suprimentos para os estados, leitos de hospitais, respiradores, tudo", Graham disse ao apresentador Sean Hannity.[10]

Trump ligou para Graham depois de assistir à entrevista.

"Você é seu melhor mensageiro e também seu pior inimigo" nas coletivas diárias de imprensa sobre o vírus, Graham disse.

Faço 9 milhões de pessoas assistirem, Trump respondeu.

"Não duvido que as pessoas assistem", Graham disse. "Só controle a mensagem." As pessoas vão ter dificuldade para atacá-lo se o senhor seguir o conselho de Birx e Fauci no atendimento à saúde e mantiver contato com os governadores sobre um plano para abrir a economia.

Sou eu que decido tudo, Trump disse.

"Sr. presidente, todo mundo que o odeia ia adorar se o senhor tomasse todas as decisões", Graham disse. Trump tinha de ouvir os assessores externos da força-tarefa que ele criou. "Quanto mais adesão o senhor conseguir, quanto maior a rede que formar, melhores resultados vai conseguir."

O foco de Trump estava na China. Estava claro para Graham que Trump estava convicto de que Xi mentira sobre o vírus e que o enganara pessoalmente. Isso era difícil para Trump, que gosta de relações pessoais e se compraz quando chefes de Estado são seus amigos. Ele achava que tinha uma boa relação com Xi, mas agora ele e todo o Partido Republicano tinham se voltado contra a China. Trump acreditava que a decisão da China de sonegar informações o deixara na situação em que ele estava hoje, na opinião de Graham.

Trump conversara recentemente com Pútin, que chamou a China de maior país fora de controle do planeta. As coisas estavam mudando para a China, Graham percebia. Trump e Pútin conversaram nos dias 9 e 10 de abril. As declarações públicas sobre as ligações divulgadas pela Casa Branca e pelo Kremlin não mencionavam a China.

Graham via as próximas duas semanas, entre meados de abril e 1º de maio, como cruciais para fazer avanços contra o vírus. Ele acreditava que era necessário criar um sistema de exames que pudesse se expandir com rapidez, ou então os Estados Unidos perderiam todo o verão.

Graham disse a Trump que seu oponente não era Biden, "é o coronavírus". Sua presidência seria definida por isso. Ele disse que Trump venceria a eleição se, "em outubro, a vacina estiver chegando e houver tratamentos à mão, estivermos fazendo muitos exames e não acontecer uma contaminação em massa, as pessoas puderem começar a ir a jogos de futebol americano com público menor e a economia reagir". Mas "se a situação piorar muito rápido e outra onda de contaminação acontecer e a economia piorar, o senhor está enrascado".

Ao longo de abril, Trump começou a dizer aos seus assessores que estava cansado da quarentena. Temos que reabrir o país, ele disse. Não podemos continuar assim. Isso está causando danos irreparáveis.

"Não vou lavar as mãos e assistir ao funeral do maior país do mundo", Trump disse. "Vocês têm que entender. Vocês são meus especialistas em medicina. Mas meu trabalho é olhar para vários outros fatores diferentes."

O presidente tinha desenvolvido um relacionamento complexo com Fauci, pedindo conselhos, embora Fauci estivesse fora de sintonia com os posicionamentos e com a retórica de Trump.

"Tony, entendo o que você tem que fazer", Trump disse a certa altura. "Você tem uma obrigação. Mas eu sou o presidente dos Estados Unidos. Tenho que considerar muitos outros fatores na minha decisão."

Trump, instigado pelo secretário do Tesouro, Mnuchin, finalmente decidiu que a economia precisava reabrir. Ele determinou que Fauci, Birx e Redfield desenvolvessem um plano para a reabertura das escolas e das empresas do país.

"O.k.", Fauci disse, "se é esse o caso, temos que ter algum tipo de estrutura sobre como reabrir os Estados Unidos."

"Não sei como vocês vão fazer", Trump disse. "Façam o que quiserem. Sabe, descubram um jeito de fazer isso, mas não dá para continuar tudo fechado. Tem que reabrir."

O presidente foi enfático, quase como se estivesse implorando a seus assessores de saúde pública.

"Sabe, a gente tem que fazer isso", Trump disse. "Tem que fazer, de verdade, Deb. Tem que fazer, Tony. Simplesmente tem que fazer."

Fauci, Birx e Redfield trabalharam num plano. Os governadores poderiam permitir que escolas, negócios e outros espaços públicos reabrissem num processo de três fases se seus estados registrassem queda nos casos de coronavírus por um período de catorze dias.

Quando os especialistas em saúde finalmente levaram o plano para Trump no Salão Oval, Fauci alertou para a possibilidade de os governadores reabrirem rápido demais.

"Nós realmente temos que ser cuidadosos", Fauci disse. "Não podemos pular de uma fase para outra. Porque, se fizermos isso, existe um risco de um novo surto. E a última coisa que o senhor vai querer, sr. presidente, é tentar reabrir, acontecer outro surto e ter que fechar de novo. Porque vai ser muito constrangedor."

"Entendi", Trump disse, "mas não acho que vai acontecer. Acho que vai dar tudo certo."

A certa altura, Trump perguntou como o plano de transição deveria ser chamado. Reabrindo a América? Abrindo a América de Novo?

"O que soa melhor?", Trump perguntou.

Todo mundo parecia saber que era um slogan, uma peça de marketing, e que Trump ia decidir sozinho.

Em 16 de abril, Trump anunciou o plano desenvolvido por seus assessores de saúde pública para reabrir num processo em etapas.

"Nossa nação está envolvida numa batalha histórica contra um inimigo invisível", Trump disse.[11] "Para ganhar essa luta, fizemos a maior mobilização nacional desde a Segunda Guerra Mundial…

"Com base nos dados mais recentes, nossa equipe de especialistas agora concorda que podemos seguir para a próxima frente de batalha, que estamos chamando de 'Abrindo a América de Novo'."

O anúncio do presidente foi ofuscado no dia seguinte nos jornais pelas sombrias notícias econômicas causadas pela quarentena. "Desemprego nos Estados Unidos sobe para 22 milhões", dizia uma chamada na capa do *Washington Post* no dia seguinte.[12] "Quarentena deixa americanos no limite econômico" era a principal manchete no *New York Times*.[13]

Os governadores correram para reabrir as economias de seus estados depois da divulgação do plano do governo, embora muitos não cumprissem os critérios para a reabertura.

O governador da Geórgia, Brian Kemp, havia dito em 20 de abril que ia permitir que "academias, salões de cabelereiro, pistas de boliche e estúdios de tatuagem" reabrissem em quatro dias.[14]

Trump se opôs a isso em público. "Eu disse ao governador da Geórgia, Brian Kemp, que discordo fortemente da decisão de reabrir certos serviços que não respeitam a fase um do protocolo para as pessoas incríveis da Geórgia", ele disse na coletiva da força-tarefa em 22 de abril.[15]

Porém, no dia seguinte, Trump mudou de ideia e começou a elogiar os governadores que estavam reabrindo seus estados.

"Vejam que os estados estão começando a reabrir agora", Trump disse em 23 de abril, "e isso é animador. Acho muito inspirador. Estamos saindo disso e estamos saindo bem."[16]

No fim de abril, trinta estados haviam reaberto ou anunciado planos para reabrir na semana seguinte — apesar de a maioria mostrar aumento de novos casos ou maior percentual de exames positivos do que duas semanas antes, sem atender portanto ao critério da Casa Branca para reabertura.

Apenas em abril, mais de 50 mil americanos perderam a vida para o vírus, elevando as mortes para um total de 63 mil. Ainda assim, o presidente parecia otimista e animado em público.

"Vai passar", Trump disse num encontro com executivos da indústria em 29 de abril. "O vírus vai embora. Isso vai acabar. Isso vai ser erradicado."[17]

As relações entre os Estados Unidos e a Coreia do Norte pareciam ter piorado. Esforços para continuar com as negociações entre os diplomatas dos dois países em Estocolmo no início de 2019 haviam fracassado. "Se os Estados Unidos não estão preparados, não sabemos quais acontecimentos terríveis poderão ocorrer", disse o líder dos negociadores da Coreia do Norte, Kim Myong-gil, depois das conversas.[18] A Coreia do Norte havia ameaçado os Estados Unidos com um "presente de Natal" no fim de 2019.[19]

Em março de 2020, Trump enviara uma carta sobre o coronavírus para Kim Jong-un.

Trump, numa coletiva em 18 de abril, disse que Kim respondera. "Recebi uma mensagem simpática dele recentemente. Era uma mensagem simpática", Trump disse. "Acho que estamos indo bem."[20]

O ministro de Relações Exteriores da Coreia do Norte, no entanto, negou que Kim tivesse enviado essa mensagem.

Em abril e maio de 2020, Kim misteriosamente desapareceu por vinte dias, levando a uma grande especulação sobre sua saúde e localização. Numa coletiva em 30 de abril, Trump não quis discutir a situação.

"Bem, entendo o que está acontecendo e não posso falar sobre Kim Jong-un agora", Trump disse. "Espero apenas que tudo fique bem. Mas eu sei — compreendo a situação muito bem."[21]

Quando Kim reapareceu no fim de maio, também ressurgiram os planos da Coreia do Norte de continuar a desenvolver armas, tanto nucleares quanto convencionais.

A mídia estatal noticiou que Kim presidiu um encontro em que as Forças Armadas do país estabeleceram "novas políticas para aumentar o poder de dissuasão do país contra uma guerra nuclear".[22]

O anúncio da mídia estatal — acompanhado de uma foto de Kim sentado num trono — acrescentava que a Coreia do Norte também havia tomado medidas "para aumentar consideravelmente a capacidade de poder de fogo das peças de artilharia do Exército do Povo Coreano".

Mais tarde, a Coreia do Norte demoliu um escritório de relações exteriores que compartilhava com a Coreia do Sul — na prática uma embaixada — e ameaçou enviar tropas para a zona desmilitarizada.[23] O escritório havia sido fechado por causa do coronavírus, mas sua destruição parecia uma ação ameaçadora, provocativa.

Diversas vezes, Trump destacou para mim o que ele dizia acreditar ser sua verdadeira conquista com Kim: "Sem guerra, não tem guerra. Nada de guerra!".

Pompeo achava que os Estados Unidos estavam numa posição razoável com a Coreia do Norte, embora não tivesse certeza. Pompeo pontuou que, dadas todas as conversas e cartas entre as partes, Kim nunca, nem uma única vez, de modo direto ou indireto, tocou no tema dos 30 mil soldados americanos estacionados na Coreia do Sul. Kim queria que eles ficassem lá, Pompeo concluiu, porque eram uma limitação para a China. E esse era mais um motivo para mantê-los naquele território.

40

"O estado-maior conjunto inteiro está me esperando lá embaixo", Trump me disse quando atendeu uma ligação por volta das sete da noite da quarta-feira, 6 de maio. "Ou pelo menos parte dele. Tenho que ir."

Trump conversou comigo por mais quinze minutos.

Lembrei a Trump algo que ele com frequência dizia sobre a tacada que o golfista precisava usar no gramado: o clima, as condições, sua postura no campo, tudo influencia o modo como a tacada deve ocorrer. Não existem duas tacadas iguais. Sempre é preciso se ajustar para a tacada que você está prestes a dar.

"Isso também vale para a vida", Trump dizia. "Isso vale para a vida, e certamente para o que está acontecendo agora."

"E então você precisa determinar como mensurar todas as condições" agora com o vírus, eu disse.

"É verdade. É preciso ponderar tudo", disse, "senão o resultado não é bom."

"Como o senhor se sente sobre isso agora?", perguntei.

"Sinto que estamos bem", Trump disse. "Temos mais seis meses pela frente." Ele estava falando sobre sua eleição iminente, não sobre o estado do país. Cerca de 70 mil pessoas haviam morrido em decorrência do coronavírus nos Estados Unidos até aquele momento. "Eu estava navegando, navegando", disse. "Estava presidindo a maior economia do mundo."

Eu lhe disse que as pessoas com quem conversei estavam dizendo que a disputa entre ele e Biden agora estava empatada.

"Sabe, talvez", disse. "E talvez não."

Isso parecia uma boa descrição de um empate.

Trump disse que precisava ser otimista. "Tenho que fazer o papel de animador de plateia também. Não posso parecer morto." E acrescentou: "Além disso, temos um grande estímulo. E há uma demanda reprimida incrível". Ele testou esse novo otimismo dizendo que a economia passaria por uma transição e que no "quarto trimestre vamos começar a ver alguns números decentes, e no próximo ano vamos ter os melhores índices que já tivemos, você vai ver".

Ele disse que acha que vai se sair bem na eleição "se conseguir derrubar a epidemia substancialmente, para poder lidar com ela como se fosse algo rotineiro — e isso vai acontecer. E se pudermos começar a fazer a economia crescer, acho que vai ser muito difícil ganhar do Trump".

Perguntei ao presidente quem foi a primeira pessoa a alertá-lo em janeiro ou fevereiro sobre o risco que o coronavírus representava.

"Bem, você começa a ver, Bob. Ninguém te alerta — você começa a ver."

"Quando o senhor percebeu pela primeira vez?", perguntei.

"Acho que no fim de janeiro." Ele me lembrou da decisão dele, anunciada em 31 de janeiro, de restringir viagens da China para os Estados Unidos.

Perguntei a Trump sobre como andava o relacionamento dele com o dr. Anthony Fauci.

"Ele é um democrata", Trump disse, "mas temos um bom relacionamento." Fauci, que está no cargo desde o governo Reagan, não é afiliado a nenhum partido político, de acordo com os registros eleitorais de Washington, D.C. "Se existisse um problema, ele saberia. Assim como você."

Disse a Trump que minha apuração determinou que seu assessor de segurança nacional, Robert O'Brien, disse a ele durante o PDB em 28 de janeiro: "Sr. presidente, essa será a maior ameaça à segurança nacional que o senhor vai enfrentar na sua presidência". Perguntei a Trump se ele se lembrava disso, que por si só tinha de ser um choque.

"Não, não lembro", disse. "Não, não lembro. Tenho certeza de que ele disse, sabe, tenho certeza. Cara bacana."

Trump disse que, quando instituiu as restrições a viagens da China, "fiz isso mais a partir do que estava vendo na televisão e lendo nos jornais. Estava lendo sobre a China".

Dois dias depois, em 8 de maio, numa reunião pública com congressistas republicanos, Trump atacou os testes e vacinas num discurso desconexo.

Ele comentou que Katie Miller, porta-voz do vice-presidente Pence, recebeu um resultado positivo "do nada. É por isso que o conceito dos exames não é necessariamente bom... Ela tinha acabado de testar negativo. E então hoje, acho, por alguma razão, testou positivo".[1]

O coronavírus é altamente contagioso e se espalha com facilidade, inclusive entre pessoas que estão infectadas mas não têm sintomas, razão pela qual os profissionais de saúde dizem que os exames precisam ser contínuos.

A seguir, Trump passou a atacar as vacinas. "Bem", disse, "o mesmo sentimento que tenho pelos testes, tenho pelas vacinas. Isso vai embora sem uma vacina...

"Só me apoio no que os médicos dizem. Eles dizem que vai sumir — o que não significa este ano, não significa que vai desaparecer, francamente, no outono ou depois. Mas uma hora vai sumir. A questão é: nós precisamos de uma vacina? Em algum momento, vai sumir sozinho. Se tivéssemos uma vacina, seria útil. Ficaria muito feliz em ter uma vacina."

Redfield, por exemplo, tinha dito a aliados que uma vacina era essencial, e que a corrida para conseguir um imunizante levaria de dois a três anos.

À medida que a sexta-feira terminava, várias horas mais tarde, e com o sabá se aproximando, Jared Kushner, aparentemente sem saber o que Trump havia falado, deu seu total apoio à realização de exames e vacinas privadamente.

"Eu realmente acho que estamos num bom caminho", Kushner disse a um aliado. "Sinto que estamos enfrentando a pior parte e seguindo numa boa direção." Ele esperava ter 80 milhões de testes por mês disponíveis em setembro, mas o caminho para chegar lá era incerto. Até aquela data, 8 de maio, apenas 8,4 milhões de testes tinham sido realizados nos Estados Unidos desde a chegada do vírus ao país. "Ainda estamos tentando descobrir como fazer isso. Mas estamos tentando descobrir em tempo real."

Mesmo enquanto Trump oscilava entre a vacina ser ou não necessária para enfrentar o coronavírus, Kushner esperava reunir "um esforço obsessivo, concentrado" no desenvolvimento da vacina e tinha em mente alguém para liderar isso. Ele queria desenvolver uma estrutura para o fluxograma de vacina e tratamentos para que Trump autorizasse ainda naquela semana.

A política do governo e a mensagem ainda não estavam definidas.

"Tenho vivido no bunker", Kushner disse. "De certa forma, realizar coisas nesse contexto de múltiplas agências, alto escrutínio, extremo estresse é como uma partida de Frogger", um jogo de fliperama. "Você continua tentando atravessar a estrada e de vez em quando é atropelado. Mas volta e tem que continuar em frente tentando evitar obstáculos e chegar do outro lado."

Duas semanas antes, Trump tinha ligado para Kushner num sábado.

"Jared, preciso que você se concentre nos exames de novo, porque estão detonando comigo nos testes", Trump disse. "Ponha sua equipe de gênios para trabalhar nisso."

Kushner acreditava que, na presidência de Trump, "existe o que está acima das ondas e todo mundo vê, e existe o que está abaixo delas". Ele trabalhava abaixo das ondas.

Ele disse a Trump que já estavam trabalhando na cadeia de fornecedores.

"A forma de resolver os exames é ter um acordo com os governadores. Um acordo com Cuomo, porque ele é uma espécie de líder nisso agora. Vou ligar para Andrew, tentar um acordo."

Quando eles conversaram, Cuomo disse a Kushner: "Veja, Jared, é uma situação nova. Temos que fazer algo numa escala que nunca foi atingida antes. Nós dois estamos fazendo o melhor que podemos. E acreditamos que temos o suficiente para reabrir. A pergunta agora é: o que é suficiente para abrir?".

Cuomo tinha de descobrir em que pé estavam todos os seus laboratórios públicos e qual era sua capacidade de produção de exames. Também seria necessário um aumento de EPIs para realizar os exames.

Kushner e sua equipe da cadeia de fornecedores se encontraram com Cuomo por uma hora e meia na Casa Branca em 21 de abril e perguntaram qual era a meta dele de exames.

Vocês têm que entender, Cuomo disse, que os governadores nunca fizeram testagem antes. Por enquanto, ninguém sabe o quanto é o suficiente porque não estabelecemos como exatamente se reabre o país. Cuomo estava fazendo 20 mil exames por dia e disse que, se pudesse chegar a 45 mil, estaria feliz.

"Bom", Kushner disse. "Você tem nossa garantia de que vamos levá-lo até 45 mil por dia."

Kushner e sua equipe repetiram isso com outros 49 governadores, perguntando quantos testes queriam realizar em maio e junho. Eles trabalharam com os governadores para identificar a capacidade dos laboratórios em seus estados e prometeram fornecer os suprimentos necessários. Quando os governadores reclamaram na imprensa sobre a ausência de esforços do governo federal, Kushner sentiu que isso significava que eles não estavam usando todos os recursos de laboratórios em seus estados.

"Provavelmente não saberemos até julho se tudo que fizemos funcionou", ele disse, ou quanto da economia eles haviam conseguido preservar.

"Explodimos o ecossistema de exames", Kushner disse. Acho que você deve avaliar isso de acordo com o nível de complexidade do problema. Se houvesse uma varinha de condão mágica que fizesse surgir testes para todos, seria ótimo. Mas não é assim que o mundo funciona."

A situação lembrou a Kushner quando ele levava as provas da escola para casa, quando criança, para mostrá-las ao pai. Ele dizia que não se importava com a nota de Jared e só perguntava uma coisa: você fez o melhor que podia? No caso dos exames, Kushner achava que tinha feito. "Não poupamos nada, cada hora da minha vida, cada contato que tenho. Usei todas as ideias que tive. Tentei de tudo. Pressionei as pessoas. Deixei algumas felizes, irritei outras. Mas fiz tudo o que estava ao meu alcance e tudo o que sou capaz de fazer para aumentar esses números o máximo possível."

Contudo, enquanto o sol se punha em Washington naquela noite, o melhor de Kushner não era o suficiente. A tentativa dele de trabalhar abaixo das ondas ignorava que elas eram causadas pelo próprio Trump.

Os esforços de Kushner partiam de uma pessoa num papel ambíguo, tentando reconstruir partes da burocracia governamental à imagem de uma corporação simplificada. Isso provavelmente seria impossível sem uma liderança presidencial clara, na melhor das circunstâncias.

O Departamento do Trabalho divulgou um relatório na manhã de 8 de maio mostrando que 20,5 milhões de empregos haviam sido perdidos em abril.[2] A taxa de desemprego subira para 14,7%. O total de mortes causadas pelo coronavírus era maior do que o número de americanos mortos no Vietnã. Kushner comentou com Trump que o país teve mais mortes do que no Vietnã e mais desemprego do que na Grande Depressão, e seus índices de aprovação haviam, na realidade, permanecido estáveis.

Isso em grande medida era verdade. A aprovação de Trump caíra apenas dois pontos percentuais, de 47% para 45%, entre o fim de março e o início de maio.[3]

Kushner tinha se encontrado recentemente para jantar com Hope Hicks e Dan Scavino, assessores da Casa Branca. "A gente só estava conversando, sabe, sobre como é incrível ter sobrevivido a tudo isso", Kushner lembrou. A presidência de Trump já tivera tantos capítulos diferentes: cortes de impostos, acordos comerciais, desregulamentação, Mueller, impeachment, a pandemia. Foram quatro chefes de gabinete e quatro assessores de segurança nacional. "Tem sido uma presidência extraordinária."

Kushner tentou enxergar a longo prazo. "Na minha opinião, o que conta não é onde você começa, não é onde você está, o que importa é onde está no final. E acho que quando acabar meu tempo em Washington — tipo, isso não é minha carreira. É só um período de serviço pelo país." Kushner disse que vai se lembrar do acordo comercial com o México, da mudança da embaixada dos Estados Unidos para Jerusalém e da reforma da justiça criminal. "Consegui respiradores para quem precisava. Ajudei o presidente quando ele precisou. Fiz muitos amigos. E consegui ser uma pessoa construtiva que ajudou o país a avançar."

Kushner sabia que o vírus pode vir a definir a presidência de Trump. "Quando você está com Trump, nunca tem como saber", disse. "Seria a melhor aposta, e acho que esse é um desafio único em cem anos. Mas realmente acredito que ele passou no teste."

Havia uma abundância de indícios de que Trump não passara no teste. A confusão constante e as profundas contradições internas continuaram.

Em 15 de maio — uma semana mais tarde, ainda dentro do cronograma de Kushner —, Trump anunciou que tinha escolhido o dr. Moncef Slaoui, um ex-presidente da área de vacinas da GlaxoSmithKline, como uma espécie de tsar que coordenaria o esforço para obter a vacina.

Em comentários públicos no Roseiral, Slaoui deu algumas boas notícias: "Na verdade, sr. presidente, recentemente vi dados iniciais dos testes clínicos com a vacina do coronavírus. E esses dados me deixaram ainda mais confiante de que seremos capazes de entregar algumas centenas de milhões de doses da vacina no fim de 2020".[4] Alguns dias depois, a companhia de biotecnologia Moderna anunciou resultados iniciais promissores da fase um dos testes. Slaoui integrou o conselho da Moderna até Trump anunciar seu papel na Casa Branca, e ainda tinha ações da Moderna avaliadas em mais de 10 milhões de dólares.

Em seu discurso no Roseiral, Trump chamou o esforço pela vacina de Operação Velocidade Máxima e disse que estava lançando "o projeto de vacina mais agressivo da história. Nunca houve um projeto de vacina na história como este".

Mas, em seguida, Trump imediatamente enfraqueceu seu próprio esforço.

"E só gostaria de deixar algo claro. É muito importante: com vacina ou sem, estamos de volta." A economia iria reabrir, independente do que acontecesse. "Em muitos casos, não temos vacinas, e um vírus ou a gripe vem, e você enfrenta."

41

Às 21h18 de uma sexta-feira, 22 de maio, consegui falar com o presidente Trump por telefone na Casa Branca.

E como está seu relacionamento com o presidente chinês Xi?

"Sabe", Trump disse, "estou calejado com a China. Então, não estou contente. Vou lhe dizer, não estou feliz."

O que levou a essa mudança?, perguntei.

"Eu queria que as pessoas fossem para a China", ele disse, referindo-se ao time de melhores especialistas médicos dos Estados Unidos que Trump, Redfield e Fauci desejavam enviar para investigar o vírus em janeiro.

Eu disse que sabia que ele tentou duas vezes com Xi.

"Ele não queria deixar", Trump disse, referindo-se a Xi. "Entendo isso. Sabe por quê? Porque cheguei à conclusão de que eles sabiam o que estavam fazendo. Certo? E ou eles sabiam ou eram incompetentes, e nenhuma dessas opções é boa."

Trump estava mudando radicalmente de direção em relação a seu otimismo natural. Ele parecia estar procurando alguém para culpar.

"Mas ele enganou o senhor", eu disse, "olhando em retrospectiva."

"Não, não me enganou — digamos —, sabe, ele é uma pessoa orgulhosa", Trump disse. "Mas achou que ia conseguir conter isso." E acrescentou num tom revelador: "Ou não".

Trump continuou: "Acho que o que pode ter acontecido, Bob, é que eles perderam o controle, e ele não queria evitar que a coisa chegasse ao resto do mundo porque isso o deixaria em grande desvantagem. E a gente já estava criticando os chineses com dureza. Sabe, no comércio".

Agora eu estava realmente surpreso. Nunca me ocorreu que Trump podia pensar que o presidente Xi deixara o vírus se espalhar de propósito.

Trump mudou o assunto para o livro. "Você provavelmente vai me ferrar", Trump disse. "Sabe, porque é assim que as coisas são. Veja, Bush falou com você por horas e você ferrou com ele. Mas a diferença é que eu não sou Bush. Rapaz, que confusão. Estou tentando tirar a gente daquela confusão em que ele nos meteu no Oriente Médio."

Ele falou sobre seus objetivos ambiciosos de retirar tropas e conseguir mais dinheiro de países que os Estados Unidos ajudaram a proteger, nas palavras dele, "até mesmo uma pequena coisa como conseguir quantias gigantescas de dinheiro de alguns desses países que estavam tirando vantagem de nós".

Em outro momento, Trump falou sobre suas nomeações judiciais. "Vou chegar a 280 juízes em breve. Muitos deles são idosos e os convencemos a sair de licença-senioridade." Ele quis dizer status de senioridade, no qual juízes podem se aposentar, mas se manter ativos na corte com um número de casos reduzido. Isso abre uma vaga que o presidente pode preencher.

"E mais importante", Trump disse, "Obama nos deu 142 juízes quando cheguei aqui. São como pepitas de ouro." Os republicanos controlaram o Senado pelos últimos dois anos da presidência de Obama, e o líder da maioria, McConell, bloqueou a maior parte das nomeações.

"Acontece às vezes de o senhor desanimar?", perguntei. "Existe algum momento em que o senhor pensa, meu Deus, uma avalanche de milhares de problemas caiu na minha cabeça?"

"Isso é bom", Trump disse. "Estou tão ocupado" — e ele riu — "que não tenho tempo de desanimar. Certo? É uma loucura." E logo em seguida ele começou a falar sobre como os Estados Unidos estavam protegendo a Arábia Saudita, mas que ele tinha dito aos sauditas, "vocês vão ter que pagar".

O assessor de segurança nacional, Robert O'Brien, compartilhava com Trump as suspeitas sobre Xi e a China. Numa reunião da Ala Oeste da Casa Branca, mais de duas semanas depois, em 11 de junho, O'Brien disse a um auxiliar que a China tinha escondido o que estava acontecendo.

"Eles esconderam", disse, referindo-se à tentativa do governo de esconder o sequenciamento genético do vírus. "Um laboratório publicou e foi imediatamente tirado do ar e ameaçado."

O'Brien continuou: "Parece que proibiram viagens na China inteira para que a doença não chegasse a Shangai ou Beijing e outras cidades importantes. Mas ao mesmo tempo deixaram outras pessoas viajarem de Wuhan para a Europa inteira e infectar a Europa e os Estados Unidos. Isso não é bom. Mas, o que quer que tenha acontecido, os chineses reaproveitaram como uma arma biológica. E estão usando isso, tentando tirar vantagem da

Covid para obter ganhos geopolíticos sobre os Estados Unidos e o mundo livre, e para tirar os Estados Unidos do lugar de principal potência mundial".

O'Brien considerava que a afirmação de Trump de que Xi "não queria evitar que o vírus escapasse para o resto do mundo porque isso o deixaria em grande desvantagem" era uma "hipótese absolutamente razoável".

Em 2020, uma nova e agressiva abordagem para as relações internacionais chamada diplomacia do "lobo guerreiro" surgiu de uma China que estava na defensiva.

O'Brien disse que, desde que a Covid "atingiu o mundo inteiro, eles estão usando isso com a chamada diplomacia do lobo e por um longo tempo ficaram tentando trocar EPIs por acesso da Huawei aos países. Estavam forçando os países a agradecer a eles. Estavam forçando os países a dizer coisas sobre os Estados Unidos. Mas, no fundo, o tema é que eles, como um governo autoritário, com toda a vigilância do Estado e os campos de concentração e todo tipo de recurso, são uma alternativa melhor para o mundo, uma alternativa mais eficiente que é melhor do que a democracia liberal. E a Covid é um exemplo de por que o mundo deveria aceitar a China e adotar os valores chineses, e a forma híbrida do governo chinês de capitalismo-mercantilismo-comunismo".

O'Brien disse: "Estão tomando todas as medidas possíveis durante esta crise para ficar no lugar dos Estados Unidos. E temos uma grande batalha nas nossas mãos.

"Eles esconderam muito sobre esse vírus porque queriam apresentar esse modelo de eficiência implacável", ele disse.

Por exemplo, os chineses disseram que entre 4 mil e 15 mil pessoas morreram do vírus na China. O'Brien disse acreditar que um número mais realista estaria em torno de 100 mil, o mesmo que os Estados Unidos no fim de maio.

O'Brien disse que as redes sociais mostravam uma terra devastada, um país em estado apocalíptico antes de os censores do governo chinês removerem tudo. "Eles prendiam as pessoas nos seus apartamentos. Voltavam semanas depois e abriam as portas; teve muita gente idosa que morreu de desidratação e fome. Houve todo tipo de gente que se enforcou nas janelas."

O'Brien concluiu que as consequências eram terríveis. "Se perdermos nossa vantagem econômica e nossa força econômica e o país permanecer fechado por tempo demais, podemos ficar numa posição que não vai mais nos permitir ficar à frente ou podemos ficar para trás sem conseguir acompanhar a China."

Para Redfield, o chefe do CDC, o fato de os chineses não terem interrompido voos internacionais foi desastroso. Ele disse a alguns colegas que os Estados Unidos foram sendo silenciosamente contaminados por casos de Covid-19 que chegaram "da Itália, Espanha, Alemanha, França, Grã-Bretanha, Bélgica". Todas essas viagens no fim do inverno trouxeram focos de Covid para os Estados Unidos. "Também não sabíamos que metade dos focos não era nem sintomática, e que portanto não podia ser encontrada" com o controle dos aeroportos.

"Era difícil entender como a China tinha restrições severas a viagens dentro da China, mas não impôs nenhuma restrição de viagem" para pessoas que queriam deixar a China e ir para o exterior, Redfield disse.

"A grande ação global que poderia ter salvado centenas de milhares de vidas era ter impedido viagens para fora da China ao mesmo tempo que barraram viagens dentro do país.

"Eles começaram realmente a agir no fim de janeiro. Foi quando puseram as pessoas em quarentena. Quando fecharam a cidade. Quando pararam os trens. Eles de fato fecharam completamente toda Wuhan em determinado momento. Acho que puseram em quarentena mais de 11 milhões de pessoas. Você não conseguia ir de Wuhan para Beijing, mas era possível ir de Wuhan para Londres."

42

Em 25 de maio, um policial de Minneapolis foi filmado com o joelho no pescoço de George Floyd por oito minutos e 46 segundos, torturando e matando Floyd, um homem negro de 46 anos. Uma grande onda de protestos violentos surgiu em mais de 2 mil pequenas e grandes cidades numa escala que não se via nos Estados Unidos desde os movimentos dos Direitos Civis e da Guerra do Vietnã. O movimento Black Lives Matter estendeu seu alcance como um grito de guerra contra o racismo e a brutalidade policial.

Embora a maior parte dos protestos contra a má conduta da polícia e a desigualdade racial fosse pacífica, os noticiários da TV estavam cheios de cenas caóticas de tumultos, saques e prédios incendiados em grandes cidades.

Em Washington, D.C., um berçário no porão da histórica igreja episcopal St. John's foi incendiado, a trezentos metros da Casa Branca, no dia 31 de maio, um domingo. Depois do incêndio, a igreja foi fechada com tábuas. Um toque de recolher determinado pela prefeita da capital, Muriel Bowser, foi programado para começar no dia seguinte, 1º de junho, às sete da noite.

Trump, numa conferência telefônica com governadores naquela tarde, insistiu na necessidade de uso da força contra os manifestantes. Ele queria uma repressão enérgica.

"É preciso dominar", Trump disse. "Se não existe domínio, estamos perdendo tempo. Vão passar por cima, vocês vão parecer um bando de idiotas. É preciso ter domínio, e prender pessoas, e processar as pessoas e enfiá-las na cadeia por um bom tempo."[1]

Naquele dia, centenas de manifestantes, na maioria pacíficos, se reuniram na área em torno da praça Lafayette, um parque público de 30 mil metros quadrados entre a igreja St. John's e a Casa Branca.

Por volta das 18h30, sem provocação aparente, policiais com equipamentos antimotim avançaram de repente sobre os manifestantes, lançando contra a multidão dispositivos de controle de tumulto que geraram explosões barulhentas, faíscas e fumaça. Vídeos mostram policiais empurrando manifestantes para o chão, atirando em alguns deles com balas de borracha e com sprays químicos. Autoridades atiraram "balas de pimenta" — projéteis com um pó químico que irrita os olhos e o nariz — contra os protestantes. Policiais a cavalo empurraram os manifestantes para longe da praça Lafayette.[2]

"Não vi nenhuma provocação que justificasse o uso de munições", disse mais tarde a prefeita Bowser.

Foi uma demonstração chocante de uso da força militarizada do governo contra pessoas que estavam exercendo o direito de reunião garantido pela Primeira Emenda.

Às 18h48, minutos depois que os policiais dispersaram os manifestantes, Trump começou um discurso no Roseiral da Casa Branca sobre a onda de protestos que varreu o país.

"Todos os americanos ficaram enojados e revoltados com razão pela morte brutal de George Floyd", Trump disse. "Meu governo está completamente comprometido para que a justiça seja feita para George e a família dele. A morte dele não vai ser em vão. Mas não podemos permitir que justos gritos de protesto e manifestantes pacíficos sejam sufocados por uma multidão raivosa.[3]

"As maiores vítimas dos tumultos são os cidadãos das nossas comunidades mais pobres que amam a paz, e como seu presidente lutarei para manter essas pessoas a salvo. Lutarei para protegê-las. Sou seu presidente da lei e da ordem, e um aliado dos manifestantes pacíficos."

Trump usou a maior parte do discurso de sete minutos na promessa de combater aquilo que descreveu como "tumultos e barbárie que haviam se espalhado pelo país". Ele recomendou que todos os governadores usassem a Guarda Nacional "em números suficientes para dominar as ruas".

"Se uma cidade ou estado se recusar a tomar medidas necessárias para defender a vida e a propriedade de seus moradores", disse, "vamos convocar o exército americano e rapidamente resolver o problema para eles."

Depois do discurso no Roseiral, por volta das sete da noite, Trump deixou a Casa Branca. Um grupo de assessores o seguiu, incluindo o secretário da Defesa, Mark Esper, O'Brien, o procurador-geral Barr, Kushner e Ivanka. O presidente caminhou para o norte percorrendo os trezentos metros que atravessavam a praça Lafayette e levavam até a St. John's, conhecida como "a Igreja dos Presidentes".

Quando o presidente chegou à igreja, Ivanka tirou uma Bíblia de sua bolsa branca e a entregou ao pai.

Trump ficou em frente à igreja por cerca de dois minutos, segurando a Bíblia desajeitadamente e gesticulando.

"Esta Bíblia é sua?", um repórter perguntou.[4]

"É uma Bíblia", Trump respondeu.

Um repórter perguntou a Trump no que ele estava pensando.

"Temos um grande país", ele disse. "É nisso que eu estou pensando."

Parecia que o presidente tinha andado até a igreja para dar a fotógrafos e cinegrafistas uma oportunidade de fazer uma imagem dele tendo como adereços a igreja queimada e uma Bíblia.

Depois de alguns momentos, Trump gesticulou para que seus assessores e Meadows, Barr, Esper, O'Brien e a secretária de Imprensa Kayleigh McEnany se juntassem a ele em pé, alinhados diante da igreja.

"Estou indignada", disse depois Mariann Edgar Budde, a bispa episcopal de Washington. "Tudo que ele disse e fez foi para incentivar a violência."[5]

"Esta noite", o bispo presidente da Igreja Episcopal Michael Curry disse, "o presidente dos Estados Unidos ficou em frente à igreja episcopal St. John's, levantou uma Bíblia e fez tirarem fotos dele. Ao fazer isso, usou o prédio da igreja e a Bíblia Sagrada para fins políticos partidários."[6]

Mais tarde, a Casa Branca e a Polícia Florestal dos Estados Unidos defenderam a dispersão da multidão, citando "manifestantes violentos". Vídeos da manifestação mostram que pelo menos dois manifestantes jogaram garrafas de água contra a polícia.

Cerca de três horas depois, dois helicópteros operados pela Guarda Nacional Armada de D.C. sobrevoaram os manifestantes que permaneciam no local. Os helicópteros chegaram a voar a apenas quinze metros do solo — abaixo da altura de alguns prédios —, criando ventos equivalentes a uma tempestade tropical, quebrando galhos grossos de árvores, criando no ar um turbilhão de pó e vidro quebrado. Muitos manifestantes correram em busca de proteção, apavorados e confusos. O uso de helicópteros para dispersar civis é uma tática comum em zonas de guerra.

Mattis rompeu seu longo silêncio, emitindo uma declaração.

"Quando entrei para o Exército, há cerca de cinquenta anos", ele escreveu, "jurei apoiar e defender a Constituição. Nunca sonhei que tropas que fizeram o mesmo juramento receberiam sob qualquer circunstância ordens para violar os direitos constitucionais de seus compatriotas — muito menos para proporcionar uma oportunidade de foto para o comandante em chefe eleito, tendo os líderes militares ao lado...

"Donald Trump é o primeiro presidente em toda a minha vida que não tenta unir o povo americano — nem finge tentar", continuou. "Ao invés disso, tenta nos dividir. Estamos testemunhando as consequências de três anos desse esforço deliberado. Estamos testemunhando as consequências de três anos sem uma liderança madura."[7]

Trump respondeu com uma série de tuítes mais tarde naquela noite. "Não gostei nem de seu estilo de 'liderança' nem de outras coisas, e tem muita gente que concorda", Trump tuitou sobre Mattis. "Feliz que ele foi embora!"[8]

Logo depois, a prefeita Bowser mandou pintar "Black Lives Matter" em letras amarelas gigantes na rua que leva à praça Lafayette e à Casa Branca.

Protestos contra a injustiça racial e desigualdades continuaram a encher as ruas de todo o país nas semanas que se seguiram.

Dois dias depois de seu discurso sobre lei e ordem, Trump respondeu a uma ligação minha. Era a manhã de 3 de junho.

"Oi, Bob, como vai o livro? Estou te mantendo ocupado o suficiente?"

"O senhor me deu novos capítulos", disse.

"Sim. É lei e ordem, Bob, lei e ordem. Estamos bem onde eu queria."

"O senhor tem alguns minutos para..."

"Lei e ordem, Bob." Ele começou a apresentar seus temas-chave sobre como a economia ia melhorar, como os estados que reabriam estavam fortes e como o governo estava indo bem nas vacinas e tratamentos contra o vírus.

"E vamos nos preparar para mandar o exército barra Guarda Nacional para alguns desses coitados que não sabem o que estão fazendo, esses coitados radicais de esquerda." E acrescentou, incisivo: "Claro, até certo ponto você é um pobre coitado de esquerda, eu acho".

Perguntei se ele tinha visto o vídeo de George Floyd.

"Sim, eu vi. Foi terrível. Acho que é algo terrível. Eu disse isso..." Ele me lembrou que, num discurso anterior na Flórida para a Nasa e o lançamento do foguete *SpaceX*, falou sobre George Floyd. Ele havia dedicado oito minutos a Floyd.

Onde o senhor assistiu? Assistiu ao vídeo inteiro ou apenas partes dele?

"Claro que assisti. Todo mundo assistiu. Basta ter uma televisão. Assisti várias vezes. Quero dizer, na maioria das vezes foi na Casa Branca, no andar de cima, porque não consigo ver muita televisão durante o dia. Quero dizer, lá em cima. E assisti. Passou na televisão, passou muitas vezes. Não, é algo terrível, e tenho um sentimento intenso em relação a isso. Não gosto nem um pouco. Estou muito triste com isso. E tomamos medidas e iremos tomar outras, e vamos lidar com isso. E acho que os tumultos são... como eu disse em Minneapolis. Esse foi o pior de todos. Estão destruindo a cidade. São todos democratas liberais, todos eles são liberais democratas. Difícil de acreditar, não?"

"Como o senhor decidiu que iria fazer um discurso sobre lei e ordem?"

"Foi muito fácil decidir", ele disse. "Porque olhei e não existia nem lei nem ordem. E os esquerdistas radicais democratas e os democratas — são todos governadores e prefeitos democratas. Quero dizer, todos eles. Todos eles. Sempre que existe fraqueza, tem um deles lá. Então foi um discurso fácil de escrever. Em geral sou eu que escrevo ou altero substancialmente."

"Alguém ajudou?"

"Sim, tenho pessoas para isso. Elas apresentam ideias. Mas as ideias são minhas, Bob. As ideias são minhas. Quer saber? É tudo meu. Sabe, é tudo meu."

Perguntei sobre sua caminhada até a St. John's e o tratamento dado aos manifestantes lá.

"É tudo mentira", ele disse. "Não usaram gás lacrimogêneo."

Testemunhas oculares, incluindo repórteres, e vídeos mostravam policiais usando spray de pimenta, bombas de fumaça e de pimenta para dispersar a multidão.

"Bem", Trump disse, "essas pessoas legais, maravilhosas tentaram queimar a igreja no dia anterior. Sabe, estão todos dizendo que aquelas pessoas eram legais. Bom, não eram. Eram violentas. E no dia anterior, tentaram queimar a igreja. E agora os republicanos estão todos do meu lado. A propósito, tive uma grande noite ontem. Ganhamos todas — todas as eleições em que apoiei um candidato. Estou com 64 a zero neste ciclo do Congresso, 64 a zero em apoios. Tanto vitórias, como também vitórias nas primárias. E muitos estavam perdendo antes do meu apoio."

Na época era verdade.

"E a ideia de ficar lá com a Bíblia, esta é uma grande foto", eu disse.

"Foi ideia minha. De ninguém mais. E muitas pessoas adoraram."

"Muitas pessoas adoraram", reconheci. "Mas tenho certeza de que muitas não gostaram."

"Talvez."

"Por que o senhor decidiu usar a Bíblia como símbolo?", perguntei.

"Porque pensei que foi terrível terem tentado destruir uma igreja que foi construída ao mesmo tempo que a Casa Branca, e cujo primeiro pároco foi James Madison. E pensei que era algo terrível, e um símbolo terrível que pudessem fazer uma coisa dessas. E foi uma declaração forte, e as pessoas amaram. Sem contar a esquerda radical, todo mundo adorou. E a propósito, deviam admirar a igreja, mas tentaram destruir o máximo que puderam."

O noticiário registrou que ele teria sido levado às pressas para o abrigo de emergência da Casa Branca, chamado de Centro Presidencial de Operações Emergenciais (PEOC, na sigla em inglês), no dia 29 de maio.[9] "O senhor foi para o abrigo?"

"Por um tempo", Trump disse. "Eu tinha uma escolha. E foi muito mais uma inspeção do que qualquer outra coisa. Porque queriam que eu inspecionasse. Foi uma situação bastante simples, e só desci para inspecionar. Foi, em primeiro lugar, foi durante o dia, e não houve problema algum durante o dia.

"Sabe", Trump continuou, "quando as pessoas começam a ficar incontroláveis, acontece durante a noite. Isso foi durante o dia, bem antes de escurecer. E disseram, o senhor gostaria de ir inspecionar agora? Gostaria de descer agora? Eu disse, sim, eu vou. E aí escrevem uma matéria falsa no *New York Times*, como se eu estivesse sentado num bunker. Isso foi durante o dia e era uma inspeção, a segunda vez que vi o local."

"O senhor ficou lá bastante tempo ou só deu uma olhada?"

"Quinze minutos. Só dando uma olhada. Olhei e subi logo depois — foi durante o dia."

"Não é exatamente um lugar confortável, é?", eu disse.

"Não, é só… sabe, o que realmente aconteceu, você tem que ir inspecionar. E eu fui. E eu fui. Disseram que seria um bom momento. Perguntei, por quê? Disseram, bem, temos pessoas lá fora, mas não há nenhum problema. Foi, acho, às quatro, cinco da tarde. Foi durante o dia. Foi lindo."

"Quem sugeriu que o senhor inspecionasse?", perguntei.

"Hein? Um dos caras do Serviço Secreto disse, não é preciso fazer agora — eu não precisava descer —, o que aconteceu foi, desci para fazer uma inspeção. E disseram que desci. E a razão pela qual desci para a inspeção foi porque era apropriado, pois eu ia ter que descer e inspecionar de qualquer forma. E eu fui — e fizeram parecer como se eu estivesse lá. Não é importante. Nada importante. E lá embaixo não há nada de mais. Mas estive lá só por quinze, vinte minutos. E foi mais andando, olhando."

"Entendi. E o senhor foi novamente?", perguntei.

"Não, não fui de novo. Fui uma vez, bem rápido. Foi uma inspeção, e fizeram parecer que foi… de novo, Bob, foi durante o dia."

"Veja, é por isso que estou perguntando", eu disse.

O procurador-geral Barr disse depois na Fox News que não foi uma inspeção. "As coisas estavam tão ruins que o Serviço Secreto recomendou que o presidente descesse para o abrigo."[10]

"Havia muito pouca gente durante o dia", Trump continuou. "Não tinha quase nenhum manifestante."

A polícia dispersara com violência as pessoas no protesto de 1º de junho.

"Não", Trump disse, "só se você assiste à CNN ou à MSDNC. Mas — ou se lê o *New York Times* ou seu jornal preferido, o *Washington Post*. Ah, fora disso, as pessoas estão bem insatisfeitas. Eles são incendiários, são bandidos, são anarquistas e são pessoas ruins. São pessoas ruins. Pessoas muito ruins. Pessoas muito perigosas."

"Mesmo os manifestantes pacíficos?", eu disse. "Há muitos manifestantes pacíficos."

"Não há muitos. Pode conferir. Não há muitos. São bandidos muito bem organizados. Você vai ver quando vier à tona. São muito organizados. A Antifa está liderando. Esses eventos são muito bem organizados. Muito bem organizados."

Antifa, uma abreviação de "antifascistas", é um movimento descentralizado. Não é uma organização e não tem um líder nem taxas de associação.

"Bem", eu disse, "estamos nos aproximando da eleição. Todo mundo está se perguntando, digamos que seja um resultado apertado e o senhor seja questionado. O que o senhor vai fazer? Todos dizem que Trump vai ficar na Casa Branca se for contestado. O senhor…"

"Não, eu não… não vou nem comentar isso, Bob. Não quero comentar isso agora."

Trump se referiu ao livro que eu estava escrevendo sobre ele. "Se eu tiver um livro justo, vai ser um ótimo livro. Você viu o livro que escreveram sobre Trump e Churchill? Você leu? Acabou de ser lançado." Ele estava falando de *Trump and Churchill: Defenders of Western Civilization*, de Nick Adams, um comentarista conservador. "E ele me avaliou como um dos maiores presidentes de todos os tempos."

Trump se voltou para seu futuro. "A economia, eu vou fazer de novo. Já está começando. Em setembro, outubro, a economia vai começar a melhorar. E quando começar a subir, e com bons números, teremos um ano seguinte fenomenal. Mas em setembro, outubro — talvez antes —, em setembro, outubro, você vai ver grandes avanços nos empregos e no PIB. E outubro vai ser realmente muito bom. E os números vão ser anunciados e eu vou ganhar a eleição. Pode ver. Melhor do que onde estávamos antes. Melhor. Quando eu estava nas alturas."

Voltei à história imediata dos imensos protestos. "O senhor assumiu o problema para si", eu disse, "as tensões raciais, ao fazer seu discurso sobre lei e ordem."

"Lei e ordem, é isso mesmo", ele disse. "Vou me arriscar. Vai ser uma honra ter um bom livro seu, porém isso provavelmente não vai acontecer, mas tudo bem também. Obrigado, Bob."

43

Depois de Trump ficar diante da igreja sacudindo uma Bíblia, Lindsey Graham disse naquela noite, num ambiente privado: "Estou mais preocupado do que nunca". Na visão dele, Trump tinha três caminhos para responder à agitação racial causada pelo assassinato de George Floyd: "George Wallace, Robert Kennedy ou Richard Nixon".

Graham achava que Trump tinha escolhido Wallace, o incendiário ex-governador do Alabama que encarnava a resistência desafiadora aos direitos civis. Em seu discurso de posse, Wallace prometeu "segregação agora, segregação amanhã, segregação para sempre". Em 1963, ele ficou diante da Universidade do Alabama para impedir dois estudantes negros de se matricularem.

Trump jogou gasolina nas tensões. Graham queria que Trump, em vez disso, "nomeasse uma comissão presidencial para tratar de policiamento e raça. E depois endurecesse com os manifestantes". A chave era redefinir a forma como a polícia interagia com suas comunidades.

Graham se perguntou: "Será que alguém devia convocar militares da ativa contra americanos, a menos que tivesse mesmo que fazer isso? O Exército tem o respeito de todo mundo. Será que é mesmo o caso de pôr as Forças Armadas no meio dessa desgraça?".

"Neste exato momento, a presidência dele corre um grande risco", Graham disse. "Isso tem potencial para comer Trump vivo."

Mas, no momento, Trump e Graham não estavam se falando. Trump queria que Graham, presidente do Comitê Judiciário do Senado, chamasse o ex-presidente Obama como testemunha em sua análise sobre as origens da investigação relativa à Rússia e sobre as alegações de que o governo Obama havia espionado a campanha de Trump em 2016.

Graham se recusou em público, dizendo: "Entendo a frustração do presidente Trump, mas tome cuidado com aquilo que você deseja".[1]

Porém o rompimento não durou muito. Trump e Graham precisavam um do outro, ou pelo menos de suas estimadas conversas telefônicas. Numa série de ligações nas duas primeiras semanas de junho, Graham apresentou diretamente a Trump uma avaliação sombria.

"Neste momento", Graham disse a Trump, "se fizessem a eleição, você perderia."

Trump discordou, vociferando que não acreditava nem de longe nisso.

A foto arranjada na frente da igreja deu errado, Graham disse.

De novo, Trump discordou com veemência.

O movimento contra a polícia sem dúvida estava indo longe demais, Graham disse. Tentar reduzir o orçamento da polícia ou banir os policiais de trechos de ruas ocupadas no centro de Seattle era indefensável. "Algumas dessas pessoas são apenas insanas", Graham disse. "Mas é preciso ser mais do que o cara da lei e ordem. Você precisa ser o cara que define objetivos para o país."

Graham conhecia o oponente democrata de Trump, Joe Biden, melhor do que qualquer republicano. Ele tinha sido amigo próximo do ex-vice-presidente, viajou pelo mundo com ele e o elogiou em público como um ser humano absolutamente decente. "Não acho que você possa desqualificar Joe Biden", Graham disse a Trump. "Você pode fazer as pessoas terem dúvidas sobre ele. Mas precisa mostrar que você pode resolver problemas."

Graham disse que tinha dúvidas sobre uma campanha pesada de lei e ordem como a de Nixon em 1968. "Richard Nixon estava na oposição, não era o presidente." Como presidente, Graham disse, Trump tinha de mostrar que podia governar, fazer mudanças e melhorar a vida das pessoas — exemplos de objetivos para o país.

Acostumado a expor suas ideias, Graham tinha um plano em três fases: reforma da polícia por meio de uma ordem executiva, um grande projeto de lei de infraestrutura para reconstruir estradas e escolas, e — um ponto que havia muito tempo Graham defendia — proteger o programa Ação Diferida para Chegados na Infância (Daca, na sigla em inglês).

O Daca, estabelecido por Obama, protegeu mais de 700 mil jovens adultos ilegais que foram trazidos para os Estados Unidos quando crianças. Eles são chamados de "Sonhadores". O governo Trump encerrou o programa, e o assunto está na Justiça.

"Mas, se você conseguir resolver o problema do Daca, ou se fizer um esforço inacreditável para resolver", Graham disse a Trump, "isso vai se transformar na sua reforma de justiça criminal para a comunidade hispânica."

Graham disse achar que os democratas iam errar no tom. "Se não fosse pelo Partido Democrata, o Partido Republicano iria ceder", Graham disse.

"Eles sempre nos mantêm no jogo. São capazes de nos dar um salva-vidas. Então essa proposta de tirar recursos da polícia, a ocupação de Seattle e essa loucura que está acontecendo põem você de novo no jogo. Mas você precisa resolver problemas. Tem de mostrar que sua presidência merece o voto das pessoas porque você consegue concluir as coisas. Então aposte na infraestrutura. Resolva o Daca. E a reforma da polícia."

Graham insistiu: "Tomar a posse da bola e talvez marcar um gol para ficar com a liderança na prorrogação" era o caminho para a vitória.

Trump não queria saber disso. No golfe, todo jogador tem um taco preferido que gosta de usar, especialmente sob pressão, e Graham sabia que o presidente queria usar o dele, a estratégia da divisão. Ele argumentou que rotular os oponentes e inimigos de Trump e tuitar mais do que Biden não iria funcionar. Trump tinha de mostrar serviço.

O presidente não se convenceu.

Graham também tentava conseguir entre 3 bilhões e 4 bilhões de dólares para a Aliança Global para Vacinas e Imunização, com o objetivo de distribuir uma vacina de Covid-19 aos países em desenvolvimento caso os Estados Unidos conseguissem desenvolvê-la. Graham também estava tentando conseguir mais 3 bilhões ou 4 bilhões de dólares para comprar a vacina. Boa diplomacia e boa política, concluiu.

O ex-presidente George W. Bush, um grande adepto de ajudar o mundo em desenvolvimento, ligou para Graham.

"Diga ao presidente que, se ele aceitar essa ideia", Bush disse, "isso vai dar uma grande ajuda para ele."

"Vou dizer", Graham disse. "O senhor gostaria de conversar com Trump?"

"Não, não", Bush disse. "Ele ia deturpar qualquer coisa que eu falasse." Trump criticava Bush com regularidade.

"Sim", disse Graham, "talvez o senhor esteja certo. O presidente Trump pode ser difícil, mas é um cara esperto."

Graham, que também estava disputando a reeleição e que dependia em grande medida do resultado de Trump e do Partido Republicano, tentou todos os caminhos. Ele ligou para o coordenador de campanha de Trump, Brad Parscale.

"O problema de Trump é o tom", Parscale disse. "Não existe uma revolta contra a política de Trump." Eles precisavam de um Trump mais afável. "O que precisamos é de uma reforma da polícia e de uma imagem mais branda, e de iniciativas políticas que suavizassem a imagem dele."

Parscale acrescentou: "Em termos políticos, a reforma da polícia na verdade tem tanto a ver com brancos moderados quanto com a comunidade afro-americana". Ele disse que a reforma da polícia ajudaria com as mulheres dos subúrbios, assim como o Daca e a infraestrutura, qualquer coisa que desse esperança de melhora na economia.

Em outra conversa, Trump disse a Graham que queria destinar mais de 3 trilhões para outro pacote de estímulo econômico e de recuperação.

"Não se preocupe com a base", Graham disse. "Ninguém o elegeu como um conservador do ponto de vista fiscal." Ele tentou reforçar seu plano. "Só imagine a combinação de reforma da polícia — bipartidária. Daca — bipartidário. Infraestrutura — bipartidário. Estímulo — bipartidário. Uma economia em crescimento. Tudo antes de novembro."

Um grande pacote de infraestrutura daria ao país um necessário novo rosto, Graham disse. Nenhum outro republicano iria gastar o dinheiro que era preciso. Nem George W. Bush nem o grande amigo de Graham, o falecido John McCain.

Trump parecia estar ouvindo.

"O vírus pode atrapalhar tudo que acabei de falar", Graham disse.

"Por que você me disse isso?", Trump perguntou.

"Porque é verdade."

Trump disse mais uma vez que era muito injusto que tudo isso tivesse acontecido com ele.

"Bem, é injusto com todo mundo. Faz parte de ser o presidente. As coisas acontecem."

Eles concordaram que não havia como fechar o país de novo mesmo que surtos de contaminação estivessem causando grande preocupação em muitos dos estados do Sul e do Oeste.

A taxa de infecção — o número de casos — não preocupava Graham tanto assim. A maioria das pessoas tinha sintomas leves, e muitos não tinham nenhum sintoma. "Eu me importo é com quantas pessoas acabam internadas em hospitais e o número de mortes por causa do vírus. Você pode controlar as infecções para não superlotar os hospitais?"

Tanta coisa dependia das vacinas. O adversário de Trump agora era o medo, Graham disse a Trump.

Sobre a reforma de polícia, Graham aconselhou: "Você precisa pressionar sua base". Isso implicaria "irritar os policiais", ele disse, e talvez apoiar um sistema de compartilhamento de arquivos — para que, se um policial fosse demitido de um departamento de polícia, esse registro o acompanhasse no próximo — que tornasse mais fácil demitir policiais.

Trump a princípio resistiu à reforma da justiça criminal, conhecida como Lei do Primeiro Passo, reformando prisões e condenações, aprovada no Congresso e sancionada em 2018, mas Kushner pressionou muito e o projeto foi aprovado com grande maioria bipartidária. Estava funcionando politicamente e por isso Trump se apegava a ele. Graham percebeu que Trump reescrevera a história e disse que sempre havia apoiado a proposta.

Graham disse a Trump que a encenação na igreja St. John's não ajudou muito.

"Os cristãos adoraram", Trump disse.

"Bem, não sou um bom cristão", Graham disse, "mas sou cristão. E eu particularmente não gostei. Acho que a maioria das pessoas não gosta quando alguém sacode a Bíblia. Sr. presidente, isso simplesmente não funcionou."

Apesar de terem começado como oponentes em 2016 quando Graham concorreu à presidência, Graham passou a genuinamente gostar de Trump. Não era apenas a vantagem política que resulta de uma amizade pública com um presidente, ou a influência que ele tinha sobre Trump ao permanecer em sua órbita com ligações frequentes e jogos de golfe. Trump podia ter uma presidência relevante apesar de todo o drama, e Graham queria continuar a ser um aliado. Se o presidente considerava alguém um aliado, aceitava as críticas. Ele jamais aceitava críticas de quem via como um inimigo.

"Mas tudo corre risco agora", disse a Trump com franqueza. Parte da questão era se Trump conseguiria responder ao estresse político e emocional. Depois do assassinato de George Floyd, Graham acreditava que não havia como voltar atrás politicamente. Ele não acreditava que Trump precisasse demonstrar ter tido uma grande epifania sobre raça, mas precisava definir o problema com mais honestidade.

"É uma chance única de reenergizar o país", Graham disse a Trump. "Se você fizer essas três coisas direito" — Daca, reforma da polícia e infraestrutura —, "terá uma presidência mais relevante e será mais capaz de se reeleger. Se tentar ser o presidente apenas da lei e da ordem, você vai perder."

44

Os primeiros seis meses de 2020 foram exaustivos para Fauci, que tentava equilibrar aquilo que ele via como sua obrigação de fornecer ao público informações médicas precisas e recomendações necessárias para lutar contra a Covid-19 com algumas das pouco úteis declarações e atitudes de Trump.

Na visão de Fauci, algumas das primeiras decisões de Trump estiveram entre os melhores momentos do presidente — restringir as viagens da China (31 de janeiro) e da Europa (11 de março) e pedir aos americanos contaminados que ficassem em casa e que todos tivessem boas práticas de higiene com seu programa "Quinze dias para desacelerar a propagação" (16 de março), e depois a extensão da medida por mais trinta dias (29 de março). O presidente se pusera à altura do desafio e ouvira Birx, Redfield, o próprio Fauci e outras pessoas.

Quando Trump começava a se entregar a delírios em relação ao vírus, achando que ele iria desaparecer sozinho, Fauci pelo menos podia corrigir isso na televisão.

Mas então, em 7 de abril, Trump disse que o vírus "vai desaparecer".[1] Ele tinha dito isso muitas vezes antes, mas naquele dia, Mark Meadows, em sua primeira semana como chefe de gabinete da Casa Branca, havia contratado uma nova assessora de imprensa, Kayleigh McEnany. Uma inflexível porta-voz da campanha de Trump, McEnany, de 31 anos e formada na Faculdade de Direito de Harvard, limitou as aparições de Fauci na televisão.

Pelo sistema em vigor, todas as redes de TV e canais de notícias a cabo tinham de submeter pedidos para entrevistar Fauci por escrito ao Departamento de Saúde e Serviços Humanos, que então encaminhava a solicitação à Casa Branca para ser autorizada. Parecia que os pedidos estavam desaparecendo num buraco negro. Sem pedidos, sem respostas. Um a cada dez pedidos era aprovado para não parecer que Fauci estava sendo completamente amordaçado.

Em 17 de abril, no meio do que deveria ser a extensão de trinta dias do "Quinze dias para desacelerar a propagação", Trump tuitou "Libertem

Minnesota", "Libertem Michigan" e "Libertem a Virgínia", manifestando apoio à subversão de suas próprias regras.[2] Fauci ficou de queixo caído. Ele perguntou a seus colegas: o que está acontecendo?

A resposta era óbvia. O melhor momento de Trump havia acabado. A Casa Branca e Trump estavam concentrados em abrir o país. Esse era o plano A. Não havia plano B, algo essencial, Fauci acreditava, quando se lida com um vírus que está fora de controle.

Fauci deu uma entrevista para a revista *Science* e disse que, quando nas entrevistas coletivas da força-tarefa do coronavírus Trump dizia coisas que não eram verdadeiras, "não posso pular na frente do microfone e tirá-lo de lá".[3]

Esse foi o máximo de irritação que Fauci demonstrou em público, embora muitas vezes adotasse um tom de desafio com o presidente nas coletivas diárias da força-tarefa.

Depois que o presidente disse mais uma vez que o vírus ia desaparecer, Fauci decidiu que teria de ser o estraga-prazeres na próxima reunião da força-tarefa, que acontecia no Salão Oval e que supostamente deveria ser confidencial.

"Precisamos ser cuidadosos", Fauci disse, falando de propósito não com Trump, mas com os outros membros da força-tarefa presentes. "Isso não vai desaparecer. Não vai sumir sozinho. Nós é que precisamos fazer com que ele desapareça." Eles tinham de continuar a mitigar os danos e achar uma vacina.

"Conheço um cara que ficou doente", o presidente respondeu, repetindo uma anedota que todos eles já tinham ouvido antes, mudando de assunto e dominando a reunião.

"O presidente está num canal diferente", Fauci disse depois para os outros. A liderança de Trump estava "à deriva".

Em outro momento, Fauci apelou para outras pessoas no Salão Oval depois que o presidente se desviou dos fatos na coletiva. "Não podemos deixar o presidente vulnerável lá fora", Fauci disse, "dizendo algo que vai se voltar contra ele."

Pence, o chefe de gabinete Mark Meadows, Kushner e o assessor Stephen Miller ficaram tensos. Era visível para Fauci. Era como se eles dissessem que ele não podia falar com o presidente daquele jeito. Eles eram uma fortaleza inflexível em torno do presidente.

Com frequência, quando Fauci desafiava Trump sobre algo que ele tinha dito, o presidente mudava de assunto. Fauci se impressionava com a capacidade de Trump de pular de um tema para outro. "A capacidade de concentração dele é um número negativo", Fauci disse privadamente.

Trump parecia interessado apenas num resultado. "Seu único propósito é se reeleger", Fauci disse a um aliado. Fauci estava particularmente decepcionado com Kushner, que falava como um animador de plateia, como se tudo estivesse bem.

Fauci tentou preservar a franqueza, mas com um toque gentil.

"Sr. presidente", ele disse em outro momento, "realmente acho necessário ser cuidadoso ao falar dessa forma. Isso vai se voltar contra você."

"Quem liga?", Trump respondeu. "Vão me criticar, não importa o que eu faça." Trump nunca convidou Fauci ou outros especialistas médicos para apresentar a ele um dossiê detalhado ou dar um tutorial. Nem Fauci chegou a pedir mais tempo com o presidente ou para falar sozinho com ele.

Fauci elogiou Matt Pottinger por perceber a tentativa de engodo da China. No final de janeiro, Fauci e Pottinger tiveram uma conversa séria sobre como a China escondeu a epidemia de Sars em 2003, ocultando a verdade do público por três meses depois do início da epidemia. Fauci disse publicamente que a China foi "notoriamente não transparente" durante a Sars.[4]

Para Pottinger, o novo vírus se encaixava num padrão antigo. A China estava fazendo a mesma coisa de novo. "Eles são a fonte disso", Pottinger disse. "Não podemos acreditar em nada do que eles dizem. Eu conheço esses caras. Fui repórter lá. Estão todos mentindo. São uns sacanas. É pior do que eles estão dizendo que é."

Pottinger disse que tinha um amigo médico na China com credenciais impecáveis e acesso a informações confiáveis que estava passando para a frente. O médico disse: "Não acredite nos números deles. Estão todos mentindo para você".

Fauci achava que Pottinger falava como se o céu estivesse caindo e que estava exagerando nas críticas à China. "Temos que ser mais agressivos em tentar controlar", Pottinger disse a Fauci, "porque países como Singapura e Taiwan foram capazes de controlar sendo bastante agressivos na quarentena." Hong Kong tinha feito o mesmo.

Quando a pandemia explodiu mais tarde, Fauci disse: "Espere um minuto. Matt estava certo o tempo todo. Isso realmente está fora de controle".

Apesar das declarações públicas ambivalentes de Trump de que o vírus iria se dissipar com ou sem a vacina, a pressão pela vacina era ininterrupta. Como parte da Operação Velocidade Máxima, empresas farmacêuticas estavam recebendo bilhões de dólares para fabricar milhões de doses de remédios que poderiam não ser aprovados nos testes ou nem sequer ser usados. A ideia era garantir que as empresas farmacêuticas tivessem de imediato o suprimento depois que a nova vacina fosse aprovada.

Numa reunião da força-tarefa no Salão Oval às quatro da tarde de 2 de junho, Moncef Slaoui, o novo tsar da vacina e presidente da Operação Velocidade Máxima, fez coro com todos os demais para dizer ao presidente que era impossível ter a vacina pronta antes de dezembro. O mais provável é que fosse em janeiro, fevereiro ou março de 2021.

"Não podemos conseguir a vacina antes?", Trump perguntou. "Que tal no outono? Em setembro ou outubro?"

A resposta era não.

Fauci disse que o presidente talvez ouvisse ou lesse sobre chineses, britânicos ou outros alegando que teriam a vacina em setembro ou outubro. Mas essa vacina não poderia ser aprovada sob as rigorosas regras americanas. Seria quase impossível provar que uma vacina precoce como essa era segura ou eficiente.

Trump me ligou inesperadamente na sexta-feira, 19 de junho, às dez e meia da manhã. Não conversávamos havia duas semanas.

Eu disse que estava terminando o rascunho deste livro e que estava encontrando alguma dificuldade com seus telefonemas para o presidente chinês Xi Jinping.

"Tive boas conversas com ele", Trump disse, "mas desde que eles mandaram a praga para cá não estou muito feliz com eles, certo?"

Lembrei a Trump que ele já havia me dito isso. Mas minha apuração mostrava que alguns de seus assessores sugeriam algo mais sinistro. "Existem indícios de que isso é mais obscuro e nefasto. De que eles estão permitindo — permitiram que o vírus se espalhasse. O que o senhor pensa disso?"

"Eu disse isso mais alto e mais claro do que qualquer um", Trump respondeu, "se você quer saber a verdade. Sou o líder desse grupo. Porque penso que eles poderiam ter detido... Agora está começando em Beijing, o que é interessante. Porque como eu estava dizendo... mas, sabe, eles têm um problema em Beijing."

"Qual é o interesse deles?", perguntei. "Qual o motivo disso?"

"Acho que poderiam ter feito um trabalho melhor impedindo que isso chegasse ao resto do mundo, incluindo os Estados Unidos e a Europa", Trump disse.

"O senhor acha que eles intencionalmente deixaram que o vírus viesse para os Estados Unidos e o resto do mundo?", perguntei.

"Existe a possibilidade. Não digo que tenham feito isso, mas com certeza existe a possibilidade." E acrescentou: "Mas foi para a Europa, os Estados Unidos e o resto do mundo. Foi sim".

"Se eles realmente fizeram isso de propósito, presidente Trump…"

"A tinta não tinha secado no meu grande acordo comercial", ele disse. "Eles estão comprando muita coisa. E estão… a propósito, estão comprando. E isso é algo que eu acompanho todos os dias. Estão comprando muito. Estão comprando uma quantidade tremenda de produtos agrícolas etc. Mas a tinta ainda não tinha secado quando a praga chegou."

Dois dias antes, o *Wall Street Journal* havia publicado um trecho do livro de John Bolton, ex-assessor de segurança nacional, *The Room Where It Happened*. Nele, Bolton escreveu sobre uma reunião entre Trump e Xi: "Trump então, incrivelmente, se voltou para a iminente eleição presidencial americana, citando a capacidade econômica da China e implorando a Xi que garantisse sua vitória. Ele destacou a importância dos agricultores e do aumento das compras de grãos de soja e trigo no resultado eleitoral".[5]

Trump continuou. "Bob, veja o que acontece, certo. Lembre, eu disse a você, o mercado de ações está perto de uma alta recorde, e nós não nos livramos da pandemia ainda. Tenho… tenho um comício amanhã à noite em Oklahoma. Mais de 1,2 milhão de pessoas se inscreveram. Podemos receber só 50 mil, 60 mil. Porque, você sabe, é um estádio grande, certo? Mas podemos receber 22 mil num estádio e 40 mil em outro. Vamos ter dois estádios lotados. Mas pense nisso. Ninguém nunca fez comícios assim."

"Qual sua reação aos protestos?", perguntei, mudando de assunto.

"Penso que os liberais democratas fracos lidaram muito mal com suas cidades. E penso que as pessoas fortes atuaram muito bem. Veja o que acontece em Oklahoma. Você vai ver o que vai acontecer em Oklahoma. Estamos com tudo pronto."

"Temos uma coisa em comum", eu disse. "Somos brancos, privilegiados. Meu pai era advogado e juiz em Illinois. E sabemos o que seu pai fazia. O senhor tem noção de que esse privilégio o isolou ou manteve numa caverna, de certa forma, assim como pôs a mim — e penso eu, muitas pessoas brancas e privilegiadas — numa caverna? E que temos de trabalhar a fim de encontrar uma saída para entender a raiva e a dor que as pessoas negras, particularmente, sentem neste país?"

"Não", Trump disse. "Você de fato comprou essa história, não é? Ouça o que você está falando", disse, sua voz em tom de gozação e incredulidade. "Uau. Não, não acho nada disso."

"Não?"

"Fiz mais pela comunidade negra do que qualquer outro presidente na história, com a possível exceção de Lincoln", ele disse, repetindo uma de suas frases preferidas. Ele já havia dito isso pelo menos cinco vezes em público até aquele momento, só em 2020.[6]

"Não acho que seja uma história tola, sr. presidente, penso que é uma realidade que as pessoas negras sentem. E parte do nosso trabalho é… quero dizer, conversamos sobre isso há alguns meses, que o senhor está governando dois Estados Unidos…"

"Sim", ele disse. "E a propósito, Bob, tem sido assim por muito tempo. Muito antes de eu chegar aqui. Foi assim com Obama e tem sido assim por muito tempo. Havia bastante divisão durante o governo Obama. Era uma divisão bem mais silenciosa, mas havia muito ódio e muita divisão, mais do que agora."

"O senhor está convencido disso?"

"Sim, estou."

Na eleição de 2016, Trump claramente havia visto e usado essas divisões — a onda fervente de raiva e ressentimento.

"Veja, já conversamos sobre isso", eu disse. "Falamos sobre o relógio da história, lembra disso?" Seis meses antes, em dezembro, eu havia citado o famoso livro de 1962 de Barbara Tuchman, *Os canhões de agosto*, sobre como a Primeira Guerra Mundial havia sido uma guerra acidental. Eu tinha descrito o início do livro de Tuchman para Trump: uma cena sobre a velha ordem não estar percebendo que estava morrendo no relógio da história.

"E eu disse que minha análise era que o senhor surgiu e capturou o relógio da história quando foi eleito. E que os democratas, e seu próprio partido, os republicanos, não sabiam o que estava acontecendo nos Estados Unidos. Lembra-se disso? O senhor concorda com isso?"

"Claro", Trump disse. "Concordo. Concordo. Ainda é verdade. Ainda é verdade, sabe, os democratas e muitas pessoas no Partido Republicano. Mas eu sei o que está acontecendo. Sei o que está acontecendo."

"Houve uma mudança", eu disse. "E é substancial. E, penso, cabe a brancos privilegiados como eu, como o senhor, dizer — e não acho que seja uma história comprada. Penso que se trata de compreender pontos de vista que não nos ocorrem naturalmente."

"Mas eu não preciso estar lá para entender um ponto de vista", ele disse. "Não preciso ser negro para entender o ponto de vista negro. Não preciso ser escravizado para entender a atrocidade horrível que as pessoas sofreram. Não preciso. Sabe, não tenho que me pôr nessa posição. Posso compreender completamente sem estar nessa posição."

"O senhor considera isso uma atrocidade?"

"Ah, totalmente", disse. "A escravidão? Totalmente."

"E o que aconteceu depois, até hoje, de não termos um sistema de igualdade e de oportunidades iguais?"

Dá para ouvir Trump suspirando na gravação. "Bem…"

"Estou insistindo", eu disse.

"Isso acontece há cem anos, Bob."

"Claro, mas…"

"Acontece há mais de cem anos", ele disse.

"O senhor entende o que eu estou perguntando?"

"Entendo completamente. Não, é muito justo. Isso existe há mais de cem anos. Existe há muito tempo. E tivemos muito progresso de muitas formas diferentes. E muito progresso está acontecendo enquanto conversamos — quero dizer, neste momento. Mais do que você possa imaginar. Mas isso existe há muitos, muitos anos. Muitos, muitos anos."

"Já conversamos sobre isso", eu disse. "Seu trabalho é unir as pessoas?"

"Concordo", ele disse. "Porém, antes que eu possa unir as pessoas, algumas vezes é preciso levá-las até um ponto. Tivemos muito progresso num curto espaço de tempo. Não esqueça. Até a praga chinesa chegar, tínhamos a menor taxa de desemprego para afro-americanos na história deste país. Tínhamos os números mais baixos de desemprego entre os afro-americanos. Tínhamos os índices mais baixos para asiáticos, hispânicos também. Mas tivemos os melhores índices de emprego na história deste país. E aí veio a praga. Mas olhe o que está acontecendo. Estou reconstruindo a economia." Ele disse que a recuperação não seria apenas em forma de "V", mas quase um "I" — aparentemente querendo dizer uma linha reta para cima. "Veja os números de empregos, olhe as vendas no varejo. Veja os números que estão saindo. Espere até ver o terceiro trimestre, como vai ser bom, quando seu livro será publicado."

Eu queria ir além dos números da economia. Ele não.

"Veja os números", ele disse e repetiu. "Tivemos o maior índice de empregos na história duas semanas atrás. Tivemos os melhores números de aumento de vendas do varejo na história dois dias atrás. Na história, Bob."

"Mas isso..."

"Espere até ver os números começarem a sair", ele disse.

"Para as pessoas que estão sofrendo, para as pessoas..."

"Sim, mas não vão sofrer por muito tempo, Bob. Elas estão sofrendo porque tivemos que fechar o país. Porque, se eu não fechasse, teríamos perdido 3 milhões de pessoas em vez de 150 mil ou qualquer que seja o número final. Mas será nesse patamar. Teríamos perdido 3 milhões de vidas. E sabe de uma coisa? Isso não é aceitável, 3 milhões de pessoas."

Eu não sabia em que projeções ele baseou esse número.

"O.k.", eu disse. "Quero fazer uma pergunta, por favor. Peço que o senhor acompanhe o raciocínio, porque acho que é um dos pilares para tentar entender. Se eu fosse um homem negro lá fora, como eu poderia dizer, ah, o presidente Trump entende minha situação, minha dor? E ele está... sim, os números. Entendo o trabalho sobre a economia."

"Espere até ver — no terceiro trimestre", ele disse. "Quando seu livro... bem, não sei quando seu livro vai sair. Mas, nas eleições, teremos alguns dos melhores números divulgados por qualquer país. E já está acontecendo, Bob. A menos que algo dê muito errado."

"Mas o senhor acha que as pessoas querem que o presidente entenda como elas se sentem?"

"Sim. Deixe-me dizer, eu aprovei a reforma da justiça criminal. Obama não conseguiu — eu aprovei as zonas de oportunidade. Obama e todas as pessoas que vieram antes de mim, não só Obama, não conseguiram fazer. Ninguém pode fazer o que eu fiz. Consegui fazer a reforma do sistema prisional. Consegui fazer a reforma da justiça criminal. Consegui — esqueça todos os bons números da economia, que vão voltar a ser igualmente bons em breve — porque fechei o país e agora reabri."

"O senhor conquistou o coração das minorias e das pessoas negras deste país que estão sofrendo, angustiadas e com raiva? Conquistou? Essa é minha pergunta."

"Certo, você está preparado?", ele perguntou. "Sim. Conquistei, antes de a praga chegar. Mas agora muitos desses empregos que existiam, que ganhamos — os negros tinham a menor taxa de desemprego da história!"

"Certo, mas eles estão, se a pessoa está..."

"Eles tinham os melhores empregos! Estavam ganhando mais dinheiro do que jamais ganharam!"

"Se a gente vê as pesquisas, os protestos e conversa com as pessoas...", eu disse.

"Eles vão estar empregados de novo muito em breve, Bob. Tudo está voltando. Vão estar empregados. O.k. — antes da praga, tinham os melhores números da história. Todo mundo estava muito bem. Eles estavam tendo grandes aumentos. Estavam ganhando mais dinheiro e as pessoas estavam felizes. Quando a praga veio da China, este foi o... quando muitas pessoas perderam o emprego. Esses empregos vão voltar. As pessoas negras estarão todas empregadas muito em breve, assim como estavam antes. E os números vão ser ainda melhores."

"Mas como o senhor sabe, e como falou, o assassinato de George Floyd despertou algo nas pessoas", disse. "Não apenas nos negros, nas minorias, mas em pessoas brancas — que estão dizendo, sabe, como eu estou tentando dizer, acho que fui uma pessoa branca privilegiada. Sei que o senhor foi, certo?"

Houve uma pausa de três segundos na conversa. "Não?", perguntei.

"Não entro nessa discussão", ele disse. "Fiz um bom trabalho para as pessoas negras. Fiz o melhor que já foi feito por qualquer presidente desde Lincoln."

"Agora, aqui está a outra questão", falei.

"Não vou entrar nisso", ele disse. "Eu... sabe... não há por que entrar nisso. Tudo que posso fazer é o que estou fazendo. Fiz o melhor trabalho que qualquer outro presidente dos Estados Unidos na história, exceto Abraham Lincoln, para as pessoas negras. Fiz a reforma da justiça criminal, consegui faculdades e universidades negras."

"O senhor conquistou o coração delas?", perguntei. "Porque esse é o ponto que interessa aqui, o coração." Fiquei me perguntando: será que ele não entendeu?

"Vou lhe responder isso no fim do meu mandato, quando eles conseguirem os empregos de volta", o presidente disse. "No fim do ano você vai ver números como ninguém viu antes. E já está acontecendo, Bob. Dois dias atrás, tivemos os melhores números do varejo na história, Bob." O percentual de aumento entre abril e maio era, de fato, o maior desde que o Departamento de Comércio começou a acompanhar as vendas do varejo, embora o valor total não fosse o maior.

Trump continuou: "Agora, todo mundo está dizendo que Trump estava certo. É mais do que um 'V'. Na verdade, o mercado hoje subiu quase duzentos pontos. Já estabelecemos um recorde no mercado de ações, e a pandemia está acabando, está se enfraquecendo — e, a propósito, teremos uma vacina em breve e vamos ter tratamentos em breve. Ei, Bob, posso, posso ligar mais tarde? Preciso atender esses generais para garantir que tudo está bem".

Eu disse que ainda queria insistir em algumas dessas questões.

"Sem problemas", ele disse. "Espero que você seja fiel à verdade. Se você for fiel à verdade, vai escrever um grande livro. E, se não for, vai me atingir."

Liguei para ele de novo naquela noite. Ele não ligou de volta. Fiquei me perguntando se essa tinha sido nossa última conversa.

45

Trump me ligou de volta três dias depois, em 22 de junho, às oito e quinze da noite.

"Acabei de chegar à Casa Branca e estou assistindo a um... um evento no qual estão tentando derrubar uma estátua em Washington, D.C., e estamos impedindo isso com bastante força, acho."

Manifestantes estavam tentando derrubar a estátua de Andrew Jackson na praça Lafayette. Enquanto conversávamos, a polícia começou a empurrar os manifestantes para longe da estátua ainda de pé com gás lacrimejante e cassetetes. "Eu vou te informando", Trump disse. "Mas é terrível o que está acontecendo. Terrível."

"O que o senhor pensa de tudo isso?", perguntei.

"Acho que é uma vergonha. Acho que é vergonhoso. E é... sabe, isso existe faz muito tempo, indiretamente. Mas se tornou mais direto. E eu impedi que eles fossem em frente. Na esfera federal, impedi com força. Mas alguns desses estados são, em alguns casos, tolos. Em alguns casos, fracos."

Ele queria falar do comício em Tulsa, seu primeiro em sessenta dias, que tinha acontecido durante o fim de semana. O estádio estava com menos da metade da capacidade ocupada, e Trump teve de encarar filas de assentos azuis vazios, o foco da maior parte da cobertura da mídia.

"Acabou de sair a manchete, aspas, 'Comício de Trump dá à Fox News maior audiência de sua história para um sábado à noite'", ele leu para mim. "Nada mau, mesmo para os seus padrões, certo?"[1]

"Durante duas semanas", ele disse, "ficaram falando que ir lá era como ir para a câmara da morte. Em resumo, você ia morrer. Disseram basicamente coisas terríveis sobre o comício, não vá, não vá no comício. As emissoras. Sabe, o pessoal das fake news. E tivemos manifestantes lá que eram bem violentos."

A principal autoridade de saúde pública de Tulsa disse que desejava que o evento fosse adiado, classificando o comício como "um grande fator de risco".[2] Todos os relatos que encontrei disseram que houve muito pouca violência.

"Os primeiros assentos vazios que já tive", ele disse.

Por quanto tempo o senhor trabalhou no seu discurso?, perguntei. "Havia um teleprompter lá, o senhor usou?"

"Talvez 25% ou 30% teleprompter", disse. "O resto foi improvisado. Por quanto tempo trabalhei? É uma pergunta interessante. Acho que minha vida toda, certo? Não, quando paro para pensar. Não, não trabalhei nele. Apenas conto — tendo a conseguir contar histórias quando estou no microfone."

Voltando ao vírus, ele disse que a China "poderia ter barrado. Acredito que podiam ter parado".

A primeira-dama Melania Trump chegou e brevemente se juntou à conversa.

"Querida, estou falando com Bob Woodward", Trump disse.

Mencionei o novo livro, *The Art of Her Deal*, de Mary Jordan, uma colega minha no *Washington Post*. "Escreveram esse livro a seu respeito", eu disse, "e deram muito crédito à senhora por saber como viver com esse homem."

Melania riu.

"Não sabia disso", Trump disse. "Que livro é esse? Quero ler." Trump disse a Melania que eu estava escrevendo um livro sobre ele. "Provavelmente vai ser atroz, mas tudo bem."

Eu queria perguntar mais sobre os manifestantes.

"Acho que provavelmente você acha que são pessoas maravilhosas", Trump disse.

Defendi que é preciso ouvir. "Eu, como um repórter, tenho que entender como as pessoas chegam a conclusões, quais são suas emoções…"

"Certo. Eu entendo isso."

"É preciso deixar de lado nossa própria perspectiva", eu disse.

"É."

"Não é?"

"É, sim", Trump disse. "Mas é possível ver as coisas mesmo a partir da sua perspectiva."

Ri. "Certo."

"Não acho que é preciso necessariamente estar lá." É possível ver dos dois lados, ele disse.

Em nossa conversa anterior, o presidente havia me acusado de comprar uma história quando perguntei sobre a ideia de privilégio branco e sobre a raiva e a dor das pessoas negras.

"Minha pergunta é", eu disse, "e esta é a pergunta sobre a história comprada, o senhor entende pessoas que sentem isso de uma maneira passional — quero dizer, o movimento Black Lives Matter é real. Há muitas pessoas que estão com raiva e sofrem. O senhor está dizendo, ei, eu não posso ser essas pessoas. É verdade. Mas acho que é muito importante abrir mão da nossa perspectiva."

"Tudo bem", ele disse. "Entendo. Não tenho problemas com isso."

Lembrei a ele que eu estava gravando.

"Tudo bem. Não me importo. Pode gravar. Sou uma pessoa direta."

Eu disse que achava que as pessoas queriam ouvir "o presidente falando com os negros deste país sobre o que o senhor entende do sofrimento deles. E, você sabe, podemos chegar à solução que o senhor defende e saber o que o senhor vai consertar. Mas o senhor entende que é uma pessoa privilegiada assim como eu sou? E a pergunta é, alguém como o senhor — por causa da sua posição — pode dizer, sabe, tive alguns benefícios, algumas vantagens? Há pessoas lá fora que não tiveram, e eu entendo a raiva e o ressentimento feroz em relação a pessoas como o senhor e como eu".

"Acho que entendo isso", Trump disse. "Mas se não entendesse não teria feito a reforma da justiça criminal que ninguém foi capaz de fazer antes de mim. Não teria feito as zonas de oportunidades que tiveram um impacto gigante em áreas que estavam praticamente morrendo. Não teria financiado a longo prazo as faculdades e universidades historicamente negras", conhecidas como HBCUs. "Mas eu não teria feito isso se não entendesse. Em outras palavras, se eu não tivesse uma empatia profunda com a causa e com a situação que eles enfrentaram, com o que, sabe, os afro-americanos e a comunidade negra passaram, não teria dado, sabe, uma grande quantidade de dinheiro para faculdades e universidade historicamente negras."

Em dezembro de 2019, Trump assinou a lei mantendo os 225 milhões de dólares de financiamento anual para as HBCUs e outras escolas que atendem principalmente estudantes de minorias.

"A questão é", perguntei, "qual é seu sentimento? Penso que as pessoas querem saber o que o senhor sente. Qual é a essência da sua responsabilidade como presidente?"

"Acho que a essência da minha responsabilidade é fazer um bom trabalho para todas as comunidades."

"Vamos supor que eu tenha dez pessoas do Black Lives Matter aqui como grupo focal. E imagine que eu dissesse, aqui está o presidente Trump. E isso é o que o presidente Trump quer dizer a vocês sobre como ele pode tentar entender de que forma é a vida a partir da perspectiva de vocês. O que o senhor diria?"

"Sou alguém que prefere fazer coisas em vez de falar."

"Às vezes, quando se trata desse tipo de assunto", eu disse, "é preciso dizer as coisas pessoalmente. E isso vale sobretudo para o senhor, como presidente. E não estou tentando fazer o senhor dizer algo que não sente. Estou perguntando se o senhor é capaz de entender a situação, a luta, a dor das pessoas — quero dizer, isso é real. Tem sido um despertar para mim, se posso dizer isso na minha idade. Sou mais velho do que o senhor — 77. Ver o que eles estão dizendo tem sido duro, e não gostei, e é uma forma de opressão. É uma nova forma de escravidão que aconteceu neste país do qual o senhor é presidente. E quero ter certeza de que compreendi o que o senhor quer dizer a eles. Entende?"

"Sim, entendo, Bob. Eu acho o seguinte. Acho que tenho algumas coisas maravilhosas — o que posso fazer de melhor é fazer coisas. E há algumas coisas maravilhosas que vou fazer para a comunidade negra nos Estados Unidos. E fiz muito até o vírus chinês atingir o país com tanta violência."

"Se alguém no meu grupo focal disser para o senhor, presidente Trump, o senhor me entende, o que o senhor diria?", perguntei.

"Diria que realmente acredito que entendo. E é por isso que fiz tanto pela comunidade negra." E ele citou mais uma vez sua lista.

"O senhor acha que existe racismo sistemático ou institucional neste país?", perguntei.

"Bem, acho que existe em todo lugar", Trump disse. "Acho que provavelmente menos aqui do que na maioria dos lugares. Ou menos aqui do que em muitos lugares."

"Mas", perguntei, "existe aqui de uma forma que impacta a vida das pessoas?"

"Acho que sim. E é uma infelicidade. Mas acho que sim."

Pelo menos ele disse isso.

"Mas existe uma dimensão espiritual nisso", eu disse, "e acho que as pessoas querem que alguém se levante e diga, ei, eu entendo. Estou realmente tentando me pôr no seu lugar. Sei que o senhor não vai gostar disso, mas lembra que Hillary Clinton fez uma turnê para ouvir? O senhor precisa fazer o mesmo e ouvir as pessoas?"

"Acho que escuto as pessoas — acho que escuto o tempo todo. Gosto de ouvir as pessoas. Ouço o que elas estão dizendo. Sou capaz de fazer essas coisas economicamente. E essa é uma parte muito grande do problema. Vou lhe dizer — se tivéssemos mantido aquela grande economia. Se não estivéssemos nessa situação artificial — nesse procedimento médico. E agora estamos começando tudo de novo. Bem, sim, é desse jeito. Se eu não tivesse construído uma base forte para o país, não teria como ter os tipos de resultados anunciados na semana passada em empregos etc. etc."

Trump parecia estar falando dos resultados de empregos de 5 de junho, a informação mais recente divulgada pelo Departamento de Estatísticas do Trabalho.[3] Embora dezenas de milhões ainda estivessem sem emprego, 2,5 milhões de empregos foram criados em maio.

"Eu realmente ouço o que estão dizendo. Entendo o que estão dizendo. E estou fazendo algo a respeito. Incluindo, incluindo ações econômicas. Isso pode curar muitos... muitos corações. Uma boa economia resolve vários problemas.

"Nada resolve todos eles, Bob, nada. Os problemas podem desaparecer. E é isso que eu gostaria de fazer."

"O senhor se lembra quando Bob Costa e eu conversamos com o senhor antes da nomeação de 2016?", perguntei. "Estavam reformando seu hotel. E foi quando o senhor nos disse:

"'Eu provoco raiva. Eu realmente provoco raiva. Sempre fiz isso. Não sei se é uma vantagem ou desvantagem, mas, seja o que for, é o que faço.' Isso é verdade?"[4]

"Sim", disse Trump. "Às vezes. Eu faço mais coisas do que outras pessoas conseguem fazer. E isso, às vezes, pode deixar meus oponentes infelizes. Eles me veem de maneira diferente do que viam outros presidentes. Muitos dos outros presidentes que você cobriu não faziam muita coisa, Bob."

"O que o senhor pensa a respeito do seu juiz Gorsuch, que em certo sentido liderou as acusações contra o senhor nas questões LGBTQ?" Neil Gorsuch acabava de escrever um voto que venceu por seis a três na Suprema Corte dizendo que a Lei dos Direitos Civis protege os gays e pessoas transgênero contra discriminação no local de trabalho.

"Bem, é a forma como ele se sente, é como ele se sente", Trump disse.

"Foi contra a posição do seu governo", eu disse.

"Sim", Trump disse, "mas é como ele se sente. E, sabe, quero que as pessoas ajam da maneira como se sentem. Quero dizer, ele sentiu que estava fazendo a coisa certa. Realmente acho que isso cria — acho que abre caminho para muitos processos."

"Vamos supor", perguntei, "que Donald Trump estivesse na Suprema Corte, como ele votaria nisso? Não vejo o senhor votando contra liberdade para mais pessoas..."

"Não quero comentar isso", ele disse.

Perguntei sobre seu desempenho nas pesquisas que mostravam que ele estava em apuros contra Biden.

"Você vê pesquisas diferentes das que eu vejo", ele disse. "Acho que estamos bem. A campanha ainda não começou. Está começando, sabe, nas próximas semanas."

Ele voltou a falar sobre o comício em Tulsa, "com o vírus chinês na sala", como ele definiu. Havia lugares vazios, ele disse, porque as pessoas disseram: "Ei, vou ver na televisão. E viram, porque foi uma grande noite. E uma noite tremenda, ainda maior on-line".

Trump mudou de assunto para seu discurso recente na formatura em West Point. "Fiz um discurso muito bom e se recusaram a cobrir. Cobriram aquilo e falaram que eu podia ter Parkinson" por causa da maneira como ele caminhou devagar ao descer uma rampa bastante inclinada "passo a passo. E literalmente — sabe, você já deve ter feito isso, quando há uma superfície muito inclinada, e eu estava com sapatos bem escorregadios. Acredite ou não. Se você está de sapatos de couro, eles são muito escorregadios. A cobertura que fazem sobre mim é muito, muito injusta. Incluindo as pesquisas".

Em 2016, disse ele, "eu tinha uma pesquisa, a pesquisa *Washington Post*-ABC, duas semanas antes da eleição, duas semanas e meia antes da eleição, eu estava catorze pontos atrás. E sabia que não era verdade. Sabia. Reclamamos. E acho que... mas era o *Washington Post*, seu jornal favorito, e a ABC. E você lembra, publicaram a pesquisa, duas semanas e eu disse, não tem a menor chance".[5]

Isso estava basicamente certo. Uma pesquisa da ABC mostrava Clinton à frente por doze pontos.

Trump estava relembrando coisas bastante antigas. "Como você avalia aquela eleição, Bob, 2016? Não foi a melhor de todas? É difícil — as pessoas consideram que foi um momento na história como nenhum outro. Quais seus sentimentos em relação a isso? Mesmo que você não se denomine historiador."

Em 2016, eu disse que Trump podia vencer.[6]

"Acho que estou numa posição muito melhor do que estava então", Trump disse, "porque fiz muita coisa. Também acho que tenho um oponente muito mais fraco." Ele se voltou para Hillary Clinton. "Goste dela ou não, ela é um ser humano horrível, mas goste ou não, é muito inteligente. Muito inteligente. E muito ardilosa, muito astuta, muito inteligente. E você disse que tem 77, 78 anos. Isso quer dizer que tem a mesma idade do Joe. Mas a idade não afetou você. Pode afetar um dia. Mas afetou o Joe. E você sabe disso. Quero dizer, é só ver. Dá para ver o que está acontecendo. É uma situação estranha. Ele não conseguiu ir bem nem no melhor momento dele. Eu costumava — lembra, costumava chamar ele de Joe Um Por Cento.

"Calma aí, quero ver uma coisa." Ele estava assistindo televisão ou recebendo alguma notícia. "Estou vendo algo aqui — ah, isso é engraçado."

Eu não sabia o que era, e ele não disse. Como vai ser debater com Biden?, perguntei.

"Acho que, no mínimo, ele conseguiu um jogo equilibrado contra Bernie", Trump disse. "Fiquei surpreso que ele conseguiu participar do debate inteiro. E ele não ganhou, mas também não perdeu. Sabe, foi um debate equilibrado. E, sabe, fiquei surpreso. Então nunca se sabe o que vai acontecer."

"Sim", concordei.

"Nunca se sabe o que vai acontecer", ele disse de novo, voltando a relembrar o passado. "Mas veremos o que vai acontecer. Tive debates muito bons. Não estaria aqui conversando com você se não tivesse. Você sabe disso. Meu melhor debate provavelmente foi o segundo com a desonesta da Hillary. Quero dizer que aquilo foi provavelmente... foi um grande debate."

O segundo debate, que aconteceu em 9 de outubro de 2016, foi um pouco ofuscado pela divulgação da gravação do *Access Hollywood* dois dias antes.

Lembrei a Trump que em nossa última ligação falamos do livro da historiadora Barbara Tuchman sobre a Primeira Guerra Mundial e sobre o relógio da história. "E tudo que aconteceu em 2016", eu disse. "E o senhor surgiu, e os democratas e seu próprio partido não tinham a menor ideia do que estava acontecendo nos Estados Unidos."

"Sim", ele disse. "Peguei todos eles de surpresa, Bob. Peguei de surpresa. E vou pegar de novo, Bob. Você vai ver."

"Onde está o relógio da história?", perguntei.

"Bem, vamos descobrir. Fiz muita coisa. A China me atrasou. Eu estava indo bem. Como disse, eu me sinto tão diferente em relação à China. Isso é uma provação tão terrível para o mundo. Não só para nós, para todo o mundo."

Comentei que alguns especialistas disseram que "se alguém fosse criar um vírus para atacar com tal eficiência e ser tão letal para os pulmões de alguém, não haveria como criar algo melhor do que este. E há quem pense que manipularam isso, como o senhor sabe".

"Claro, já ouvi isso", Trump disse. "Já ouvi muitas teorias. E também ouvi que foi incompetência. Já ouvi que foi um erro. Ouvi erro, ouvi incompetência e ouvi, sabe..."

"Manipulação?", perguntei. "E qual é a realidade? Porque isso é importante."

"Bem", ele disse, "acho que descobriremos a verdade em algum momento. Mas, agora, ninguém sabe com certeza."

"Se eles criaram isso e intencionalmente soltaram no mundo", eu disse.

"Mas como eles foram atingidos com tanta dureza?", Trump perguntou.

"Não tinham como controlar. Acho que talvez não tenham percebido o que era. E seus especialistas não conseguem os números reais deles."

"Isso é verdade", disse. "Mas os números são substanciais. Muito, muito substanciais."

"Agora estamos num desses momentos cruciais na história", eu disse. "E o senhor está no comando."

"Eu tive a melhor economia que já registramos", Trump disse em tom de lamento. "O mercado de ações teve a maior alta da história. Eu estava indo tão bem, o mercado estava tão bem."

O mercado de ações estava subindo constantemente desde 2009 — atingindo novos recordes com regularidade — até o fechamento causado pelo coronavírus, que resultou numa queda histórica em fevereiro de 2020. Na época de nossa entrevista, os mercados mostravam sinais de recuperação.

A questão, ele disse, era: "Podemos fazer tudo isso acontecer até a data muito especial de 3 de novembro?".

46

Trump me ligou inesperadamente na quarta-feira, 8 de julho, antes de seu dia de reuniões com o presidente mexicano Andrés Manuel López Obrador.

"Estou tão ocupado", Trump disse. "Não tenho tempo para respirar." Não acho que tenha sido uma referência consciente a George Floyd.

"Esta vai ser nossa décima sétima conversa para este livro", eu disse.

"Só peço justiça", Trump disse. "E, sabe, tenho certeza de que não vou conseguir, mas tudo bem. Estou acostumado. Mas peço justiça porque ninguém fez o que eu fiz. Ninguém. Você recebeu a lista de novas coisas que foram acrescentadas?" Era uma longa lista clichê cheia de dezenas de assuntos grandes e pequenos, e eu disse que recebi.

Perguntei o que ele pretendia com os dois discursos que fizera no fim de semana de Quatro de Julho, um no monte Rushmore e o outro na Casa Branca.

Ambos pintavam um retrato divisor de alguns cidadãos ameaçando o país — uma espécie de ressurgimento no tom da "carnificina americana" de seu discurso de posse.[1] Até onde eu saiba, presidentes de ambos os partidos universalmente fizeram discursos unificadores e inspiradores no Quatro de Julho — uma mostra de boa vontade. "No discurso do monte Rushmore o senhor falou sobre um novo fascismo da extrema esquerda", eu disse. Afirmou que existia "uma campanha impiedosa para apagar nossa história. Multidões raivosas estavam tentando derrubar estátuas de nossos fundadores" e "essa revolução cultural da esquerda tem o objetivo de subverter a Revolução Americana".[2]

Eu disse: "Existem algumas pessoas que representam esse tipo de raiva, a esquerda radical. Mas são poucos".

No dia seguinte, no discurso da Casa Branca, Trump disse que, assim como os heróis americanos que derrotaram os nazistas, "estamos agora derrotando a esquerda radical, os marxistas, os anarquistas, os agitadores e os saqueadores".[3]

Eu disse que não existem mais marxistas.

"Não", Trump falou, "isso está errado, Bob. O Black Lives Matter, o que eles fazem é... literalmente eles têm no site deles que são marxistas."[4]

Uma das cofundadoras alegou em 2015 que ela e outros organizadores do Black Lives Matter eram "marxistas treinados". Isso não estava, no entanto, no site deles.[5] A frase Black Lives Matter foi adotada como um slogan reformista pelo movimento social mais amplo em defesa da justiça racial.

"O que o senhor está dizendo para as pessoas?", perguntei ao presidente. "No segundo discurso, o senhor disse 'nosso movimento', referindo-se a seu movimento e à sua base. 'Nunca esqueçam, somos uma família e uma nação.'"

"Certo", Trump disse.

"As pessoas do Black Lives Matter olham para isso e dizem que não estão sendo convidadas a participar. Que o senhor pôs um muro em torno da sua base. E a pergunta é: qual é sua intenção?"

Ele não respondeu, mas disse: "Fiz mais pela comunidade negra do que qualquer outro presidente desde Abraham Lincoln".

Eu disse que Lyndon Johnson certamente havia feito mais. A aprovação da Lei dos Direitos Civis de 1964 era uma conquista monumental. Ela tornou ilegal a discriminação com base em raça, religião ou sexo, aprofundou a dessegregação das escolas, a proibição da discriminação racial no emprego e a proteção contra a aplicação desigual de exigências para registro eleitoral.

"Mas é sobre o coração", eu disse.

"Fiz muita coisa para a comunidade negra", Trump disse. "E, honestamente, não estou sentindo nenhum amor. Assim que o vírus da China chegou — assim que a praga, o vírus da China, chegou — assim que chegou —, todos os números das pesquisas começaram a cair 8% ou 9% ou 10%. E eu não entendo isso. Não entendo. Porque ninguém me culpa pelo vírus."

Claro, muitas pessoas, talvez a história o culpe por gerenciar mal a crise.

"É uma questão de coração e de espírito", eu disse. "O senhor está dizendo para as pessoas que são do Black Lives Matter, para as pessoas que são minorias neste país, vocês são bem-vindos aqui?"

"A porta está bem aberta", disse. "Quero incluir todas as pessoas. Quero incluir todos os americanos. A porta está absolutamente aberta." E ele voltou para seus pontos preferidos sobre tudo o que tinha feito pelos negros americanos.

"Então, qual seu objetivo aqui?"

"Meu objetivo é fazer um grande trabalho como presidente", ele disse. Ele falou sobre números, crescimento de empregos de novo. Parecia não entender o que eu estava falando sobre tentar estender a mão e curar.

"Você vai escrever um terceiro livro no ano que vem", ele disse. "O ano que vem vai ser um ano fantástico. Você vai ver."

"Como o senhor sabe", disse, "o vírus está a todo vapor. Absolutamente a todo vapor."

"Está assim só por causa dos nossos testes. Porque estamos testando 40 milhões de pessoas", ele disse.

Mas o percentual de testes com resultado positivo estava aumentando — um indicador-chave de problemas.

Trump também disse que a taxa de mortalidade estava caindo.

Lembrei a Trump que Fauci dissera publicamente no início da semana que "é uma narrativa falsa se sentir confortável com uma taxa de mortalidade menor" porque, com o grande crescimento nos casos, a mortalidade iria subir em questão de semanas.[6]

Ele não respondeu, mas reciclou suas discussões com Fauci.

"A questão é: onde estamos agora?", perguntei.

"Estamos muito bem", Trump disse. "A maior parte do país está escapando absolutamente do vírus. Estamos com nossos hospitais preparados. Estamos prontos."

"O.k., mas a situação é grave, senhor", eu disse.

"Porque testamos 40 milhões de pessoas, qualquer um com o nariz escorrendo... qualquer criança que esteja um pouco gripada, eles testam positivo. E vai sumir em dois dias. Francamente, é ridículo."

Fiquei surpreso que Trump estivesse banalizando um teste positivo numa criança enquanto continuava a criticar seus especialistas em saúde pública.

"O senhor chamou Tony Fauci para conversar no Salão Oval?", perguntei.

"Não tem como ele ganhar essa discussão comigo", Trump disse. "Não tem como." Se eu não tivesse agido, ele disse, "teríamos 3 milhões de mortos em vez de 130 mil como hoje". Trump estava certo. As restrições em viagens para a China e a Europa e o fechamento inicial realmente salvaram vidas.

"Como um cidadão, alguém que vive aqui", eu disse, "estou extremamente preocupado com isso agora."

"Não se preocupe, Bob. O.k.?", Trump disse. "Não se preocupe. Vamos conseguir fazer outro livro. Você vai ver que eu estava certo."

"O que aprendi no mundo de Trump é que os ciclos de notícias não duram muito", Kushner disse na segunda-feira, 13 de julho, enquanto revisava a estratégia geral de Trump com um assessor.

"Ele teve uma maré de azar", Kushner disse, em especial com o vírus. "Ele vai ter algumas oportunidades ao longo do caminho e, quando isso acontecer, esperamos poder tirar proveito. Então ele está se preparando para a luta e direcionando a cabeça para o jogo. Também tem a ver com tirar a cabeça de Washington, certo? Washington está cheia de armadilhas."

Enquanto isso, as pesquisas em todo o país mostravam Biden batendo Trump por dois dígitos e vencendo nos estados decisivos. Três pesquisas privadas de Kushner, no entanto, mostravam uma situação muito mais favorável. Ele levantou seus próprios dados com grandes amostras. "Nossas pesquisas basicamente mostram que ele está ou à frente ou na margem de erro em todos os estados nos quais venceu da última vez."

Kushner continuou: "O importante na pesquisa é ouvir os prováveis eleitores, em primeiro lugar, e não eleitores registrados. As pesquisas públicas usam eleitores registrados, não os prováveis eleitores, e estão definitivamente distorcendo a metodologia. E então acreditamos que é uma eleição diferente do que as pessoas acreditam que é".

Portanto, era parecido com 2016. Os eleitores de Trump são simplesmente mais entusiasmados e muito motivados. O provável modelo de pesquisa para eleitores de Kushner refletia uma porcentagem muito maior de eleitores de Trump que votarão de fato.

"Biden teve os melhores dois meses que podia ter, ficando escondido", Kushner disse. "E então em algum momento vai acontecer uma discussão real sobre ele." A confiança de Biden nas ideias liberais de Bernie Sanders e Elizabeth Warren equivalia a uma "longa carta suicida", Kushner disse.

"O objetivo" com Trump, Kushner disse, "é tirar a cabeça dele do governo e pôr na campanha."

Quando ouvi isso, achei inacreditável. Em meio à maior crise de saúde pública em um século, Kushner achava que era hora de fazer campanha?

Mas o vírus exigia governo. Ele não vai desaparecer na campanha.

"Eu acho", Kushner continuou, "que por cinco anos" — desde que Trump entrou na disputa — "ele basicamente esteve no ataque. E aí por quatro meses e meio" — desde que o vírus explodiu — "ele ficou na defensiva. E o objetivo é pôr ele de novo no ataque."

O ataque não demorou a aparecer. Primeiro, a Casa Branca divulgou um documento listando o número de vezes em que Fauci havia errado previsões sobre a Covid-19, um esforço altamente incomum e, do ponto de vista da saúde, irresponsável ao enfraquecer o chefe do departamento de doenças infecciosas. Fauci reconheceu privadamente que não estava de forma alguma sempre certo. Mas as pesquisas mostravam que o número de pessoas que confiavam nele era pelo menos o dobro das que confiavam em Trump.

Em segundo lugar, na quinta-feira, 14 de julho, Trump aproveitou uma primeira oportunidade de atacar Biden num evento que foi divulgado como uma coletiva sobre a China no Roseiral. Em vez disso, ele falou por 57 minutos e mencionou Biden trinta vezes antes de aceitar perguntas por seis minutos. Como estava lendo textos ou anotações, Trump olhou para baixo muitas vezes, e o discurso não teve nada da intensidade e da paixão de sua performance nos comícios.

O correspondente-chefe do *New York Times* na Casa Branca, Peter Baker, escreveu num texto publicado na página 17: "Mesmo para um presidente que raramente se atém ao roteiro e vagueia de pensamento em pensamento, foi uma das performances mais incoerentes de sua presidência".

Terceiro, na quarta-feira à noite, 15 de julho, Trump substituiu Brad Parscale como seu coordenador de campanha e o rebaixou a assessor sênior. Trump ainda estava bravo com a baixa audiência e os assentos vazios do comício de Tulsa, bem como com os números ruins nas pesquisas.

Isso na prática acabou com a esperança de Parscale de conseguir um filme, um novo caminhão de dinheiro dos republicanos que poderiam querer sua experiência na campanha presidencial de 2024 e um lugar no panteão dos coordenadores de campanha.

Trump nomeou Bill Stepien, um antigo assistente político, como seu novo coordenador de campanha. Kushner considerava Stepien um dos mais talentosos operadores políticos. Eles eram próximos, e o controle de Kushner sobre a campanha iria continuar.

Trump me ligou inesperadamente na manhã de terça-feira, 21 de julho. A razão, ele disse, era "dizer olá. Como vai você?". Liguei o gravador e fizemos nossa 18ª entrevista por cerca de meia hora. O manuscrito deste livro deveria ser entregue para meu editor nesse dia.

"As coisas estão piorando", eu disse, "não?"

"Piorando como?", ele perguntou como se estivesse surpreso.

"O vírus", eu disse. Os novos casos estavam em 60 mil por dia, com as mortes próximas a mil diariamente.

"Bem, está aumentando. Está aumentando no mundo inteiro, Bob. A propósito, no mundo inteiro. Isso é algo que notei na semana passada. Sabe? Falam sobre este país. Está crescendo no mundo inteiro. Mas estamos com isso sob controle."

"O quê?", eu disse. Ele notou na semana passada? O vírus estava fora de controle havia meses.

O Texas e a Flórida estavam sendo atingidos, ele disse. Mas sua ambivalência estava exposta na próxima frase: "Mas nós temos isso sob controle. Temos absoluto controle — acredito que é —, mas é grave, não há dúvida".

"Que nota o senhor daria para a forma como lidou com o coronavírus?", perguntei.

"Bem, acho que daria uma nota muito boa porque o que fizemos... sabe, estávamos totalmente... quando assumi, não existia nada, não existia previsão nenhuma." Ninguém estava preparado para isso.

"O que o senhor aprendeu sobre si mesmo?", perguntei.

Mais uma vez, ele voltou para a investigação de Mueller. "Eu estava lutando contra a história falsa da Rússia."

Perguntei de novo sobre o vírus. "Quando começamos a falar em dezembro, se eu dissesse para o senhor que teríamos um vírus que chegaria e mataria 140 mil pessoas neste país, o senhor ia achar que eu tinha fumado alguma coisa", eu disse.

"Bem, você sabe, a vida toda ouvi a palavra pandemia", ele disse. "Mas, de alguma forma, você nunca pensa que é algo que poderia acontecer."

"Mas aconteceu", eu disse. "Biden não é seu verdadeiro adversário. O vírus é seu adversário. O senhor concorda?"

"Bem, acho que em grande medida é verdade", disse. "É o vírus e é um grupo radical de esquerda e é a mídia. A mídia é meu oponente, independente de qualquer coisa. Não importa o quanto a gente esteja bem, vão dizer que não estamos bem."

"Mas 140 mil pessoas morreram", eu disse.

"Mas temos um país muito maior", o presidente disse. "Se você olhar para a China, eles tiveram muito mais pessoas que morreram. Só não registram. Se olhar a Rússia, a Índia..."

Os Estados Unidos nesse momento tinham a oitava maior taxa de mortalidade per capita.

"Jared disse que o senhor está voltando ao ataque", eu disse. "É esta a estratégia — voltar para o ataque?" Listei exemplos da semana anterior — atacar

Biden no Roseiral, o ataque da Casa Branca contra Fauci e a troca de seu coordenador de campanha.

"Tenho uma estratégia muito flexível, Bob. Tenho há muito tempo. Minha vida toda tem sido uma estratégia flexível e me dei muito bem. E também na última campanha. Fui muito flexível. Mudei de coordenador de campanha três vezes."

"Agora é hora do ataque? Ou é de governar?", perguntei. "Entende o que estou perguntando?"

"Ganhei a última campanha nas últimas quatro semanas. Mas diria mesmo que venci na última semana. Fiz comícios, fiz muitas, muitas coisas na última semana."

"O.k., mas é hora de atacar ou de governar?"

"Acho que as duas coisas. É uma combinação de governar e de campanha política. Temos 105 dias. Agora, para mim, 105 dias é bastante tempo... É uma eternidade."

"Em julho, não está claro qual é o plano", eu disse.

Ele mencionou imigração, saúde e Daca.

Voltei para o vírus e o lembrei de uma conversa que tivemos em abril sobre uma "estratégia, uma matriz e um plano de batalha" para ele liderar.

"Bem, estou liderando. Mas, sabe, existem muitos grandes líderes no mundo e seus países estão parados. Nós não estamos parados. Mas temos muitos grandes líderes pelo mundo, e isso tem afetado todos eles de maneira muito poderosa."

E sobre o plano?, perguntei.

"Tenho 106 dias", ele disse. "É bastante tempo. Sabe, se eu expuser o plano agora, as pessoas nem vão lembrar em cem dias — venci a última eleição na semana final."

"Não, não", eu disse. "Mas não é só ter um plano, é preciso executá-lo, não é?"

"Não. Estou executando. Você vai ver que está começando. Já comecei. Mas você vai ver coisas sendo assinadas — documentos sendo assinados, não só, não é só um plano, isso está sendo feito. Vou concluir a imigração. Vou cuidar do atendimento à saúde.

"Acho que vamos ter vacinas em breve", ele disse. "Acho que já temos. Mas estão em teste. E você vai ver as vacinas sendo anunciadas no próximo mês. Você não diria que isso muda o jogo?"

Perguntei de novo sobre a nota que daria a ele mesmo.

"Eu daria um A para nós. Mas a nota é incompleta, e digo por quê. Se conseguirmos as vacinas e os tratamentos, aí eu me daria um A+."

"Falei com muitos dos seus antecessores", eu disse. "Nunca falei com Nixon, mas falei com muitos, muitos deles. Eles filosofam quando pergunto: o que o senhor aprendeu sobre si mesmo? E esta é a pergunta para o senhor: o que o senhor aprendeu sobre si mesmo?"

Trump suspirou audivelmente. "Sou capaz de suportar mais do que outras pessoas. Porque, vou lhe dizer, não sei se aprendi isso por conta própria — outras pessoas chegam para mim e dizem — e estou falando de pessoas muito fortes, pessoas bem-sucedidas, inclusive. Muitas pessoas. Elas dizem, juro para você, não sei como é possível você lidar com tudo que lida. Como fez isso, com esse tipo de oposição, com esse tipo de sabotagem, o tipo de caça às bruxas ilegal."

"É um trabalho difícil", reconheci.

"Mais difícil para mim do que para qualquer outro", ele disse. "Acho."

"As pessoas estão preocupadas com o vírus", eu disse.

"Sei disso, Bob. Mas o vírus não tem nada a ver comigo. Não é culpa minha. É... a China deixou o maldito vírus sair."

"Mas o senhor tem o problema nas mãos", eu disse. "E a pergunta é: qual é o plano? Como o senhor vai liderar?" Em novembro, continuei, "a questão é: vamos olhar para trás e dizer, fim de julho, agosto, setembro, outubro, o que aconteceu com o vírus?".

"Ninguém enfrenta a oposição que eu enfrento. E tudo bem. Enfrentei isso durante toda a minha vida. Sempre foi assim. E isso tem sido — minha vida toda tem sido assim. Neste meio-tempo, agora, estou olhando para a Casa Branca. O.k. Estou olhando as paredes da Casa Branca." Parecia o jeito de ele me lembrar que ele é o presidente.

Ele continuou: "Temos 105 dias. Vamos ver o que vai acontecer. Tive muito azar com o vírus".

"Mas aconteceu", eu disse. "Aconteceu com o país. E aconteceu com o mundo. Porém o senhor é o responsável pelo país... Está no comando do interesse nacional."

"Vou receber crédito por isso?", ele perguntou. "Provavelmente não. Mas vou tomar o crédito."

"Presidentes têm poder", eu disse. "Um poder extraordinário. E as pessoas dependem do senhor."

"Eles realmente têm um poder extraordinário", Trump disse. "Mas, no meu caso, nunca aceitaram. E nunca aceitaram este presidente, porque são um bando de desonestos. E espionaram minha campanha e nós os pegamos. Eles espionaram e depois eu venci. E os pegamos. E pegamos em flagrante. Vamos ver o que acontece."

Falei sobre como, na minha profissão, tentamos entender as pessoas.

"Você não me entende", ele disse. "Você não me entende. Mas tudo bem. Vai me entender depois da eleição. Mas não entende agora. Não acho que entenda. E tudo bem."

Ele queria garantir que eu tinha sua lista de conquistas.

Porém, nas questões que o senhor tem pela frente, eu disse, "o senhor sabe qual é a número um? O vírus. A número dois é o vírus. A número três é o vírus".

Então ele demonstrou mais uma vez a ambivalência sobre seu papel. "Não, não", disse primeiro e depois acrescentou: "Concordo com isso". Então disse, "mas isso caiu na minha cabeça quando estávamos bem. A eleição tinha acabado. Eu ia ganhar facilmente. E de repente fomos atingidos pelo vírus chinês. E agora estou trabalhando muito". E abruptamente disse: "Até mais, Bob. Boa sorte".

Sete horas mais tarde, Trump fez uma longa declaração na primeira entrevista coletiva da força-tarefa do coronavírus em três meses. Ele falou sozinho na Casa Branca. Sem Pence, Fauci ou Birx. O tom era outro. As coisas não eram tão otimistas em relação ao vírus.

"É provável, infelizmente, que piore antes de melhorar", disse Trump, injetando uma dose pouco usual de realismo. "É algo que não gosto de dizer, mas é assim."

Antes, Trump havia relutado em usar uma máscara. "Arranje uma máscara", ele disse. "Goste ou não da máscara, elas têm um impacto. Têm um efeito e precisamos de tudo que for possível."

A fala dele foi um reconhecimento tácito de que a abordagem anterior não havia funcionado e que, na realidade, o vírus estava muito pior.

O dia era um microcosmo da presidência de Trump, indo de "Estamos com tudo sob controle" para "vai piorar antes de melhorar", tudo no intervalo de algumas horas. Era apenas o exemplo mais recente — e o último antes de este livro ir para a impressão — de que a presidência de Trump era cheia de ambivalência, estava num caminho incerto, indo do combate à conciliação, e saltando de uma declaração ou ação para seu oposto.

Epílogo

Depois que terminei a apuração deste livro sobre o presidente Trump, senti-me exausto. O país estava enfrentando um verdadeiro turbilhão. O vírus estava fora de controle. A economia em crise, com mais de 40 milhões de desempregados. Um poderoso ajuste de contas sobre racismo e desigualdade tinha sido iniciado. Não parecia existir um fim à vista, e certamente nenhum caminho claro para chegar lá.

Pensei na conversa com Trump no dia 7 de fevereiro quando ele mencionou a "dinamite atrás de cada porta", a explosão inesperada que poderia mudar tudo. Ele estava aparentemente pensando sobre algum evento externo que afetaria a presidência de Trump.

Mas, agora, cheguei à conclusão de que a "dinamite atrás da porta" estava à vista. Era o próprio Trump. Sua personalidade gigantesca. A falta de organização. A falta de disciplina. A falta de confiança nas pessoas que tinha escolhido como especialistas. A sabotagem ou a tentativa de sabotagem de tantas instituições americanas. A incapacidade de ser uma voz pacificadora e curadora. A falta de disposição para reconhecer o erro. A recusa a fazer a lição de casa. A estender o ramo de oliva. A ouvir os outros com atenção. A elaborar um plano.

Mattis, Tillerson e Coats são pessoas conservadoras ou apolíticas que queriam ajudar Trump e ajudar o país. Homens imperfeitos que atenderam ao chamado do serviço público. Eles não eram das profundezas do Estado. Contudo, cada um foi embora ouvindo palavras cruéis de seu líder. Eles concluíram que Trump era uma ameaça instável ao país. Pense nisto por um momento: os líderes da segurança nacional pensavam que o presidente dos Estados Unidos era um perigo para o país.

Trump disse que as pessoas da inteligência precisavam voltar para a escola. Os generais eram estúpidos. A mídia era fake news.

Trump passou anos minando as pessoas que o desafiavam. Não só seus oponentes, mas aqueles que trabalhavam para ele e para o público americano.

E este era o problema: ao sabotar tanta gente, ele enfraqueceu não só a confiança neles, mas também a confiança nele mesmo. Isso ficou bastante evidente quando o país mais precisou sentir que o governo sabia o que estava fazendo numa crise de saúde sem precedentes.

Jared Kushner, o genro de Trump, talvez estivesse mais certo do que imaginava quando disse que entender Trump era entender Alice no País das Maravilhas.

Trump falava muito. Quase sem parar. Tanto que enfraqueceu o microfone da presidência e o púlpito, e muita gente não confia mais no que ele diz. Metade ou mais da metade do país parece sentir uma raiva perpétua dele, e ele parece gostar disso.

Penso em Robert Redfield sabendo que a luta contra o vírus não seria de apenas seis meses ou um ano, seria de dois a três anos. Em Trump dizendo repetidas vezes que o vírus ia desaparecer ou sumir. E na constante pressão da autoridade de saúde pública para que eles não se afastassem muito da mensagem do presidente.

Encerro este livro com a crença de que quase tudo pode acontecer na presidência de Trump — qualquer coisa. Muita coisa pode melhorar ou piorar, ou piorar muito. É improvável que vá haver muitas melhorias. No momento, em meio ao verão, o vírus, a economia e as divisões políticas internas definem Trump. A intensidade dessas divisões está no auge.

A concentração de poder na presidência tem crescido por décadas e o poder da presidência pode chegar a um pico histórico sob Trump. Ele usa isso especialmente para dominar a mídia.

Trump tem falado de uma maneira bastante dura, muitas vezes de uma forma que incomoda até mesmo seus apoiadores. Mas ele não impôs a lei marcial nem suspendeu a Constituição, apesar das previsões de seus oponentes. Ele e seu procurador-geral, William Barr, desafiaram muitas vezes o Estado de Direito tradicional. Desnecessariamente, em minha opinião. Usar o sistema judiciário para recompensar amigos e atingir inimigos é mesquinho e nixoniano. O governo constitucional pode parecer vacilante às vezes, e isso pode mudar de um dia para outro. Ainda assim, a democracia se manteve.

Mas a liderança fracassou. O que Trump queria realizar? Quais seus objetivos? Com frequência, ele mesmo parece não saber. As decisões por tuíte, muitas vezes sem alerta para as pessoas responsáveis por executar suas políticas, eram uma das maiores bananas de dinamite atrás da porta.

Seu relacionamento com o líder da Coreia do Norte, Kim Jong-un, e as cartas detalhadas aqui não seguiam o protocolo da política externa. Mas, como Trump diz repetidas vezes, não estamos em guerra. Isso foi uma conquista. É sempre válido investir em diplomacia. Pode valer a pena. O que vai acontecer no futuro é uma das questões imponderáveis da era Trump. A promessa de fidelidade mútua entre Kim e Trump — o "filme de fantasia" — é sustentável, à medida que Kim se torna mais ameaçador? "Veremos", como Trump diz sempre.

A presença gigantesca do genro de Trump, Jared Kushner, é outro elemento imponderável. Muito competente, mas também muitas vezes equivocado de maneira chocante em suas avaliações, Kushner tem um papel impressionante. Não havia mais ninguém para ser chefe de gabinete? Os amigos de Trump são na maioria outras pessoas com dinheiro ou posição social. Ou aqueles que gostavam de conversar pelo telefone à noite. Não havia nenhum amigo real que compartilhasse do interesse de Trump por governar que pudesse ajudar e ser chamado a trabalhar?

O senador Lindsey Graham, o maior amigo de Trump no Senado, com frequência foi rotulado como sendo constrangedora e vergonhosamente subserviente ao presidente, mas, na realidade, algumas vezes deu conselhos sábios, incitando Trump a assumir uma posição estratégica.

Em 28 de janeiro de 2020, quando o assessor de segurança nacional de Trump e seu vice alertaram Trump de que o vírus seria — não poderia ser, mas seria — a maior ameaça à segurança nacional em sua presidência, o cronômetro da liderança foi zerado. Era uma previsão detalhada, baseada em evidências e experiência que infelizmente se mostrou certa. Presidentes são o Poder Executivo. Havia o dever de alertar. Ouvir, planejar e agir.

Por um longo período Trump titubeou, como outros, e disse que o vírus era preocupante, mas ainda não, não agora. Havia boas razões para tentar ambas as abordagens, mas deveria ter havido uma mensagem mais consistente e corajosa. Liderar é sempre arriscado.

O vírus, a "praga", como Trump o chama, lançou os Estados Unidos e o mundo numa turbulência econômica que pode ser não apenas uma recessão, mas uma depressão. É uma crise financeira genuína, que deixou dezenas de milhões de pessoas sem emprego. A solução de Trump é tentar recriar o que acredita ser o milagre econômico que ele criou na era pré-vírus. Democratas, republicanos e Trump concordaram em gastar pelo menos 2,2 trilhões de dólares na recuperação, o que irá criar seus próprios problemas futuros com o crescimento do déficit. O custo humano tem sido quase inimaginável, com mais de 130 mil americanos mortos pelo vírus até julho e sem previsão para um fim.

Os ódios profundamente enraizados na política americana floresceram nos anos Trump. Ele os alimentou e não fez nenhum esforço coordenado para unificar o país. Os democratas também não se esforçaram. Trump se sente profundamente injustiçado pelos democratas, que se sentem profundamente injustiçados por Trump. Os muros entre eles se tornaram mais altos e grossos.

Minhas dezessete entrevistas com Trump foram um desafio. Ele denunciou *Medo*, meu primeiro livro sobre ele, como falso, um "golpe" e uma "piada", chamando-me de "agente democrata". Muitas das pessoas mais próximas a ele disseram a Trump que o livro era verdadeiro, e Lindsey Graham lhe disse que eu não poria palavras em sua boca e que escreveria da forma mais precisa possível.

Trump decidiu, por razões que não estão claras para mim, que iria cooperar. Em sua mente, ele se tornaria uma fonte confiável. Ele é confiável algumas vezes, completamente não confiável em outras, e com frequência ambas as coisas. Tentei guiar o leitor da melhor forma que pude. Mas as entrevistas mostram que ele vacilou, prevaricou e às vezes se esquivou de seu papel de líder do país, apesar de sua retórica "só eu posso consertar".

Como os Estados Unidos e o mundo sabem, Trump é uma presença opressora. Ele adora um espetáculo.

Trump é um paradoxo, capaz de ser amigável e simpático. Ele também pode ser feroz, e a forma como trata as pessoas frequentemente beira o inacreditável.

Num momento de crise, o operacional é muito mais importante do que o político e o pessoal. Para dezenas de milhões de pessoas, a otimista história americana se tornou um pesadelo.

Minha esposa, Elsa Walsh — que trabalhou por anos como repórter no *Washington Post* e depois como redatora na *New Yorker* —, e eu gastamos horas intermináveis revisando a história da presidência de Trump, conversando intensamente durante o último ano. Qual era a solução, o caminho que poderia ter sido tomado?, perguntamos. Tinha como ser melhor?

Elsa sugeriu olhar para um presidente anterior que quisesse falar diretamente com o povo americano, sem o filtro da mídia, não apenas durante tempos difíceis, mas durante uma grande crise. O modelo era Franklin D. Roosevelt. Durante seus doze anos como presidente, Roosevelt fez trinta conversas ao pé da lareira. Seus assessores e o público com frequência pediam mais. Roosevelt disse não. Era importante limitar essas falas a grandes eventos e torná-las excepcionais. Ele também disse que eram um trabalho duro, muitas vezes exigindo que ele as preparasse pessoalmente por dias.

Os pronunciamentos noturnos via rádio abordavam os problemas mais graves diante do país. Num tom calmo e seguro, ele explicava o problema, o que o governo estava fazendo a respeito e o que se esperava do povo.

Com frequência, a mensagem era sombria. Dois dias depois do ataque surpresa do Japão a Pearl Harbor, em 7 de dezembro de 1941, Roosevelt falou à nação. "Devemos compartilhar juntos as más notícias e as boas notícias, as derrotas e as vitórias — as mudanças no destino da guerra. Por enquanto, as notícias foram todas ruins. Sofremos um grave revés."[1] Ele acrescentou: "Não será apenas uma longa guerra, será uma guerra dura". Era uma questão de sobrevivência. "Estamos agora lutando pelo direito de viver com nossos vizinhos no mundo num ambiente de liberdade e respeito."

Roosevelt convidou o povo americano a entrar na guerra. "Estamos todos nisso — até o fim. Cada homem, mulher e criança é um parceiro do maior compromisso da história americana." O Japão havia causado danos severos, e a lista de mortos seria longa. Semanas de sete dias em todas as indústrias de guerra seriam necessárias.

"Há trabalho duro diante de nós — trabalho extenuante — dia e noite, a cada hora e cada minuto." E havia sacrifício, que era um "privilégio".

O Japão era aliado das potências fascistas da Alemanha e Itália. Roosevelt pediu uma "grande estratégia" sistemática.

Meses depois, em outra conversa ao pé da lareira, ele pediu aos americanos que abrissem um mapa-múndi para acompanhá-lo enquanto descrevia por que o país precisava lutar além das fronteiras americanas. "Seu governo tem uma inequívoca confiança na capacidade que vocês têm de ouvir o pior, sem titubear ou se acovardar."[2]

Por quase cinquenta anos, escrevi sobre nove presidentes, de Nixon a Trump — 20% dos 45 presidentes americanos. Um presidente precisa estar disposto a compartilhar o pior com o povo, as más notícias junto com as boas. Todo presidente tem uma grande obrigação de informar, alertar, proteger, definir objetivos e o verdadeiro interesse nacional. Deveria haver uma resposta franca para o mundo, sobretudo numa crise. Trump, em vez disso, tem consagrado o impulso pessoal como o princípio máximo de sua presidência.

Quando seu desempenho como presidente é analisado como um todo, só posso chegar a uma conclusão: Trump é o homem errado para o cargo.

Nota aos leitores

Quase todas as entrevistas para este livro foram conduzidas sob a regra do jornalismo de "off absoluto". Isso significa que todas as informações poderiam ser usadas, mas eu não diria quem as forneceu.

O livro foi elaborado a partir de centenas de horas de entrevistas com participantes diretos e testemunhas desses eventos. Quase todos permitiram que eu gravasse nossas entrevistas. Quando tiver atribuído citações exatas, pensamentos ou conclusões aos participantes, essa informação vem da pessoa, de um colega com conhecimento direto ou de documentos governamentais ou pessoais, calendários, diários, e-mails, notas de reuniões e outros registros.

Entrevistei o presidente Trump oficialmente dezessete vezes para este livro — em um caso, fiz anotações manuscritas; as outras dezesseis entrevistas foram gravadas com sua permissão.

Agradecimentos

Minha gratidão a Jon Karp por dar a este livro o benefício de sua completa dedicação, capacidade de visão e habilidades brilhantes de edição no momento em que assumia seu novo papel como CEO da Simon & Schuster. Este é meu vigésimo livro na Simon & Schuster — meu primeiro sem minha editora, a falecida Alice Mayhew, e o primeiro em décadas sem a falecida CEO Carolyn Reidy. Como CEO, Jon já está levando adiante a tradição delas de excelência e independência editorial agressiva. Agora ele é o CEO sênior prodígio.

Na Simon & Schuster, agradeço às seguintes pessoas: Kimberly Goldstein, Maria Mendez, Richard Rhorer, Julia Prosser, Stephen Bedford, Irene Kheradi, Lisa Erwin, Lisa Healy, Lewelin Polanco, Kate Mertes, Richard Shrout, W. Anne Jones e Elisa Rivlin.

Apesar de o editor Fred Chase não ter podido se juntar a meus assistentes e a mim em Washington por causa da pandemia e de termos sentido falta de sua energia pessoal e animação infinitas, o livro se beneficiou muito de sua dedicação incansável e da atenção a detalhes virtualmente e à distância.

Carl Bernstein continua sendo uma fonte de infinitas ideias e percepções. Apesar de nem sempre concordarmos, nossas discussões regulares aumentaram minha compreensão da política e da Casa Branca.

Meus agradecimentos ao editor executivo Marty Baron do *Washington Post*, que continua a guiar o jornal com o toque adequado, e ao editor-chefe Cameron Barr. Um muito obrigado especial a Steven Ginsberg, editor nacional do *Post*.

O proprietário do *Post*, Jeff Bezos, é rico, forte e duro — uma combinação perfeita e necessária para a sobrevivência do jornalismo no século XXI. Ele liderou o *Post* no trajeto rumo à lucratividade financeira e à estabilidade.

Minha gratidão a Robert Costa, Philip Rucker, Ashley Parker, Carol Leonnig, Josh Dawsey, Tom Hamburger, Rosalind Helderman, David Fahrenthold, Karen Tumulty, Robert O'Harrow, Amy Goldstein, Scott Wilson, Peter Wallstein, Dan Balz, Lucy Shackelford, Dave Clarke, Toluse Olorunnipa, David Nakamura e muitos outros no *Post*.

Muito obrigado a muitos colegas e amigos no *Post* ou que já trabalharam lá, incluindo Don Graham, Sally Quinn, David Maraniss, Rick Atkinson, Christian Williams, Paul Richard, Patrick Tyler, Tom Wilkinson, Leonard Downie Jr., Marcus Brauchli, Steve Coll, Steve Luxenberg, Scott Armstrong, Al Kamen, Ben Weiser, Martha Sherrill, Bill Powers, Carlos Lozada, Fred Hiatt, John Feinstein e Fred Ryan.

Escrever um livro sobre Trump, a Casa Branca e a pandemia em andamento não é possível sem acompanhar e aprender a partir das reportagens feitas por *The Washington Post*, *The New York Times*, *The Wall Street Journal*, CNN, NBC, AP, Reuters, *Axios* e *Politico*.

Muito obrigado ao advogado, conselheiro e amigo Robert B. Barnett, que está sempre presente, é sempre leal e sempre sábio.

Evelyn, Steve e eu somos gratos pelo cuidado e pela bondade de Rosa Criollo.

Agradecimentos especiais aos seguintes amigos: Michael Newman, Linda Maraniss, Richard Snyder, Jamie Gangel, Danny Silva, Andy Lack, Betsy Lack, Tom Brokaw, Rita Braver, Carl Feldbaum, Anne Swallow, Jen Young, David Greenberg, Suzanne Nossel, Seymour Hersh, Richard Cohen, Steve Brill, Tom Boswell, Wendy Boswell, Judy Kovler, Peter Kovler, Ted Olson, Lady Olson, Karen Alexander, Brendan Sullivan, Bill Nelson, Jim Hoagland, Jane Hitchcock, Robert Redford, Katharine Weymouth, Mike Allen, Glenn Kessler, David Remnick, David Martin, Gerald Rafshoon, Cheryl Haywood, George Haywood, Jim Wooten, Patience O'Connor, Christine Kuehbeck, Ken Burns, David Woodward, Wendy Woodward, Lynn Keller, Sue Whall, Harry Rhoads, Bernie Swain, Klair Watson, Kevin Baine, Catherine Joyce, Jon Sowanick, Bill Slater, Carey Greenauer, Don Gold, Kyle Pruett, Marsha Pruett, Therese McNerney, Veronica Walsh, Mickey Cafiero, Grail Walsh, Redmond Walsh, Diana Walsh, Kent Walker, Daria Walsh, Bruce McNamara, Josh Horwitz, Ericka Markman, Barbara Guss, Bob Tyrer, Sian Spurney, Michael Phillips, Neil Starr, Shelly Hall, Ali Matini, dr. William Hamilton, James Vap, Joan Felt, Ken Adelman, Carol Adelman, Tony D'Amelio, Joanna D'Amelio, Matt Anderson, Jenny Taylor, Brady Dennis, Jeff Glasser, Bill Murphy, Josh Boak, Rob Garver, Stephen Enniss, Steve Milke, Chris Haugh, Pat Stevens, Bassam Freiha, Jackie Crowe, Chauncey Foust, Brian Foley, Cyrille Fontaine, Dan Foley, Betty Govatos, Barbara Woodward.

Elsa Walsh, minha esposa, teve um papel de excepcional destaque neste livro. Ela é uma editora brilhante e objetiva que tem energia para continuar o que parece ser um processo interminável de edição. Repetidas vezes mostrei novos rascunhos de capítulos — ou novas versões — para ela. "Quantas vezes já vi isso?", ela perguntava. Eu tinha de responder honestamente que já havia perdido a conta. Ela sempre dava mais, e muito. Com frequência as páginas continham tantas notas escritas quanto tinham de texto digitado. Havia sempre uma razão, o que às vezes eu demorava para perceber. Seu trabalho melhorou cada cena e só pode ser descrito como dedicado.

Muitas vezes, de maneiras muito diferentes, ela dizia o mantra temido dos editores: "Você não está dizendo o que quer dizer". Então ela me ajudava a encontrar o que eu queria dizer, ou deveria dizer. Ainda uma discípula da noção de Henry James sobre a importância da bondade, ela é sempre gentil. Nunca serei capaz de agradecê-la o suficiente por suas contribuições ao meu trabalho e por nossa vida juntos. Este é o 16º livro nos últimos 39 anos em que estamos juntos. Ainda não consegui respostas para estas perguntas: Como ela sabe? De onde vem essa inteligência? Minha única certeza é que ela permanece sendo o amor da minha vida.

Notas

As informações contidas neste livro vêm principalmente de minhas entrevistas com participantes e testemunhas de primeira mão. Outras fontes se encontram nas notas a seguir.

Prólogo [pp. 13-20]

1. "Interview: Sean Hannity Interviews Donald Trump at Mar-a-Lago", 2 fev. 2020. Disponível no YouTube.
2. Transcrição de *Face the Nation*, CBS, 2 fev. 2020.
3. "Remarks by President Trump in State of the Union Address", U.S. Capitol, 4 fev. 2020, WhiteHouse.gov.
4. Entrevista com o presidente Donald J. Trump, 6 maio 2020.
5. Entrevista com o presidente Donald J. Trump, 19 mar. 2020.
6. Entrevista com o presidente Donald J. Trump, 7 fev. 2020.
7. Entrevista com o presidente Donald J. Trump, 13 dez. 2019.
8. *CBS Sunday Morning*, CBS, 9 set. 2018.

Capítulo 1 [pp. 23-6]

1. "Transcript of the Second Debate", *The New York Times*, 10 out. 2016.
2. "Trump Calls Mattis 'The Real Deal' After Meeting", *The Hill*, 19 nov. 2016.

Capítulo 2 [pp. 27-34]

1. Federal Election Commission, Itemized Receipts, FEC.gov.
2. "ExxonMobil in Russia", ExxonMobil, 30 mar. 2020.

Capítulo 3 [pp. 35-41]

1. Dan Lamothe, "Trump Picks Retired Marine Gen. James Mattis for Secretary of Defense", *The Washington Post*, 1 dez. 2016.
2. George P. Shultz, *Turmoil and Triumph: My Years as Secretary of State*. Nova York: Scribner's, 1993, p. 650.

Capítulo 4 [pp. 42-8]

1. @SenDanCoats, "Donald Trump's vulgar comments are totally inappropriate and disgusting, and these words have no place in our society", 10h16, 8 out. 2016, Twitter.com.

2. Marsha Coats, "Unity Makes the Impossible, Possible", Indiana GOP News Release, 19 maio 2016.

Capítulo 5 [pp. 49-54]

1. Carla Marinucci, "Ex-Military Leaders at Hoover Institution Say Trump Statements Threaten America's Interests", *Politico*, 15 jul. 2016.
2. "Secretary of Defense Ceremonial Swearing-In", C-SPAN, 27 jan. 2017.
3. Jenna Johnson, "Trump Calls for 'Total and Complete Shutdown of Muslims Entering the United States'", *The Washington Post*, 7 dez. 2015.
4. The Washington Post: Lisa Rein e Juliet Eilperin, "White House Installs Political Aides at Cabinet Agencies to Be Trump's Eyes and Ears", *The Washington Post*, 19 mar. 2017.
5. Veja Bob Woodward, *Medo: Trump na Casa Branca* (São Paulo: Todavia, 2018), cap. 18.
6. Ibid., p. 160.

Capítulo 6 [pp. 55-8]

1. Veja Bob Woodward, "With CIA Push, Movement to War Accelerated", *The Washington Post*, 19 abr. 2004.

Capítulo 7 [pp. 59-67]

1. Philip Rucker, Robert Costa e Ashley Parker, "Inside Trump's Fury: The President Rages at Leaks, Setbacks and Accusations", *The Washington Post*, 5 mar. 2017.
2. Gabinete do promotor especial, "The Mueller Report", DOJ, v. 2, p. 65.
3. "Statement by FBI Director James B. Comey on the Investigation of Secretary Hillary Clinton's Use of a Personal E-Mail System", 5 jul. 2016, FBI.gov.
4. Rod J. Rosenstein, "Subject: Restoring Public Confidence in the FBI", 9 maio 2017.
5. James Comey, *A Higher Loyalty*. Nova York: Flatiron, 2018, p. 263.
6. Michel D. Shear e Matt Apuzzo, "Director James Comey Is Fired by Trump", *The New York Times*, 9 maio 2017.
7. Peter Baker, "In Trump's Firing of James Comey, Echoes of Watergate", *The New York Times*, 9 maio 2017.
8. Declaração do secretário de Imprensa, WhiteHouse.gov, 9 maio 2017.
9. Andrew G. McCabe, *The Threat*. Nova York: St. Martin's, 2019, cap. 7. Veja o livro de McCabe para um relato completo do telefonema.
10. D'Angelo Gore, "Clinton's Connection to FBI Official", FactCheck.org, 25 out. 2016; e "Trump Wrong about Campaign Donations", FactCheck.org, 26 jul. 2017.

Capítulo 8 [pp. 68-74]

1. Michael S. Schmidt, "In a Private Dinner, Trump Demanded Loyalty. Comey Demurred", *The New York Times*, 11 maio 2017.
2. Comey, *A Higher Loyalty*, p. 239.
3. *NBC Nightly News*, "Watch Lester Holt's Extended Interview with President Trump", NBC, 11 maio 2017.

4. De acordo com o estatuto anterior — que foi promulgado em 1978 depois de Watergate e que o Congresso permitiu caducar em 1999 após o impeachment de Clinton —, o promotor independente estava especificamente encarregado de "notificar a Câmara dos Representantes sobre qualquer informação substancial e confiável [...] que possa constituir motivo para um impeachment". De acordo com os regulamentos que regem agora as investigações do promotor especial, inclusive a de Mueller, ele não tem mandato ou autoridade explícita para aconselhar o Congresso sobre informações que possam potencialmente constituir motivos para impeachment.
5. Michael S. Schmidt, "Comey Memo Says Trump Asked Him to End Flynn Investigation", *The New York Times*, 16 maio 2017.
6. Gabinete do subprocurador-geral, "Appointment of Special Counsel to Investigate Russian Interference with the 2016 Presidential Election and Related Matters", 17 maio 2017.
7. Gabinete do procurador especial, "The Mueller Report: The Report of the Special Counsel on the Investigation into Russian Interference in the 2016 Presidential Election", U.S. Department of Justice, v. 2, p. 78.
8. Terri Rupar, "Trump Reacts to Special Counsel's Appointment", *The Washington Post*, 17 maio 2017.
9. @RealDonaldTrump, "With all of the illegal acts that took place in the Clinton campaign & Obama Administration, there was never a special counsel appointed!", 10h07, 18 maio 2017, Twitter.com.
10. Veja Woodward, *Medo: Trump na Casa Branca*, cap. 20.
11. "Live Coverage: Tensions Mount as Rosenstein Grilled by GOP", *The Hill*, 28 jun. 2018.

Capítulo 9 [pp. 75-7]

1. Amir Tibon, "Trump to Kushner: If You Can't Produce Middle East Peace, Nobody Can", *Haaretz*, 20 jan. 2017.
2. "Remarks by President Trump and President Abbas of the Palestinian Authority in Joint Statements", 23 maio 2017, WhiteHouse.gov.

Capítulo 11 [pp. 81-90]

1. Veja Woodward, *Medo: Trump na Casa Branca*, cap. 22.
2. General Vincent K. Brooks, "Combined Statement on Alliance Response", United States Forces Korea, 4 jul. 2017.
3. United States Forces Korea, "ROK-US Alliance Demonstrates Precision Firing Capability in Response to North Korean Missile Launch", 28 jul. 2017.
4. @RealDonaldTrump, "Kim Jong Un of North Korea, who is obviously a madman who doesn't mind starving or killing his people, will be tested like never before!", 6h28, 22 set. 2017, Twitter.com.
5. Michelle Nichols, Yara Bayoumy e Phil Stewart, "North Korea Says Rockets to U.S. 'Inevitable' as U.S. Bombers Fly Off North Korean Coast", Reuters, 23 set. 2017.
6. @RealDonaldTrump, "Just heard Foreign Minister of North Korea speak at U.N. If he echoes thoughts of Little Rocket Man, they won't be around much longer!", 23h08, 23 set. 2017, Twitter.com.
7. Entrevista com o presidente Donald J. Trump, 13 dez. 2019.

8. Entrevista com o presidente Donald J. Trump, 30 dez. 2019.
9. Entrevista com o presidente Donald J. Trump, 7 fev. 2020.

Capítulo 12 [pp. 91-6]

1. @RealDonaldTrump, "I told Rex Tillerson, our wonderful Secretary of State, that he is wasting his time trying to negotiate with Little Rocket Man [...]", 10h30; e "[...] Save your energy Rex, we'll do what has to be done!", 10h31, 1 out. 2017, Twitter.com.
2. "Remarks by President Trump to the National Assembly of the Republic of Korea", 7 nov. 2017, WhiteHouse.gov.

Capítulo 13 [pp. 97-107]

1. Joshua Berlinger, "Making North Korea Great Again. How Realistic Are Kim's New Year Plans?", CNN, 19 jan. 2018.
2. "Remarks by Republic of Korea National Security Advisor Chung Eui-yong", 8 mar. 2018, WhiteHouse.gov.
3. Mark Lander, "North Korea Asks for Direct Nuclear Talks, and Trump Agrees", *The New York Times*, 8 mar. 2018.
4. Entrevista com o presidente Donald J. Trump, 5 dez. 2019.
5. Veja Bob Woodward, *The War Within* (Nova York: Simon & Schuster, 2008), p. 431.
6. Nichole Gaouette e Joshua Berlinger, "Tillerson Says US Won't Set Preconditions for North Korea Talks", CNN, 13 dez. 2017.
7. Matt Spetalnick e David Brunnstrom, "White House Says Not Right Time for North Korea Talks, Despite Tillerson Overture", Reuters, 13 dez. 2017.
8. Nick Wadhams, "U.S. Is a 'Long Way' from Talks with North Korea, Tillerson Says", *Bloomberg*, 8 mar. 2018.
9. Nick Gass, "Trump: I'll Meet with Kim Jong Un in the U.S.", *Politico*, 15 jun. 2016.
10. @RealDonaldTrump, "Mike Pompeo, Director of the CIA, will become our new Secretary of State. He will do a fantastic job! Thank you to Rex Tillerson for his service! Gina Haspel will become the new Director of the CIA, and the first woman so chosen. Congratulations to all!", 8h44, 13 mar. 2018, Twitter.com.
11. Shane Savitsky, "NBC: Tillerson Called Trump a 'Moron', Almost Resigned", *Axios*, 4 out. 2017.
12. "Trump Answers Questions on Rex Tillerson and Mike Pompeo: Full Transcript", *The New York Times*, 13 mar. 2018.
13. Gardiner Harris, "Tillerson Says Goodbye to 'a Very Mean-Spirited Town'", *The New York Times*, 22 mar. 2018.
14. Mark Landler, Maggie Haberman e Gardiner Harris, "Tillerson Ousted as Trump Silences Dissent in Cabinet", *The New York Times*, 14 mar. 2018, p. A1.
15. Cartas entre o presidente Donald J. Trump e Kim Jong-un obtidas pelo autor.
16. Ibid.
17. Entrevista com o presidente Donald J. Trump, 13 dez. 2019.
18. "Remarks by President Trump at Arrival of Americans Detained in North Korea", 10 maio 2018, WhiteHouse.gov.

Capítulo 14 [pp. 108-10]

1. Vídeo: "Sen. Graham, I Believe Clinton Operatives Emailed DOJ", *America's News HQ*, Fox News, 18 maio 2017, video.foxnews.com.
2. Veja Mike Memoli e Frank Thorp V, "Senate Judiciary Committee Passes Bill to Protect Mueller", *NBC News*, 26 abr. 2018.
3. "The Mueller Report: The Report of the Special Counsel on the Investigation into Russian Interference in the 2016 Presidential Election", U.S. Department of Justice, v. 2, p. 86.
4. Transcrição de *State of the Union*, NBC, 17 fev. 2019.

Capítulo 15 [pp. 111-5]
Este capítulo é baseado sobretudo nas cartas entre o presidente
Donald J. Trump e Kim Jong-un obtidas pelo autor.

1. "Remarks by President Trump and Secretary General Stoltenberg of NATO Before Bilateral Meeting", 17 maio 2018, WhiteHouse.gov.
2. Joshua Berlinger, "North Korea Warns of Nuclear Showdown, Calls Pence 'Political Dummy'", CNN, 24 maio 2018.
3. Entrevista com o presidente Donald J. Trump, 13 dez. 2019.
4. Ibid.
5. "Joint Statement of President Donald J. Trump of the United States of America and Chairman Kim Jong Un of the Democratic People's Republic of Korea at the Singapore Summit", 12 jun. 2018, WhiteHouse.gov.
6. "Press Conference by President Trump", Capella Hotel, Singapura, 12 jun. 2018, White-House.gov.
7. @RealDonaldTrump, "Just landed — a long trip, but everybody can now feel much safer than the day I took office. There is no longer a Nuclear Threat from North Korea. Meeting with Kim Jong Un was an interesting and very positive experience. North Korea has great potential for the future!", 5h56, 13 jun. 2018, Twitter.com.
8. @RealDonaldTrump, "Before taking office people were assuming that we were going to War with North Korea. President Obama said that North Korea was our biggest and most dangerous problem. No longer — sleep well tonight!", 6h01, 13 jun. 2018, Twitter.com.
9. Karen DeYoung e John Wagner, "Trump and Kim Declare Summit a Big Success, but They Diverge on the Details", *The Washington Post*, 13 jun. 2018.

Capítulo 16 [pp. 116-24]

1. "Full Transcript for Senate Hearing 115-278, Open Hearing on Worldwide Threats", depoimento diante do Comitê Eleito de Inteligência do Senado dos Estados Unidos, 13 fev. 2018, Intelligence.Senate.gov.
2. Ellen Nakashima e Shane Harris, "Russia Is Targeting 2018, Top Spies Warn", *The Washington Post*, 14 fev. 2018, p. A1.
3. Matthew Rosenberg, Charlie Savage e Michael Wines, "Russia Sees Midterm Elections as Chance to Sow Fresh Discord, Intelligence Chiefs Warn", *The New York Times*, 13 fev. 2018.
4. "Remarks by President Trump and President Pútin of the Russian Federation in Joint Press Conference", Palácio Presidencial, Helsinque, Finlândia, 16 jul. 2018, WhiteHouse.gov.

5. @Newt Gingrich, "President Trump must clarify his statements in Helsinki on our intelligence system and Pútin. It is the most serious mistake of his presidency and must be corrected — immediately", 5h15, 16 jul. 2018, Twitter.com.
6. @JohnBrennan, "Donald Trump's press conference performance in Helsinki rises to & exceeds the threshold of 'high crimes & misdemeanors'. It was nothing short of treasonous. Not only were Trump's comments imbecilic, he is wholly in the pocket of Pútin. Republican Patriots: Where are you???", 11h52, 16 jul. 2018, Twitter.com.
7. Diretor da inteligência nacional, "Statement from DNI Coats", 26 jul. 2018, DNI.gov.
8. Hans M. Kirstensen e Matt Korda, "Status of World Nuclear Forces", Federation of American Scientists, abr. 2020, FAS.org.
9. "A Look Over my Shoulder: The DNI Reflects and Foreshadows", Aspen Security Forum transcript, 19 jul. 2018, AspenSecurityForum.org.
10. "Top U.S. Intelligence Official Coats Says He Meant No Disrespect to Trump Over Putin Summit", Associated Press, 21 jul. 2018.
11. Os nomes dos dois condados não foram revelados anteriormente.
12. "Press Briefing by Press Secretary Sarah Sanders and National Security Officials", Casa Branca, 2 ago. 2018, WhiteHouse.gov.
13. Esse artigo apareceu na versão impressa do *USA Today* em 14 de setembro de 2018. Boa parte das informações contidas ali está disponível atualmente on-line em: Samantha Maffucci, "Who Is Dan Coats' Wife? New Details on Marsha Coats", 14 set. 2018, YourTango.com.
14. Charlie Savage e Sharon LaFraniere, "Republicans Claim Surveillance Power Abuses in Russia Inquiry", *The New York Times*, 19 jan. 2018.
15. A Agência de Segurança Nacional processou 10 012 pedidos de desvelamento em 2019.
16. Eli Watkins, "Trump Suggests Medal of Freedom for Rep. Devin Nunes", CNN, 11 out. 2018. Trump sugeriu inicialmente a Medalha de Honra, que é uma condecoração militar, e depois se corrigiu dizendo que deveria ser a Medalha da Liberdade, uma condecoração civil.

Capítulo 17 [pp. 125-9]

1. "Remarks by President Obama and President Xi of the People's Republic of China in Joint Press Conference", White House Rose Garden, 25 set. 2015, ObamaWhiteHouse. archives.gov.

Capítulo 18 [pp. 130-5]

1. "How Mark Milley, a General Who Mixes Bluntness and Banter, Became Trump's Top Military Adviser", *The New York Times*, 29 set. 2019.
2. Jim Mattis e Bing West, *Call Sign Chaos*. Nova York: Random House, 2019, p. 197.

Capítulo 19 [pp. 136-42]

1. @RealDonaldTrump, "We have defeated ISIS in Syria, my only reason for being there during the Trump Presidency", 9h29, 19 dez. 2018, Twitter.com.
2. @RealDonaldTrump, "After historic victories against ISIS, it's time to bring our great young people home!", 18h10, 19 dez. 2018, Twitter.com.

3. Annie Karni e Maggie Haberman, "John Kelly to Step Down as Trump, Facing New Perils, Shakes Up Staff", *The New York Times*, 8 dez. 2018.
4. @RealDonaldTrump, "Mike Pompeo, Director of the CIA, will become our new Secretary of State. He will do a fantastic job! Thank you to Rex Tillerson for his service! Gina Haspel will become the new Director of the CIA, and the first womam so chosen. Congratulations to all!", 8h44, 13 mar. 2018, Twitter.com.
5. Daniel Bush, "Read James Mattis' Full Resignation Letter", *PBS NewsHour*, 20 dez. 2018, PBS.org.
6. @RealDonaldTrump, "General Jim Mattis will be retiring, with distinction, at the end of February, after having served my Administration as Secretary of Defense for the past two years. During Jim's tenure, tremendous progress has been made, especially with respect to the purchase of new fighting..." e "... equipment. General Mattis was a great help to me in getting allies and other countries to pay their share of military obligations. A new Secretary of Defense will be named shortly. I greatly thank Jim for his service!", 17h21, 20 dez. 2018, Twitter.com.
7. @RealDonaldTrump, "I am pleased to announce that our very talented Deputy Secretary of Defense, Patrick Shanahan, will assume the title of Acting Secretary of Defense starting January 1, 2019. Patrick has a long list of accomplishments while serving as Deputy, & previously Boeing. He will be great!", 11h46, 23 dez. 2018, Twitter.com.
8. Maggie Haberman, "Trump Says Mattis Resignation Was 'Essentially' a Firing, Escalating His New Front Against Military Critics", *The New York Times*, 2 jan. 2019.
9. @RealDonaldTrump, "Probably the only thing Barack Obama & I have in common is that we both had the honor of firing Jim Mattis, the world's most overrated General. I asked for his letter of resignation & felt great about it. His nickname was 'Chaos', which I didn't like, & changed to 'Mad Dog'..." e "... His primary strength was not military, but rather personal public relations. I gave him a new life, things to do, and battles to win, but he seldom 'brought home the bacon'. I didn't like his 'leadership' style or much else about him, and many others agree. Glad he is gone!", 21h02, 3 jun. 2020, Twitter.com.
10. Entrevista com o presidente Donald J. Trump, 5 dez. 2019.

Capítulo 20 [pp. 143-5]

1. Veja Andrew Desiderio, "Whisterblower: White House Overruled 25 Security Clearance Denials", *Politico*, 1 abr. 2019. Veja também "Summary of Interview with White House Whistblower on Security Clearances", 1 abr. 2019, memorando com link no artigo.
2. Woodward, *Medo: Trump na Casa Branca*, p. 250.

Capítulo 21 [pp. 146-9]

1. Director of National Intelligence, "Strategy Promotes Integration, Innovation, Partnerships, and Transparency for the 17 Intelligence Elements", 22 jan. 2019, DNI.gov.
2. "National Intelligence Strategy of the United States of America 2019", DNI.gov.
3. U.S. Government Publishing Office, "Full Transcript for Senate Hearing 116-75, Open Hearing: Worldwide Threat Assessment of the U.S. Intelligence Community", depoimento diante do Comitê Eleito de Inteligência do Senado dos Estados Unidos , 29 jan. 2019, Intelligence.Senate.gov.

4. Veja @LouDobbs, #DrainTheSwamp-@FredFleitz: "I would fire Dan Coats because of his assessment. This intelligence service has evolved into a monster that is second-guessing @POTUS all the time. @RealDonaldTrump has to stop these unclassified worldwide threat briefings. #MAGA #TrumpTrain #Dobbs", 19h48, 29 jan. 2019, Twitter.com.

5. Ibid.

6. @RealDonaldTrump, "The Intelligence people seem to be extremely passive and naive when it comes to the dangers of Iran. They are wrong! When I became President Iran was making trouble all over the Middle East, and beyond. Since ending the terrible Iran Nuclear Deal, they are MUCH different, but…", 8h50 e "… a source of potential danger and conflict. They are testing Rockets (last week) and more, and are coming very close to the edge. Their economy is now crashing, which is the only thing holding them back. Be careful of Iran. Perhaps Intelligence should go back to School!", 8h56, 30 jan. 2019, Twitter.com.

7. John Bowden, "Senate Intel Chairman: 'We Don't Have Anything' to Prove Collusion Between Trump Campaing and Russia", *The Hill*, 7 fev. 2019.

8. Ver múltiplos tuítes e retuítes de @RealDonaldTrump sobre Burr, 7 a 25 fev. 2019, Twitter.com.

9. "Sen. King Warns Against Dismissing Intelligence Director for Disputing Trump", CNN, 28 jul. 2019.

10. Shane Harris, Josh Dawsey e Ellen Nakashima, "President Losing Faith in Coats, Aides Say", *The Washington Post*, 20 fev. 2019, p. A1.

Capítulo 22 [pp. 150-9]

1. "The Mueller Report: The Report of the Special Counsel on the Investigation into Russian Interference in the 2016 Presidential Election", U.S. Department of Justice, v. 2, p. 2.

2. "Read Attorney General William Barr's Summary of the Mueller Report", *The New York Times*, 24 mar. 2019.

3. "The Mueller Report: The Report of the Special Counsel on the Investigation into Russian interference in the 2016 Presidential Election", U.S. Department of Justice, v. 2, p. 2.

4. Ibid.

5. Ibid.

6. "Read Attorney General William Barr's Summary of the Mueller Report", *The New York Times*, 24 mar. 2019.

7. "Remarks by President Trump Before Air Forte One Departure", Palm Beach, Flórida, 24 mar. 2019, WhiteHouse.gov.

8. "Trump: 'America Is the Greatest Place on Earth'", *The Washington Post*, 24 mar. 2019.

9. Matt Zapotosky e Devlin Barrett, "Mueller Finds No Conspiracy", *The Washington Post*, 25 mar. 2019, p. A1.

10. Mark Mazzetti e Katie Benner, "Mueller Finds No Trump-Russia Conspiracy", 25 mar. 2019, p. A1.

11. Peter Baker, "Burden Lifts, Leaving Trump Fortified for the Battles to Come", 25 mar. 2019, p. A1.

12. "Special Counsel Mueller's Letter to Attorney General Barr", *The Washington Post*, 1 maio 2019.

13. Molly Finnegan, "Read Rod Rosenstein's Full Resignation Letter", *PBS NewsHour*, 29 abr. 2019, PBS.org.

14. Brett Samuels, "Hirono Rebukes Barr During Hearing: 'You Should Resign'", *The Hill*, 1 maio 2019.
15. Matt Zapotosky, "Trump Would Have Been Charged with Obstruction Were He Not President, Hundreds of Former Federal Prosecutors Assert", *The Washington Post*, 6 maio 2019.
16. "Public Has Mueller-Report Fatigue and Wants to Move On", *San Diego Union-Tribune*, 18 abr. 2019.
17. Veja *Electronic Privacy Information Center v. United States Department of Justice* e *Jason Leopold e Buzzfeed, INC. v. United States Department of Justice.*
18. "Transcript of Robert S. Mueller III's Testimony Before the House Judiciary Committee", *The Washington Post*, 24 jul. 2019.
19. @RealDonaldTrump, "The Democrats were trying mightily to revive the badly & irrevocably tarnished Witch Hunt Hoax until Robert Mueller puto n the greatest display of ineptude & incompetence that the Halls of Congress have ever seen. Truth is, he had no facts on his side. Nothing he could do!", 16h15, 27 jul. 2019, Twitter.com.
20. Entrevista com o presidente Donald J. Trump, 30 dez. 2019.

Capítulo 23 [pp. 160-2]

1. William H. McRaven, "Revoke My Security Clearance, Too, Mr. President", *The Washington Post*, 16 ago. 2018.
2. Transcrição do *Fox News Sunday*, Fox, 18 nov. 2018.

Capítulo 24 [pp. 163-4]

1. A série de catorze colunas foi publicada em *The Hill* a partir de março de 2019. Para detalhes, veja "The Hill's Review of John Solomon's Columns on Ukraine", *The Hill*, 19 fev. 2020.
2. Maggie Haberman, Julian E. Barnes e Peter Baker, "Dan Coats to Step Down as Intelligence Chief; Trump Picks Loyalist for Job", *The New York Times*, 28 jul. 2019.
3. @RealDonaldTrump, "I am pleased to announce that highly respected Congressman John Ratcliffe of Texas will be nominated by me to be the Director of Nationl Intelligence. A former U.S. Attorney, John will lead and inspire greatness for the Country he loves. Dan Coats, the current Director, will…" e "… be leaving office on August 15th. I would like to thank Dan for his great service to our Country. The Acting Director will be named shortly", 16h45, 28 jul. 2017, Twitter.com.

Capítulo 25 [pp. 165-73]
Este capítulo se baseia principalmente nas cartas entre o presidente
Donald J. Trump e Kim Jong-un obtidas pelo autor.

1. Entrevista com o presidente Donald J. Trump, 13 dez. 2019.
2. David E. Sanger, "Collapse of Talks Exposes Perils of 1-to-1 Diplomacy", *The New York Times*, 1 mar. 2019, p. A1.
3. @RealDonaldTrump, "After some very important meetings, including my meeting with President Xi of China, I will be leaving Japan for South Korea (with President Moon).

While there, if Chairman Kim of North Korea sees this, I would meet him at the Border/DMZ just to shake his hand and say Hello (?)!", 18h51, 28 jun. 2019, Twitter.

4. Entrevista com o presidente Donald J. Trump, 5 dez. 2019.
5. "Remarks by President Trump and Chairman Kim Jong-un of the Democratic People's Republic of Korea in 1:1 Meeting." Panmunjom, Inter-Korean House of Freedom, 30 jun. 2019, WhiteHouse.gov.
6. David Nakamura, "A Ratings-Minded President Gets the Shot He Wanted", *The Washington Post*, 1 jul. 2019, p. A1.
7. "Remarks by President Trump Before Marine One Departure", 9 ago. 2019, WhiteHouse.gov.

Capítulo 26 [pp. 174-80]
Este capítulo se baseia principalmente numa entrevista realizada com
o presidente Donald J. Trump em 5 de dezembro de 2019.

1. Office of the Under Secretary of Defense (Comptroller)/ Chief Financial Officer, "Operation and Maintenance Overview, Fiscal Year 2020", mar. 2019, Defense.gov.
2. John Huang, Samuel Jacoby, Michael Strickland e K. K. Rebecca Lai, "Election 2016: Exit Polls", *The New York Times*, 8 nov. 2016.

Capítulo 27 [pp. 181-4]
Este capítulo se baseia principalmente numa entrevista realizada com
o presidente Donald J. Trump em 13 de dezembro de 2019.

1. Mike DeBonis, John Wagner e Toluse Olorunnipa, "House Set for Historic Floor Vote Next Week After Committee Approves Two Articles of Impeachment Against Trump", *The Washington Post*, 13 dez. 2019.
2. Simon Denyer, "North Korea Warns United States of an Unwelcome 'Christmas Gift'", *The Washington Post*, 13 dez. 2019.
3. A campanha presidencial de Trump em 2016 gastou 398 milhões de dólares. A campanha de Hillary Clinton gastou 798 milhões de dólares. A agência de análise de mídia mediaQuant estimou que Trump recebeu cerca de 5 bilhões de dólares de exposição gratuita na mídia, em comparação com 3,2 bilhões de dólares conseguidos pela campanha de Hillary Clinton.

Capítulo 28 [pp. 185-95]
Este capítulo se baseia principalmente numa entrevista realizada com
o presidente Donald J. Trump em 30 de dezembro de 2019.

1. David Frost, *"I Gave Them a Sword": Behind the Scenes of the Nixon Interviews.* Nova York: William Morrow, 1978, p. 269.
2. Veja "Telephone Conversation with President Zelenskyy of Ukraine", 25 jul. 2019, transcrição, desclassificado 24 set. 2019, WhiteHouse.gov.
3. Veja vídeo e transcrição, "Foreign Affairs Issue Launch with Former President Joe Biden", Conselho em Relações Internacionais, 23 jan. 2018, CFR.org.
4. Veja Lori Robertson, "Schiff's 'Parody' and Trump's Response", FactCheck.org, 1 out. 2019.
5. Veja Robert Farley, "Trump's Rare Apology", FactCheck.org, 12 dez. 2017.

Capítulo 29 [pp. 196-7]

1. Russell Wheeler, "Judicial Appointments in Trump's First Three Years: Myths and Realities", Brookings, 28 jan. 2020, Brookings.edu.

Capítulo 30 [pp. 198-205]

1. Veja vídeo, "Dr. Anthony Fauci '58 Visits Regis", Regis High School, 27 jun. 2019, Regis.org.
2. Veja Comunicado à imprensa chinesa com link no tópico "China — Original 2919-nCov: semanas 1-4", em FluTrackers.com.
3. "China Pneumonia of Unknown Etiology Situational Report", CDC, 1 jan. 2020. Documento obtido pelo autor.
4. "China Pneumonia of Unknown Etiology Situational Report", CDC, 2 jan. 2020. Documento obtido pelo autor.
5. "China Pneumonia of Unknown Etiology Situational Report", CDC, 3 jan. 2020. Documento obtido pelo autor.
6. "China Pneumonia of Unknown Etiology Situational Report", CDC, 5 jan. 2020. Documento obtido pelo autor.
7. "China Pneumonia of Unknown Etiology Situational Report", CDC, 6 jan. 2020. Documento obtido pelo autor.
8. "China Will Rack Up Three Billion Trips During World's Biggest Human Migration", *Bloomberg News*, 20 jan. 2020.
9. "China Pneumonia of Unknown Etiology Situational Report", CDC, 6 jan. 2020. Documento obtido pelo autor.
10. "2020 Pneumonia of Unknown Etiology Situational Report", CDC, 7 jan. 2020. Documento obtido pelo autor.
11. "2020 Pneumonia of Unknown Etiology Situational Report", CDC, 8 jan. 2020. Documento obtido pelo autor.
12. "Novel Coronavirus (nCoV) 2019 Situational Report", CDC, 13 jan. 2020. Documento obtido pelo autor.
13. "Novel Coronavirus (2019-nCoV) Situational Report", CDC, 15 jan. 2020. Documento obtido pelo autor.

Capítulo 31 [pp. 206-20]
Este capítulo se baseia principalmente em entrevistas realizadas com
o presidente Donald J. Trump em 20 e 22 de janeiro de 2020.

1. @RealDonaldTrump, "And they say you can add 7% to 10% to all Trump numbers! Who knows?", 13h53, 20 jan. 2020, Twitter.com.
2. "President Trump Job Approval", *RealClearPolitics*, 20 jan. 2020.
3. Matthew J. Belvedere, "Trump Says He Trusts China's Xi on Coronavirus and the US Has It 'Totally Under Control'", CNBC, 22 jan. 2020.
4. Alexandra Alper, "Trump Says U.S. in 'Great Shape' with Plan for Coronavirus", Reuters, 2 jan. 2020.
5. Calvin Woodward e Robert Burns, "AP FACT CHECK: Trump Inflates Value of Saudi Arms Deal", Associated Press, 21 nov. 2018.

6. Russell Wheeler, "Judicial Appointments in Trump's First Three Years: Myths and Realities", Brookings, 28 jan. 2020, Brookings.edu.
7. Juliet Eilperin e Darla Cameron, "How Trump Is Rolling Back Obama's Legacy", *The Washington Post*, publicado em 24 mar. 2017 e atualizado em 20 jan. 2018.
8. Chaolin Huang et al., "Clinical Features of Patients Infected with 2019 Novel Coronavirus in Wuhan, China", *The Lancet*, 24 jan. 2020, v. 395, ed. 10223, TheLancet.com.
9. Maggie Haberman e Michael S. Schmidt, "Money to Ukraine Tied to Inquiries Bolton Book Says", *The New York Times*, 27 jan. 2020, p. A1.
10. "Statement from the Press Secretary Regarding the President's Coronavirus Task Force", 29 jan. 2020, WhiteHouse.gov.
11. "Remarks by President Trump at a USMCA Celebration with American Workers", Warren, Michigan, 30 jan. 2020, WhiteHouse.gov.
12. Camilla Rothe et al., "Transmission of 2019-nCoV Infection from an Asymptomatic Contact in Germany", *The New England Journal of Medicine*, 30 jan. 2020, NEJM.org. Veja também Matt Apuzzo, Selam Gebrekidan e David D. Kirkpatrick, "How the World Missed Covid-19's Silent Spread", *The New York Times*, 27 jun. 2020.
13. "Press Briefing by Members of the President's Coronavirus Task Force", 31 jan. 2020, WhiteHouse.gov.
14. Ibid.
15. Ibid.
16. Erica Werner et al., "Administration Elevates Response to Coronavirus", *The Washington Post*, 1 fev. 2020, p. A1.
17. Michael Corkery e Annie Karni, "Declaring Health Emergency, U.S. Restricts Travel from China", *The New York Times*, 1 fev. 2020, p. A1.
18. Entrevista com o presidente Donald J. Trump, 19 mar. 2020.
19. Entrevista com o presidente Donald J. Trump, 6 maio 2020.

Capítulo 32 [pp. 237-50]

1. "Full Transcript: Mitt Romney's Speech Announcing Vote to Convict Trump", *The New York Times*, 5 fev. 2020.
2. "Alexander Statement on Impeachment Witness Vote", Office of Lamar Alexander, 30 jan. 2020, Alexander.Senate.gov.
3. Sheryl Gay Stolberg e Carl Hulse, "Alexander Says Convicting Trump Would 'Pour Gasoline on Cultural Fires'", *The New York Times*, 31 jan. 2020.
4. Joseph Morton, "Sasse Says Delaying Aid to Ukraine Was 'Wrong,' but Not Grounds for Removing Trump from Office", *Omaha World-Herald*, 4 fev. 2020.
5. "Representatives of Coronavirus Task Force Brief Governors at NGA", 9 fev. 2020, HHS.gov.
6. Veja "Remarks by President Trump at the White House Business Session with Our Nation's Governors", WhiteHouse.gov; Transcrição de *Trish Regan Primetime*, Fox Business; e "President Trump Rally in Manchester, New Hampshire", C-SPAN, 10 fev. 2020.
7. "Public Health Grand Rounds at the Aspen Institute Presents Coronavirus: The New Pandemic?", 11 fev. 2020. Vídeo disponível no AspenInstitute.org.
8. Transcrição, "Threats to Global Health and Bio Security", Conselho de Relações Exteriores, 18 fev. 2020, CFR.org.
9. Entrevista com o presidente Donald J. Trump, 19 fev. 2020.

10. Anne Flaherty, "Barr Blasts Trump's Tuítes on Stone Case: 'Impossible for Me to Do My Job': ABC News Exclusive", ABC, 13 fev. 2020.
11. @RealDonaldTrump, "This is a horrible and very unfair situation. The real crimes were on the other side, as nothing happens to them. Cannot allow this miscarriage of justice!", 1h48, 11 fev. 2020, Twitter.com.
12. De acordo com duas páginas da Wikipédia ativamente mantidas que rastreiam métricas públicas do Twitter e do Facebook: "Lista das contas do Twitter mais seguidas" e "Lista das páginas mais seguidas do Facebook", En.Wikipedia.org.
13. @RealDonaldTrump, "Internal REAL Polls show I am beating all of the Dem candidates. The Fake News Polls (here we go again, just like 2016) show losing or tied. Their polls will be proven corrupt on November 3rd, just like the Fake News is corrupt!", 00h10, 19 fev. 2020, Twitter.com.
14. "Report of the WHO-China Joint Mission on Coronavirus Disease 2019 (Covid-19)", 16-24 fev. 2020, WHO.int.
15. Ibid., p. 19.
16. "Remarks by President Trump Before Marine One Departure", 23 fev. 2020, WhiteHouse. gov.
17. @RealDonaldTrump, "The Coronavirus is very much under control in the USA. We are in contact with everyone and all relevant countries. CDC & World Health have been working hard and very smart. Stock Market starting to look very good to me!", 16h42, 24 fev. 2002, Twitter.com.
18. "Transcrição para o telebriefing do CDC sobre a Covid-19", CDC.gov, 25 fev. 2020.
19. Pam Belluck e Noah Weiland, "It 'Could Be Bad': Viral Crisis in U.S. Is Deemed Likely", *The New York Times*, 26 fev. 2020, p. A1.
20. Erica Werner, Yasmeen Abutaleb e Lena H. Sun, "Coronavirus Will Spread in U.S., CDC Says", *The Washington Post*, 26 fev. 2020, p. A1.
21. "Remarks by President Trump, Vice President Pence, and Members of the Coronavirus Task Force in Press Conference", 26 fev. 2020, WhiteHouse.gov.
22. "HHS Secretary Azar Testifies on President's 2021 Budget Request", C-SPAN, 27 fev. 2020.
23. Rem Rieder, "Trump and the 'New Hoax'", FactCheck.org, 3 mar. 2020.
24. Programa *Today*, "Dr. Fauci on Coronavirus Fears: No Need to Change Lifestyle Yet", NBC, 29 fev. 2020.
25. "Remarks by President Trump, Vice President Pence, and Members of the Coronavirus Task Force in Press Conference", 29 fev. 2020, WhiteHouse.gov.

Capítulo 33 [pp. 251-4]

1. Peggy Noonan, "Over Trump, We're as Divided as Ever", *The Wall Street Journal*, 8 mar. 2018. Vários meses depois dessa coluna, Trump postou um tuíte denunciando Noonan como "a redatora simplista voltada para os que odeiam Trump".
2. The Cheshire Cat said: "It doesn't matter which way you go […] if you only walk long enough".
3. Chris Whipple, *The Gatekeepers*. Nova York: Broadway Books, 2018. *The Gatekeepers* mostra o imenso poder e responsabilidade confiados àqueles que ocuparam a posição não eleita e não confirmada, e argumenta que "[os] autores da Constituição nunca imaginaram algo parecido".

381

4. Scott Adams, *Win Bigly: Persuasion in a World Where Facts Don't Matter*. Nova York: Portfolio/Penguin, 2018.
5. "Remarks by President Trump in State of the Union Address", U.S. Capitol, 4 fev. 2020, WhiteHouse. gov.
6. De certa forma, Trump estava aplicando na presidência as mesmas abordagens que usou em sua carreira como empreendedor do ramo imobiliário em Nova York. Em seu best-seller de 1987, *The Art of the Deal*, Trump escreveu: "As pessoas querem acreditar que algo é o maior, o melhor e o mais espetacular. Eu chamo isso de hipérbole verdadeira. É uma forma inocente de exagero — e uma forma muito eficaz de promoção".
7. Entrevista com o presidente Donald J. Trump, 7 fev. 2020.

Capítulo 34 [pp. 255-9]

1. Julia Edwards Ainsley, "Exclusive — Trump Border 'Wall' to Cost $21.6 Billion, Take 3.5 Years to Build: Internal Report", Reuters, 9 fev. 2017.
2. Veja Eugene Kiely et al., "FactChecking the State of the Union", FactCheck.org, 5 fev. 2020; e U.S. Customs and Border Protection, "CBP/USACE Border Wall Status as of January 24, 2020", link disponível no artigo.
3. @RealDonaldTrump, "[...] As proven last week during a Congressional tour, the Border is clean, efficient & well run, just very crowded. Cumming District is a disgusting, rat and rodent infested mess. If he spent more time in Baltimore, maybe he could help clean up this very dangerous & filthy place", 7h14, e "Why is so much money sent to the Elijah Cummings district when it is considered the worst run and most dangerous anywhere in the United States. No human being would want to live there. Where is all this money going? How much is stolen? Investigate this corrupt mess immediately!", 7h24, 27 jul. 2019, Twitter.com.
4. Transcrição de *Fox News Sunday*, Fox News, 28 jul. 2019.

Capítulo 35 [pp. 260-3]

1. Matt Phillips, "Coronavirus Fears Drive Stocks Down for 6th Day and into Correction", *The New York Times*, 27 fev. 2019, atualizado em 28 fev. 2019.
2. "Remarks by President Trump in Meeting with African American Leaders", 27 fev. 2020, WhiteHouse.gov.

Capítulo 36 [pp. 264-71]

1. Vídeo, "Dr. Fauci: Coronavirus Now at 'Outbreak' and 'Likely Pandemic Proportions'", MSNBC, 2 mar. 2020.
2. "Remarks by President Trump After Tour of the Centers for Disease Control and Prevention", Atlanta, Georgia, 6 mar. 2020, WhiteHouse.gov.
3. Lisandra Paraguassu, "Brazil's Bolsonaro Says Coronavirus Is Not All the Media Makes It Out to Be", Reuters, 10 mar. 2020.
4. @RealDonaldTrump, "So last year 37,000 Americans died from the common Flu. It averages between 27,000 and 70,000 per year. Nothing is shut down, life & the economy

go on. At this moment there are 546 confirmed cases of CoronaVirus, with 22 deaths. Think about that!", 10h47, 9 mar. 2020, Twitter.com.

5. Matt Phillips, Peter Eavis e David Enrich, "Markets Spiral As Globe Shudders Over Virus", *The New York Times*, 10 mar. 2020, p. A1.

6. Live update, "Wall Street Bounces Back from Monday's Plunge", *The New York Times*, 10 mar. 2020.

7. "Remarks by President Trump After Meeting with Republican Senators", U.S. Capitol, 10 mar. 2020, White House.gov.

8. Anne Schuchat, "Public Health Response to the Initiation and Spread of Pandemic Covid-19 in the United States, February 24-April 21, 2020", Relatório semanal de Morbidade e Mortalidade do CDC, 8 maio 2020.

9. Ibid.

10. Lisa Friedman, "A Trillion Trees: How One Idea Triumphed Over Trump's Climate Denialism", *The New York Times*, 12 fev. 2020.

11. "WHO Director-General's Opening Remarks at the Media Briefing on COVID-19", 11 mar. 2020, WHO.int.

12. "Remarks by President Trump in Address to the Nation", Oval Office, 11 mar. 2020, WhiteHouse.gov.

13. Peggy Noonan, "'Don't Panic' Is Rotten Advice", *The Wall Street Journal*, 12 mar. 2020.

14. Glenn Kessler, "What Did Dr. Anthony Fauci Say About Coronavirus Testing 'Failing'?", *The Washington Post*, 18 mar. 2020.

15. Emily Cochrane, Jeanna Smialek e Jim Tankersley, "Worst Rout for Wall Street Since 1987 Crash", *The New York Times*, 13 mar. 2020, p. A1.

16. Veja Caitlin McCabe e Caitlin Ostroff, "Stocks Plunge 10% in Dow's Worst Day Since 1987", *The Wall Street Journal*, 12 mar. 2020.

17. "Remarks by President Trump, Vice President Pence, and Members of the Coronavirus Task Force in Press Conference", 13 mar. 2020, WhiteHouse.gov.

18. @Google_Comms, "Statement from Verily: 'We are developing a tool to help triage individuals for Covid-19 testing. Verily is in the early stages of development, and planning to roll testing out in the Bay Area, with the hope of expanding more broadly over time", 17h16, 13 mar. 2020, Twitter.com.

Capítulo 37 [pp. 272-84]

1. "Remarks by President Trump, Vice President Pence, and Members of the Coronavirus Task Force in Press Briefing", 16 mar. 2020, WhiteHouse.gov.

2. @RealDonaldTrump, "The United States will be powerfully supporting those industries, like Airlines and others, that are particularly affected by the Chinese Virus. We will be stronger than ever before!", 18h51, 16 mar. 2020, Twitter.com.

3. Entrevista com o presidente Donald J. Trump, 19 mar. 2020.

4. "Remarks by President Trump, Vice President Pence, and Members of the Coronavirus Task Force in Press Briefing", 17 mar. 2020, WhiteHouse.gov.

5. "Remarks by President Trump, Vice President Pence, and Members of the Coronavirus Task Force in Press Briefing", 19 mar. 2020, WhiteHouse.gov.

6. "FDA Cautions Against Use of Hydroxychloroquine or Chloroquine for Covid-10 Outside of the Hospital Setting or a Clinical Trial Due to Risk of Heart Rhythm Problems", 15 jun. 2020, FDA.gov.
7. "Remarks by President Trump, Vice President Pence, and Members of the Coronavirus Task Force in Press Conference", 13 mar. 2020, WhiteHouse.gov.
8. Escritório executivo do presidente dos Estados Unidos, "Playbook for Early Response to High Consequence Emerging Infectious Disease Threats and Biological Incidents", [s.d.], disponível em DocumentCloud.org.
9. @RealDonaldTrump, "WE CANNOT LET THE CURE BE WORSE THAN THE PROBLEM ITSELF. AT THE END OF THE 15 DAY PERIOD, WE WILL MAKE A DECISION AS TO WHICH WAY WE WANT TO GO!", 23h50, 22 mar. 2020, Twitter.com.
10. "Remarks by President Trump, Vice President Pence, and Members of the Coronavirus Task Force in Press Conference", 26 mar. 2020, WhiteHouse.gov.
11. "Remarks by President Trump, Vice President Pence, and Members of the Coronavirus Task Force in Press Conference", 28 mar. 2020, WhiteHouse.gov.
12. Entrevista com o presidente Donald J. Trump, 28 mar. 2020.
13. "Remarks by President Trump, Vice President Pence, and Members of the Coronavirus Task Force in Press Briefing", 29 mar. 2020, WhiteHouse.gov.
14. "Remarks by President Trump and Members of the Coronavirus Task Force in Press Briefing", 30 mar. 2020, WhiteHouse.gov.

Capítulo 38 [pp. 285-96]
Este capítulo se baseia principalmente numa entrevista realizada
com o presidente Donald J. Trump em 5 de abril de 2020.

1. "Remarks by President Trump, Vice President Pence, and Members of the Coronavirus Task Force in Press Briefing", 3 abr. 2020, WhiteHouse.gov.
2. Henry A. Kissinger, "The Coronavirus Pandemic Will Forever Alter the World Order", *The Wall Street Journal*, 3 abr. 2020.
3. "Advisory Memorandum on Identification of Essential Critical Infrastructure Workers During Covid-19 Response", 28 mar. 2020, CISA.gov.
4. "March 2020 U.S. Airline Traffic Data (Final)", 11 jun. 2020, BTS.gov.
5. "Remarks by President Trump, Vice President Pence, and Members of the Coronavirus Task Force in Press Briefing", 1 abr. 2020, WhiteHouse.gov.
6. Bill Gates, "Bill Gates: Here's How to Make Up for Lost Time on Covid-19", *The Washington Post*, 31 mar. 2020.
7. Josh Keefe, "Is Donald Trump an Anti-Vaxxer? Bill Gates Said President Asked Him if Vaccines 'Weren't a Bad Thing'", *Newsweek*, 18 maio 2018.
8. @BillGates, "Halting funding for the World Health Organization during a world health crisis is as dangerous as it sounds. Their work is slowing the spread of Covid-19 and if that work is stopped no other organization can replace them. The world needs @WHO now more than ever", 11h17, 15 abr. 2020, Twitter.com.
9. Jeffrey M. Jones, "Trump Job Approval at Personal Best 49%", Gallup, Inc., 4 fev. 2020.
10. "President Trump Job Approval", *RealClearPolitics*, 20 jan. 2020.

Capítulo 39 [pp. 297-306]

1. @RealDonaldTrump, "LIGHT AT THE END OF THE TUNNEL!", 7h55, 6 abr. 2020, Twitter.com.
2. Reis Thebault, Andrew Ba Tran e Vanessa Williams, "The Coronavirus Is Infecting and Killing Black Americans at an Alarmingly High Rate", *The Washington Post*, 7 abr. 2020.
3. "Remarks by President Trump, Vice President Pence, and Members of the Coronavirus Task Force in Press Briefing", 10 abr. 2020, WhiteHouse.gov.
4. Transcrição do Estado da União, CNN, 12 abr. 2020.
5. Katie Shepherd, John Wagner e Felicia Sonmez, "White House Denies Trump Is Considering Firing Fauci Despite His Retweet of a Hashtag Calling for His Ouster", *The Washington Post*, 13 abr. 2020.
6. "Remarks by President Trump, Vice President Pence, and Members of the Coronavirus Task Force in Press Briefing", 13 abr. 2020, WhiteHouse.gov.
7. "Remarks by President Trump in Press Briefing", 14 abr. 2020, WhiteHouse.gov.
8. Entrevista com o presidente Donald J. Trump, 13 abr. 2020.
9. Philip Bump, "The Reality of Coronavirus Testing Continues to Differ from Trump's Claims", *The Washington Post*, 13 abr. 2020.
10. Vídeo, Lindsey Graham em Hannity, Fox News, 14 abr. 2020.
11. "Remarks by President Trump, Vice President Pence, and Members of the Coronavirus Task Force in Press Briefing", 16 abr. 2020, WhiteHouse.gov.
12. Philip Rucker, Josh Dawsey e Yasmeen Abutaleb, "U.S. Unemployment Claims Rise to 22 Million", *The Washington Post*, 17 abr. 2020, p. A1.
13. Patricia Cohen, "Broad Shutdown Pushes Americans to Economic Edge", *The New York Times*, 17 abr. 2020, p. A1.
14. Jeff Amy, "Kemp Says Some Shuttered Businesses Can Reopen Friday", Associated Press, 20 abr. 2020.
15. "Remarks by President Trump, Vice President Pence, and Members of the Coronavirus Task Force in Press Briefing", 22 abr. 2020, WhiteHouse.gov.
16. "Remarks by President Trump, Vice President Pence, and Members of the Coronavirus Task Force in Press Briefing", 23 abr. 2020, WhiteHouse.gov.
17. "Remarks by President Trump and Vice President Pence in Roundtable with Industry Executives on the Plan for Opening Up America Again", 29 abr. 2020, WhiteHouse.gov.
18. "North Korea's Top Nuclear Negotiator Warns of 'Terrible Events' if Talks with U.S. Resume Without Shift", Reuters, 7 out. 2019.
19. Joshua Berlinger, "North Korea Warns US to Prepare for 'Christmas Gift', but No One's Sure What to Expect", CNN, 5 dez. 2019.
20. "Remarks by President Trump and Members of the Coronavirus Task Force in Press Briefing", 18 abr. 2020, White House.gov.
21. "Remarks by President Trump on Protecting America's Seniors", 30 abr. 2020, WhiteHouse.gov.
22. Choe Sang Hun, "Kim Jong Un Moves to Increase North Korea's Nuclear Strength", *The New York Times*, 24 maio 2020.
23. O prédio foi demolido em 16 de junho de 2020.

Capítulo 40 [pp. 307-12]
Este capítulo se baseia principalmente numa entrevista com o
presidente Donald J. Trump em 6 de maio de 2020.

1. "Remarks by President Trump in Meeting with Republican Members of Congress", 8 maio 2020, WhiteHouse.gov.
2. Relatório sobre a Situação do Emprego para a Imprensa, "The Employment Situation — April 2020", U.S. Bureau of Labor Statistics, 8 maio 2020, BLS.gov.
3. Relatório sobre a Situação do Emprego para a Imprensa, "The Employment Situation — April 2020", U.S. Bureau of Labor Statistics, 8 maio 2020, BLS.gov.
4. "Remarks by President Trump on Vaccine Development", 15 maio 2020, WhiteHouse.gov.

Capítulo 41 [pp. 313-6]
Este capítulo se baseia principalmente numa entrevista com o
presidente Donald J. Trump em 22 de maio de 2020.

Capítulo 42 [pp. 317-24]
Este capítulo se baseia principalmente numa entrevista com o
presidente Donald J. Trump em 3 de junho de 2020.

1. Transcrição, "READ: President Trump's Call with U.S. Governors over Protests", CNN, 1 jun. 2020.
2. Carol D. Leonnig et al., "Barr Personally Ordered Removal of Protesters Near White House, Leading to Use of Force Against Largely Peaceful Crowd", *The Washington Post*, 2 jun. 2020; Alex Horton et al., "A Low-Flying 'Show of Force'", *The Washington Post*, 23 jun. 2010; e Carol D. Leonnig, "Park Police Spokesman Acknowledges Chemical Agents Used on Lafayette Square Protesters Are Similar to Tear Gas", *The Washington Post*, 5 jun. 2020.
3. "Statement by the President", Roseiral, 1 jun. 2020, WhiteHouse.gov.
4. Zach Montague, "Holding It Aloft, He Incited a Backlash. What Does the Bible Mean to Trump?", *The New York Times*, 2 jun. 2020.
5. Michelle Boorstein e Sarah Pulliam Bailey, "Episcopal Bishop on President Trump: 'Everything He Has Said and Done Is to Inflame Violence'", *The Washington Post*, 1 jun. 2020.
6. "Presiding Bishop Michael Curry's statement on President Trump's Use of St. John's, Holy Bible", Episcopal News Service, 1 jun. 2020, EpiscopalNewsService.org.
7. Jeffrey Goldbert, "James Mattis Denounces President Trump, Describes Him as a Threat to the Constitution", *The Atlantic*, 3 jun. 2020.
8. @RealDonaldTrump, "[...] His primary strength was not military, but rather personal public relations. I gave him a new life, things to do, and battles to win, but he seldom 'brought home the bacon.' I didn't like his 'leadership' style or much else about him, and many others agree. Glad he is gone!", 21h02, 3 jun. 2020, Twitter.com.
9. Michael D. Shear e Katie Rogers, "Trump and Aides Try to Change the Narrative of the White House Protests", *The New York Times*, 3 jun. 2020.
10. Chris Strohm, "Barr Says Secret Service Told Trump to Go to White House Bunker", *Bloomberg News*, 8 jun. 2020.

Capítulo 43 [pp. 325-9]

1. Andrew Desiderio, "Graham Shoots Down Trump's Call for Obama's Testimony on Russia Probe Origins", *Politico*, 14 maio 2020.

Capítulo 44 [pp. 330-9]
Este capítulo se baseia principalmente numa entrevista com o
presidente Donald J. Trump em 19 de junho de 2020.

1. "Remarks by President Trump, Vice President Pence, and Members of the Coronavirus Task Force in Press Briefing", 7 abr. 2020, WhiteHouse.gov.
2. @RealDonaldTrump, "LIBERATE MINNESOTA!", 11h21, "LIBERATE MICHIGAN!", 11h22, "LIBERATE VIRGINIA, and save your great 2nd Amendment. It is under siege!", 11h25, 17 abr. 2020, Twitter.com.
3. Jon Cohen, "'I'm Going to Keep Pushing.' Anthony Fauci Tries to Make the White House Listen to Facts of the Pandemic", *Science*, 22 mar. 2020.
4. "Threats to Global Health and Bio Security", Conselho de Relações Exteriores, 18 fev. 2020, CFR.org.
5. John Bolton, "John Bolton: The Scandal of Trump's China Policy", *The Wall Street Journal*, 17 jun. 2020.
6. A afirmação de Trump de que ele fez mais pela comunidade negra do que qualquer outro presidente à exceção de Abraham Lincoln foi amplamente refutada por historiadores. Veja Linda Qiu, "Trump's False Claim That 'Nobody Has Ever Done' More for the Black Community than He Has", *The New York Times*, 5 jun. 2020.

Capítulo 45 [pp. 340-7]
Este capítulo se baseia principalmente numa entrevista com o
presidente Donald J. Trump em 22 de junho de 2020.

1. Veja Brian Flood, "Trump Rally Gives Fox News Largest Saturday Night Audience in Its History", Fox News, 22 jun. 2020.
2. Stetson Payne, "Tulsa Health Department Director 'Wishes' Trump Rally Would Be Postponed as Local COVID Cases Surge", *Tulsa World*, 13 jun. 2020.
3. Relatório sobre o Emprego para a Imprensa, "The Employment Situation — May 2020", U.S., Bureau of Labor Statistics, 5 jun. 2020, BLS.gov.
4. Veja Woodward, *Medo: Trump na Casa Branca*; e Bob Woodward e Robert Costa, "Transcript: Donald Trump Interview with Bob Woodward and Robert Costa", *The Washington Post*, 2 abr. 2016.
5. Uma pesquisa da ABC News divulgada em 23 de outubro de 2016, duas semanas antes do dia da eleição de 2016, mostrava que Clinton tinha doze pontos de vantagem sobre Trump. O *Washington Post* não estava envolvido na pesquisa. Veja Gary Langer et al., "Clinton Vaults to a Double-Digit Lead, Boosted by Broad Disapproval of Trump", ABC News, 23 out. 2016.
6. Veja "Bob Woodward on the Final Stretch of Election 2016", *The O'Reilly Factor*, Fox News, 19 out. 2016. Disponível no YouTube.com.

Capítulo 46 [pp. 348-56]
Este capítulo se baseia principalmente numa entrevista com o
presidente Donald J. Trump em 8 de julho de 2020.

1. Ambos pintavam um retrato divisivo. Veja "The Inaugural Address", U.S. Capitol, 20 jan. 2017, WhiteHouse.gov.
2. "Remarks by President Trump at South Dakota's 2020 Mount Rushmore Fireworks Celebration", 4 jul. 2020, WhiteHouse.gov.
3. "Remarks by President Trump at the 2020 Salute to America", 5 jul. 2020, WhiteHouse.gov.
4. Yaron Steinbuch, "BLM Co-founder Describes Herself as 'Trained Marxist'", *New York Post*, 25 jun. 2020.
5. BlackLivesMatter.com, 8 jul. 2020.
6. Orion Rummler, "Fauci: 'False Narrative' to Take Comfort in Lower Coronavirus Death Rate", *Axios*, 7 jul. 2020.

Epílogo [pp. 357-61]

Trump tem algumas conquistas reais que não são compreendidas. O substituto do Nafta, chamado de USMCA, é um completo sucesso. Robert Lighthizer, representante do comércio exterior, negociou um caminho intermediário entre o globalismo e o protecionismo de Trump com o Canadá e o México. O acordo comercial foi aprovado em 2019 com o voto de 90% tanto da Câmara quanto do Senado. O texto está repleto de cláusulas progressistas favoráveis aos trabalhadores e de cláusulas a favor do meio ambiente. Jared Kushner desempenhou um papel decisivo nas intermináveis negociações.

Trump tem um argumento convincente de que o déficit comercial de aproximadamente 500 bilhões de dólares com a China é um roubo. O ponto de vista de Trump é apoiado por uma autoridade em finanças com o peso de Warren Buffett, o investidor mais bem-sucedido de todos os tempos. Num artigo de 10 de novembro de 2003 para a revista *Fortune*, chamado "O crescente déficit comercial americano está vendendo nosso país", Buffett e a editora da *Fortune* Carol J. Loomis demonstraram como um déficit comercial contínuo e grande com outro país é uma transferência de riqueza que pode drenar todos os ativos financeiros de um país que permita que esse déficit se prolongue por vários anos.

1. Transcrição, "Fireside Chat 19: On the War with Japan", UVA Miller Center, 9 dez. 1941.
2. Transcrição, "Fireside Chat 20: On the Progress of the War", UVA Miller Center, 23 fev. 1942.

Índice remissivo

Números de páginas em *itálico* referem-se a imagens

3M (empresa), 280, 289
28º Regimento de Fuzileiros Navais, 83
82ª Divisão Aerotransportada (Exército dos EUA), 35

A

Abbas, Mahmoud, 76-7
ABC News, 220, 345
Abe, Shinzo, 182
Access Hollywood (programa de TV), 43, 194, 346
"achatar a curva", 270, 279, 283
Acordo de Assistência Legal Recíproca (Estados Unidos/Ucrânia), 191
Acordo Estados Unidos-México-Canadá (USMCA), 144, 209, 388n
Adams, Nick, 323
Adams, Scott, 253
Administração Nacional de Segurança Nuclear, 177
aéreas, linhas e viagens, 216, 273, 290, 293
Aeroporto John F. Kennedy (Nova York), 267
Afeganistão/Guerra do Afeganistão, 24, 37, 49, 79, 103, 114, 123, 125, 139, 142, 184, 295, 299
África, 51, 239
afro-americanos, 297, 328, 336, 342; *ver também* protestos contra a brutalidade policial e desigualdade racial; raça/racismo
Agência de Inteligência da Defesa, 40

Agência Nacional de Inteligência Geoespacial, 78
aids/HIV, 198, 265-7
Air Force One, 154, 243-4, 247
al-Assad, Bashar, 51
Albright, Madeleine, 38
álcool em gel, 269
Alemanha, 43, 189, 193, 218, 266, 316, 361
Alexander, Lamar, 237-8
Alexander, Peter, 249
Aliança Global para Vacinas e Imunização, 327
Alice no País das Maravilhas (Carroll), 252
alimentos, suprimento durante a Covid-19, 289
Al-Qaeda, 25
Amazon, 210, 289
American Airlines, 216
Antifa, 323
Aprendiz, O (programa de tv), 37
aprovação, pesquisas/taxas de, 206-7, 254, 294, 311, 338, 345, 349, 351-2
Arábia Saudita, 75-6, 210-1, 314
arma biológica, Covid-19 como, 314-5
armas nucleares, 31, 55, 56, 81-4, 99, 107, 113, 117, 146, 168, 177, 183, 207, *228*
armas químicas, 29, 51, 138, 318
Art of Her Deal, The (Jordan), 341
Art of The Deal, The (Trump), 382n
árvores, iniciativa de plantio de, 267
Ásia, 30, 55, 98-9, 182, 242, 247
Associação Nacional de Governadores, 240
Associated Press, 211
atmosfera partidária de Washington, 71
Avaliação das Ameaças Mundiais, 146
Azar, Alex, 199, 214, 216-20, 247, 249, 279
Azevêdo, Roberto, 209

B

B-1 (bombardeiros), 89
Baker III, James A., 33
Baker, Peter, 352
Baltimore (Maryland), 59, 259
Bank of America, 288
Bannon, Steve, 24, 26-7, 32
Barr, William (Bill), 151-3, 155-9, 163, 230, 243
basquete, 268, 269
Bastilha, chave da, 125-6
Beirute, bombardeio do quartel dos fuzileiros navais em (1983), 133
Belém (Palestina), 77
Bélgica, 316
Benioff, Marc, 267
Berger, Sandy, 38
Bezos, Jeff, 210, 212
Bíblia, uso feito por Trump, 318-9, 321-2, 325, 329
Biden, Hunter, 163-4, 181, 188, 190, 214, 238
Biden, Joseph R. (Joe), 163-4, 181, 188-90, 193-4, 214, 238, 295, 302, 307, 326-7, 345-6, 351-4
Big Oil, 27, 33-4
Bin Laden, Osama, 161, 254
Bin Salman, Mohammad (MBS), 210-1
Bin Zayed, Mohammed, 31
biografia, arte da, 251
bipartidarismo, 108, 141, 196, 328
Birx, Deborah, 233, 266-7, 270-1, 283, 290, 300, 302-3, 330, 356
Black Lives Matter (movimento), 317, 342, 349
"Black Lives Matter" (mural em Washington, D.C.), 320
Bloomberg News (revista), 203
Boeing, 19, 301; avião 737-MAX, 19
Bolsonaro, Jair, 265
Bolton, John, 214, 334
bomba atômica, 88, 286
bomba de hidrogênio, 88
Booker, Cory, 108
Bósnia, 87, 131
Bowser, Muriel, 317-8, 320

Branswell, Helen, 241-2
Brasil, 265
Brennan, John O., 117, 158, 161
Broadway, fechamento da, 269
Brooks, Vincent, 84-5, 88, 91-5, 114
Budde, Mariann Edgar, 319
Buffett, Warren, 388n
Burisma, 163, 190
Burr, Richard, 147
Bush, George H. W., 33, 151, 212
Bush, George W., 33, 43, 65, 100, 102, 113-4, 157, 179, 185-6, 196, 254, 299, 301, 313-4, 327, 328
Bush, Jeb, 28
Byers, Bradley, 49-54

C

Camp Humphreys (Coreia do Sul), 91
campanha pela reeleição de Trump, 143, 180, 229, 237, 249, 253, 257, 263, 327
Canadá, 24, 128, 144, 209
Canhões de agosto, Os (Tuchman), 87
Carter, Jimmy, 179, 212, 255
Casa Branca: abrigo de emergência da (PEOC, Centro Presidencial de Operações Emergenciais), 322; força-tarefa para o coronavírus, 216, 223, 240-1, 250, 272, 275, 285, 331; Sala da Situação da, 79, 119; Sala Roosevelt da, 52, 278
Catedral Nacional (Washington, D.C.), 81, 83, 225
Cazaquistão, 28
CBP (Alfândegas e Proteção de Fronteiras), 258-9
CBS News, 16
CDC (Centros para Controle e Prevenção de Doenças), 15, 199-205, 221, 222, 232, 239, 246-8, 264-5, 285, 316
CentCom (Comando Central dos Estados Unidos), 23, 25, 37, 131
Centro de Desenvolvimento de Vacinas, 204
Centro de Pesquisa Científica Nuclear de Yongbyon (Coreia do Norte), 168

China: armas nucleares da, 125; CDC chinês, 15, 201; celebrações do Ano-Novo chinês, 203; como ameaça à segurança nacional dos Estados Unidos, 214, 215; como viveiro viral, 198; diplomacia do "lobo guerreiro", 315; guerra comercial/acordo comercial com a, 75, 126, 144, 184, 208-9, 240, 299, 334, 388n; Huawei, restrições dos Estados Unidos a, 215; influência eleitoral pela, 119; mar da China Meridional, 30, 126, 127; mercados úmidos na, 292; Nixon e a reabertura para a, 126, 177; política para a Coreia do Norte e, 101; Pútin sobre a, 302; redes sociais na, 203, 205, 315; Rússia e, 146; Tillerson e a, 30, 31; "Uma China", política, 255; Vietnã e, 128; "vírus chinês" (nome usado por Trump para a Covid-19), 273, 279, 281, 283, 343, 345, 356; Wei Fenghe e Mattis, relação entre, 125-9; *ver também* Covid-19 e China; Xi Jinping

Choe Son-hui, 111

Chung Eui-yong, 98

Churchill, Winston, 323

CIA (Central Intelligence Agency), 40, 44, 55-8, 72, 78, 90, 100-1, 103, 105, 116-7, 119-20, 123, 133, 136, 158, 173-4, *228*, 292, 295n

Cisjordânia, 75, 77

Clapper, James, 158

Clinton, Bill, 38, 39, 63-4, 70-1, 101-2, 113, 156, 179, 181, 188, 207, 212, 345

Clinton, Hillary, 63-4, 66, 73, 152, 161, 178, 182, 207, 343, 345-6, 378n

CNN (Cable News Network), 109, 147, 251, 297, 323

Coats, Dan, 42-7, 78-80, 90, 116-24, 133, 136, 146-9, 158, 160-4, *227*, 238, 243, 357

Coats, Marsha, 42-6, 48, 78, 80, 121, 123, 147-8, 163-4

Cohen, Michael, 159

Cohen, William, 38

Cohn, Gary, 52, 257, 280

Cohn, Roy, 37

Comando de Operações Especiais do Exército (EUA), 35

Comando Estratégico (Omaha, Nebraska), 83

comércio exterior, 217

Comey, James, 60-71, 74, 152, 245

comícios de Trump, 241, 249, 261, 268-9, 334, 340, 345, 352

comida, suprimento durante a Covid-19, 289

Comissão de Inteligência da Câmara, 109, 191

Comissão Judiciária do Senado, 196

Comitê Nacional Republicano, 261

Conferência de Evento Nacional Top Secret, 81, 85

Conselho de Relações Exteriores (EUA), 190, 242

controvérsia como meio de ampliar o poder da mensagem, 253

"conversas ao pé da lareira" de Roosevelt, 360-1

Conway, Kellyanne, *236*, 256

Coons, Chris, 108

Coreia do Norte: armas nucleares e testes de mísseis, 55, 81-90, 97, 113, 146, 165, 168, 170, 176, 182-3, *225*, *228*, 305-6; Centro de Pesquisa Científica Nuclear de Yongbyon, 168; China e a, 101; Coats sobre, 146; Coreia do Sul e, 86-8, 91-3, 97-8, 105, 112-3, 172, 306; Covid-19 na, 242-3, 282, 305; DMZ (zona desmilitarizada da Coreia do Norte e do Sul), 94; exercícios militares dos Estados Unidos e Coreia do Sul, 112-4, 172; fechamento da fronteira com a China, 242-3; JSA (área de segurança conjunta da Coreia do Norte e do Sul), 93; libertação de prisioneiros americanos pela, 107; Mattis, preocupações com, 51, 58, 81-9, 91, 93, 113-5, *225*; política de Trump para a, 55-8, 81-2; "Presente de Natal" (ameaça aos EUA), 182; restos mortais de prisioneiros de guerra, 165; sanções econômicas à, 55, 82, 99, 168; *ver também* Kim Jong-un

Coreia do Sul: e a Coreia do Norte e, 86-8, 91-3, 97-8, 105, 112-3, 172, 306; DMZ (zona desmilitarizada da Coreia do Norte e do Sul), 94; e os encontros de Trump com Kim Jong-un, 98, 101, 170-2; exercícios militares americanos com, 112-4, 172; JSA (área de segurança conjunta da Coreia do Norte e do Sul), 93; Mattis sobre a importância da aliança com, 89; Oitavo Exército dos EUA na, 92; tarifas de aço/alumínio, 51; tropas americanas estacionadas na, 52, 79, 91-3, 103, 177, 182, 306; visita de Trump à, 91-6

coronavírus *ver* Covid-19

Costa, Robert (Bob), 11, 344

Covid-19: "achatar a curva", 270, 279, 283; álcool em gel e, 269; alertas para não tocar o rosto, 268, 270; alimentos, suprimento durante a, 289; Broadway, fechamento da, 269; catorze áreas críticas, 285-94, 298; clima quente, efeitos do, 240-1; como arma bioquímica, 314-5; como pandemia, 264, 268, 275, 353; comunidade de inteligência sobre, 213, 292; coordenação internacional da, 289; Coreia do Norte/Kim Jong-un e a, 243; declaração de emergência de saúde pública, 219; disparidades raciais nas taxas de contágio, 297; disseminação comunitária da, 248; distanciamento social, 268, 279, 285; em frigoríficos, 289; em Nova York, 248-9, 267, 269, 278-9, 286, 292; emergência nacional declarada, 269; escassez de produtos relacionada à, 269, 278, 288-9, 293, 298, 302, 315; escolas, fechamentos e reaberturas, 269, 303; esportes, paralisação dos, 268; etiqueta para espirros e tosse, 268, 270, 300; fechamentos em função da, 77, 83, 166, 269-70, 275, 297, 347, 350; ficar em casa, recomendações para, 247, 268, 273, 288, 330; força-tarefa da Casa Branca para o coronavírus, 216, *233*, 240, 241, 250, 272, 275, 285, 331; governadores estaduais e, 298, 302-4; gripe comparada à, 213, 218, 249, 265; hidroxicloroquina como tratamento para a, 275, 287-8, 291-2; imunidade de rebanho, 273; infecção assintomática, 15, 205, 218, 241, 246; lavar as mãos, 270, 303; lockdowns, 213, 279; máscaras e, 203-4, 242, 280-1, 285, 289; mudança na consciência da opinião pública com relação à, 268-9; OMS e, 239, 246, 268, 291; Operação Velocidade Máxima (2020), 312, 333; pagamentos em dinheiro e seguro-desemprego em função da, 288, 294-5; primeira morte causada nos Estados Unidos por, 250; primeiro caso nos Estados Unidos, 208; primeiros casos de transmissão comunitária, 248-9; primeiros relatos de surto, 198-205; quarentenas, 15, 217, 219-20, 246, 268, 279, 303-4, 316, 332; "Quinze dias para desacelerar a propagação" (diretrizes dos EUA), 270, 272-3, 330; respiradores, 278-9, 287, 293, 302, 312; restrições a viagens aéreas, 290; taxas de letalidade e mortes, 14, 205, 218-9, 241, 247, 268, 273-4, 281-2, 284-5, 292, 297, 305, 311, 328, 352; terapias medicinais, 295, 339; testagem para, 205-6, 277, 286, 295, 298, 308-12, 349-50, 355; transmissibilidade da, 18, 201, 204-5, 218, 264, 300-1; trinta dias para "desacelerar a propagação", 283, 330; vacinas e pesquisas para vacinas, 204, 272-3, 291, 299, 302, 308-9, 311-2, 327, 333, 339, 354-5; viajantes europeus, restrições impostas pelos Estados Unidos a, *233*, 266-8, 330; *ver também* Birx, Deborah; CDC; Fauci, Anthony; Redfield, Robert

Covid-19 e a China: celebrações do Ano-Novo chinês e a disseminação do vírus, 203; Coreia do Norte fechando fronteira com a China, 242-3; disseminação intencional, boatos sobre/crença em, *235*, 314-5, 333-4, 346; equipamentos médicos da China, 281, 289, 315; falha em impor restrições a viagens internacionais, 266, 316, 333-4; Fauci sobre, 332; genoma do coronavírus, publicação do, 204; mercados úmidos na China, 292; recusa em receber autoridades sanitárias americanas, 201-2, 214, *221*, 238-40, 246, 313; resposta à pandemia e falta de transparência sobre o vírus, 201-5, 213-4, *221*, *235*, 246, 302, 312-6, 332-3, 346-7; restrições impostas pelos Estados Unidos a viajantes vindos da China, 215-20, *224*, 239-40, 266, 275, 300, 308, 330; Trump culpando a China pela disseminação do vírus, 24, 273-4, 302, 341, 346, 356; "vírus chinês" (nome usado por Trump para a Covid-19), 273, 279, 281, 283, 343, 345, 356; viveiro viral, China como, 198; Wuhan, surto viral em, 199-205, 213, 215-7, 246, 279, 292, 314, 316

Covid-19 e a economia: apoio de Trump para reabertura rápida, 296, 302-5, 312, 330; comércio exterior, 217; desemprego causado pelo vírus, 297, 304, 311, 338, 344, 357; efeitos da pandemia sobre a economia, 219; esforços para reabrir a economia, 271, 283, 285, 296, 298, 302-5, 312, 331; governadores e a reabertura da economia, 298, 302, 303, 304; mercado de ações, 249, 263, 265-6, 334, 339, 347; orientações federais para a reabertura da economia, 302, 303, 304; pacotes de estímulo e recuperação, 281, 328, 359; Páscoa, desejo de Trump de reabrir para a, 271, 283, 285; previsões de Trump sobre recuperação rápida, 323, 337-9, 344; Programa de Proteção ao Pagamento e empréstimos a pequenas empresas, 288, 298; resposta ao vírus/ saúde econômica vistos como opostos, 299; seguro-desemprego e pagamentos em dinheiro, 288, 294-5

Covid-19 e Trump: afirmação de controle sobre o vírus, 271-4, 287-8, 292, 297, 352; China culpada por Trump pela disseminação do vírus, 24, 273-4, 302, 341, 346, 356; como ameaça à campanha de reeleição de Trump, 263; como maior ameaça que Trump enfrentaria, 216, *224*, 302, 308, 359; crença na rápida recuperação econômica, 323; crença no desejo dos oponentes pelo fracasso, 292, 293; discurso noturno (11 de março de 2020), 267-8; entrevistas coletivas/informes para a imprensa, 275, 287, 290, 298, 302, 304, 356; exposição de Trump ao vírus, 265, 300-1, 308; Fauci sobre, 330; informes e respostas do período do fim de janeiro/começo de fevereiro (2020), 308; "Libertem Minnesota", "Libertem Michigan" e "Libertem a Virgínia" (tuítes de Trump), 330-1; Messonnier emitindo alertas públicos, 247; "mobilização total" (tratamento ao estilo Projeto Manhattan), 286, 287, 293; Obama culpado por Trump pela situação, 273, 277; orientações de reabertura da economia, 302-4; Páscoa, desejo de reabrir a economia para a, 271, 283, 285; previsões sobre recuperação econômica, 323, 337-9, 344; reabertura da economia, apoio de Trump à, 296, 302-5, 312, 330; sobre o vírus sumir por conta própria, 241, 266, 284, 300, 305, 308, 330, 332, 350; subestimando a situação de propósito, 216, 241-2, 247, 265, 268, 275, 283; Trump sobre testes e vacinas, 308-12, 349-50, 355; vídeo em estilo de campanha, 298; "vírus chinês" (nome usado por Trump para a Covid-19), 273, 279, 281, 283, 343, 345, 356

Crimeia, invasão russa da, 43-4, 163

"crise demográfica" russa, 117

cristãos/cristianismo, 42, 45, 329
Crossfire Hurricane (investigação secreta), 60; *ver também ver também* Rússia, investigação sobre a
Cui Tiankai, 280
Cummings, Elijah, 259
Cuomo, Andrew, 278-9, 287, 310
curdos, 137-9
Curry, Michael, 319

DMZ (zona desmilitarizada da Coreia do Norte e do Sul), 94
DNI (diretor nacional de inteligência), 44-6, 48, 78, 117-8, 121, 158, 238
Dobbs, Lou, 146
doenças respiratórias, 198, 202
Dow Jones, índice, 269
Dunford, Joseph, 88, 130, 136
Durham, John, 158

D

Daca (Ação Diferida para Chegados na Infância), 326-9, 354
Davos (Suíça), Fórum Econômico Mundial em, 208
Dean, John, 156
declaração de impostos de Trump, 179
déficits comerciais, 52
Delta Airlines, 216
democratas, 16, 23, 40, 64, 108-9, 120, 141, 153, 156, 159, 178, 180, 193, 197, 207, *231*, 237, 245, 249, 254, 256, 259, 262, 272, 286-8, 298, 321, 326, 334, 335-6, 346, 360
Departamento da Saúde e Serviços Humanos (EUA), 241, 271
Departamento de Defesa (EUA), 38, 82, 86, 258
Departamento de Estado (EUA), 39, 85, 100, 104, 181, 267, 289
Departamento de Justiça (EUA), 59, 61, 63, 70-2, 152, 155-8, 191, 243-5
DeSantis, Ron, 74
Dilbert (história em quadrinhos), 253
"dinamite atrás de cada porta", Trump sobre, 19, *223*, 240, 254, 357
diplomacia do "lobo guerreiro" (China), 315
direitos civis, 325; Lei dos Direitos Civis, 344, 349; Movimento dos Direitos Civis, 317
discurso de posse de Trump, 156, 348
disseminação comunitária da Covid-19, 248
distanciamento social, 268, 279, 285
divisão como tática de Trump, 320, 327, 335, 348, 358

E

ebola, 198, 239
economia: comércio exterior, 217; elogiada por Trump, 187, 210, 213, 253, 276, 307, 324, 336-9, 344, 347; emprego/desemprego, 95, 211, 263, 273, 288, 293-7, 299, 311, 324, 336-8, 344, 349; mercado de ações, 95, 218, 249, 263, 265-6, 334, 339, 347; *ver também* Covid e a economia
Eisenhower, Dwight, 122, 131, 133, 269, 276
eleição presidencial (2016), 157-8, 179, 206, 253, 261, 325, 334-5, 346, 351
eleição presidencial (2020) *ver* campanha pela reeleição
Emirados Árabes Unidos, 31
emprego/desemprego, 95, 211, 263, 273, 288, 293-7, 299, 311, 324, 336-8, 344, 349
empréstimos a pequenas empresas em função da Covid-19, 288, 298
EPIs (equipamentos de proteção individual), 287-8, 315
"Equipe Beachhead", 49
Erdogan, Recep Tayyip, 119, 208, *233*
escolas, fechamentos e reaberturas, 269, 303
Espanha, 316
especialistas, incômodo de Trump com, 118-9
Esper, Mark, 318-9
espirros e tosse, etiqueta para, 268, 270, 300
esportes, Covid-19 e paralisação dos, 268

esquerda radical, raiva da, 348
Estado da União, discurso do, 16-7, 195, 237, 253, 260
Estado de negação (Woodward), 299
Estado Islâmico, 25, 29, 137-8, 140
Estratégia Nacional de Inteligência, 146
Estrela Dourada, famílias, 134
Etiópia, 19, 101
etiqueta para tosse e espirros, 268, 270, 300
Europa, 24, 87, 152, 163, 189, 216, *233*, 247, 266-8, 282, 314, 334, 350; restrições impostas pelos Estados Unidos a viajantes europeus, *233*, 266-8, 330; União Europeia, 209, 266
Exército dos Estados Unidos, 26, 35, 95, 123, 132, 185; 82ª Divisão Aerotransportada, 35; Comando de Operações Especiais do, 35; Oitavo Exército dos EUA na Coreia do Sul, 92
Exército dos Estados Unidos, 92
ExxonMobil, 27, 32, *226*

F

F-15 (bombardeiros), 87, 131
F-16 (caças), 131
F-18 (caças), 49, 131
Face the Nation (programa de TV), 16
Facebook, 244, 261
fake news, 206, 245, 281, 287, 340, 357
fatos e verdades, relação difícil de Trump com, 47, 79, 89, 119, 123, 137, 145, 211, 252-3, 255-6, 331
Fauci, Anthony, 198-9, 201-5, 216-20, *231*, 240-2, 246, 248-50, 264, 267, 269-71, 276, 282-4, 286, 290, 292, 295, 297-8, 300, 302-4, 308, 313, 330-3, 350-2, 354, 356
FBI (Federal Bureau of Investigation), 59-66, 69-73, 108, 119-20, 124, 147, 151-2
FEC (Comissão Eleitoral Federal), 261
fechamentos em função da Covid-19, 77, 83, 166, 269-70, 275, 297, 347, 350
Fema (Agência Federal de Gerenciamento de Emergências), 278

Finlândia, 116
Fleitz, Fred, 146
Flórida, vírus russo no sistema de registro eleitoral da, 119
Floyd, George, 317-8, 320, 325, 329, 338, 348
Flynn, Michael, 70, 159
Força Aérea, 38, 86, 103, 131-3, 152
Força Quds (operações especiais da guarda revolucionária iraniana), 185, 243
Fort Bragg (Carolina do Norte), 35
Fortune (revista), 388*n*
Fórum Econômico Mundial (Davos, Suíça), 208
Fox News, 16, 60, 65, 71, 108, 136, 146, 220, 302, 323, 340
França, 137, 189, 193, 266, 279, 316
Francisco Ferdinando, assassinato do arquiduque (1914), 87
frigoríficos, infecções de Covid-19 em, 289
Frogger (jogo de fliperama), 309
Frost, David, 188
Fundação Bill e Melinda Gates, 291
fúria *ver* raiva
fuzileiros navais, 23-4, 35-6, 72, 83, 125, 128, 133-4

G

G20, cúpula do, 170
Gaddafi, Muammar al-, 29, 111-2
Gallup, pesquisas do instituto, 254, 294
Gao, George, 201-2, 204-5
Gatekeepers: How the White House Chiefs of Staff Define Every Presidency, The (Whipple), 252
Gates, Bill, 291, 298
Gates, Melinda, 291
Gates, Rick, 159
Gates, Robert, 40
Gato que Ri, O (personagem), 252
Gaza, Faixa de, 77
General Motors, 19
genoma do coronavírus, publicação do, 204

Gidley, Hogan, 192, 194, *236*
Gingrich, Newt, 117
Gistaro, Ted, 123-4
Giuliani, Rudy, 163
GlaxoSmithKline, 312
Goldfein, David L. ("Fingers"), 131-3
golfe: clubes de golfe de Trump, 24, 151, 163, 185-7; visão de Trump sobre, 186-7, 327
Google, 269
Gordon, Sue, 78
Gore, Al, 102
Gorsuch, Neil, 95, 344
governadores estaduais e a Covid-19, 298, 302-4
governo constitucional na era Trump, estado do, 358
governo federal: paralisação governamental (dezembro de 2018-janeiro de 2019), 258
Grã-Bretanha, 78, 137, 297, 316, 333
Graham, Billy, 42
Graham, Lindsey, 108, 151, 185, 196, 212, *228*, *230*, 245, 270, 295, 302, 325, 359-60
Grande Depressão, 273, 311
Grande Gatsby, O (Fitzgerald), 127
Grassley, Chuck, 144
gripes: casos em 2020, 248, 264; Covid-19 comparada à gripe comum, 213, 218, 249, 265; gripe espanhola (1918), 14; gripe suína, 198; H5N1 e H7N9 (gripes aviárias), 198, 200; influenza (vírus), 248, 264; vacina universal, busca de uma, 198
Grisham, Stephanie, 216
Guarda Nacional, 318-20
guarda revolucionária iraniana, 185
Guardião da Liberdade Ulchi (exercício militar), 114
Guerra da Coreia, 165
Guerra de Secessão (EUA, 1861-65), 82
Guerra do Golfo, 37, 130
Guerra Fria, 24, 30, 126, 215

H

H5N1 E H7N9 (gripes aviárias), 198, 200
Hahn, Stephen, 276
Haley, Nikki, 102
Halsey, William, 133
Hamm, Harold, 44
Hanks, Tom, 268
Hannity, Sean, 71, 206, *234*, 302
Harris, Kamala, 195
Haspel, Gina, 101, 103, 119-21, 133, 136, 158, 292
HBCus (faculdades e universidades historicamente negras), 338, 342
helicópteros usados para dispersar manifestantes, 319
Hicks, Hope, 311
hidroxicloroquina, 275, 287-8, 291-2
Hill, The (jornal), 163
Hirono, Mazie, 40, 156
Hiroshima, bombardeio atômico de (1945), 88
história, relógio da, 335, 346
HIV/aids, 198, 265-7
Holt, Lester, 69
Hong Kong, 14, 31, 56, 201, 332
Hoover Institution (Universidade Stanford), 35-6
Hoover, Herbert, 36
Hoover, J. Edgar, 71
Huawei, 215, 315
Hunt, Jody, 64
Hussein, Saddam, 38, 58, 130, 178, 299
Hwasong-14 (míssil norte-coreano), 84

I

ICBMs (mísseis balísticos intercontinentais), 55, 84-5, 97
IED (dispositivo explosivo improvisado), 185
Igreja Episcopal, 319
imigração: campanha de reeleição e, 143, 325-9; Daca (Ação Diferida para Chegados na Infância), 326-9, 354;

muro contra a imigração na fronteira com o México, 143-4; proibição aos imigrantes muçulmanos, 49, 50; "Sonhadores" (jovens adultos ilegais nos EUA), 326

impeachment de Clinton, 38, 70, 156, 188

impeachment de Nixon, 156, 188, 192-3, 207, 293

impeachment de Trump: atitude de Trump em relação ao, 175, 178-9, 181, 187-95, 207; Bolton sobre o congelamento do auxílio à Ucrânia, 214; campanha de reeleição e a, 156, *229*, 238, 261; circunstâncias que levaram a, 164; Comissão Judiciária da Câmara votando por mandar as acusações para o plenário, 181; desculpas, Trump se recusa a pedir, 193-4, 195; impulsionando Trump nas pesquisas, 254; investigação da Ucrânia, 24, 181, 188-95, 214, 238; julgamento do impeachment no Senado e absolvição, 237; Kissinger sobre, 207; obstrução de justiça, acusações de, 152, 156-7, 237; relatório de delação, 164, 188, 191-3; Trump vê mídia obcecada por, 209-10, 298; Zelensky, telefonema e transcrição, 163, 181, 188-93

imposto de renda de Trump, declaração de, 179

imprensa, 26-7, 31, 34, 50, 77, 85, 94, 113, 116-7, 120-1, 140-1, 147, 164, 168, 178, 188, 192, 216, 219-20, *221*, *236*, 241, 243, 251, 275-8, 290, 298, 300, 310, 330

imunidade de rebanho, Covid-19 e, 273

Índia, 209, 244, 247, 353

influenza (vírus), 248, 264

Instituto de Virologia Humana (Faculdade de Medicina da Universidade de Maryland), 272-3

Instituto Nacional de Alergia e Doenças Infecciosas, 198

Interpol, 139

investigação sobre a Rússia: acusações de obstrução à justiça, 151, 156; anotações do tradutor do encontro

com Pútin, 150; ataques de Trump à, 108-9, 116-7; atmosfera e atitude da equipe de investigação, 150; Barr sobre, 151-3, 155-6; Burr e a Comissão de Inteligência do Senado, 147; campanha de reeleição e a, 156, 237, 261; Coats e, 123; Coats instado por Trump a se pronunciar sobre, 146; Coats, tentativa de renúncia e, 148-9; Comey, demissão e, 60-9, 245; Comey, exigência de juramento de lealdade e, 68; como "caça às bruxas", 73, 150, 159; "conluio", acusações de, 151, 153; crise da Covid-19 comparada à, 274; esforços de Trump para investigar, 325; Graham sobre, 108-9; indiciamentos derivados da, 159; intimação de Trump, decisão de não fazer, 150; memorandos Comey/McCabe, 67-71; promotor especial para, 69-74; regulações que determinam investigações por promotores independentes, 371*n*; relação entre Estados Unidos e Rússia, 184; relatório final de Mueller sobre, 151-9; Rosenstein sobre a, 155; Sessions e, 59-61; tamanho e escopo da, 151; tema da, 59; Trump nega cumplicidade na, 109; vista por Trump como crime, 245, 299; *ver também* Mueller, Robert; Rússia

Irã, 24, 119, 123, 131, 133, 146-7, 185-6, 211, 282

Irã-Contras, caso do (anos 1980), 70

Iraque/Guerra do Iraque, 24-5, 37-8, 49, 58, 114, 125, 139-40, 185, 295, 299

IRS (serviço de receita do governo), 179

Israel, 75-8

Itália, 247, 249, 266, 278, 297, 316, 361

Iwo Jima, batalha de (Segunda Guerra Mundial), 83

J

J.P. Morgan Chase, 288

Jackson, Andrew, 340

Japão, 31, 86, 89, 170, 182, 361
Javits Center (Nova York), 286
Jefferson, Thomas, 32
Jerusalém, mudança da embaixada americana para, 312
Jesus Cristo, 42, 77, 83, 225
João Paulo II, papa, 199
Johnson & Johnson, 291
Johnson, Boris, 297
Johnson, Lyndon, 349
Jordan, Mary, 341
Jordão, vale do (Israel), 75
JSA (área de segurança conjunta da Coreia do Norte e do Sul), 93
Judiciário, nomeações no governo Trump, 181, 196-7, 212, 314
justiça criminal, reforma da, 144, 312, 326, 329, 337-8, 342

K

Keane, Jack, 185-6
Kelly, John, 93-4, 102, 138, 143, 145, 206, 253
Kemp, Brian, 304
Kennan, George, 136
Kennedy, John F., 151
Kennedy, Robert, 325
Khamenei, aiatolá, 185
Khan Niazi, Imran Ahmed, 243
Khashoggi, Jamal, 210-1
Kim Dong-chul, 107
Kim Hak-song, 107
Kim Jong-il, 100
Kim Jong-un, 55, 57, 81, 84-5, 88, 97-101, 104-5, 107, 111, 173-4, 182, 184, 207, 228, 234, 305, 358; ver também Coreia do Norte
Kim Yo-jong, 107
Kim Yong-chol, 105, 107, 167
Kim, Andy, 56-7, 97, 100-2, 105-7
Kim, Tony, 107
Kirkland & Ellis (firma de advocacia), 72
Kissinger, Henry, 207, 289
Klobuchar, Amy, 207
Kudlow, Larry, 280

Kushner, Jared, 24, 27-8, 75-7, 143-5, 231, 249, 251-61, 265, 267, 270-2, 276, 278-81, 289, 309-12, 318, 329, 331-2, 350-2, 358-9
Kuwait, 125, 130

L

Lafayette, marquês de, 125-6
Lafayette, praça (Washington, D.C.), 317-8, 320, 340
Lancet, The (jornal médico), 214
Lane, Clifford, 246
Laufman, David, 60
Lee, Mike, 144
Lei da Liberdade de Informação, 157
Lei de Produção de Defesa, 280, 289
Lei do Primeiro Passo ver justiça criminal, reforma da
Lei dos Direitos Civis, 344, 349
Lejeune, John, 25
Leonnig, Carol, 206
Lewinsky, Monica, 38, 70, 156, 181
LGBTQ, proteções da Lei de Direitos Civis para a comunidade, 344
Líbano, 133
Líbia, 29, 38
Liga Árabe, 139
Lighthizer, Robert, 53
Limbaugh, Rush, 237, 247
Lincoln, Abraham, 82, 335, 338, 349
linhas aéreas e viagens aéreas, 216, 273, 290, 293
"lobo guerreiro", diplomacia do (China), 315
lockdowns, 213, 279
Londres, 316
Loomis, Carol J., 388n
López Obrador, Andrés Manuel, 348
luta livre, Trump sobre, 53
Lyons, Derek, 270

M

Ma Xiaowei, 214
MacArthur, Douglas, 133

Macron, Emmanuel, 279
Madison, James, 32, 322
malária, 287, 292
Manafort, Paul, 159
Mao Tsé-Tung, 215
Mar-a-Lago (Flórida), 185, 187, 245, 255, 265, 281
Marine One (helicóptero), 91-2, 94-5, 154
Marinha, 14, 31, 38, 47, 49, 82, 86, 126, 131, 161
Marshall, George, 23, 32, 133
marxistas, 348, 349
máscaras, uso de, 203-4, 242, 280-1, 285; N95 (tipo de máscara), 204, 289
Mattis, James, 23-6, 35-41, 49-54, 58, 75, 79, 81-91, 93-4, 103-4, 113-5, 119, 125-42, 147, 160-1, 224, 225, 243, 257, 319-20, 357
Mattis, Lucille, 26
McAuliffe, Terry, 66-7
McCabe, Andrew, 64-71, 73-4
McCabe, Jill, 66
McCain, John, 196, 328
McChrystal, Stanley, 135
McConnell, Mitch, 108, 145, 181
McDaniel, Ronna, 261
McEnany, Kayleigh, 319, 330
McGahn, Don, 59, 61-2, 64-5, 73, 108
McMaster, H. R., 93, 95, 98-9, 102, 136
McRaven, Bill, 161
Meadows, Mark, 319, 330-1
Medalha Presidencial da Liberdade, 237
Medeiros, Evan S., 99
Medo: Trump na Casa Branca (Woodward), 19, 301, 360
MELs (lançadores-eretores móveis), 81
Memorial *USS Arizona*, 206
mensagem, controvérsia como meio de ampliar o poder da, 253
mercado de ações, 95, 218, 249, 263, 265-6, 334, 339, 347
mercados úmidos na China, 292
Mers (Síndrome Respiratória do Oriente Médio), 203, 222
Messonnier, Nancy, 247
México, 75, 143-4, 209, 257, 311, 348; muro na fronteira com o, 143-4

mídia *ver* imprensa
mídias sociais *ver* redes sociais
Miller, Katie, 308
Miller, Stephen, 331
Milley, Mark, 132-3
minorias, 297, 337-8, 342, 349; *ver também* protestos contra a brutalidade da polícia e a desigualdade racial; raça/racismo
Mirani, Viraj, 164
Mitchell, Andrea, 118
Mnuchin, Steve, 136, 233, 256, 267, 270-1, 303
Moderna (laboratório), 204, 312
Modi, Narendra, 244
Monroe, James, 32
Moon Jae-in, 89, 97, 112
morcegos (como transportadores de vírus), 200
Mount Vernon, 125, 127-8
Movimento dos Direitos Civis, 317
muçulmanos, 49-50
mudanças climáticas, 146
Mueller, Robert, 72-4, 108-10, 124, 148-59, 187, 195, 229, 230, 247, 274, 298-9, 301, 311, 353; *ver também* investigação sobre a Rússia
Mulvaney, Mick, 52, 187, 218, 236, 259
muro na fronteira com o México, 143

N

N95 (máscaras), 204, 289
Nafta (Acordo de Livre Comércio da América do Norte), 52
Nakasone, Paul, 119
Nasa (National Aeronautics and Space Administration), 320
Navarro, Peter, 53
navios de cruzeiro, 242
NBC News, 69, 118, 249
NCAA (Associação Atlética Universitária Nacional), 53, 268
Netanyahu, Benjamin, 76, 77
New England Journal of Medicine, 218

New York Times, The (jornal), 65, 68, 70-1, 104, 110, 116, 132, 155, 164, 172, 206-7, 212, 214, 220, 247, 266, 269, 304, 322-3, 352

New Yorker, The (revista), 360

Newsmax, 147

Newsom, Gavin, 273

NIH (Institutos Nacionais de Saúde), 264, 291

Nilo Ocidental, vírus do, 277

Nimitz, Chester W., 133

Nixon, Richard, 36, 70, 126, 156, 177, 188, 192-3, 207, 212, 293, 325-6, 355, 361

NNSA (Administração Nacional de Segurança Nuclear), 177

Noonan, Peggy, 251-2, 268

NorthCom, 86

Nova York, Covid-19 em, 248-9, 267, 269, 278-9, 286, 292

novo coronavírus *ver* Covid-19

NSA (Agência Nacional de Segurança), 44, 47, 72, 119

NSC (Conselho Nacional de Segurança), 14, 39, 49, 55, 61, 78-9, 95, 123, 201, 269, 277

Nunes, Devin, 122

O

O'Brien, Robert, 13-4, 16-8, 201-2, 213, 215-7, 219-20, 224, 238-9, 265, 266-7, 269, 280, 308, 314-5, 318-9

Obama, Barack: acusado de revelar relatórios de inteligência de maneira inapropriada, 122; China e, 127; comunidade negra e, 337; Daca e, 326; divisão sob (afirmações de Trump), 335; documento de resposta à pandemia, 277; Guerra do Afeganistão e, 135; Guerra do Iraque e, 139; investigação sobre a Rússia/esforço de Trump para investigar, 325; Kim Jong-un e, 182; Mattis e, 23, 134, 142; mercado de ações no governo de, 269, 347; nome do meio

(Hussein) mencionado por Trump, 178; nomeações para o Judiciário, 196, 212, 314; opinião de Trump sobre, 178; ordens executivas emitidas por, 213; Pútin e, 28-30; sobre a Coreia do Norte, 55, 57, 113; sobre a Síria, 29, 138; Tillerson e, 29; Trump culpando-o pela Covid-19, 273, 277; Trump determinado a reverter legado de, 49, 213; Trump sobre atos administrativos ilegais de, 73; Twitter, 244; Woodward entrevistando, 179; Xi Jinping e, 127

obstrução de justiça, acusações de (no impeachment de Trump), 152, 156-7, 237

Ocasio-Cortez, Alexandria, 195

Oitavo Exército dos EUA na Coreia do Sul, 92

Olimpíadas de Inverno (Coreia do Sul, 2018), 97-8

Omaha (Nebraska), Comando Estratégico em, 83

OMC (Organização Mundial do Comércio), 209

OMS (Organização Mundial da Saúde), 214, 239-40, 246, 268, 291

ONU (Organização das Nações Unidas), 77, 88, 102, 279

Operação Lança de Netuno (2011), 161

Operação Raposa do Deserto (1998), 38-9

Operação Velocidade Máxima (2020), 312, 333

Oplan 5027 e Oplan 5015 (Operation Plans), 83

orçamento da polícia, movimento pela redução do, 326; *ver também* protestos contra a brutalidade da polícia e a desigualdade racial

Organização para a Libertação da Palestina (OLP), 77

Oriente Médio, 49, 89, 125, 131, 185, 203, 211, 247, 314

Otan (Organização do Tratado do Atlântico Norte), 23-5, 89, 131-2, 139, 141, 177

P

pagamentos em dinheiro e seguro-desemprego em função da Covid-19, 288, 294-5

Palestina, 75-7

pandemia *ver* Covid-19

Panetta, Leon, 40

papel higiênico, escassez de, 269

Paquistão, 161, 243

paralisação governamental (dezembro de 2018-janeiro de 2019), 258

Parly, Florence, 137

Parscale, Brad, 249, 260-4, 327, 328, 352

Partido Democrata, 66-7, 326; *ver também* democratas

Partido Republicano, 44, 108, 237, 257, 302, 326-7, 336; *ver também* republicanos

Páscoa, desejo de Trump de reabrir a economia para a, 271, 283, 285

PBD (Informe Diário ao Presidente), 13, *224*, 254

PDB (Informe Diário ao Presidente), 13, 46, 116, 123, 147, 213-4, 216, *224*, 308

Pearl Harbor, ataque a (1941), 206, 361

Pelosi, Nancy, 175, 179, 237

Peltz, Nelson, 187

Pence, Karen, 42

Pence, Mike, 23-4, 27, 42-5, 47, 50, 79-80, 98, 149, 179, 216-7, *233*, *236*, 247, 270, 275-6, 278, 280, 308, 331, 356

Pentágono, 40, 49-51, 53, 81, 85, 88-9, 114, 125, 139, 163, 258

PEOC (Centro Presidencial de Operações Emergenciais/abrigo de emergência da Casa Branca), 322

Perry, William, 38

Petraeus, David, 295*n*

pesquisas e taxas de aprovação, 206-7, 254, 294, 311, 338, 345, 349, 351-2

poder da mensagem, controvérsia como meio de ampliar o, 253

polícia: ideias de Graham sobre reforma da, 326-9; orçamento da polícia, movimento pela redução do, 326; *ver*

também protestos contra a brutalidade da polícia e a desigualdade racial

Polícia Florestal dos Estados Unidos, 319

Pompeo, Mike, 56-7, 90, 100-1, 103-7, 111, 116, 119, 123, 132-3, 136, 138, 165, 169, *228*, 289, 306

Porter, Rob, 73

Pottinger, Matt, 14-7, 55, 57, 95, 99, 201-2, 205, 213-7, 219-20, *224*, 238-9, 242, 243, 267, 269, 279-80, 332

Powell, Colin, 130

"presidente da lei e da ordem", Trump como, *228*, 318, 320-4, 326, 329

Priebus, Reince, 27, 33, 52, 61, 253

Primeira Emenda, direitos garantidos pela, 212, 318

Primeira Guerra Mundial, 25, 87, 335, 346

privilégio branco, conversas entre Trump e Woodward sobre, 334-44

Programa de Proteção ao Pagamento (PPP), 288

protestos contra a brutalidade policial e desigualdade racial, 317-8, 320, 324, 334, 338

Pútin, Vladímir, 29-30, 37, 116-9, 149-50, *234*, *236*, 302; encontros com Trump, 116-9; interferência na eleição americana por, 59; novo sistema secreto americano de armas e, 177; relação com Trump, 117, 119, 149, 184, 302; sobre a China, 302; sobre a investigação da Rússia, 184; Tillerson e, 28-30, 32, 35, 37

Pyeongchang (Coreia do Sul), 97

Q

quarentenas, 15, 217, 219-20, 246, 268, 279, 303-4, 316, 332

Quatro de Julho, discursos de Trump no, 348

"Quinze dias para desacelerar a propagação" (diretrizes dos EUA), 270, 272-3, 330

R

raça/racismo: Covid-19 afetando minorias de modo desproporcional, 297; crenças de Trump sobre o que ele fez pela comunidade negra, 335-9, 342, 349, 387*n*; Cummings e Baltimore, comentários de Trump sobre, 259; HBCUs (faculdades e universidades historicamente negras), 338, 342; Movimento dos Direitos Civis, 317, 325; privilégio branco, conversas entre Trump e Woodward sobre, 334-44; questões sobre a capacidade de Trump de conquistar corações e mentes das minorias, 337-44, 349-50; racismo sistemático/institucional, Trump sobre, 343; *ver também* protestos contra a brutalidade policial e a desigualdade racial

raiva: da esquerda radical, 348; de Trump, 44-7, 60, 63, 66, 73, 76, 102, 118, 121; inspirada por Trump, 45, 195, 342, 344, 358; nos Estados Unidos, 178; racismo e, 335, 342

Rasmussen, pesquisas da, 206-7

Ratcliffe, John, 164

Reagan, Ronald, 33, 36, 38, 70, 95, 252, 308

redes sociais, 195, 203, 205, 243-4, 315

Redfield, Robert, 199-205, 216, 218-20, *232*, 240-1, 246-50, 264-5, 267, 272-3, 277, 303, 309, 313, 316, 330, 358

Reid, Harry, 196

relógio da história, 335, 346

republicanos, 33, 40, 44-5, 64, 120, 141, 144-5, 159, 161, 178, 194, 196, 212, 220, 237-8, 266, 272, 292, 308, 314, 321, 335, 352, 359

respiradores para a pandemia de Covid-19, 278-9, 287, 293, 302, 312

Revolução Americana, 348

Revolução Francesa, 126

Ri Sol-ju, 107

Ri Yong-ho, 88

Rice, Condoleezza, 33

Rimpac (exercício militar naval internacional), 127

RNC (Comitê Nacional Republicano), 261

Roberts, John, 197

Romney, Mitt, 237

Room Where It Happened, The (Bolton), 214

Roosevelt, Franklin D., 252, 276, 360-1

Rosenstein, Rod, 59-65, 67-74, 108, 150, 153, 155-6, *230*, 247

Ross, Wilbur, 51, 53

Rucker, Philip, 206

Ruddy, Chris, 147

Rumsfeld, Donald, 40

Rushmore, monte, 348

Rússia: China e, 146; Coats banido da, 43; Coats sobre a ameaça de segurança da, 116-24, 146; colapso da União Soviética, 24, 25, 30; como potência nuclear, 29, 117; Crimeia invadida pela, 43-4, 163; "crise demográfica" na, 117; Mattis sobre, 37; relação dos Estados Unidos com a, 184; sanções econômicas à, 121; taxas de aprovação de Trump na, 206; vírus russo no sistema de registro eleitoral da Flórida, 119; *ver também* investigação sobre a Rússia

Ryan, Paul, 145

S

Sajjan, Harjit, 137

Sala da Situação (Casa Branca), 79, 119

Sala Roosevelt (Casa Branca), 52, 278

Samsung, 93

San Diego Union-Tribune (jornal), 156

sanções econômicas: à Coreia do Norte, 55, 82, 99, 168; à Rússia, 121; ao Irã, 186

Sanders, Bernie, 40, 178, 195, 351

Sanner, Beth, 13, 123, 213

Sars (Síndrome Respiratória Aguda Grave), 13-4, 16, 198-201, 203-5, 213, 218, *221*, *222*, 240, 332

Sasse, Ben, 238

SBX (flutuadores de radar móveis autopropulsionados de banda X), 86

Scavino, Dan, 195, 311

404

Schiff, Adam, 109, 191
Schools, Scott, 64
Schumer, Chuck, 40, 113
SCI (Informação Sigilosa Compartimentada), 143
Science (revista), 331
SCIFs (Centro de Informações Sigilosas Compartimentadas), 92
Scott, Tim, 144
Segunda Guerra Mundial, 23-4, 26, 83, 86, 133, 146, 276, 292, 304
seguro-desemprego em função da Covid-19, 288, 294-5
Senado: bancada republicana do Senado não se opondo a Trump, 161; Comissão Judiciária do, 196; Comitê de Inteligência do, 69, 116, 147
Serviço de Inteligência Epidêmica (EIS), 15
Sessions, Jeff, 59-61, 64, 69-70, 74, 148, 151
Sétima Frota da Marinha, 86
Seul (Coreia do Sul), 56, 93, 182
Shanahan, Patrick, 141
Shayrat, base aérea de (Síria), 51
Shokin, Viktor, 190
Shultz, George, 33, 36-8
Singapura, 47, 112, 127, 165, 167, 169-70, 182-3, 201, *234*, 332
Síria, 25, 29, 51, 137-8, 160, 208
Slaoui, Moncef, 312, 333
Smolens, Michael, 156
Sociedade da Medalha de Honra do Congresso, 50
Sociedade Federalista, 61
Soleimani, Qasem, 185-7, 243
Solomon, John, 163
"Sonhadores" (jovens adultos ilegais nos EUA), 326
SpaceX (foguete), 320
Spratly, ilhas, 126-7
St. John's (igreja episcopal em Washington, D.C.), 317-9, 321, 329
Starr, Ken, 70-2
STAT News (agência de notícias), 241
Stepien, Bill, 352
Stone, Roger, 159, 243
Suécia, 100

Suprema Corte, 45, 197, 212, 258
Sweeney, Kevin, 140

T

Tailândia, 15, 56, 204, *222*
Taiwan, 31, 127, 201, 255, 332
tarifas, 51-2, 54
taxas de aprovação, 206-7, 254, 294, 311, 338, 345, 349, 351-2
terapias medicinais para Covid-19, 295, 339; hidroxicloroquina, 275, 287-8, 291-2, 339
terrorismo, 23-5, 44, 114, 133, 139, 164, 185
testes de Covid-19, 205-6, 277, 286, 295, 298, 308-10, 349-50
Threat, The (McCabe), 66
Tillerson, Renda, 28, 32-3
Tillerson, Rex, 27-41, 58, 75-7, 86, 91, 93, 100-4, 136, 138, *226*, 243, 257, 357
Tillis, Thom, 108
Today Show (programa de TV), 249, 300
Tomahawk (mísseis), 51
tortura, 23, 25
tosse e espirros, etiqueta para, 268, 270, 300
trabalhadores essenciais, definição de, 290
transmissibilidade da Covid-19, 18, 201, 204-5, 218, 264, 300-1
Trian Fund Management, 187
Tripp, Linda, 156
Trump and Churchill: Defenders of Western Civilization (Nick Adams), 323
"Trump Nunca" (movimento), 27
Trump, Barron (filho), 274
Trump, Donald, *223*, *233*, *234*, *235*, *236*; Bíblia, uso da, 318-9, 321-2, 325, 329; caráter e temperamento de, 37, 44-7, 79, 81, 88, 136, 143-5, 174-5, 251-3, 255-7, 259, 357; clubes de golfe de, 24, 151, 163, 185-7; comícios de, 241, 249, 261, 268-9, 334, 340, 345, 352; como "presidente da lei e da ordem", *228*, 318, 320-4, 326, 329; como

incorporador imobiliário, 34, 145, 149, 183; como telespectador, 60, 320-1, 340; crenças de Trump sobre o que ele fez pela comunidade negra, 335-39, 342, 349, 387n; críticas públicas a, 161; declarações de impostos não entregues por, 179; desculpas, recusa em pedir, 193-5; determinado a reverter legado de Obama, 49, 213; direitos LGBTQ, 344; discurso de formatura em West Point e saída do palanque, 345; discurso de posse de, 156, 348; divisão como tática de, 320, 327, 335, 348, 358; e o "vírus chinês" (nome usado por Trump para a Covid-19), 273, 279, 281, 283, 343, 345, 356; economia elogiada por, 187, 210, 213, 253, 276, 307, 324, 336-9, 344, 347; encontros com Pútin, 116-9; especialistas, incômodo de Trump com, 118-9; estado do governo constitucional sob, 358; fatos/verdades, relação difícil com, 47, 79, 89, 119, 123, 137, 145, 211, 252-3, 255-6, 331; golfe, visões sobre, 186-7, 327; hábitos telefônicos de, 123; luta livre e, 53; muro na fronteira com o México, 143-4; nomeações para o Judiciário no governo de, 181, 196-7, 212, 314; opinião sobre Obama, 178; paranoia de, 122; participações em eventos, 261-2; privilégio branco, conversas entre Trump e Woodward sobre, 334-44; Quatro de Julho, discursos de, 348; racismo sistemático/institucional sobre, 343; raiva inspirada por, 45, 195, 342, 344, 358; raivas de, 44-7, 60, 63, 66, 73, 76, 102, 118, 121; realizações de, 89, 388n; redes sociais de, 195, 243-4; relação com Pútin, 117, 119, 149, 184, 302; relação com Xi Jinping, 119, 208, 239-40, 279-80, 282-3; renda de, 179; Roosevelt comparado a, 360; sobre "dinamite atrás de cada porta", 19, 223, 240, 254, 357; sobre o trabalho do presidente, 179; sobre perdedores, 67; tuítes de,

47, 78, 82, 88, 91, 103, 113, 138, 148, 170, 207, 243-4, 251, 259, 261, 278, 320, 330-1, 358; turnê de "agradecimento", 35; *ver também* Covid e Trump; imigração; impeachment de Trump; raça/racismo; investigação sobre a Rússia

Trump, Donald, entrevistas com: 31 de março de 2016, 11; 5 de dezembro de 2019, 174-80; 30 de dezembro de 2019, 185-95; 20 de janeiro de 2020, 206-7; 22 de janeiro de 2020, 208-13; 7 de fevereiro de 2020, 223, 240, 357; 19 de fevereiro de 2020, 243-6; 19 de março de 2020, 220, 273-6; 28 de março de 2020, 281, 282; 5 de abril de 2020, 285-94; 13 de abril de 2020, 298-301; 6 de maio de 2020, 220, 307-8; 22 de maio de 2020, 313-4; 3 de junho de 2020, 320-24; 19 de junho de 2020, 333-9; 22 de junho de 2020, 11, 340-7; 8 de julho de 2020, 348-50; 21 de julho de 2020, 352-6; 13 de dezembro de 2019, 90, 181-4; sentimentos de Trump sobre futuro livro nas, 213, 299-301, 313, 323, 337, 339, 341, 348, 350, 360; Trump concorda com, 174, 360

Trump, Ivanka (filha), 24-5, 31, 194-5, 265, 318

Trump, John (tio), 183-4

Trump, Melania (esposa), 94, 240-1

Trump Tower (Nova York), 27, 43-4, 176, 291

Tuchman, Barbara, 87, 335, 346

Tulsa (Oklahoma), comício em, 340, 345, 352

Turquia, 119, 138

Twitter, 43, 89, 103-4, 108, 112, 139, 147, 170, 243-4, 265

U

Ucrânia, 163, 181, 189, 191-3, 214, 238

"Uma China", política, 255

União Europeia, 209, 266

União Soviética, 24, 30, 37, 50, 136, 163, 215

United Airlines, 216

Urban, David, 132

USMCA (Acordo Estados Unidos-México-Canadá), 144, 209, 364

V

vacinas e pesquisas para vacinas de Covid-19, 204, 272-3, 291, 299, 302, 308-9, 311-2, 327, 333, 339, 354-5
Vandenberg, base aérea de (Califórnia), 86
varíola, 217
verdades e fatos, relação difícil de Trump com, 47, 79, 89, 119, 123, 137, 145, 211, 252-3, 255-6, 331
Very Stable Genius, A (Rucker e Leonnig), 206
veto no Senado, uso do, 196
viagens/linhas aéreas, 216, 273, 290, 293
Vietnã/Guerra do Vietnã, 128, 130, 168, 204, 311, 317
vírus do Nilo Ocidental, 277

W

Wall Street Journal, 14, 204-5, 224, 251, 268, 289, 334
Wallace, Chris, 259
Wallace, George, 325
Walmart, 289
Walsh, Elsa, 360
Walton, Reggie B., 157
Warner, Mark, 116
Warren, Elizabeth, 195, 207, 351
Washington Post, The (jornal), 50, 59, 110, 116, 147, 155, 161, 171, 206, 210, 212-3, 220, 247, 269, 291, 297-8, 304, 323, 341, 345, 360
Washington, George, 125, 212
Washington, Martha, 125
Watergate, 59, 65, 69, 109, 150, 193, 207
Wei Fenghe, 125-9
Weinberger, Caspar, 37-8
West Point (NY), 56, 123, 128, 132, 345
Westerhout, Madeleine, 62
Wheaton College (Illinois), 42, 46
Whipple, Chris, 252-3
Whitewater, caso, 38, 70
Wikipédia, 79, 204
WilmerHale (escritório de advocacia), 72

Wilson, Rita, 268
Win Bigly: Persuasion in a World Where Facts Don't Matter (Scott Adams), 253
Woodward, Bob, 112, 167, 285, 294, 299-301, 334-9, 341-4, 348-61; *ver também* Trump, Donald, entrevistas com
Wray, Christopher, 119-20
Wuhan (China), 15, 199-205, 213, 215-7, *221, 222,* 246, 279-80, 292, 314, 316; *ver também* Covid-19 e a China

X

Xi Jinping, *235,* 333-4; China como grande ameaça à segurança dos Estados Unidos e, 215; Coreia do Norte/ Kim Jong-un e, 101; Covid-19 e, *235,* 239-40, 279-82, 314-5, 333; eleição presidencial americana (2016) e, 334; guerra comercial/acordo comercial e, 208, 240; novo sistema secreto de armas americano e, 177; Obama e, 127; relação com Trump, 119, 208, 239-40, 279-80, 282-3; "Uma China" (política), 255; *ver também* China
Xiang Songzuo, 184

Y

Yongbyon (Coreia do Norte), Centro de Pesquisa Científica Nuclear de, 168

Z

Zebley, Aaron, 151
Zelensky, Volodymyr, 163, 181, 188, 190
zika (vírus), 277
zona desmilitarizada (DMZ da Coreia do Norte e do Sul), 94
Zucker, Howard, 248-9
Zuckerberg, Mark, 244

Créditos das imagens

p. 223 Alex Wong (Getty)

p. 224 [acima] Jabin Botsford (*The Washington Post* via Getty Images)

p. 224 [abaixo] Tech Sgt. Vernon Young Jr. (Departamento de Defesa)

p. 225 Elsa Walsh

p. 226 Departamento de Estado

p. 227 Chip Somodevilla (Getty)

p. 228 [acima] Ron Przysucha (Departamento de Estado)

p. 228 [abaixo] Glenn Fawcett (Alfândegas e Proteção de Fronteiras)

p. 229 Alex Wong (Getty)

p. 230 [acima] Shane T. McCoy (U.S. Marshals)

p. 230 [abaixo] Win McNamee (Getty)

p. 231 [acima] Gage Skidmore

p. 231 [abaixo] Drew Angerer (Getty)

p. 232 Shealah Craighead (fotógrafo oficial da Casa Branca)

p. 233 [acima] Drew Angerer (Getty)

p. 233 [abaixo] Peter Nicholls (Getty)

p. 234 [acima] Brendan Smialowski (Getty)

p. 234 [abaixo] Mikhail Klimentyev (Getty)

p. 235 Pool (Getty)

p. 236 Shealah Craighead (fotógrafo oficial da Casa Branca)

Rage © Bob Woodward, 2020.
Todos os direitos reservados. Publicado mediante
acordo com a Simon & Schuster, Inc.

Todos os direitos desta edição reservados à Todavia.

Grafia atualizada segundo o Acordo Ortográfico da Língua
Portuguesa de 1990, que entrou em vigor no Brasil em 2009.

capa
Daniel Trench
imagem de capa
Alex Brandon/ Associated Press/ Estadão Conteúdo
tratamento de imagens
Carlos Mesquita
preparação
Silvia Massimini Felix
índice remissivo
Luciano Marchiori
revisão
Huendel Viana
Jane Pessoa
Ana Maria Barbosa

Dados Internacionais de Catalogação na Publicação (CIP)
— —
Woodward, Bob (1943-)
Raiva: Bob Woodward
Título original: *Rage*
Tradução: Bernardo Ajzenberg, José Geraldo Couto,
Pedro Maia, Rosiane Correia de Freitas
São Paulo: Todavia, 1ª ed., 2021
416 páginas

ISBN 978-65-5692-076-4

1. Situação política 2. Estados Unidos 3. Reportagem
4. Donald Trump 5. Bob Woodward I. Título

CDD 320.973
— —
Índice para catálogo sistemático:
1. Situação política: Estados Unidos 320.973

todavia
Rua Luís Anhaia, 44
05433.020 São Paulo SP
T. 55 11. 3094 0500
www.todavialivros.com.br

fonte
Register*
papel
Pólen soft 80 g/m²
impressão
Geográfica